时间的刻度

新京报年度好书20年

新京报书评周刊 / 著

中国纺织出版社有限公司

图书在版编目（CIP）数据

时间的刻度：新京报年度好书20年 / 新京报书评周
刊著.—北京：中国纺织出版社有限公司，2023.11
ISBN 978-7-5229-1179-3

Ⅰ.①时… Ⅱ.①新… Ⅲ.①推荐书目–世界 Ⅳ.
①Z835

中国国家版本馆CIP数据核字（2023）第199893号

责任编辑：向 隽 史 倩 责任校对：王蕙莹 责任印制：储志伟

中国纺织出版社有限公司出版发行
地址：北京市朝阳区百子湾东里A407号楼 邮政编码：100124
销售电话：010—67004422 传真：010—87155801
http://www.c-textilep.com
中国纺织出版社天猫旗舰店
官方微博http://weibo.com/2119887771
北京华联印刷有限公司印刷 各地新华书店经销
2023年11月第1版第1次印刷
开本：710×1000 1/16 印张：29
字数：448千字 定价：98.00元

前 · 言

preface

　　每一件新事物的诞生，人们总喜欢将她比作刚出世的婴儿，张开稚嫩的双手，去拥抱这个对她来说如此陌生的世界——这个世界会喜欢我吗？要去迎合未来亦步亦趋吗？还是迈开蹒跚的脚步，在无常的未来之路上踏下自己的足印呢？而这串足印，又能走多远呢？

　　20 年前，当书评周刊的年度好书榜单诞生时，没有人知道未来究竟为她刻下了怎样的答案，望着她初生的面庞，回念起筹备——或者说是待产的那几个月里的紧张疲惫，以及临产那一刻的亢奋与焦虑，那种心情，像极了陶渊明在《命子》诗中所描写的那样：

> 厉夜生子，遽而求火。
>
> 凡百有心，奚特于我。
>
> 既见其生，实欲其可。
>
> 人亦有言，斯情无假。

　　是啊，像每一位父母一样，我们能赠予她的，除了心血、汗水与眼泪之外，唯有"既见其生，实欲其可"的祝福。

　　但在她诞生的那一天，当那些千挑万选出的年度好书的名字刊于报端、诵之人口时，我们才发现，我们犯了一个巨大的错误：她并不是一个懵懂无知的婴孩，像白纸一样等待我们为她涂画上各式各样的色彩。她从一开始，具有思考的能力以及独立的人格，她就像古希腊神话中的伽拉泰亚，从她由雕像变成少女的那一刻起，她就已经是一位懂得思考、自有主见的佳人——就像那句口号，至今仍然刊印在我们的报头：

　　"阅读需要主张"

　　而我们，这些自诩的生身父母，却未必配得上雕塑家皮格马利翁那样的神技。年度好书，重点自然落在选书上，而我们手中，并无上官婉儿称量天下士的宝秤。凡胎肉眼，又如何从每年百千涌来的书潮中，选出般配的上上之选？ 20 年来，每当年度书选的日子迫近，便是一年中最搅动脑髓的日子来临，数以百计的书在眼前呼啸扑来，每本都像求偶的雄孔雀一样打开绚烂多彩的书页，绽放出它最夺目的光彩，犹如浩瀚夜空中的群星一般，以至于每一次选书，都像是用秤在称量星光的重量。

　　2004 年，我们在北京发起"首届华语图书传媒大奖"，联合《南方都市报》举办了中国内地第一个由媒体举办的非商业性图书奖项。这一年，我们评选了作家李洱的《石榴树上结樱桃》、经济学家吴敬琏的《当代中国经济改革》，向华语写作、华语思考致敬。

　　2005 年，我们选择了作家余世存编的《非常道》，让更多读者感受到历史细节的张力。我们也选择了城市评论家简·雅各布斯的《美国大城市的死与生》中译本，十几年后因为讲授"爱情课"而备受读者喜爱的人文学者梁永安在当时参与评审，以书评人的身份赞赏该书"从城市生活的直感出发"。

　　2006 年，我们评选了历史学家何兆武的《上学记》、作家查建英的

《八十年代访谈录》，致敬口述和对话之中的个体记忆，同时还评选了孟晖的《花间十六声》，致敬对中国古代女性生活与"花间词"的书写。

2007 年，我们推荐了《十年一觉电影梦：李安传》，在这本记录之中，作者张靓蓓使读者读到李安电影的疑问、争论、好奇。我们还推荐了凌志军的《中国的新革命》，一部中关村"简史"，是中国市场改革和中国社会变迁的样本。

2008 年，汶川大地震的悲痛之年，我们致敬了历史人类学家王明珂的《羌在汉藏之间》，他对"羌"与近代中华民族形成所做的田野工作，使读者从历史角度理解了"羌人"概念。我们也致敬了黄锐的《北京798》，一座无可比拟的工业遗产及其城市记忆，跃然纸上。

2009 年，我们致敬学术的通识写作。一是评选了青年政治学者刘瑜的《民主的细节》，她从细节入手，举重若轻，以令人愉悦的方式传递思考；二是评选了经济学家陈志武的《金融的逻辑》，在当时货币"阴谋论"蔓延之际，这本通识之书提供了十分稀缺的金融和货币常识。

2010 年，我们推荐了法学家江平的《沉浮与枯荣》，致敬他的法学研究，以及对 80 年"沉浮"与"枯荣"的记录，同时也推荐了军史作家章东磐的《国家记忆》，致敬他通过中国坦克兵反攻缅北档案，打捞事关民族尊严的历史记忆碎片。这一年，我们还推荐了作家梁鸿的《中国在梁庄》，一部再现了中国乡村转型之痛的田野调查式的文学作品。

2011 年，辛亥革命百年之年，我们评选了历史学家杨天石的《帝制的终结：简明辛亥革命史》——一本"大家小书"之作，致敬他对辛亥革命背景和进程简明而不失其要的论述。我们也选择了作家格非的《春尽江南》，致敬"江南三部曲"的完结之作。

2012 年，我们推荐了建筑学家陈志华、李秋香的《中国乡土建筑初探》，中国乡土建筑承载了传统中国最朴实的生活记忆，我们致敬两位作者呈现了乡土建筑的文化丰饶与现代化困境。我们也推荐了译著《第三次工业革命》，致敬作者杰里米·里夫金以超越现实的道德立场，抵御了经济学的功利化而张扬了人文主义的关怀。

2013 年，我们致敬平凡人的爱与诗意。一是选择了老人家饶平如的《平如美棠：我俩的故事》，这部怀念之作，"有涤荡了痛苦的平和，更有相濡以沫数十年的爱情"；二是选择了漫画家丁午的《小艾，爸爸特别特别地想你》，他在动荡年代用慈父之心书写下对女儿的爱、对生命的爱。

2014 年，我们致敬了文物专家、考古学家孙机和他的《中国古代物质文化》，他所论的物质包括农具、服装、建筑、交通和瓷器等，让古人衣食住行和生活现场逐渐清晰，我们致敬他立足现代的对传统的继承与创新。我们也致敬了诗人黄灿然翻译的约瑟夫·布罗茨基《小于一》中译本，诗人布罗茨基以创造性的诠释与解读，完成了他对个人价值的捍卫。

2015 年，我们致敬了中国现代绘画开拓者之一吴大羽的《吴大羽作品集》，让更多人关注到了这位在当代有些寂寞的艺术巨匠。他是一位诗人，诗心的穿透，使他的艺术散发出特有的灵性。

2016 年，我们选择了《陈梦家学术论文集》《马克斯·韦伯与德国政治：1890—1920》《帕斯捷尔纳克传》，致敬 20 世纪的思考者和他们的人生，也选择了画家蔡皋的《月亮粑粑》，致敬如月般的初心、真心和童心，让月光不分门户落在众人身上，美如此广阔而亲切。我们还致敬了《大国大城》，青年经济学家陆铭以兼具学理逻辑和人文关怀的方式，书写了城市经济发展的一般规律。

2017 年，我们选择的年度好书包括《重塑中华：近代中国"中华民族"观念研究》《改革大道行思录》《雷蒙·阿隆回忆录》《撒旦探戈》等。"年度好书致敬礼"在 2018 年 1 月举办，这是改革开放 40 周年之际，《改革大道行思录》作者、在中国学界具有崇高声誉的经济学家吴敬琏与法学家江平围绕"市场与法律"的对谈，成为颁奖现场最受观众和读者瞩目的环节。

2018 年，我们致敬了藏书史研究学者苏精的《铸以代刻：十九世纪中文印刷变局》，一幅近代中国知识变革的历史长卷在作者的档案爬梳中展开。我们也致敬了日本政治思想史学者丸山真男的《现代政治的思想与行动》、法国历史学家马克·布洛赫的《国王神迹：英法王权所谓超自然性研究》等经典之作的首个中译本。

2019 年，我们将"年度好书"升级为"年度阅读推荐"，并以"在过去与未来之间"为主题致敬好书。这一年，我们推荐了诗人臧棣的"臧棣诗系"《沸腾协会》《尖锐的信任丛书》《情感教育入门》，他以诗人的名义向我们说明了一棵草或一只鸟的真相。我们也推荐了作家赫尔曼·沃克《少年赫比》中译本、画家徐萃和姬炤华的《两个天才》，致敬生长中"惊心动魄"的时刻，致敬贴近儿童心性的故事。

2020 年，受新型冠状病毒疫情影响，在 2021 年 1 月举办的年度阅读盛典全面转向线上，开启棚拍与网络平台直播联合进行的形式。这一年，我们以"众多未来"为主题推荐了《人的疆域：卡内蒂笔记 1942—1985》，作家埃利亚斯·卡内蒂将共同的精神追求与反思质疑递向了不同时代、不同环境的读者；也推荐高校教师黄灯的《我的二本学生》，致敬她对普通年轻人命运的书写。在阅读盛典现场，罗翔与刘擎两位学者围绕"通识写作"展开的对谈成为现场最大亮点。

2021 年，我们以"未来的记忆"为主题推荐了诗人宋琳的《兀鹰飞过城市》、历史学家卡洛·金茨堡的《奶酪与蛆虫》、社会学家阿莉·拉塞尔·霍克希尔德的《职场妈妈不下班》等作品，向诗的高贵性、小人物微观史和性别反思致敬。

2022 年，我们以"时间的眼睛"为主题，设置了"凝视与想象""视野与方法""记忆与留白""对话与回响"四个单元，并作单元推荐，评选了《观我生：壁画上的中国史》《好玩儿的大师：赵元任影记之学术篇》《漫长的余生：一个北魏宫女和她的时代》《作茧自缚》等 27 本好书。我们把单元推荐书目作为年度阅读盛典基础，邀请嘉宾分论坛对谈，其中葛兆光、赵世瑜和罗新关于历史"视野与方法"的对谈，上野千鹤子与戴锦华关于"开场：一份女性主义的邀请"的对谈，在线下线上都受到读者朋友的热烈关注。

……

20 年，足以让一个婴孩成长为一名出色的青年，也足以让我们这些看着她诞育，陪伴她成长的书评周刊人，从华发朱颜，到渐染霜丝，年轻时似乎永远燃烧不尽的热情，渐渐成了暮冬时节壁炉中的一团红火。但好在，总有年轻的双手，愿意在愈加凛冽的逆风中，忍着灼手之痛，继续擎起这火炬。

　　环顾四周，20 年前，有多少与我们并肩而行的书选榜单的炬火熄灭了，又有多少书选榜单的炬火重又燃起。或许，到今天，终于可以问出这个问题：20 年来，她究竟是如何坚持前行？

　　是习惯，还是某种执念？抑或是用习惯与执念包装成的所谓理想，所谓信念？不可否认，上述种种，皆而有之。但真正支持着年度书选年复一年走下去的，是人心。是书的作者夜以继日，躬身书案的恒心；是书的编辑燃膏继晷，排版下印的苦心；更是那些拿到书的读者，嗅着簇新油墨香气的欢心，是看着电子屏幕上逐字逐页地翻过，终于看到结尾的贞心，是有所明了顿悟的慧心，是追逐新知的好奇之心，是沉浸情节的感动之心，是灵魂共振的同情之心，是无论现实铅网何等沉重都愿纵身一跃的勇气之心，也是愿意透过每一本写过的、读过的书，让自己发光的灵魂与每个爱书之人携手并行的慈悲之心。

　　当我们回顾这 20 年的书选，其实也在回顾这 20 年来人们的心绪与思考集中于何处，由是成为时代记忆的一个片段。这是一场至今依然在进行的心灵之旅，就像在暗夜的草甸上行走，反射着星光的夜露与空中的星辰一并闪闪发光，在共享暝暗的天地宛如浩瀚的宇宙。虽然草叶牵绊着打湿的鞋袜；虽然夜风袭来，手中的火炬明灭飘摇；虽然身后深深浅浅的脚印已经昭示着前路的艰辛，可她还在走，还在不停息地走，还在内心坚定地继续向前走。

《新京报·书评周刊》编辑部

2023 年 9 月

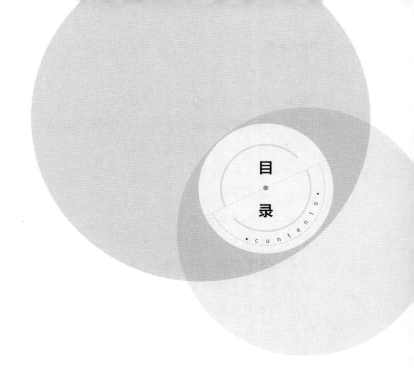

目录
· contents ·

2022年

2021 年

2020 年

2019 年

2018 年

2017 年

2016年

2015年

2014年

2013年

2012年

2011年

2010年

2009年

2008年

2007年

2006年

2005年

2004年

2022 年

历史上的苦难在人类面向宇宙的思索时显得渺小且微不足道，而人类精神的光辉尽管短暂，却足以在这些故事中成为核心。不管是人文思维还是科学思维，它们都在面对人类命运共同体时走向了殊途同归的终点。

《观我生：壁画上的中国史》

作者：苗子兮

版本：北京大学出版社

2022 年 9 月

苗子兮，1985 年生，作家，学者，第 18 届文津图书奖推荐图书作者。出版有《画里的远游——版画家吉田博的一百个世界印象》《西湖梦寻——漫步在张岱的西湖梦里》等作品。

推荐语

"墓有重开之日，人无再少之颜"，这是写在一座古墓墙壁上的铭文。生命终将逝去的无奈，使人不得不在死亡的虚空中找到真实的存在，墓室壁画中描绘的图像，或许是生前的延续，也可能是死后的仙乡。真实与想象，写实与夸张，在生者为死者建造的空间中相会。它既是回忆，也是想象，但无论如何，这些壁上画作，都与墓主人的生命相关。尽管生命已逝，幽室已闭，它们唯一的观者，本应只是身处墓中的亡者而已。但千年百载，世变陵夷，因为种种机缘，墓葬被打开，壁画重见于世，生活在今天的生者，也得以通过这些壁画，去观

看千载前逝去的死者的一生。

"观我生"，其意就是如此。苗子兮在纵横千载的数以千计的墓葬中，选取了 14 座（铺）墓葬的壁画进行解读。在苗子兮旁征博引的细微解读下，这些本来作为墓主人生命点缀的墓葬壁画，反而比墓主人漫漶不清的生平更具有鲜活的生命力，成为他们生死与之的那个时代最直观的说明。壁画中那些侍女、庖夫、奴仆、士兵，原本只是墓主人的陪衬，却在作者细致的解读下，同样具有了鲜明的形象。能够从中发现这些细节，需要足够细致的双眼、足够缜密的心灵，以及足够宽广的思维，方可以为凝固死亡世界墙壁上的人物，编织出多姿多彩的生命故事。从这一角度来说，这本书不仅是一部美术史、图像史，更是一部生命史——生活在千百年前有名或无名的芸芸众生的生命，从被死亡禁锢的无尽静止中解放出来，栩栩如生地展现在今天的生者面前。

《透明：中国视觉现代性（1872—1911）》

作者：唐宏峰

版本：生活·读书·新知三联书店 2022 年 9 月

唐宏峰，任教于北京大学艺术学院艺术理论系，主要研究领域为艺术理论、图像媒介理论与视觉文化研究。专著有《旅行的现代性——晚清小说旅行叙事研究》《从视觉思考中国——视觉文化与中国电影研究》，编译著作《现代性的视觉政体——视觉现代性读本》等。

推荐语

从画报图像、摄影术、西洋镜，到万花筒、走马灯、幻灯，最终发展到电影，种种现代视觉技术从晚清开始进入中国，改变了中国人的观看方式，构成近代中国市民现代性体验的重要来源。如果说现代性的历史同时也是一部视觉性的历史，那么，晚清国人的视觉世界无疑为我们提供了理解中国近现代转型的发生线索。

在《透明：中国视觉现代性（1872—1911）》里，唐宏峰透过对近代中国视觉文化的细读，尤其是对近代机械印刷图像与虚拟影像的考察，描绘并分析了中国视觉现代性的发生、演变，及其与晚清政治生态、文化心理，乃至全球跨文化的图像、媒介与思想流通的互动关系。如书名所示，"透明"意味着最大化的可见性。因"透"而"明"的视觉装置既生产着晚清社会现实的形象，也划定了中国人的主体位置，在看与被看中，勾勒出近代中国人多样的主体样貌。

视觉文化包罗万象，但作者凭借出色的史料驾驭能力与跨学科的综合视野，完成了对包括《点石斋画报》、费正清当年在哈佛大学开设近代中国史课程所使用的大量幻灯片、鲁迅"幻灯片事件"相关的砍头图像等档案资料的开掘工作。本书使用的大量档案资料均为首次披露。无论从史料收集，还是理论思考层面，《透明：中国视觉现代性（1872—1911）》都为近代中国视觉文化研究开辟出新的探索空间。

《好玩儿的大师：赵元任影记之学术篇》

作者：赵元任 / 摄

赵新那、黄家林 / 整理

版本：商务印书馆

2022 年 4 月

赵元任（1892 年 11 月 3 日—1982 年 2 月 24 日），语言学家、作曲家，被称为"汉语言学之父"，中国科学社创始人之一。撰有《中国话的文法》《语言问题》《现代吴语的研究》《湖北方言调查报告》等经典著作。

推荐语

2022 年是赵元任先生诞辰 130 周年，也是他逝世 40 周年。这位中国现代语言学之父，中国现代音乐学的先驱，在国内外学界享有的崇高声誉自不必赘言。但他同时也是一位妙趣横生的"好玩儿"的人物，这位心地始终保持赤子天真的大师，始终对人生保持一种好玩的态度，这种好玩既非游戏人间，也非纵情逸乐，而是以无穷无尽的好奇之心去发掘日常生活中充满趣味的细节，并且将它们记录下来——用他的照相机。

近代以来传入中国的摄影术，不仅提供了一种科学记录世界的方式，更具有某种定格时间的美学意味，更具有一种捕捉瞬间的趣味性。他的摄像镜头记录下的种种瞬间除了个人所见所闻，更具有记录时代的意义。《好玩儿的大师：赵元任影记之学术篇》收录了赵元任拍摄的一千余张照片，这些照片自然是他个人生活经历的记录，但穿过一个世纪的烟尘来到今天，却也成了一份珍贵的史料。他拍摄下的中国科学会的诞生、罗素访华、国语统一运动、史语所的搬迁、战时的流离转徙，是时代的珍贵见证。而他在田野考察途中拍摄的民族地区的风土人情，则具有人类学上的重要价值和意义。即使是他与家人、朋友生活交际的照片，也勾勒出那一时代知识精英群体生活的样貌。

这些照片在尘封多年后，首次在书中公之于众，无论是翻看还是凝视，照片中那些远去的时光与人物，都因照片而变得亲切可见，毫无疑问，这部由好玩儿的大师所拍摄的影集，将会成为一座近代史深入发掘的富矿，当年不经意间拍下的某个瞬间的细节，正是开启历史深处奥秘的钥匙，只待一双训练有素的眼睛，去发现、去探索。

《自说自画：李保田》

作者：李保田
版本：活字文化
　　　生活·读书·新知三联书店
2022 年 3 月

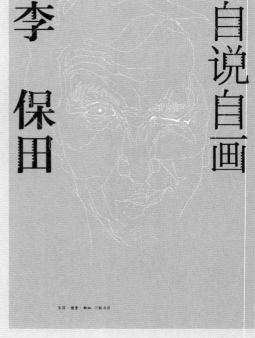

李保田，1946年生于江苏徐州，中央戏剧学院退休教师，国家一级演员。1983年主演电影《闯江湖》正式开始演艺生涯，曾参演《人鬼情》《菊豆》《有话好好说》《马背上的法庭》等电影，以及《宰相刘罗锅》《神医喜来乐》《我的丑角爸爸》等电视剧。曾获金鸡、百花、金鹰、华表、中国电视终身成就等多个奖项。青少年时期开始研习绘画，几十年来，保持影视与美术并行创作。

投入、激动、有趣，却又时常悲愤、忧郁、苦闷、严肃的老头儿，展现出一种只有经历过苦难才会豁然开朗的神采锋芒。这位闲暇时间游离于表演者状态之外的创作者，将"苦楚、彷徨、自哀、孤独和死亡"视为生命底色的重要部分，而其也最终成就了作品斑驳的野蛮生长。书中佐以短短几页的自述人生，以及对诸多话题的嬉笑怒骂，超然于作品之外的，是一个独立且自我的灵魂。

推荐语

电视剧《宰相刘罗锅》中的宰相刘墉，让演员李保田的艺术形象为人们所熟知，但这恰恰是一次脱离于他本人的"超本色表演"。在《自说自画：李保田》一书中，以"老戏骨"形象定格于影视的李保田，从美术和文字的两个面向中，浮现出迥然于屏幕之内的"多元本色"，呈现出其对更深层次自我的探究和表达。

消除了一切束缚之后，李保田在绘画、雕刻、剪纸中保留了自己天真、率性又洞明世事的独立气质，一如当年选择以"丑"行入戏。言在画外，画在言中，性格心理上的不甘寂寞和对社会与人事的甘于寂寞，让李保田将绘画等艺术和文字视为一种出口。力透纸背的倔强倨傲，哀叹疯魔，铁嘴钢牙，让这位认真、

《读墓：南宋的墓葬与礼俗》

作者：郑嘉励
版本：浙江人民出版社
2022 年 10 月

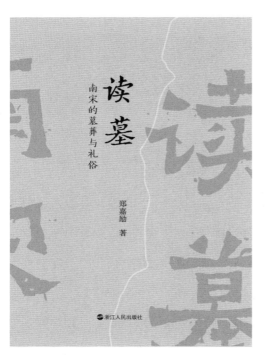

郑嘉励，1972 年生，长期从事田野考古和文物保护工作，主要著作有《浙江宋墓》《读墓：南宋的墓葬与礼俗》《考古四记》《考古者说》等。

推荐语

南宋，作为一个偏安江南的王朝，这一时期的墓葬既缺乏那种堂皇的气派，也鲜少那种恢宏的丰姿，因此鲜少受到世人瞩目。但事实并非如此，自唐世崩塌到靖康南渡，其间整体社会、经济、文化、政治都发生了一系列变革，变革的关键节点，便在南宋一朝，其影响一直延续之后元明清三朝，乃至于今天。

郑嘉励的《读墓》正是这样一部探究南宋墓葬的考古学著作，它不仅是目前南宋墓葬考古研究领域唯一一部全面而系统的通识性著作，同时也是对那些轻视南宋墓葬考古研究者的一个响亮的

《中国当代摄影景观
（1980—2020）》

作者：顾铮

版本：世纪文景 / 上海人民出版社
2022 年 7 月

答复。两宋时代，正值一个社会世俗化
的关键过程。透过南宋墓葬考古，我们
能够看到这种社会整体变革中既有连续
承继，又有断裂调适的一面。作者在书
中着力分析的南宋墓葬，无不体现出礼
与俗、时与变在融合与拒斥之间的强大
张力。

　　诚如作者所言，地下世界是地上生
活"变形的镜像"，但之所以是"变形
的镜像"，正是因为那是生者为死者构
思营造的世界，灌注了生者的理念、追
求和向往，它并非完全是真实生活的写
照。两者之间的差异，正是理念与现实
之间的差异，但正因为存在这种差异，
才能让我们同时看到古人的理念与现
实，也提示立足今天去探究历史的我们，
在古今的相同与不同、变化与不变之间
的界限究竟在何处。

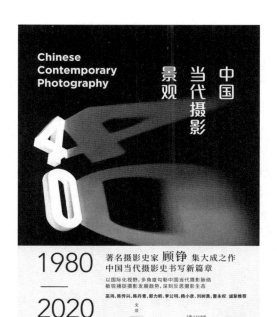

顾铮，复旦大学新闻学院教授，曾任第 56 届世界新闻摄影比赛终评评委，曾获得 2001 年中国摄影金像奖。著有《世界摄影史》《城市表情》等多部专著。

推荐语

20 世纪 80 年代中国摄影迎来了现代性转型的重启。这 40 年间，中国当代摄影经过了怎样的探索？面对个体权利的不断苏醒，城市化进程的持续深入，摄影如何回应当下？进入 21 世纪，中国的纪实摄影面临什么样的命运？数码技术的迅猛发展，如何改变摄影的语言？在《中国当代摄影景观（1980—2020）》中，顾铮显然对这些问题有明确的觉察与思考。

这些问题意识成为顾铮组织这部书的内在逻辑。除了研究者的身份，顾铮自身也是一位摄影师，他不仅是笔下摄影史的研究者，同时也是参与者。与诸多摄影史写作相比，《中国当代摄影景观（1980—2020）》强调摄影实践与社会现实之间的关系，擅于将摄影景观放置到艺术社会学的框架中研究。全书分为上下两篇，上篇聚焦整体现象，下篇则注重个案分析，以求达到宏观与微观的平衡。顾铮归纳了中国当代摄影中的 10 个主题，包括都市景观、家庭与家族、摄影中的身体、对新闻的"再处理"、摄影与数码技术的关系等。13 个当代纪实摄影坐标式人物，则展现了多样且生动的摄影实践。他们通过摄影追求自主观看的权利，诞生了新的观看可能性。透过这本摄影史，我们看到的正是中国摄影人追求摄影现代性的集体努力，这一转型经历了曲折漫长的历程，才得以展开并趋向某种完成。

《你看见喜鹊了吗？》

作者：戴芸

绘者：［英］郁蓉

版本：蒲蒲兰 / 二十一世纪出版社集团 2022 年 10 月

戴芸，儿童绘本作者，生于浙江，长于南京，本科毕业于南京大学外国语学院，硕士研究生毕业于澳大利亚新南威尔士大学。作品包括《苏丹的犀角》《北极熊搬家》《溜达鸡》《梧桐》《臭袜子不见了》《一到冬天就下雪》等。作品曾获第十五届国家文津图书奖推荐图书，以及第七届"丰子恺儿童图画书奖"等奖项。

郁蓉，插画艺术家，生于江苏。1989 年考入南京师范大学美术学院，1998 年考入英国皇家艺术学院（Royal College of Art）就读硕士研究生，是该校当时近 20 年来的首位中国学生。她的作品在国际和国内屡次荣获大奖。代表作有《云朵一样的八哥》《烟》《夏天》《我是花木兰》《口袋里的雪花》《李娜：做更好的自己》《迷路的小孩》等。

推荐语

在童书领域，描绘北宋市民生活的《清明上河图》既是无数作者铺陈想象，为孩子构建故事的"容器"，也是传统文化向儿童普及的诸多尝试之一。于孩子而言，他们总要先有对古人的兴趣才能渐入古画的佳境，就是这种兴趣的引领才是向孩子讲述传统文化时最难把控之处。《你看见喜鹊了吗？》也是以《清明上河图》为蓝本，它画的是北宋汴河的熙熙攘攘，也借一只喜鹊在一个个具体的人身边的停留，试图勾勒幸福的模样。孩子们当然能体会抽象，但是他们更喜欢走进别人的"剧情"，尤其是这个"剧情"还需要带点儿探索精神。这本书巧妙地把握到这一点，它画了一个叫端儿的孩子，他在看见一只喜鹊后想到人们常说会有喜事发生，于是好奇地一路追逐喜鹊。端儿在汴河周围遇见了坐轿子的官老爷、忙碌的搬运工、势利的算命先生，还有禅修的高僧，看到他们对幸福的理解各不相同。原来喜鹊只有一只，喜事却没有标准答案。

这本书遵循古画和古书的阅览方式，选择经折装和竖排文字，却把从古至今"何为幸福"的终极之问摆在孩子和我们面前。从童年到成年，我们正是从问这个问题开始，逐渐放弃描摹别人的"剧情"，学会作答只属于自己的那份人生试卷。

《亚洲史的研究方法：以近世东部亚洲海域为中心》

作者：葛兆光
版本：商务印书馆
2022 年 10 月

葛兆光讲义系列

亚洲史的研究方法

以近世东部亚洲海域为中心

葛兆光 著

商务印书馆
The Commercial Press

葛兆光，1950年生，复旦大学文史研究院与历史系特聘教授。1992年起，任清华大学历史系教授，2006年至2013年担任复旦大学文史研究院院长。2009年获选第一届美国普林斯顿大学"普林斯顿全球学人"。著有《中国思想史》《宅兹中国》等。

推荐语

何为亚洲？它既是一个独立的地理单元，也是一个与欧洲对立被想象的他者。在现代民族国家观念舶来之前，亚洲自生的政治秩序滋长了这种定义的暧昧。在历史的范畴中，我们无法割裂地以当代民族国家的国界和区域来理解作为整体的亚洲。同样，近些年中国知识界对于"何为中国"的讨论，也体现了一种身份上的困惑：传统帝国的遗产与现代国家转型之间的纠缠，既体现着我们对于作为文明单元的亚洲的陌生，又有对于近代历史的复杂心态。为了重新找到亚洲与中国主体性，我们需要一种新的叙述来看待历史上的中国以及周边。

葛兆光的《亚洲史的研究方法》就是为我们勾勒出来的这样一幅多元交错却又彼此融汇的思想地图。长期致力于"从周边看中国"的葛兆光，尝试用"东部亚洲海域"的观念，反思我们习以为常的"东亚"和"东部欧亚"的概念。

建构这个互相纠缠的历史区域不再是我们熟悉的朝贡体系与儒家文化圈，而是文字、图像与宗教、书籍流通形成的交集点。跳脱出熟悉的民族国家与中心或边缘的叙述之外，葛兆光用丰富的域外史料与充满自我反思性的视角重新理解中国历史与文化上的古今之变。在他的研究中，文明"自我"恰恰是在他者的观照中不断丰富与被诠释的。

在这本讲义中，葛兆光坦言要通过亚洲史的研究"教给博士生视野"，然而无论是对琉球《传信录》和朝鲜《燕行录》的解读，还是他对欧洲东方学以及日本东洋学的引介和对照。我们会发现葛兆光的目光所及不仅在于象牙塔内，更是我们生活与思考的现实世界。历史学家生产出的观点或许不能对现实对症下药，然而在葛兆光先生的思索的延长线上，我们应该思考的是——作为共同空间的亚洲，我们应该如何重新确认区域间的文化与历史认同，东亚文明间的各国能否在共同的遗产之上建构新的文明的空间，想象更多可能？

《猛将还乡：洞庭东山的新江南史》

作者：赵世瑜

版本：社会科学文献出版社

2022 年 2 月

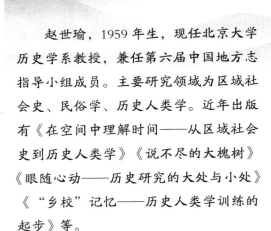

赵世瑜，1959 年生，现任北京大学历史学系教授，兼任第六届中国地方志指导小组成员。主要研究领域为区域社会史、民俗学、历史人类学。近年出版有《在空间中理解时间——从区域社会史到历史人类学》《说不尽的大槐树》《眼随心动——历史研究的大处与小处》《"乡校"记忆——历史人类学训练的起步》等。

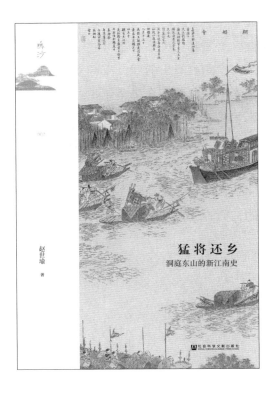

推荐语

"刘猛将"是一位由口耳传说形成的神祇，在苏州太湖洞庭地区，每年的正月或七月，各村或单独，或联合，都要举行"抬猛将"的活动。无论在官方编纂的正史中，还是明清以来的族谱、文集和地方志中，关于刘猛将付之阙如。相对应的是，供奉刘猛将的人群也是江南地区的边缘人群——那些把人生写在湖面，逃避着官府编户齐民与被规训命运的"水上人"。行走在田野，注视着这一块近乎空白的记载的历史学家赵世瑜，用《猛将还乡：洞庭东山的新江南史》这本书，为那些"剩余的"人群代言。

当历史的指针转动，区域中的人群开始编织新的网络使自己适应变动的时代，抓住这种"历史性时刻"并理解他们行为的生成与演变，正是一个敏锐的历史学者的责任所在。

　　填补这一块空白的历史并不仅仅要使得那些被政治精英书写的历史遗忘的人群找回自己的存在与尊严，在这群人和土地、水域共生的历史中，赵世瑜发现了在具体的区域中，社会结构是如何通过人的行为与选择被整合。面对着传统生活方式终结的离散人群，以自己的方式顽强地建构着自己的身份认同，并在未来区域与国家作为单位的历史中留下了自己的痕迹。在洞庭东山的渔歌以及破落的猛将堂、天后宫中，赵世瑜将我们熟悉的江南史放置于更加广阔的中国历史网络中，使那些曾经只属于乡里和传说中的人们找到了属于他们的节点。水上人的故事远未完结，上岸生活的水上人在上海开埠的历史中，以宗族式的经营融入全新的城市生活，在现代化与全球史的解释下，那些被离散的人群在城市的码头中再次找到自己的归宿。

《漫长的余生：一个北魏宫女和她的时代》

作者：罗新

版本：理想国 / 北京日报出版社

2022 年 7 月

罗新，北京大学中国古代史研究中心暨历史学系教授，专业研究方向为魏晋南北朝史和中国古代民族史。代表作包括《中古北族名号研究》《黑毡上的北魏皇帝》等，另著有旅行文学作品《从大都到上都——在古道上重新发现中国》和学术随笔《有所不为的反叛者》。

推荐语

眼光向下，是如今历史写作的一大趋势。人们的目光从历史舞台上地位煊赫的帝王将相身上移开，开始聚焦于那些充当配角甚至是背景的小人物。比起那些聚光灯下高高在上的大人物，那些历史角落中的小人物与自己的身份更加贴合，他们身处历史洪流之中的命运抉择，似乎也更具有某种值得共情的参照性。他们，可能就是生活在古代的我们。

罗新的《漫长的余生：一个北魏宫女和她的时代》中选取的王钟儿就是这样一个历史中的小人物。这位北魏掖廷的宫女，在世间度过了八十六个春秋，但她的生平几乎就湮没在了历史尘埃之中，只留下那方随她一起安卧地下的墓志，靠着石头的坚韧和岁月偶然的善意，才让人们知道她曾经存在于这个世界上。墓志不过区区千余字便概括了她八十六岁的生命历程，但罗新却几近穷尽了所有相关的史料文献，使王钟儿的墓志不仅成为打开她生命故事的一扇窄门，更由此开启了诸多像她一样被湮没、被掩埋的小人物的门：那些与她生命相连、相交、相同的小人物的故事，也借由她的经历，一一从背景走上台前。

尽管在罗新笔下，那些重要历史事件和人物都成为了王钟儿这个小人物漫长余生的注脚，但读毕掩卷，就会发现本书绝大部分篇幅依然是在叙述那些历史上的重要人物和事件，王钟儿的身影虽然时时犹在，但她只是观看、经历，既不能参与，更无力改变发生的一切——而这或许正是为小人物书写生命史的更深含义所在：他们无力改变这个时代，但时代的一切却重重地覆压在了他们的身上。

《晚清帝制中国的科举文化史》

作者：［美］本杰明·艾尔曼

译者：高远致、夏丽丽

版本：社会科学文献出版社

2022年8月

本杰明·艾尔曼，历史学家，1980年获美国宾夕法尼亚大学东方学博士学位，先后任教于加州大学洛杉矶分校、普林斯顿大学等，于2017年荣休。代表作有《经学、政治和宗族：中华帝国晚期常州今文学派研究》《从理学到朴学：中华帝国晚期思想与社会变化面面观》等。

推荐语

科举制，恐怕是古代中国最毁誉参半的制度之一。晚近以来，批评者抨击科考牢笼士人、桎梏人心，是中国走向衰颓的罪魁之一；赞誉者则集中称道科举的相对公平，拔擢寒微，在等级制度下实现了阶层流动，赋予一个相对封闭的社会以稳定和活力。以科举制度为专门研究对象的"科举学"，也在20世纪末应运而生。

艾尔曼的《晚期帝制中国的科举文化史》，尽管距离初版已经有20年，依然是科举学领域研究的典范之作。艾尔曼着眼于科举制对整体政治体系、社会架构以及个人产生的影响。科举制并

不仅仅是自上而下吸纳社会各阶层加入统治体系之中，而是皇廷与精英阶层结成的权力关系网。

　　艾尔曼通过研究精准指出科举制所谓提升社会阶层流动的作用只是一种后世的想象。科举并非为增进社会流动而设计的一套制度体系，相反，它通过设计考试内容和方式，将大部分人排斥在体系之外，使这一制度在实际操作中成为精英阶层的内部流动和垄断社会地位、文化资源和政治权力的方式。而它貌似公平的考试形式，又有效地遮蔽了人们对其内在结构性不公平的质疑。艾尔曼更深入科举制的肌理细胞——那些奔走其中的科考士子的心灵世界，将科举学的研究领域扩大到民间信仰与心态史研究的新领域，科举不再仅仅是一种考试选拔制度，它更是一种公共空间和私人生活、心态交叠缠绕的整体社会现象。从某种程度上说，就像清代经典小说《儒林外史》中描绘的围绕科举奔走的朝野士民群像一样，《晚期帝制中国的科举文化史》也正像是一部史学领域的《儒林外史》。

《商品帝国》

作者：［德］弗兰克·特伦特曼
译者：马灿林、桂强
版本：后浪 / 九州出版社
2022 年 10 月

弗兰克·特伦特曼，1965 年生，历史学家，曾任教于普林斯顿大学和德国比勒费尔德大学，现为伦敦大学伯贝克学院历史学教授。其研究主要关注消费、政治、道德和物质文化等。出版有《消费文化》《全球视野》等。

推荐语

自古，消费的故事就不曾缺乏讲述者和解读者。人们不是被告知消费是积极的，就是被提醒它是糟糕的。辩护者认为消费者是理性人，消费是个体获取快乐、国家财富增长的理智之路，批判者则谴责，理性人假设蒙蔽了消费者被夺去公共精神和社会意义的危险。即便号称聪明客观的人，对此也难免非此即彼。德国学者特伦特曼的方法是选择后退，前往 15 世纪，一路回到当下，试图挖掘消费及其主体消费者历史的丰富性，尤其是在不同经济形态中的复杂性。由此，他的《商品帝国》能使人看到消费镶嵌于社会关系网络、文化习惯和制度，消费行为是被塑造的，不是自主的，同时消费者也不是被动的承受者，他们的挑选和计算其本身也构成消费行为的一部分，而在缺乏商品化的地方，当地人通过"顾客化"也建立了尊严、社会资本。正是因为消费内含的巨大张力，他才讽刺消费批判文化有时只是"（西方）丰裕国家的特权"罢了。特伦特曼此书，虽讲述的是 15 世纪以来迈向现代世界的消费，实际上也穿插着诸多人类古老的、一般性的消费传统和惯例。是的，消费这一社会现象处在道德和意识形态争议的螺旋中太久了，亟须被作为"物"来考察。

《作茧自缚》

作者：［美］詹姆斯·C. 斯科特
译者：田雷
版本：雅理／中国政法大学出版社
2022 年 5 月

詹姆斯·C. 斯科特，1936 年生，政治人类学家，耶鲁大学政治学和人类学教授，2020 年阿尔伯特·O. 赫希曼奖获得者。出版有《农民的道义经济学》《弱者的武器》等作品。

推荐语

遥远的初民（社会）生活在近现代彰显了它强大的吸引力。至于初民是怎样放弃原初生活形式而进入早期国家生活的，被普遍接受的说法是农耕社会对灌溉技术和基础设施的需求召唤出了国家。斯科特在《作茧自缚》中借鉴有限的考古研究成果，跨越学科知识界限，考察美索不达米亚南部等地的冲积平原，大胆地推测其实人类的谷物种植和动物驯养活动发端于湿地，种植、驯养与采猎等多种谋生之道共存，物质并不短缺，直到初民们转向单一的谷物种植。其主要原因在他看来是最初具有群体暴力特征的人群掌控了活动范围，将吃着杂食的人们逐个儿"拉进"了一种史无前例的群体形态，从事繁重的农耕劳动，并构成早期国家的起源。谷物的季节性、可侵占性等特征使其成为捐税的基本单元。人类的骨骼、体形和牙齿因为饮食结构的变化而发生了改变，在初期曾一度疾病丛生。人类利用标准化手段驯化了动植物并且也驯化了其自身。在这本书中，过往以田野研究、比较研究为见长的斯科特，在没有田野的历史通道中照样展现了他有关群体生活历史的想象力，他摒弃线性的时间观，找回、修补了那些被遗漏的人类生活经历。

《北流》

作者：林白

版本：长江文艺出版社

2022 年 7 月

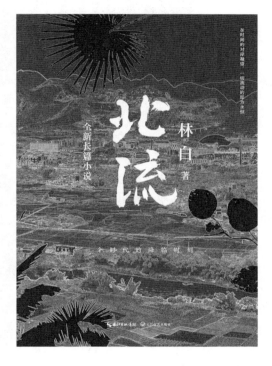

林白，广西北流人，曾出版长篇小说《北去来辞》《一个人的战争》等，另有诗歌集《母熊》《过程》。获华语文学传媒大奖年度小说家奖、老舍文学奖长篇小说奖。

推荐语

《北流》以一首长诗开篇，随之而来的四百多页小说文本也呼应并延续着这一诗意。诗意源自作者林白的语言（书中使用了大量方言）和语感，也源自书中回望"往时"的视角，而这诗意绝非天真烂漫的。当生性疏离的主人公李跃豆因一次作家返乡活动偶获回乡机会，往事、故人与逝去的时光便如倒流的河水在恍惚和惊讶中显现，无论她喜欢与否。母亲、弟弟、朋友、同事、舅舅、姨婆，像被一条条钓起来的鱼，连同他们随身携带的"时代"一起再次被看见，被叙述，被审视。样板戏、消费主义、微信、抖音……这些不同时代的标志或名称与一个个鲜活的人不可分割，比如当写到样板戏《白毛女》时，林白不刻意于笼统概括时代，而是细致书写那个曾被李跃豆无限仰慕的白毛女扮演者，一个曾经光芒万丈、如今却沦为清洁工的女人。时代与个人命运就这样彼此交融，对具体的人的感慨和反思也因此有了深层意义。然而，更重要的也许是李跃豆自己，她在这场漫长的回忆中看到了几十年前的自己，看到自己一路走来的行迹，她的回忆像是写给自己的一首长长的诗，而"写诗是对自己的拯救，不是别的"。

《感知·理知·自我认知》

作者：陈嘉映

版本：理想国 / 北京日报出版社

2022 年 1 月

感知·理知·自我认知

陈嘉映 著

北京日报出版社

　　陈嘉映，1952 年生，哲学家，以现象学研究尤其是海德格尔研究著称，同时研究分析哲学（维特根斯坦、语言哲学、心智哲学、科学哲学）、伦理与道德哲学。主要作品有《说理》《从感觉开始》《哲学·科学·常识》等。

推荐语

　　"认识你自己"，是古希腊德尔斐的神谕，也构成了历代哲学关注的最根本命题之一。时至今日，谈及哲学之于普通人的意义，"知"的问题依然绕不过去。我们常常认为，认识自我和认识世界是一个"用眼睛看"的过程。哲学家陈嘉映则试图用一种生动新颖的方式带我们重新理解"认识"：不要用眼睛"看"，而要用手"触摸"。人类的"知"更应是触觉式的，我们和认知对象并不像"看"的过程那样完全分离，就像我们触摸螺丝刀时，会同时感知到自己的手和螺丝刀一样。从这个意义上讲，我们在认识自我的时候也在构造着自我，我们在认识世界的时候也在与世界相互影响。在感知、理知、自我认知的道路上，我们并不是孤立的。

这本书所聚焦的这个主要问题并不仅仅具有认识论的意义，还有着重要的伦理价值。既然我们无法用一种超然世外的静观来完成认知，那么用认知和紧接而来的行动来介入世界便成为必要。在一个政治性抑郁蔓延、社会和自然风险频仍的时代，这是一份哲学沉思给予生活的信念。同样，对于哲学来说，它也绝不应仅仅成为纯粹抽象如密码一般的概念游戏，人们也必须在具体的生活经验中理解哲学的道理。从此前的《哲学·科学·常识》《说理》《何为良好生活》到这本《感知·理知·自我认知》，我们也能看出陈嘉映为让哲学和日常生活建立联系所做出的探索与努力。

《发明人类：平等与文化差异的全球观念史》

作者：［荷］西佩·斯图尔曼
译者：许双如
版本：新民说 / 广西师范大学出版社
2022 年 8 月

西佩·斯图尔曼，1946 年生，荷兰政治学家，乌特勒支思想史荣休教授。

推荐语

如果说 20 世纪的历史是对不平等进行挑战和质疑的历史，是一段思考"他者"的历史，那么在文明冲突不断、全球化陷入危机的 21 世纪，我们或许更有必要思考有关平等与共同人类的演进历史。《发明人类：平等与文化差异的全球观念史》正是针对后者展开的思辨之旅。

在这部具有标杆意义的全球观念史著作中，荷兰历史学家西佩·斯图尔曼从不同历史时期的边境经验出发，追溯两千多年来不同大陆和文明之间有关平等和文化差异的话语轨迹与观念交锋。从轴心时代到哥伦布大交换时期定居文化与游牧文化之间的互动，从 16 世纪的大西洋边疆到现代欧洲扩张和殖民主义开创的海洋疆界，再到当下有关全球人权和"文明冲突论"的辩论，斯图尔曼向我们指出：在历史的大部分时间里，平等，并非不言自明的事实，而是需要被不断想象、争论与构建的概念。

值得一提的是，不同于《东方学》以来将边境经验放置于他者性和不平等的话语之中，斯图尔曼将边境经验视为构想共同人类与平等观念的场域。于是，

我们看到，人类对于跨文化平等的追寻历史，同样也是关于根深蒂固的民族中心主义是如何被克服的历史，是人类如何一次又一次将外邦人视为同胞的历史。而共同人类，如其所言，代表着人类道德史上的阿基米德点。

《哈佛新编中国现代文学史》

主编：王德威

译者：张治等

版本：理想国 / 四川人民出版社
2022 年 6 月

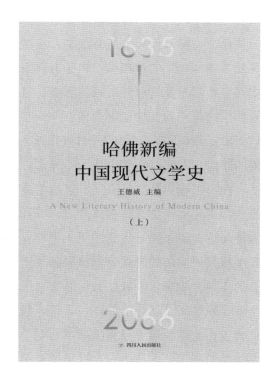

王德威，哈佛大学东亚语言与文明系暨比较文学系讲座教授，著有《小说中国：晚清到当代的中文小说》《如何现代，怎样文学？》《后遗民写作》《现代"抒情传统"四论》，以及《茅盾·老舍·沈从文：写实主义与现代中国小说》等。

推荐语

《哈佛新编中国现代文学史》是"重写中国文学史风潮"的又一次尝试，其重要性和吸引力在于多方面的创新性。主编王德威受中国传统"文"的概念启发，极大拓展了"文"之内涵的边界，书中所论不只诗、小说、戏剧、散文等常规体裁，还包括电影、流行歌词、政论乃至网络漫画等；关于中国文学的"现代"之起点，书中给出不只一"点"，最早的一种径直上溯到遥远的 1635 年；本书绘制出的文学图景也非常广阔，延伸至域外各地，展现出文化间的"交错互动"和中国文学在"世界中"这一开放视野，并关注到中国文学中的非汉语写作。在这部颇具实验性的"新"文学史中，161 篇文章各有风格，但都自觉地追求文学性，都从一个时间点和事件切入历史脉络，表现文学和历史之间的对话关系，揭示事件的长远意义。《哈佛新编中国现代文学史》不仅在文学史领域反思制式写作，也通过对所涉文学人物、事件等的评论，反思着中国近一百多年的历史。

《书籍秘史》

作者：〔西班牙〕伊莲内·巴列霍
译者：李静
版本：博集天卷 / 湖南文艺出版社
2022 年 4 月

伊莲内·巴列霍，西班牙作家。1979 年生于西班牙萨拉戈萨，自小因迷恋希腊与罗马神话而研读古典语言学。著有多本小说、散文和童书。

推荐语

写一本书或许不难，但写一本关于书的书却并不容易。在过往"万书之书"的写作尝试中，我们看到的大多是繁杂典籍的罗列归类，又或是书籍诞生过程的历史回溯，多数全面性有余而重点稍显模糊，即便脉络清晰却仍难免读来乏味。西班牙作家伊莲内·巴列霍的这本《书籍秘史》提供了一种全新的阅读体验。全书以"猎书人"的视角邀请读者奔赴一段旅程，共同背负埃及国王交付的使命，去搜罗世界上所有的书。在搜寻散落"珠宝"的过程中，伊莲内次第揭开古希腊与罗马时代书籍的历史，核心回应的是书籍的价值究竟何在——它们为凝聚人类而存在，为使个体能超越有限的存亡，抵御生命无情的短暂与遗忘。

在"书籍史"的外壳下，这本书亦是一部书籍流通史、传播媒介史，以及人类阅读史。不同于传统的历史书写，其中极具现实感的问题意识串联起了纷繁的史料，故事化的叙述又悄然为当下诸多议题赋予了历史的回响。于是，我们得以在古今对照中窥见纸质书与电子书之争的根源，亦从另一个视角审视希腊化与全球化的推拉，共同完成了一次历史书写的散文化探索。这部作品同样再次提醒我们，开启复杂议题的讨论，不只有严肃论证这一种方式。

《这样折起来》

作者：［波兰］伊娃娜·奇米勒斯卡

译者：明书

版本：接力出版社

2022 年 11 月

伊娃娜·奇米勒斯卡，波兰插画家。1960 年出生于波兰帕比亚尼采，1984 年毕业于托伦市哥白尼大学美术系版画专业，2004 年在韩国出版了处女作，参与创作的书籍累计三十余本，曾两度获得博洛尼亚童书展最佳童书奖。著有《一半？一半！》《献给奶奶的摇篮曲》《这样折起来》等。

推荐语

好的童书，面向的绝不仅是儿童读者，它往往具备在不同年龄受众中激起共鸣的力量，既写给成年人心中的孩童，也写给儿童心中住着的大人。这意味着写作者面临的是双重挑战，既要有成人视角的深刻，能穿透习以为常的生活世界直视被掩盖的复杂，同时亦保有儿童视角的敏锐，于看似平滑的表述中捕捉到裂隙。《这样折起来》的作者伊娃娜·奇米勒斯卡具备的正是这样一种换位的意识。这本图画书有着极强的互动性与衍生性，伊娃娜邀请读者沿书页虚线折叠，通过折书角直面日常生活中不同选择所产生的结果，从而挑战那些成长中被灌输的许多规则。不同的折叠思路，打开的是多重的阅读空间。

在这场不会产生任何实际后果的思想实验中，伊娃娜更是大胆地将围绕"善良""正义""宽容"等概念的讨论渗透其中，从日常小事，延伸至儿童权益、弱者保护、动物福利、难民救助等复杂的道德议题，追问真实处境中每一次抉择之下的犹疑，堪称经典"电车难题"的图画版重现，这无疑开启了一场成人与儿时自我的对话。该书同样向传统的道德教育提出疑问，在笼统直陈善恶之外，我们是否敢于尝试一种更为开放的方式，成为孩子的"同行人"，而非"领路人"。

《卡夫卡传：关键岁月·1910—1915》

作者：［德］莱纳·施塔赫
译者：黄雪媛、程卫平
版本：上海贝贝特／广西师范大学出版社
2022 年 4 月

莱纳·施塔赫，德国文学研究者。1996 年开始撰写卡夫卡传记，历时 18 年，共三卷，获得 2016 年约瑟夫—布莱特巴赫奖。

推荐语

任何一部优质传记，都是对公众想象的某种纠正或补充，因为大众对于一个写作者或艺术家的认知，往往来自一幅简略且不乏夸张走样的人物漫画之上，而传记作者首先要认领的，恰恰是其对立面：传主独一无二的复杂性。三卷本《卡夫卡传：关键岁月·1910—1915》的作者莱纳·施塔赫对此具有高度自觉，并通过对翔实资料的细密梳理、对卡夫卡作品的谨慎解读，更重要的是对卡夫卡"难以企及的内心深处"的沉潜式探掘、体悟和想象，试图呈现出卡夫卡人生最接近于"真实"的图景，尽管施塔赫清楚地知道，绝对的真实本是无从抵达的。如我们所知，卡夫卡天才的核心源自他深刻乃至特异的内在世界，施塔赫的写作也着力于此，但卡夫卡显然并非某些论者所说，"不是这个世界的人"。传记中对卡夫卡物质存在、外部经历及其社会历史背景的描绘，让我们明确感知到，卡夫卡和我们生活在同一个世界，而正因如此，卡夫卡对这世界几乎病态般敏锐的洞察所抵达的高度也迫使我们反思：这个共同的世界到底是怎样的，我们又该如何（以及是否可能）像卡夫卡一样清醒地体验并思考它。

《旷野—孪生子：艾基诗集》

作者：［俄］根纳季·艾基
译者：骆家
版本：雅众文化 / 北京联合出版公司
2022 年 8 月

根纳季·艾基（1934—2006），俄罗斯诗人、翻译家，1998 年被授予法国文学及艺术骑士勋章，生前多次获诺贝尔奖提名。

推荐语

　　根纳季·艾基令人惊异地创造或保留了一片新的诗意空间。其诗歌呈现的陌异感是多面的，最显著之处在于他对空格和标点符号的独特使用，看似突兀的长短破折号和括号迫使诗句（以及词语）停顿、层叠，不仅更新了诗的音乐，更暗示了言说的难度。艾基的诗中没有所谓流畅优美的抒情式表达，"沉默"的重量弥漫在他的整部诗集之中，赋予诗歌以厚度，并增强着词语的锐度，因为"沉默使人听到词的声音"。艾基诗歌的核心是明显的，它们反复出现在诗名中：旷野、童年和森林。作为最重要的意象，"旷野"像是诗人身体、精神乃至信念的存身之所，在这里，诗人看到具有启示性"闪光"的自然之物，也是在这里，诗人轻声吁求神性的凸显，同样是在这里，诗人召唤着"纯洁"的童年 / 孩子。诗人渴望"澄明无碍"的存在状态，但不可忽视的是，"心灵纯洁只因为存在很多阴影""现实会晃瞎无色的澄明！"艾基并未推卸"见证"的责任，诗中"伤口""谎言""饥饿"的在场，喻示着所有写下和没有被写下的"疼痛"。

《陀思妥耶夫斯基（第 5 卷）：文学的巅峰，1871——1881》

作者：〔美〕约瑟夫·弗兰克
译者：戴大洪
版本：上海贝贝特 / 广西师范大学出版社
2022 年 3 月

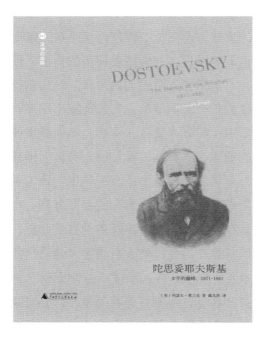

约瑟夫·弗兰克（1918—2013），代表作为五卷本《陀思妥耶夫斯基》，曾获美国全国图书评论俱乐部奖（传记类）等各种图书奖。

推荐语

　　《陀思妥耶夫斯基》第 5 卷的出版，终于让这部备受推崇的传记的全貌得以呈现。关于这部传记难免让人有些生畏的厚度，作者约瑟夫·弗兰克在该卷的前言中给出回应：这套五卷本传记"实际上是在写一部以陀思妥耶夫斯基为中心的经过浓缩的 19 世纪俄罗斯文化史"。这一方法的可行性与可靠性建立在陀思妥耶夫斯基本人的特性之上，如俄罗斯宗教哲学家别尔嘉耶夫所说，陀思妥耶夫斯基是"最俄罗斯的"。某种意义上说，研究陀思妥耶夫斯基就是研究俄罗斯。在该卷中，除日常生活轨迹外，作者重点分析了陀思妥耶夫斯基与俄罗斯民粹派之间思想的同与不同，对《作家日记》进行了几乎过于细腻的梳理，重现了屠格涅夫和陀氏的论战，当然，还有对《卡拉马佐夫兄弟》这部巨著的事无巨细的研究和文学批评，而这一切的落脚点，大概都可归结为对陀思妥耶夫斯基艺术—思想和道德—精神观念的深入探究与剖析。与此同时，作者也没有忽略陀思妥耶夫斯基某些主张中"令人不快的一面"以及"令人费解的复杂性"，正因如此，一个完整的陀思妥耶夫斯基出现在读者面前。

《马克洛尔的奇遇与厄运》

作者：［哥伦比亚］阿尔瓦罗·穆蒂斯

译者：轩乐

版本：大方 / 中信出版集团

2022 年 8 月

阿尔瓦罗·穆蒂斯（1923—2013），哥伦比亚诗人，小说家，文学评论家，曾获得过塞万提斯文学奖、阿斯图里亚斯王子奖等西语文学顶级奖项。代表作为《马克洛尔的奇遇与厄运》。

推荐语

如果一个人注定无法在陆地定居，那么他将如何赋予人生意义？哥伦比亚作家阿尔瓦罗·穆蒂斯用七部曲讲述了一位名叫马克洛尔的瞭望员的故事。作为马尔克斯的好友及文学导师，阿尔瓦罗·穆蒂斯的小说同样具有浩瀚空旷的风格与超越现实的幻想色彩。在这本小说中，马克洛尔面向大海，以接纳了人生的荒诞与无意义为起点，从而开始了人生的旅程。他意识到自己的行为与计划永远不会有真正的结果，诸多努力都会随着意外的发生在泥泞的社会现实中化为流水，这一具有悲剧与宿命色彩的主题，却并没有让小说的叙事变得沉重。穆蒂斯极为有力地控制着作品的戏剧张力和叙事节奏，用抒情性的句子平静讲述着每个章节的故事，让《马克洛尔的奇遇与厄运》具有了独特的美学魅力，并无刻意升华或渲染的故事氛围，让马克洛尔的每个人生阶段都如海洋般静默而广阔，即使无论高潮与低谷在消散后注定只剩下一片空虚，马克洛尔的形象却以自由者的姿态浮现在每个读者的眼前，让人感受到在最狭小的肉体中，也足以容纳一片只由内心控制的宇宙。

《当我们不再理解世界》

作者：［智利］本哈明·拉巴图特
译者：施杰
版本：99 读书人 / 人民文学出版社
2022 年 9 月

本哈明·拉巴图特，智利作家，1980 年生于荷兰鹿特丹。代表作《当我们不再理解世界》曾入围 2021 年《纽约时报书评周刊》年度十大好书、美国国家图书奖以及国际布克奖等。

推荐语

本哈明·拉巴图特是一位对数学很有兴趣的小说家，这个特殊的身份让他能够用大多数小说家难以掌握的主题来创作小说。凭借着这一写作的独特性，拉巴图特的小说在出版后便立刻获得了国际文学奖项的关注，曾入围国际布克奖短名单等重磅文学奖项。本哈明·拉巴图特的独特视角在于，他可以站在更立体的视野上，用理性和人性两种角度观察世界。《当我们不再理解世界》作为一本篇幅不长的短篇小说集，却呈现了层次丰富的思考维度，以化学家、数学家、物理学家为主人公，将真实传记与虚构故事结合，从而展现了历史的谬论、社会变化的无常，并且让这些历史上的苦难在人类面向宇宙的思索时显得渺小且微不足道，而人类精神的光辉尽管短暂却足以在这些故事中成为核心。不管是人文思维还是科学思维，它们都在面对人类命运共同体时走向了殊途同归的终点。

《时间熊，镜子虎和看不见的小猫》

作者：范晔

绘者：顾湘

版本：世纪文景 / 上海人民出版社

2022 年 5 月

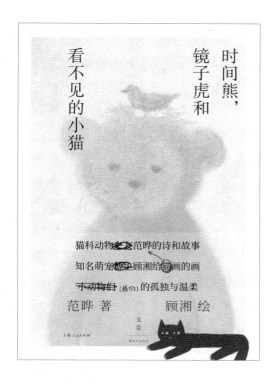

范晔，1977 年生，西班牙语语言文学博士、译者。代表译著包括《百年孤独》《未知大学》《致未来的诗人》等，另有《西班牙 20 世纪诗歌研究》《诗人的迟缓》等研究评论著作。

推荐语

纳博科夫认为，文学的本质是游戏性的，一切伟大的文学作品都是童话。在他看来，童话是最能体现文学独立性与自由想象性的体裁，而且童话能够抛弃说教与训诫，脱离既定思想的影响，用纯粹的故事与读者建立联系。西语译者范晔的这本《时间熊，镜子虎和看不见的小猫》便是一本纯粹以幻想童话的形式面向读者的作品，从每个幻想动物的名称中我们就能明白，"勺子熊""时间熊""板凳虎"这些都是非现实存在的物种，然而正是由于其纯粹的幻想性质让它们得以从固有的解释中脱离，在每个动物的故事中，我们可以找到一种类似原型的存在，让这些动物与人类的行为及情绪发生碰撞。它不仅是一本写给孩子们看的幻想故事，也是一本可以给成年人阅读的天真之书，让读者重温文学最初的乐趣，感受幻想的奇妙与自由，并且在这些奇怪幻想动物的故事中，对现实中人类的种种行为进行宽纳与消解。它在人性最原始、最简单的内心需求上进行构建，以轻松简朴的口吻提供了看待现实的诸多可能。

《艾希曼审判》

作者：［美］德博拉·E.利普斯塔特

译者：刘颖洁

版本：译林出版社

2022 年 11 月

德博拉·E.利普斯塔特，1947 年生，美国历史学家，主要作品有《否认大屠杀》《审判史：与大屠杀否认者同庭之日》等。

推荐语

　　半个世纪前的艾希曼审判与此后旷日持久的讨论不仅改变了犹太人的生活与社会，也重塑了世界对于大屠杀的认识框架。其中，最为人热议的便是汉娜·阿伦特参与报道并提出的"恶之平庸"。某种意义上，人们对于"恶之平庸"的关注甚至超过了审判本身。

　　美国犹太史学家德博拉·E.利普斯塔特的《艾希曼审判》则将我们的目光重新拉回到这场影响深远的庭审现场。借由大量最新披露的一手资料档案与研究发现，利普斯塔特层层剥开艾希曼的真实面容——一个视纳粹领导人为"偶像"，接受并支持种族净化思想的纳粹分子。不同于阿伦特笔下"无思"的办事员，艾希曼和他的同类们并非偶然地从普通人变成凶手，而是长久的"反犹主义"历史的一部分。

　　与此同时，正是在利普斯塔特细腻还原的历史细节之中，我们得以再次看到大屠杀幸存者个人化的讲述是如何与公共世界相遇，这段历史又是如何借由他们的讲述，冲破犹太社群的界限，转化为更大范围的集体记忆。在时间的洪流之中，在艾希曼之外，同样还有那些曾经用自己的行动对抗恐惧与沉默的普通人。诚如利普斯塔特所言，在"反犹主义"依旧盛行的当下，艾希曼审判所留下的最永恒的遗产便是：那些未曾在场的未来的世代，必须铭记。而曾经在场的我们，必须讲述。

《本雅明传》

作者：［美］霍华德·艾兰
　　　［美］迈克尔·詹宁斯
译者：王璞
版本：上海文艺出版社
2022 年 7 月

霍华德·艾兰，耶鲁大学文学博士，曾执教于耶鲁大学、波士顿学院与麻省理工学院。哈佛大学出版社四卷本《本雅明文集》编者与译者。

迈克尔·詹宁斯，弗吉尼亚大学文学博士，普林斯顿大学德语文学教授。哈佛大学出版社四卷本《本雅明文集》编者与译者。

推荐语

瓦尔特·本雅明被普遍公认为欧洲现代性的重要见证和关键代表人物之一，他的《机械复制时代的艺术作品》《发达资本主义时代的抒情诗人》《单向街》等作品广泛影响了文学、艺术、哲学、历史等几乎所有人文社科领域。用理查德·卡尼的话来形容，本雅明"既是诗人神学家，又是历史唯物主义者，既是形而上学的语言学家，又是献身政治的游荡者"。他身上所承载的多重张力构成了一种拒斥单一叙事的"反传记性"，让任何一个企图为其作传的学者犯难。而霍华德·艾兰与迈克尔·詹宁斯两位本雅明研究专家推出的这部传记，正试图直面这一难题。相较于其他本雅明的传记，本书最大的特点便是严格按照编年顺序展开，力图还原本雅明思想发生的每一个历史语境，比如，从本雅明与母亲的互动细节，延伸到对他"原始寓意"式写作视角的理解；从本雅明 1929 年在意大利之行中的自言自语，缀连起离婚、马克思主义转向等这一年发生在他身上的诸多重大事件，等等。《本雅明传》通过大量丰富的历史细节，在某种程度上提供了一种传记的可能。用译者王璞的话来说，传记并非一种客观的盖棺论定，而是充满着可以被读者持续书写的可能性，这种发散向历史的可能性正潜藏在这些细节场景中。在此，传记并未因细节而显得琐碎，相反，它如同本雅明的写作一样，在细节的"力场"中获得了更厚重的历史感与整体感。

2021年

　　诗人在动荡漂泊的生活中辨认复杂繁复的自我，冥思永恒的时间与死亡，体味必然的孤独与忧郁；作为"异乡者"，诗人则携带着痛苦与伤口，播撒对他者的爱的同时，直面现实，呼应着米沃什、卡夫卡们的困境，而最终，诗人用缓慢却坚定的步伐，指示出"精神原乡"的方向。

《兀鹰飞过城市》

作者：宋琳

版本：雅众文化 / 北京联合出版公司

2021 年 1 月

宋琳，1959 年生于福建厦门，现居大理。著有诗集《城市人》（合集）《门厅》《雪夜访戴》《口信》《宋琳诗选》《星期天的麻雀》等；随笔集《对移动冰川的不断接近》《俄尔甫斯回头》。

致敬词

从 1982 年到 2019 年，诗集《兀鹰飞过城市》撷取宋琳近四十年创作中的精华，成书仅三百页。但在这极为有限的篇幅中，是诗人丰厚的生命感悟和无限的精神广度。作为"灵魂的私人侦探"，诗人在动荡漂泊的生活中辨认复杂繁复的自我，冥思永恒的时间与死亡，体味必然的孤独与忧郁；作为"异乡者"，诗人则携带着痛苦与伤口，播撒对他者的爱的同时，直面现实，呼应着米沃什、卡夫卡们的困境，而最终，诗人用缓慢却坚定的步伐，指示出"精神原乡"的方向。

我们致敬《兀鹰飞过城市》，致敬它在诗艺上的精致、优雅与平衡，主题上的丰富、深刻与尖厉；我们更要致敬诗人宋琳，致敬他在变动不居的社会语境中，对诗和诗性的坚守，对诗之纯洁性和高贵性的维护，以及他对"重负"的主动承担。他漫长的写作历程向我们展现出一种稀有的精神上的高度和勇气。

答谢词

我的诗选《兀鹰飞过城市》获"2021《新京报》年度阅读推荐"，这一荣誉几乎立即转化成了对我个人未来写作的压力。我了解诗迫而成的道理，所有的屈辱、丧失、痛苦都是天赋的一部分，都为了成就一首诗。荣誉也是命运的礼物，但诚如先哲所言，它"不可多得"。荣誉是肯定，而真正的创造力来自否定，给作品署名的最好永远是一个无名者。

历代伟大的诗歌滋养了我，写作是一种回报，而我在缓慢的成长中写下的可以称为精神祭品的东西，在全部作品中占有多大比例，我自己并没有把握。我说过：诗是个人的事情，又不是个人的事情。就超越个人性这一方面而言，诗是无止境的，因而那首被称为"诗"的诗也永远不会写完。

对话

采写　张进

【这本书】

《新京报》： 这本诗集在分辑上很有意味，以你先后居住过的地点——上海、巴黎、新加坡、布宜诺斯艾利斯、北京、大理来划分。在国内外各地的流徙经历和您的诗歌写作之间，是一种怎样的关系？

宋琳： 六个地点仿佛骰子的六面、卦象中的六爻，暗示着我人生的变动不居。当然，这样分辑在形式上也有私人制图学的意味，坐标清晰，容易辨认。在诗集的跋中我写道："但愿我在流徙中的文化差异性体验多少提供了某种陌生"，然而，不同文化之间既有差异性，又有同源。异域经验拓宽了我写作的边界，发现诗在任何地方都能生长也许是途中最大的秘密。

【这个人】

《新京报》： 你十二三岁就已经在写诗。回看自己如此漫长的写作历程，你会怎样概括？

宋琳： 我在初中二年级时喜欢上诗歌，最早的涂鸦得到我父亲的称许，那是我生命中的一个重大事件：我决定要做一个诗人。不过，我诗歌的学徒期应始于大学阶段，还发表了一些不成熟的习作。现在我觉得，太早成名并不是一件好事，尤其不能为发表而写作。我接受的影响来自诸多方面，我希望能将它们转化成自己的东西。从接触诗歌到现在也许不算短，而我有了一定的经验之后似乎还在唱天真之歌，这证明我是相当晚熟的诗人。

【这一年】

《新京报》： 你在视频中提到诗歌在面对疫情时"应当"起到的"安慰心灵"的作用。在你看来，除此之外，面对疫情或类似的困难时期，诗歌还应该做到什么？

宋琳： 诗歌继续存在说明它有理由存在。文明发端以来，没有哪个时期人类不需要诗歌，即使在最黑暗的阶段，诗歌的薪火也未曾被扑灭。诗歌理应给弱小无助的心灵送去温暖，因为无论是疫情还是别的形式的区隔、威胁、不公，都是诗歌需要关注的。我说的安慰力量是就人的整体境况而言，而在一个特定时代，诗人的勇气可能比审美趣味更重要，我指的是忠实于真实感受的勇气、见证的勇气，因为诗人作为个人，是受雇于他者和历史记忆的。

《童年往事》

作者：［爱尔兰］罗迪·道伊尔
译者：郭国良、彭真丹
版本：上海译文出版社
2020 年 12 月

罗迪·道伊尔，1958年5月8日出生，爱尔兰小说家、剧作家和编剧，作品主要以爱尔兰为背景，并以大量使用俚语和爱尔兰英语方言编写的对话而著称。1993年获得布克奖。

致敬词

童年，是每个人性格与情感的起源，童年的经历，决定了我们未来看待世界的方式。书写童年是困难的，它不仅要写出幼稚甚至愚蠢的行为，同时，也要在其中观察到童年时代的人类那容易被外界感染的心灵，他会为简单的事情冒险，也会被单纯的事情感动。这个世界上，不同国家、不同地区的人会因为环境的限制，而经历不同的童年，尽管他们在人生叙事中形态各异，但在童年的成长上，却有着相似的必经之路。

我们致敬《童年往事》，它作为一本成功描绘童年的作品，在社会文化的背景隔阂之外，成功捕捉到了全人类在孩提时期的共性。我们在其中听到原始而混沌的声音，看到自己蒙昧时期的倒影，望着曾经喧嚣又迷茫的未来，正是在这个重新观察审视的过程中，我们告别了幼稚的人生阶段，走向另一端的未来。

答谢词

很高兴我与彭真丹合译的《童年往事》这部作品能够入选"2021《新京报》年度阅读推荐"，让更多的读者有机会了解并阅读这部文学佳作。尽管小说原作问世已近三十年，但其中所蕴含的动人情感却不会受到时空的限制，让每位读者在回忆起一去不复返的童年时，体味到那些夹杂着温暖与感伤的、关于成长的点点滴滴。从这个角度来说，这本书的翻译过程也像是一段成长的旅途，途中有孤独，有纠结，更有快乐与幸福，并最终成为一段抵回心间的难忘回忆。二十多年来我沉醉于文学翻译，尤其是布克奖得主作品的译介，深谙文学翻译的重量、温度和旨趣。毋庸置疑，十多年前的这场翻译也是一次美丽的邂逅和不倦的缠绵。

——郭国良（译者）

对话

采写　宫子

【这本书】

《新京报》：《童年往事》这本书为何能在当年的布克奖评选中脱颖而出？

郭国良：1993年，《童年往事》与其他五部作品最终入围布克奖决选名单。它之所以能力挫群雄，是因为它独树一帜的叙述方式和风格，采用非情节化的结构、碎片式的语言、无序的现实编排和跳脱了时间感的叙述，让人耳目一新。正如它的中文版书名所暗示的，这是一段记录成长阵痛的故事，讲述主人公帕特里克·克拉克在父母感情破裂后，被生活突然推向略显复杂与残酷的成人世界。另一方面，小说也从一个小男孩的视角，探讨了成长、婚姻、家庭等恒久的文学主题，又从侧面见证了第二次世界大战后爱尔兰的文化、宗教、政治等方面的变迁，为小说增加了几分历史的厚重感，使其不同于一般的成长小说，成为一部平淡中寄寓深情的经典佳作。

【这个人】

《新京报》：能否为读者简单介绍一下罗迪·道伊尔这位作家？

郭国良：罗迪·道伊尔 1958 年出生于都柏林，被誉为爱尔兰的"桂冠小说家""伟大的喜剧作家"。道伊尔的作品时而恣意汪洋，时而不动声色，擅写都柏林普通人的生活，在细微处见精神、现风骨，被《时代》杂志誉为"充满凯尔特式的黑色幽默"和机巧。除此以外，道伊尔长期活跃于国际文学、戏剧、影视界，根据其小说《追梦人》改编的电影获得英国电影和电视艺术学院奖"最佳编剧奖"。他在爱尔兰文学界的声誉很高，包括约瑟夫·奥康纳在内的很多知名爱尔兰作家都对他赞誉有加，在新人作家当中也备受推崇，比如近年来关注度很高的多纳尔·瑞安。

【这一年】

《新京报》：在这一年里，你是否有收到关于《童年往事》的阅读回馈？你在今年做的其他翻译工作有哪些？

郭国良：我本人没有收到过。但听出版社转述，这部作品尽管大众知名度不高，但在书评人和文学媒体中间的评价很高。2021 年除了零零碎碎译了几篇英美作家访谈录和三则短篇小说外，主要在交替翻译"英国文坛三巨头"中的两大巨头朱利安·巴恩斯、马丁·艾米斯的《穿红外套的男子》和《利害之畿》。

《不确定宣言（1—3卷）》

作者：［法］费德里克·帕雅克

译者：余中先

版本：后浪 / 四川文艺出版社

2021年10月

费德里克·帕雅克，出生于1955年，作家、画家、电影制作人。从2012年起出版"不确定宣言"系列丛书，2014年第三卷获得美第奇散文奖，2021年以全部九卷获得瑞士文学大奖。

致敬词

人的一生，是否能在不确定的未来中找到确定的自我存在？人的一生，是否能在动荡的时代寻找到独立的心灵？在跌宕起伏的20世纪30年代，这些问题困扰着每个知识分子与追求存在意义的人。瓦尔特·本雅明的一生，试图在冷酷的世界中思索文明的温度，在落满飘零人的世界中抓取一片能让自己栖居的孤叶，他追逐哲思、爱情、自由，他最终以一次恐慌状态下的自杀结束了自己的人生，宣告了对不确定的未来的失败。但他留给我们的，却是一条确然的灵魂之路。

我们致敬《不确定宣言》，作者兼绘者费德里克·帕雅克用三卷本的篇幅讲述了本雅明的人生历程。他用最契合本雅明的方式打通了文学、传记、艺术与历史记忆之间的通道，用黑白相间的笔墨描绘了那个明暗交织的时代中光影错乱的人们。他用简练的形式勾勒了本雅明的一生，也运用视觉效果将读者带入和本雅明同样的质问，向不确定的人

生和未来给出自己的探索。

答谢词

　　感谢《新京报》和评奖委员会对我翻译的《不确定宣言》的认可。《不确定宣言》是我对图像作品或曰图文作品的第一次翻译尝试。正如本书书名所用的"不确定"一词那样，我对这种形式的散文作品的把握也是不确定的，但这种"不确定性"也能让一个译者对最终出来的译文有一种处理上的自由度。

　　费德里克·帕雅克的作品有图有文，他的文字需要我翻译，但他的图画不用翻译，它就在那里。它在那里做引导，做启发，让人联想，让我在翻译中不由自主地想在画面背后找到文字所要表达的东西，而这也是作者兼画家已经说出来的和可能还藏在文字后面要说而没说的意思。这一探寻，是翻译工作中令我开心的地方，也是最有挑战性的地方。

　　书中人物本雅明的故事是好的，作者帕雅克的思索是好的，图文并茂的图书形式也是好的，但愿我的译文能对得起这三个好。

　　　　　　　　　　——余中先（译者）

对话

采写　宫子

【这本书】

　　《新京报》：《不确定宣言》斩获了法国大量文学奖，而近几年，图像小说也在文学奖中频繁出现，能否说一下你对图像小说文学性的看法（它们为何大受欢迎，优质的图像小说主要体现在哪些方面）？

　　余中先：图像书，我是第一次翻译，开始不太了解，在翻译中加深了对它的了解。都说"图文并茂"，但在我看来，关键还是"文"。《不确定宣言》在法国和瑞士获得了几个大奖，还都属于文学类的奖：美第奇文学奖给的是散文奖（2014），龚古尔文学奖给的是传记奖（2019）。2021年，瑞士给的是文学大奖。图画给的是"可视性"部分的东西，而文字则有大量的想象空间。图像是在引导、促进、启发，而文字则给出了图画所不能给的虚构、想象。应该说，读者可以从图像走向文字，却不能从文字再走回到图像去了。

【这个人】

《新京报》： 在你看来，《不确定宣言》成功抓住了本雅明一生中哪些非常重要的部分？

余中先： 帕雅克的《不确定宣言》有很多册。其中写本雅明的是这三册，分别写他在伊比萨岛、在巴黎和在最终的逃亡途中的所思所行，这些正是本雅明一生中即便不是最有代表性的也算是相当有代表性的"写作"和"行动"时期。抓住了它们，也就抓住了这个知识分子的心路历程三个关键点。

【这一年】

《新京报》： 这一年里，除了《不确定宣言》，你还关注到哪些值得推荐的图像小说作品？

余中先： 2021年是《不确定宣言》

汉译本出版的年份，同年，我以前翻译的法国作家埃里克·法伊的小说《长崎》也在中国出了它的图像本。插图作者是法国人阿涅丝·奥斯塔什。译者还是我，或者说，出版社还是用了我当年的译文。通过《不确定宣言》和《长崎》，我关注到了"后浪"出版的不少图像书，其中有麦尔维尔的《白鲸记》、普鲁斯特的《追寻逝去的时光》（两册）、加缪的《第一个人》等，都是根据世界名著改编的。不过，很抱歉，我对这方面了解得实在不多。

《雕塑的故事》

作者：［英］安东尼·葛姆雷
　　　［英］马丁·盖福德

译者：王珂

版本：理想国 / 广西师范大学出版社
2021 年 5 月

安东尼·葛姆雷，1950 年生，英国当代著名的雕塑家。

马丁·盖福德，英国历史学家，艺术史学者，英国《旁观者》杂志艺术评论家。

致敬词

雕塑是什么？雕塑家安东尼·葛姆雷与艺术史学者马丁·盖福德围绕这个问题，展开了一场持续 18 年的对话。在他们眼中，雕塑是坚实的物质，也是光线的虚空；雕塑是定格的当下，也是时空的流动；雕塑是对死亡的沉思，也是旺盛迸发的生命力；雕塑是想象力的承载，更是一种形之于物的思维方式。他们的谈话主题跨越了地域、文化和语境，将历时千万年的雕塑创作联系在一起，通过阐述"雕塑是什么"，进而叩问"人类是什么"这个更为宏大的命题。

我们致敬《雕塑的故事》，致敬它对雕塑艺术所能蕴含的复杂情绪与多元审美而做的深入探索，也致敬它为雕塑艺术所能触及的悠远时间与广阔空间而做的大胆开拓。正如作者葛姆雷所说，在这个虚拟数字时代，雕塑依然是我们质疑世界的重要方式。

答谢词

《雕塑的故事》一书是由两位亲密

的朋友以对谈的形式呈现的。葛姆雷作为雕塑家，语言风格非常生动，富有诗性和意象性，且着重于创作与欣赏艺术的直观体验；而盖福德作为研究者，语言精准凝练，引经据典，信息量非常大。这二人可说旗鼓相当，相得益彰。不同于以往的雕塑史，这本书每一次的对话，都是以一到两个核心概念或者关键词为中心展开。最重要的是，这本书大大拓宽了雕塑的概念，把雕塑定义为一种形之于物的思考方式，雕塑家以空间的语言来探讨人与宇宙的关系。

这本书的翻译工作，主要在 2020 年末至 2021 年初进行，当时正值新型冠状病毒疫情发展严峻，我困居海外，居家避疫，这本书的翻译给我带来了巨大的心理慰藉和支撑。我非常感谢《新京报》的评委以及广大读者对本书的认可，希望以后有机会以更成熟、更优秀的译作来回馈大家！谢谢！

——王珂（译者）

对话

采写　肖舒妍

【这个人】

《新京报》：此前你是否关注过葛姆雷的雕塑作品或盖福德的艺术评论？可以为中国读者介绍一下他们吗？

王珂：我与这两位都有联络。葛姆雷鼎鼎大名，他的作品在英国经常可以见到。比如我曾到过英格兰东北小城盖茨黑德，亲眼见到他的名作《北方天使》。这座钢铁天使翼展超过 50 米，通体锈红，是这个地区工业化历史的缩影。雕塑微微前倾，站在它脚下，既有一种隐隐的压迫感，又像是正在被它拥抱，使我深感震撼。他的作品着重探讨人体与空间的关系，往往装置在开放场域中。他在当代艺术中影响很大，曾被评为"英国文化界最有影响的百位人物"之一。盖福德近些年因为一系列高质量的论著而名声大噪，最著名的应该是初版于 2013 年的《米开朗琪罗——史诗人生》一书，被许多人认为是近年来最重要的"米学"著作。

【这一年】

《新京报》：2021 年是被疫情笼罩的一年，国际旅行几乎停滞，英国

尤其受到奥密克戎的影响。在这样特殊的环境之下，在你看来，《雕塑的故事》一书能给我们带来什么样的启发或希望？

王珂： 我想，至少有两点值得我们深思。第一，本书对于雕塑的核心定义是"一种形之于物的思维方式"，着重探讨的是人体与空间的关系。疫情前，我们习惯了在外部世界自由地位移，习惯了在私人与公共空间之间自由地穿梭。疫情暴发之后，国际交通停滞，日常交通也受到了很大影响，身体与空间的关系以及私人空间与公共空间的关系被重新定义，让我们得以从头思考"何处容身""到哪里去"的存在性问题。这本书为我们提供了大量的案例，告诉我们这些问题在人类历史上从始至终都居于核心位置。

第二，这本书以两位挚友将近二十年间的对话构成，在这漫长的时段中，他们一有机会就坐下来讨论这些看似不着边际的问题，终于积累成了这本异彩纷呈的谈话录。这让我们重新思考谈话的力量。疫情笼罩之下，许多朋友难以谋面，但打个电话、通个语音还是很容易的。不妨静下心来聊一聊，也像他们一样找个话题，畅所欲言，说不定就会碰撞出别样的火花。

《奶酪与蛆虫》

作者：［意］卡洛·金茨堡
译者：鲁伊
版本：理想国 / 广西师范大学出版社
2021 年 7 月

卡洛·金茨堡，享誉国际学术界的意大利历史学家，微观史学派的代表学者，曾荣获有"欧洲诺贝尔奖"之誉的巴赞奖。先后任教于博洛尼亚大学、加州大学洛杉矶分校和比萨高等师范学校等。

致敬词

16世纪的欧洲，文艺复兴的余晖沉入黑夜，但启蒙运动的黎明却尚未到来。变革的种子在长夜中沉默地酝酿，一个穷乡僻壤的小人物却发出独立思考的声音。他离经叛道的呼声最终将他推上了审判庭，他的生命也葬送在烈火之中。除了尘封的档案，他的生平湮灭无闻，但历史学家却最终还他以尊严。一个小人物的心灵宇宙，通过史家之笔，穿透时空的帷幕，直抵现代人的眼前。四百年前审判者加诸他身上的罪名，今天反而成了他头上勇气的冠冕。

我们致敬《奶酪与蛆虫》，致敬它见微知著的深刻洞见，洗练而生动的文笔，赋予了枯燥的文献档案以鲜活生命。我们更要致敬作者卡洛·金茨堡，致敬他在灰尘满布的档案丛林中披荆斩棘，从微观细节中发掘出一个平凡人物的非凡故事，他以严谨、深刻而富有温情的史笔，让我们相信，纵使渺小如尘沙之众，纵使独立思考的微光会隐没在漫漫长夜，也同样有着不被遗忘的尊严。

答谢词

此次入选"2021《新京报》年度阅读推荐"，诚为殊荣。我对这份推崇认可深怀感激，而《奶酪与蛆虫》中文版得到的热忱响应，也让我颇受触动。《奶酪与蛆虫》如今被视为微观史的经典之一，但微观史这个词却从未在此书中提及。原因很简单：作为一种历史分析方法的微观史，是在由我这本书所引发的激烈讨论中慢慢浮现出来的。梅诺基奥的这桩不寻常的案子，无论从证据来看，还是就内容而言，都与众不同，而它让我们得以从一个意想不到的角度去审视一系列具有普遍意义的问题，这，促成了本书的成功。这本书的可译性，与两个居于梅诺基奥自身体验之核心地位的主题有关：对政治权威和宗教权威的挑战，以及口头文化与书面文化之间的交织作用。这两个主题，很容易跨越疆域。

——卡洛·金茨堡

对话

采写　李夏恩

【这本书】

《新京报》：历史学者常常被要求以第三者旁观的视角去研究历史，但我也注意到，许多历史学者与他的研究对象间存在着一种主观上的联系，他们会因自己的经历或是心境去选择研究某一段历史。你的《奶酪与蛆虫》和《夜间的战斗》都是从一个边缘的、受到迫害的小人物的角度进行研究，而且都是关于审判的历史。我也了解到你的家庭在意大利法西斯主义时期曾经参加过抵抗运动，你的父亲因为拒绝服从法西斯当权者而遭到监禁，死于狱中。你的家庭和自身经历对你的研究有着怎样的影响？

卡洛·金茨堡： 很久以前，在我20岁的时候，我突然做出了三个决定：我要成为一名历史学家；我要研究巫术审判；我要从这些审判中发掘受害者的态度和声音。直到后来我才意识到这第三个决定具有情感意义，它可以追溯到我的家庭历史，以及我儿时对"二战"犹太人遭受迫害的记忆。我完全认同我的研究有主观因素；但这只是故事的开始，因为它只关乎问题的提出，而非问题的解答。如果历史学家仅局限于将自己的主观经验投射到过去，那么过去将因不合时宜而扭曲。在《我们的话语和他们的话语》中，我认为可以（而且必须）通过对证据的仔细分析来重塑与现在有关的不合时宜的问题。意大利哲学家和历史学家贝内代托·克罗齐有句名言：

"一切真正的历史都是当代史。"在另一篇文章《微观史与世界史》的结尾，我得出了一个不同的结论："一切真正的历史都是比较历史。"因为历史是建立在现在和过去两个历史层次之间的隐喻对话。梅诺基奥敢于与审判者辩论，他大胆的、离经叛道的思想让他付出了生命的代价。要研究我们的世界与他的世界有什么不同，与现时的例子进行类比只会是这条研究路径的起点。

【这一年】

《新京报》： 2021年是新型冠状病毒疫情流行的第二年，这让我们回想到在《奶酪与蛆虫》和《夜间的战斗》历史事件发生的16—17世纪的欧洲，也是瘟疫流行的时代，从历史的角度来看，我们应该如何理解瘟疫对社会造成的深刻变化？古与今又有着哪些相同与不同之处？

卡洛·金茨堡： 让我们从主要的区别开始：互联网。史上第一次，我们能够在短时间内追踪重大流行病的发展与疾病斗争的各种新闻。我这里说的"新闻"是广义的，包括可靠的新闻和被操纵的新闻。

《海贝与贝币》

作者：杨斌

版本：甲骨文 / 社会科学文献出版社

2021 年 11 月

杨斌，浙江建德人氏，美国东北大学博士，澳门大学历史系教授，西泠印社社员，哈佛燕京学社访问学者。

致敬词

海贝本是海洋生物学研究的对象，却被历史学者从时空的海洋中打捞出来，赋予全新的意义。作为财富与权力的象征，古代贵族对它趋之若鹜，将其转运千里。对海贝的执迷连接起了世界最早的交流网络。在金银货币主宰天下之前，海贝也曾作为贝币，在全球贸易中扮演着举足轻重的角色，创造出史上第一个世界货币体系。透过海贝，我们窥见人类历史上最宏大的文明全景。

我们致敬《海贝与贝币》，致敬它"致广大而尽精微"的史笔，致敬作者作为史家探微寻幽的洞察力。本书对海贝与贝币的辨析，从历史的角度重新定义了货币的含义，也让我们对全球贸易的意义重新进行审视。人类的欲望与追寻，文明的交流与隔阂，时代的兴奋与苦难，犹如海上的细浪与波涛，书中的海贝则成为指引方向的指南针，引领读者航向历史之海的深处。犹如珍珠藏于海贝之内，改写人类文明的力量，也常常蕴含在司空见惯的寻常微物之中。

答谢词

《海贝与贝币》能够入选"2021《新京报》年度阅读推荐",这是我写作时根本无法想象的惊喜。这是一本异常宏大的书,上下几千年,纵横五大洲,穿越三大洋。但它得到《新京报》评委们的厚爱,我想并非在于它的宏大,而是在于它的逻辑。这本书以货币史为纲,通过海洋史来展现不同时空范围内异彩纷呈的画面,最终在全球史的框架下概括海贝兴衰的内在逻辑,重现了一个由不同社会基于一种微不足惜的海洋生物而构建的相互往来并超越疆界的共同轨迹。可以说,这本书是我试图突破传统史学范式的一种尝试。这本书的获奖,抑或是大家对全球史可能性的一种肯定。

——杨斌

对话

采写　李夏恩

────────────

【这本书】

《新京报》:在博物馆里,我们经常能在旧石器时代和商周时期的展品中看到出土的海贝,博物馆的讲解员会告诉我们在当时海贝是作为货币使用的,但你却在书中指出海贝在当时并不是货币,这个观点撼动了我们对货币概念的认知。你是如何发现这一点的?

杨斌:这里需要说明,大众对货币的理解,往往是从财富的角度。因此,日常生活中泛泛而言海贝是钱,也不是什么大错。不过,经济学者对货币的概念有着相对明晰的界定。传统而言,某种物质需要具备三种功能,即价值尺度、流通手段、贮藏手段,才能成为货币,也就是我们所说的钱,在上古中国,海贝是稀缺物,具有高昂的价值,也就是财富的象征,在有些金文记载中它还是价值尺度。因此,许多用贝做偏旁部首的方块字,都和财富有关,也就不足为奇了。但这还不足以证明海贝就是货币。事实上,海贝在商周社会没有成为流通手段,所以它虽然承担了货币的部分功能(价值或财富),但它还不是货币。

《新京报》:以海贝为主题贯串整个全球史,我们或许可以将其称为"微观全球史"。很想知道你在进行这项研究时,有哪些技巧、方法和心得呢?

杨斌:对于全书的章节结构安排,我花了很多心思。第一,基本上我还是按照海贝从马尔代夫扩张的时空顺序而写,但海贝这个问题不为我们熟知的地区或国家的疆域所限制,所以我尽量强调它的跨地区的联系、发展、脉络,特别是内在的逻辑。第二,世界史或全球史为人所诟病的一个缺点在于宏大,因而轻疏。这是我竭力想要克服的。我在勾勒海贝的全球轨迹时，尽量采用各地的考古、档案、游记、法典等，用扎实的地方材料来讲述全球的故事。

【这一年】

《新京报》： 面向 2022 年，你有着哪些新的研究计划和想法？

杨斌： 2022 年可能是我中文成果最为丰富的一年。目前有四个出版计划，三本书稿已经交付出版社，第四本计划在 3 月份交稿。第一本是甲骨文工作室会出版的我的一本全球史，题目暂定为《哪吒、火山和龙涎香》。这本书是我关于全球史的知与行。"知"就是理论，也就是我对全球史的理解；"行"就是实践，也就是我的一些全球史的研究。第二本书是饶宗颐在新加坡大学任教的五年（1968—1973）。第三本是关于郁达夫的情感与写作，重新探讨了郁达夫的许多问题。第四本书是根据我在"澎湃"的海洋史专栏"'人''海'之间"发表的随笔编辑而成。

《晚清官场镜像》

作者：邱捷
版本：社会科学文献出版社
2021 年 5 月

邱捷，中山大学历史系教授、博士生导师，主要研究方向为中国近代史。

致敬词

在中山大学历史系的档案室，存放着一本少有人问津的日记。它的主人——晚清的一个州县官杜凤治 50 岁才开启仕途，宦粤十几年，以一个地方官僚的私人视角真实记录了晚清时期官场的百态。邱捷独具慧眼，经过长期的深入阅读，充分挖掘出这本日记的价值。晚清地方官员为何经常偏离王法做出判决？官员之间对上对下日常如何互动？"皇权"是否"不下县"？针对这一系列重要的问题，《晚清官场镜像》在既有的有关清朝政治制度史、法制史研究的基础上，填补了许多前人未给予充分关注的关键事实与细节。

我们致敬邱捷，致敬他用自己的智慧为历史研究一个重要的领域贡献了有价值的新史料、新观点，更致敬他身为一位历史学者，身体力行"板凳要坐十年冷"的钻研精神，倾注近二十年心血成就一部著作。我们致敬《晚清官场镜像》，它见微知著，用基层官员鲜活的日常折射晚清政治生态及其中的隐忧。它将目光投向抽象的制度中活生生的人，书写一部"活的制度史"，彰显了浓厚的人文关怀。

答谢词

得知这本书获得"2021《新京报》年度阅读推荐"，我很感谢。在一定程度上，这本书是我点注杜凤治日记的副产品。日记有不少以往学界不甚关注的晚清官场运作细节，我顺手把这些细节或者是故事记下来，后来就写成这本书。书出版后，得到多位研究清史和近代史同行的鼓励。几位著名的书评人做了非常专业和中肯的评论。有人还指出了这本书某些需要改进之处，我感谢之余，也很钦佩。

出版社的编辑告诉我，这本书出版后已经加印了两次。学术著作出版当年就加印两次的不多，自己写的书有不少人愿意读，作为作者我当然开心，不过我也知道，也许不是因为书写得很好，而是因为杜凤治日记的内容确实有吸引力。我希望这本书能提醒更多研究者关注杜凤治日记。

——邱捷

对话

采写　刘亚光

【这本书】

《新京报》：通过研究杜凤治的日记，你如何理解日记的史料价值？

邱捷：随着史学研究的进一步多元

化，学者对日记也越来越重视，尤其是杜凤治日记这样的分量较大、连续记载多年的日记。日记通常是当天写下，记忆失误的可能性小些，会更真实地反映作者的想法。而日记因其私密性，会记下其他文献没有反映的事实。当然，不可以轻易把日记内容简单视为信史，我阅读杜凤治日记的体会是，杜凤治有关上司指示、同僚谈论，以及自己催征手段、滥施酷刑、各种支出、财产处置等记述基本可信。但他对事件经过、案情真相以及广东社会、广东风俗的记述与评论，肯定有片面之处甚至失实，不过日记所反映的杜凤治的心态应该是真实的。

《新京报》：你从杜凤治的个人记述当中，感受到晚清官场宏观政治气象的哪些特点？杜凤治的故事有怎样的代表性？

邱捷：日记反映出直到19世纪后期，清朝官场，也就是清朝的政治制度还没有"走出中世纪"，这个制度既是当时中国落后的经济、政治、社会制度的产物，同时又是中国"走向近代"的极大障碍。杜凤治作为清朝一个中下级官员，有多大代表性我不好轻下判断，但他至少是一个"正常"的清朝州县官。他的故事，我觉得可以反映出多数官员对"纲常伦理"与清朝统治的"合理性"并无怀疑，很起劲地做官，使清朝政治制度在旧轨道维持"正常"运作。杜凤治虽然也读过一些介绍"西学"的书，但思想仍然没有"走出中世纪"。由此可见，其时在官员群体中非常缺乏政治改革的社会基础和思想基础。

【这一年】

《新京报》：2021年，你有哪些特别想推荐给我们读者的书目？

邱捷：2021年的新书中，鲁西奇的《中国古代乡里制度研究》、陈春声的《地方故事与国家历史——韩江中下游地域的社会变迁》、周琳的《商旅安否——清代重庆的商业制度》和彭南生的《街区里的商人社会——上海马路商界联合会（1919—1929）》，因为与我在写的著作或一直感兴趣的问题有关，我都比较认真地读过，得到很多启发，很希望有更多读者同我一样对这几本书有兴趣。

《职场妈妈不下班》

作者：［美］阿莉·拉塞尔·霍克希尔德
译者：肖索未、刘令堃、夏天
版本：生活·读书·新知三联书店
2021 年 9 月

阿莉·拉塞尔·霍克希尔德，美国社会学家、加州大学伯克利分校荣休教授。美国社会学界情感社会学的重要奠基人之一。

致敬词

近年来，伴随性别议题在社交媒体的凸显，女性在职场与家庭中面临的结构性不平等引发了广泛关注。《职场妈妈不下班》探讨了一个长期以来困扰女性的难题：事业和家庭之间的双肩挑。20 世纪 80 年代，社会学家霍克希尔德对美国双职工家庭展开历时八年的追踪研究，她以翔实、丰富的一手资料，开创性地揭示职场妈妈回家后被遮蔽的"第二轮班"。

我们致敬《职场妈妈不下班》，致敬它极具共情、细腻的分析，呼应并照见当前城市育龄女性普遍面对的性别困境。我们致敬霍克希尔德，致敬她以社会学家的穿透力，反思并洞察更深层次的家庭照料危机，为思考婚姻、家庭、代际关系提供了超越性别框架的视角观照。《职场妈妈不下班》告诉我们，重估照料劳动的价值、提升男性的家务参与度不仅关乎性别平等议程，也是亟待正视的社会议题。

答谢词

非常感谢《新京报·书评周刊》的评委会，得知这个消息后我非常感动，尽管中美两国的政治和文化有差异，我们仍然可以彼此分享对事物的看法。其中一个重要的价值就是，我们都非常看重美满和谐的家庭生活。

通过写作《职场妈妈不下班》这本书，我想要试图说明，一个人如何理解男性和女性，真的会影响你的方方面面：你的生活是否幸福，如何表达心中的爱，因何事而感恩，以及作为个体如何走出职场妈妈的困境。我还想说的是，我们所生活的社会，它对性别的认知以及工作场所的结构也需要随着女性身份的转变而转变。由此我们一路走来，至今还没有找到解决问题的答案。我非常高兴能够把美国女性的经历分享给中国读者。

——阿莉·拉塞尔·霍克希尔德

对话

采写　王青

【这本书】

《新京报》：今年翻译引进的《职场妈妈不下班》是你在学术生涯早期的代表作。当初开始研究并写作《职场妈妈不下班》的动力来自哪里呢？

霍克希尔德：写作《职场妈妈不下班》最直接的原因来自我的亲身经历。当时我在加州大学伯克利分校任教，同时也是一名年轻的母亲。我非常希望，自己的工作和孩子的幸福成长这两件事可以同时顺利地进行。但在当时，我还不清楚怎么可以做到这一点。

此外，我当时身处的20世纪80年代，整个美国社会都在发生着变化，并且一直持续到现在。我认为，美国社会正在经历一场"停滞不前的变革"。在今天，仍有三分之二的美国女性在外工作，大多数孩子成长在父母都要在外工作的家庭之中，而市场上几乎一半的劳动力由女性来构成。

社会观念还没有发生改变，并没有多少男性认为，能够做到发自内心地关心孩子、了解孩子的需求，才是一个有男子气概的好男人。因此，女性在外的工作环境、返家后的家庭环境都没有改善，工作安排上没有灵活性。

【这一年】

《新京报》：《职场妈妈不下班》描绘的是20世纪80年代的美国社会中的女性，而在今天，仍然有很多读者在阅读这本书时产生了共鸣。为了实现性别平等，你觉得我们还需要做些什么呢？

霍克希尔德：这场变革在我看来还没有结束。美国的女权运动有两种声音。第一种声音认为，在塑造社会的过程中，女性应该拥有平等的声音和权利。我们还远未实现这个目标，但还有另外一件事：传统上，女性被赋予养育家庭和社群、关怀他人的角色。第二种声音认为我们要向前推进，这些事不仅仅由女性去做，也应该让男性共同承担。工作并不是全部，生活不仅仅与经济和金钱有关。关怀家庭、维系社群不仅仅是女性的事，也应该是男人的事。

我所在的资本主义社会更多听到的是第一种声音，即女性需要平等的权利。但要我来说的话，我们还在一些传统观念上挣扎，我们应该推进第二种价值观，这也是女性主义最原本的含义。

"散步三部曲"——《散步》《露营》《游河》

作者：大吴

版本：蒲蒲兰 / 二十一世纪出版社集团
2021 年 5 月

大吴，"90后"绘本作家、插画师。曾为东野圭吾、李娟、刘亮程等作家的著作绘制插图。其绘本《树王》入选英国2019年"世界100本优秀绘本"。

致敬词

孩子总是对世界有许多问号，但在大人的理性之眼中，那些问号里却充满了匪夷所思。其实孩子需要的往往不是最正确的解答，而是和他们一起感受平凡生活中并不符合逻辑却充满趣味的诗意。在"散步三部曲"中，哥哥和弟弟起先只是简单的一问一答，两个人的世界一个真实一个奇幻，到第三本《露营》时，哥哥也跟着弟弟进入了他的想象，留下一个悬念让读者品味"继续扩展思绪"的乐趣。

我们致敬"散步三部曲"，致敬它将没有美丽风景相伴的"散步"因孩子的参与而变得如此迷人，对照今天孩子们过于丰富的课外生活，它用最简单的场景为童心搭建了表达的舞台，尽情放飞想象，也提醒那些忙于奔波的大人，永远不要停止探索平凡生活中的趣味和诗意。

答谢词

感谢《新京报》。感谢出品方蒲蒲兰绘本馆，尤其是责编马皓月和任伟嘉。感谢阿甲老师、常立老师、张弘老师、邹蓓蓓老师和周明刚老师对"散步三部曲"的解读和推荐。三部曲的第一本《散步》早在2018年就完成了。当时我还不确定它们有没有机会被出版，就一口气开始创作。还清楚地记得，画完《散步》的那个周末，我去郊外无所事事地逛了一下午，在无人的草地上睡了一觉。那是二十几岁寻常又茫然的一天。我觉得在众多的书本形式中，绘本看似最简单，但其实它可以非常丰富，可以非常有趣和深刻，可以装载整个宇宙。

——大吴

对话

采写　申婵

【这本书】

《新京报》： "散步三部曲"里的三个故事，跟你的童年真实生活有关吗？你现在散步时还会产生类似的想象吗？

大吴： 是的，有很多真实的例子，比如对地下事物的猜测和视错觉。最重要的是，我们小时候非常喜欢在野外游荡，有过很多那样的经历。现在在城市里散步，很少会产生什么想象……不过还是会发现很多有趣的细节，比如经常会发现鸟巢。

《新京报》： "散步三部曲"导读

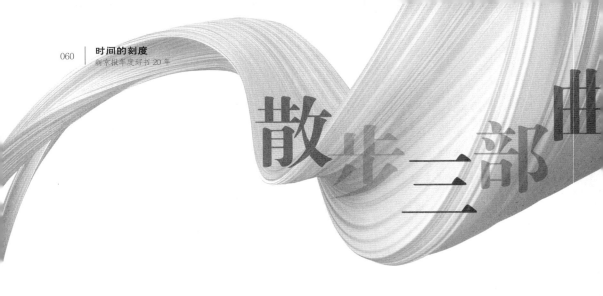

手册里有你为这套绘本创作的一首歌，为什么想要创作它？

大吴：我在十几岁的时候写了不少歌，其中有一首在学校里参加比赛，后来班上大部分人都会唱了，就像"班歌"，在很多场合都会大合唱，那是中学年代很美好的记忆。但是，由于缺乏专业的乐理知识，也不从事相关工作，大部分歌曲都没有留下来。我总觉得有些遗憾。画完"散步三部曲"后，觉得正是时候，于是就写了《散步之歌》，作为一个隆重的纪念。

【这个人】

《新京报》：你是计算机系毕业的理科生，是怎样的契机令你走上了绘本创作之路？

大吴：大约在十年前，我第一次接触到动画短片，感到非常震撼。它们的实验性和自由的感觉，对我有很大的冲击；后来，我尝试画画，发现可以用鼠标涂色，就这样摸索着走上绘画的道路……选择绘本是因为有强烈的讲故事的渴望，其次我目前并不具备做动画的条件，绘本是最恰当的形式，它就是纸上的舞台。

《新京报》：从尝试绘本创作到现在出版了 6 本书，你对原创绘本的创作和出版有没有什么特别的感想？

大吴：很多人对于绘本创作都有自己的理解和方法，我觉得各有道理，但也并不全部认同。所有的理论和经验，都是基于过去的作品和经历得出来的，不能当作唯一标准。所有的创作和阅读都是主观的。最好保持警惕，保持开放性，去挖掘新的可能。

《童年美术馆》

作者：李杰

版本：乐府文化 / 北京联合出版公司

2021 年 9 月

李杰，麓湖·A4 美术馆副馆长，首席策展人。2016 年获得亚洲文化协会（ACC）奖助金，2017 年获得首届"Hyundai Blue Prize 创新未来策展人奖"。

致敬词

这是一本为儿童赋权的书，更是一次为儿童赋权的社会艺术实验。如果说，蒙台梭利在《童年的秘密》中，革命性地把儿童确立为独特的生命主体，那么李杰在成都麓湖 A4 美术馆的 iSTART 艺术节，则把这种主体性向前推进了一大步：儿童不仅仅是独特的，他们同时也是完整的，他们可以成为某种权利的主体。人们经常在修辞意义上说儿童可以教育成年人，但在李杰和他的"童年美术馆"，儿童以实实在在原创性的艺术作品，向成人世界展示了自己的思想深度、创造性和行动力，并以此给大人们上课。

我们致敬《童年美术馆》。致敬这本书在儿童面前的低姿态，这证明了权利确实是可以让渡的，哪怕是让渡给儿童；更致敬所有在这本书里展示了作品的儿童，他们对现实的敏感、对想象的追逐，都再次证明了人的无穷可能性。我们也致敬这本书的作者李杰，他不是儿童教育学者，他是一位真正的艺术家，艺术总是致力于对秩序的挑战，而在教育方面，这种挑战仅仅只是开始。

答谢词

感谢孩子们，还有那些保有童心，相信年轻人潜能的朋友。是他们一起创造的故事汇成了这本书。谢谢《新京报》颁给《童年美术馆》这个奖，希望更多人能读到它。今天，儿童依然是沉默的大多数，他们的创造力仍在被忽视与侵蚀。希望这本书能唤醒更多的人尊重儿童，并用儿童的视角展望更多元的当下与未来。儿童和艺术一样没有确切的答案，他们是鲜活而具体的。他们让我们回归"本初"与"无知"，回到被感性、想象与创造包围的时空。书里的美术馆存在于成都已经十余年，我希望这本书能帮助它超越地域与空间的限制，它的种子也可能存在于更多的学校、社区和家庭。当我们对这样的理想心存疑虑时，我建议大家问问身边的孩子们，他们一定比我们更有智慧去改良这个世界。

——李杰

对话

采写　申婵

【这本书】

《新京报》：你在《童年美术馆》中提到，跟上千个小朋友合作做展览，

每天都在刷新你对儿童的认知，可以具体说说是怎样的认知吗？

李杰：这种认知是非常具体的。比如当孩子用绘画表达成人对他们的漠视；他们用画笔反思人类战争为何一直在重演；又或者将学校里最不喜欢的厕所改造成"美术馆"，以便更多人进入；更有甚者试图秘密建立一个"理想国"折射他们对于未来社会的想象……

《新京报》：你觉得教育中为什么很多父母和孩子难以真正对话？

李杰：我觉得大多数成年人面对儿童都缺少共情和换位思考能力。他们想象了一种儿童的需求，以致遮蔽了眼前的孩子真实的表达。而儿童也在这样压制的大环境中不断后退，甚至学会了迎合成人的"表演"。这样的传统在中国家长式的社会中由来已久。这正是过去对童年的曲解，以及家庭、社会教育土壤匮乏所造成的窘境。

【这个人】

《新京报》：是什么样的契机让你和团队共创一座儿童友好的美术馆？

李杰：一是 A4 美术馆从 2008 年建馆起就因汶川地震与受灾的儿童结缘，之后数年做了非常多儿童公益项目。我们逐步通过关注儿童以及艺术对于儿童的价值开始走进了越来越多的孩子的

世界。二是我母亲是一位非常尊重儿童的美术老师，她的精神与美育理念深深地影响了我。三是我的孩子与 iSTART 儿童艺术节同岁，我们互相见证了彼此的成长，我尝试着用一个项目重新建立儿童观，向儿童学习，做一个有趣的策展人与父亲。四是美术馆行业在 10 年前对于儿童的认知尚浅，谈不上儿童友好，更谈不上激发公众创造，我们希望与孩子们一起走出一条新路来。

《新京报》： 你在多年的艺术创作、策展过程中，最大的体会和收获是什么？

李杰： 我想艺术无论是在创作或是策展中，最有魅力的地方都在于它激发人的好奇心，多元表达，以及充满惊喜与不确定性的过程。但这种过程往往只有创作者明了。无论作为艺术家还是策展人，我都希望可以与更多人分享这样的体验。

《塔鱼浜自然史》

作者：邹汉明
版本：大方 / 中信出版集团
2021 年 7 月

邹汉明，诗人、作家。

致敬词

塔鱼浜既是一个已经消逝的地理名词，也是一个归属于文学的精神坐标。作者对故乡全景式的回望和扫描，直抵时间深处，在城市化进程不断推进的当下，这样的写作尤其珍贵。木桥头、水泥白场、墙内坟、八分埂、小猪房、荡田里、老人下、后头田等，一处处村庄地理建筑既是"有限的疆土"，也是"无限漫游"的发端，书中基于记忆而重建的时令节气、自然风物、草根众生等，勾勒出一派昔时的自然生活图卷——这座纸上村坊的重现，蕴含的皆是人与自然的世俗生存故事。

我们致敬《塔鱼浜自然史》，作为一部非虚构作品，它以近乎乡村田野调查的视角，重塑了塔鱼浜这座江南老村坊的存在史，为当下及未来留下了有据可查的精神史料。我们也致敬邹汉明，致敬他以一个诗人的敏锐和洞察，传递和记录了人与自然和谐相处的传统生活。

答谢词

很高兴，我的书入选了"2021《新京报》年度阅读推荐"。这是对这本书也是对我本人的肯定和极大的鼓励。塔鱼浜是我的出生地，是我的想象力得以飞升的地方。总之，地球上这个名不见经传的小地方，是我自得其乐的一个灵感来源。但现在，它只是江南大地上无数个已经消失的村庄中的一个，因为偶然，我写下了它，也因为运气还不错，此书得以出版并让少数的读者记住了它。更因为贵报的推荐而被更多的人知道，对此我深表感谢。感谢各位评委，也感谢中信出版社，特别是我的责编罗梦茜女士为本书做出的贡献。塔鱼浜尽管不在了，它给予我的营养一直在滋养着我。它若有知，此刻一定也会和我一样感到高兴。

从最初开始，我一直是将家乡塔鱼浜当作江南的一个典型村庄来书写的。这本书的写作过程很长，写作过程也是我全面认识这个村庄的过程，因为塔鱼浜的普通，毫不起眼，籍籍无名，反倒让它具有了代表性和普遍性。我现在甚至可以这么说了，任何一处僻静的旧江南，都有一个塔鱼浜，都可以被称作塔鱼浜。

今天，一本有意思的书能够顺顺当当地传递到读者手里，这个过程并不是作者一个人就可以完成的，在这样一个酒香也怕巷子深、好书也需要不断吆喝的时代，书的知名度是大家合力共举的结果。而严肃的媒体就有这样的能力，能够从海量的沙粒中淘洗出发光的珠贝——作为一种公共的礼物，将它苦苦赠送给读者。在这个不一样的冬天，谢谢《新京报·书评周刊》传递给读者以及给我这个作者的这份珍贵的暖意。

——邹汉明

对话

采写 何安安

泥巴男孩掘出了一股清泉

《新京报》： 是什么原因促使你创作了这本书？

邹汉明： 为我此生曾经做过的许多黑白的梦。很奇怪，我的梦大都做在拆毁以前的塔鱼浜。那么，写这本书大抵是旧梦重温吧。

《新京报》： 对你而言，塔鱼浜这个已经消失的村庄，意味着什么？

邹汉明： 我小时候，母亲给我买过一只陶瓷的小猪，很可爱，猪背上还开有一条很小的缝隙，可以塞入五分、二分和一分的镍币。那时到手的零钱实在不多，但每个月也总能塞入几枚。过了一年半载，我捧起陶猪，摇一摇，里面哗啦哗啦作响，心里美滋滋的。直到有一天，猪肚里塞满了镍币，但不能手取，唯一能够取出钱币的方法就是打碎这只陶瓷小猪。于是我举起它，往地上一砸，哗啦一下，银闪闪的分币滚了一地，那

种惊喜，一辈子都难忘。我的童年在塔鱼浜度过，那是无意中给我储存了一笔取之不尽的财富。不过，财富的取得，到底也是以某种破碎为代价的。

二十多岁的时候，我写过一首诗《水井中的蓝天》，写俯身水井口，观看井底那个明晃晃而窄小的蓝天，看到塔鱼浜正懒洋洋躺在井底，心有所动。从此，"童年的小水滴一再溢出我的明眸"。诗的末句这样说："有的人至死和一股暗香抱在一起／走向苍凉的日暮。"如果说要我勾连和这个村庄的过往，我首先想到这口水井，塔鱼浜三分田横口有过这么一口水井，因为我常趴到井口去呆看，很危险，就被老虎队长填平了。哪想到，很多年以后，这个趴井口看西洋镜的泥巴男孩成了一个在塔鱼浜的圆周上寻找并开掘泉眼的人，所幸也自得其乐地掘出了一股清泉。

《北方有棵树》

作者：欧阳婷
版本：商务印书馆
2021 年 1 月

欧阳婷，出生于新疆，生活在北京，前媒体工作者，因喜爱植物和鸟类而多年专注观察和学习自然，并且进入自然写作领域。

致敬词

作为出生于西北地区，后又生活于北京这座北方城市的写作者，欧阳婷将目光投诸"周遭世界"，以北方四季风物为叙写对象，勾勒出"自然北京"及其周边的盎然生机。无论是冬岁的冬芽、冰雪、蜡梅，春日的山寺、秤锤树，还是夏季的四声杜鹃、雨天、小鱼，秋时的红果、街区和云朵，这场有关于北方大自然的风景之旅，在时节轮转间次第铺展，这种兼具生态意识的独特审美空间，充满天真情态。

我们致敬《北方有棵树》，也致敬它的作者欧阳婷，在疫情依然肆虐的当下，作者俯身于自然物候，以生活者和观察者的双重身份，记录下"周遭世界"的温和与丰盈，这种人与自然之间的深度交流，更有一种抚慰心灵的治愈力量。

答谢词

非常感谢《新京报·书评周刊》和诸位评审老师对我这本书的肯定。获得这样一个奖项，对我来说无疑是很大的鼓舞和动力，我也很感谢大家对自然文学的关注。

我的书名《北方有棵树》，这里的"树"不是具体的某种树，而是指代"自然"，是能让我们在繁重的生活里拥有一些松弛和平静的自然。我在书里写了一年里北京季节和物候的变化，有植物、鸟类，有我对环境、生态的思考，这其实是我积累了多年的观察、领悟、认知，也有我很多的情感在里面。我想这也就是自然文学的特点吧，我们关注人类以外的世界，那些鲜活的生命，投射到内心，我们的情感与它们回应着。不过，我的书写不仅仅是审美、抒情，也有一些科学的知识蕴含在其中。我很想说的是，大自然里不是只有优美、诗意，还有许多深刻的知识，普通的事物也有着它们各自独特的光芒，有着超出人类理解的生存和进化的智慧。

我很希望自己未来能够专心地致力于自然写作中，所以最后引用我很喜欢并且敬佩的、刚刚离我们而去的生物学家爱德华·威尔逊先生的一句话来共勉，在他的自传《大自然的猎人》这本书的末尾，他说："只要我们愿意把视界从眼前垂直下移一臂之遥，一辈子人生都可以投注在围绕一株树干的麦哲伦之旅上。"

——欧阳婷

对话

采写 何安安

我们生活的世界也是它们的

《新京报》： 你曾经提到，很多在人看来美好、舒适的绿地、公园，实际上对昆虫和鸟儿不一定友好。而这正是单纯以人为中心的城市规划建设理念所带来的问题。对此，你有一些建议吗？一个人与动植物和谐相处的城市，是什么样的？

欧阳婷： 当我们在外面行走得久了以后，对于身边的自然和生态环境，会有很多自己的观察和看法，这也是一条必经之路。作为博物爱好者也好，自然观察者也好，从早期对植物的审美开始，当我们对自然的领悟和体会更深以后，就会对身边的生态环境更加关注，视野更加广阔，不再停留在喜欢某朵花或者某棵树、某只鸟上，我们会对这朵花、这棵树、这只鸟以及我们所居住的片区的生态环境有更加深入的思考。

比如城市里面的一些绿地和公园，当我们没有很深认识的时候，我们只是去寻找一个好看的风景。但当我们对这种目光进行换位，把这种目光投诸身边其他生物身上的时候，就会注意到，这个世界其实不仅是人类生存的空间，也是其他生物生存的空间。那么，我们能不能把目光投在它们身上，去思考它们的生活环境？如果我们有这样的生态眼光，可能环境保护会有一个更好的方向。

比如我们常见的雀形目，比如棕头鸦雀、震旦鸦雀、文须雀这样的小鸟，它们在冬天是怎么过冬的？如果有一些鸟类学知识，就会了解了。它们需要水岸边干枯的芦苇丛作为藏身之地，在冬天的晚上，它们会躲在芦苇丛中睡觉。

同时，芦苇丛也是它们食物的来源。我们经常可以在公园里看到一些大大的鹅卵石砌筑在河道边，也就是所谓的硬化的水岸，可能是为了清理河道方便，或者防火、防水灾，但这种硬化的水岸其实对鸟类的生活很不友好。如果我们冬天能够在园林里、湿地旁边保留一些干芦苇的话，其实就保护了鸟类的生存环境。

2020 年

一个真正的智者，能够凭借直觉感受到复杂现实的本质。
他一生以一颗赤诚的心对待着语言、对待写作、对待思考，即
使有过潦倒岁月，但从未刻意为成功、为名利奔忙过。

《人的疆域：卡内蒂笔记 1942—1985》

作者：［英］埃利亚斯·卡内蒂
译者：李佳川、季冲、胡烨
版本：理想国 / 广西师范大学出版社
2020 年 5 月

埃利亚斯·卡内蒂，1981 年诺贝尔文学奖得主，以德语写作。卡内蒂的著名作品有自传三部曲：《获救之舌》《耳中火炬》《眼睛游戏》，现代主义小说《迷惘》和社会学著作《群众与权力》。1994 年 8 月 14 日于瑞士苏黎世去世。

致敬词

一个真正的智者，能够凭借直觉感受到复杂现实的本质，而笔记，则是最能体现这一闪光点的形式。20 世纪中期欧洲社会的闹剧与变迁，为作家卡内蒂提供了丰富的观察范例，他在只言片语中刺破现实的阴霾，带来思想的魅力之光。笔记中的碎片式观察与日常生活形成了紧密联系，它以敏锐的感知力超越了思想的立场，将共同的精神追求与反思质疑递向了不同时代、不同环境的读者。这本书的重量，来自作者 43 年思考与写作的结晶，而它的温度，则在于为每一种精神困境摆上了思想的蜡烛。

我们致敬《人的疆域：卡内蒂笔记 1942—1985》与探索人类精神状态的作家埃利亚斯·卡内蒂，同时也致敬三位译者在长期研讨与交流中所进行的翻译工作。漫长的文字历程构成了一个广阔的空间，在那里，人类的生命是有限的，人类的认知是有范围的，然而，人类对自由精神的追求，是无限且无疆域的。

答谢词

很高兴卡内蒂的笔记成为《新京报》的年度阅读推荐。我很开心能够看到卡内蒂的笔记以及他的书籍能够在我们中国也获得成功。

所谓的"成功"，其实是卡内蒂先生十分憎恨的事情。但他厌恶的是以报纸上所占据的版面、以外在的赞美来衡量的成功。诚然，他一生以一颗赤诚的心对待着语言、对待写作、对待思考，即使有过潦倒岁月，但从未刻意为成功、为名利奔忙过。然而，只需看看他从生时直到逝去后的今日所获的大小奖项，便可知他作品的成功在客观上是不可否认的。像这样的矛盾性显然已不仅仅是他文字上、思考中处理和构建的对象，它甚至也同样发生在他自己和他的作品身上。正如我们的这本书，依卡内蒂先生亲口表明，起初只是作为他文学抒发的发泄口、一份日后绝不会回头看的随手写写的笔记设想的，但这一写就是一生，不仅回头删选过，还交付出版了，死后也在不断地得到补充，而甚至到今天还依然在不断地赢得更多海内外的读者。

这是一本开卷即有益的书。随手翻开，便可以对着一两个句子冥思半晌。它的简明精辟、它的短小篇幅，对于读者来说，是引他欣然进入的邀请。虽然没有阻绊的门槛，但我们进入的绝对是一个丰富的思想世界，它在语言上轻盈，在思想上，深重、浓厚、复杂。

——季冲（译者）

对话

采写　宫子

【这本书】

寥寥数语的普遍性思考

《新京报》： 这本笔记在卡内蒂的作品谱系中占据什么样的地位？

季冲： 这本书的形式就可以从很大程度上说明它的特殊性。它是卡内蒂记录思考的笔记，虽然我们今天可以把它作为"作品"来读，但起初，它并不是作为一个可供阅读的"作品"设想的——既不准备自己日后阅读，当然也没承想会交付给其他读者来读。但正如卡内蒂本人，他的人生是经历过转折的——写作并不在他起初职业规划的方向上，他学习的是化学，是在结束了自己的博士学业，以及在维也纳结识了其他的作家之后，卡内蒂才燃起的文学的热情。同样，这本笔记起初只是他在论述《群众与权力》的漫长岁月里的一个宣泄创作热情的发泄口而已，但是经过长年累月的记录，其重要性便越来越无法忽略，于是，这些笔记才得以进入"作品"的范畴内，形成我们今天所阅读的样貌。

笔记中的某些部分可以反映他当时的创作进程，例如，在《群众与权力》诞生的那段岁月里的某些笔记就可以与这篇论述结合起来看。笔记不仅伴随着卡内蒂作品的产出过程，有的时候也可以作为进行文学构想来看待，其中精妙的设想不胜枚举，读者们自可细细翻看品味。同时，其中也有很多对文学创作的反思，有针对自己写作进程的，有针对自己某个作品的，有以他人作品为对象的，但更多的，是没有绝对针对性对象的普遍性思考。

《新京报》：你所翻译的部分是《钟表的秘密心脏》，能否简单概括一下这部分的主要内容以及与卡内蒂其他笔记的区别？

季冲：卡内蒂笔记具有一个普遍性的特点，它的组成部分——少至一行，多至寥寥几页的短小篇幅，每一部分虽然都是独立、互不相关的，但在某种程度上也是可以作为一个整体来感受。从这个角度来看，《钟表的秘密心脏》可以说是与其他的笔记一脉相连的。但是，其中的不同，我们也不能忽略。

首先，我们要注意到《钟表的秘密心脏》是继《人的疆域》之后，又一篇在作者生前便发表的笔记。它是经过卡内蒂本人览阅和筛选的。他在自己的笔记中就提到过与笔记相关的现象："你的笔记有着一副特殊的语气，就仿佛你是个经过过滤的人。"经自己的手筛选、发表的笔记，展现的大概也是一个经过"过滤"的自己吧。而本书中后半部分的笔记，则是作者过世后，经过他人搜罗补充出版的其他笔记。《苍蝇的痛苦》和《汉普斯特德补遗》这两份笔记就很明显不再有时间的序列，我们难以将其内容对应到相应的年份上去。这些笔记就是在《人的疆域：卡内蒂笔记1942—1985》与《钟表的秘密心脏》的基础上做出补充，尽量地在出版所能做到的可能性上给出一个未经过滤的全貌。

其次，在内容和主题方面，《钟表的秘密心脏》虽与其他笔记有着一致性和一贯性，但是也是有着区别于它们的细微差别。因为《钟表的秘密心脏》中收集的是他1973年到1985年的笔记，1905年出生的卡内蒂已经真正地步入了晚年。例如，他对死亡的思考与对抗，虽然是贯穿了他一生的笔记的一个主题，但在这里因为自己正身处生命垂暮，更是添了许多现实的强度和紧迫性。

最后，我们也能够观察到，《钟表的秘密心脏》中笔记的篇幅明显偏向于以短小居多。短短一行，寥寥几语的表述比比皆是；相对来说，篇幅较长的就比较少了。至于这种变化是否可以理解为卡内蒂在长年累月笔记实践中形成了比较稳定的形式，就要交给读者和研究者来继续观察审视了。

【这个人】
需要时间静置的文字

《新京报》：翻译卡内蒂作品时遇到的最大障碍是什么？

季冲：我觉得是时间的问题。因为卡内蒂的语言绝对不是流于表面的，需要深入去思考，或者是与卡内蒂一同思考。而这样的思考，读过的读者必定知道，几乎他的每一行笔记都能引发。而思考也是需要慢慢体会，也是需要经过时间的静置的。但这在具有时限的翻译任务中是很难做到的。

《新京报》：这本书是你与其他译者合作翻译的，这期间沟通最多的是什么？

季冲：卡内蒂的很多作品都是没有主人公的，经常更多是从某些设定出发的。而笔记中的文学设想和反思更是这样，因此会有很多模糊人称与指代的用语与表达。而我们需要将这种模糊性在跨越语言差异的情况下在中文中传达到，让读者在读起来舒服、不觉得违背汉语习惯的基础上，又能够尽量地注意到其背后潜在的思考的可能性。这在一定程

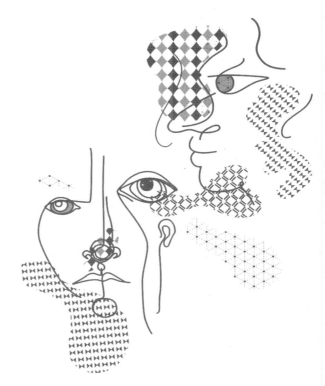

度是构成了翻译的难度。

《新京报》：除了这本笔记，能否再推荐一本最值得阅读的卡内蒂作品，并简述一下原因？

季冲：大家有兴趣的话可以读一读《迷惘》。有能力的建议读德语原文，直接感受他的语言。这本也已有中文译著。它虽然情节荒诞，但设置精巧，值得玩味。

【这一年】

冷静的态度和反思的距离

《新京报》：能否简单说一下这一年里你的生活与工作状态？

季冲：这一年，我们都经历了很多。国内早已基本恢复原有日常，但是德国，或者说欧洲这里仍是疫情不断。此刻，我仍然生活在封锁措施之下。这一年，我自己多了很多独处的时间，这很大程度上加速了我自我认识与自我和解的进程。对于以写作与思考为生活与工作重心的人群来说，这样的时间无疑是很宝贵的。同时，对于自我管理的重要性，我更是有了新的认识。

《新京报》：在这特殊的一年里，你认为阅读卡内蒂笔记能带给我们什么样的启示？

季冲：在这样特殊的时间里，卡内蒂笔记的译作出版得似乎十分讨巧。它不仅在内容与主题上多有能切中时事的方面，关键是其中语言的风格与力量或许正是我们在这样的时间里需要的态度。把风暴蕴藏在风平浪静的字面之下，对于不寻常事件能冷静思考，拉开一定的反思距离，但不让它不经处理便遗忘在过去之中。

《记忆记忆》

作者：［俄］玛丽亚·斯捷潘诺娃
译者：李春雨
版本：大方 / 中信出版集团
2020 年 11 月

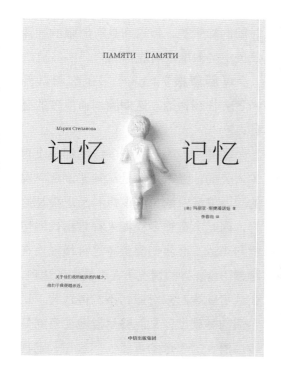

玛丽亚·斯捷潘诺娃，诗人，作家。代表作《记忆记忆》2018 年一出版便夺得当年俄罗斯文学界三项大奖，并迅速被译为多国语言，在欧洲获得巨大成功。

致敬词

记忆不是单纯的往昔，它是衔接着当下与未来的桥梁。它可能是消匿的，在离开某个时代后便融入无形的空气；它可能是构想的，是我们凭借着流转的资料与物品，对这些碎片提出的一种解释；它也可能是负面的，如同积累的尘埃，渐渐成为前行中带来重负的阴影。我们或许无法将记忆转化为明晰具体的当下，然而，通过捕捉记忆的过程，我们可以尽可能地接近完满的认知，正如在意识到拼图的所有碎片后，才有可能构想完整的画面一样。

我们致敬《记忆记忆》，致敬创作了它的俄罗斯作家玛丽亚·斯捷潘诺娃。这是一本形式丰富、难以界定的作品，它围绕着记忆的母题书写了一部交响曲，将我们带到文学艺术的思想中心，让读者感受历史尘埃的微小颗粒，它在细腻静谧的字句之外指向了严肃的人文思考，成为一部纪念碑式的文学杰作。

答谢词

首先，感谢《新京报》和各位评委老师，感谢书评周刊的全体编辑和广大读者，感谢你们对《记忆记忆》的高度认可！

《记忆记忆》是俄罗斯当代诗人玛丽亚·斯捷潘诺娃倾注半生心血完成的"记忆之书"，它既是一场家族记忆的寻根之旅，又是一首犹太民族记忆的安魂曲，更是一部关于记忆本质的哲思录。翻译此书于我，恰似一场沐浴在"明亮的忧伤"之中的记忆之旅。本书最终呈现的精美程度超出了我的预期，这得益于中信·大方的全体同人，特别是本书的策划编辑蔡欣女士和罗梦茜女士的敬业奉献。《记忆记忆》自出版以来，在国内引起了不小的反响，这在当代俄罗斯文学沦为小众文学的阅读语境之下，无疑是令人欣慰的。作为一名俄语文学译者，我真诚地希望出版界和广大读者能够更多地关注当代俄罗斯文学。

"文学翻译是值得托付终身的事业。"曾几何时，恩师刘文飞先生的寄语点燃了我的理想，而今天，《记忆记忆》分享的荣耀更让我坚定了这一信仰。今后，我会竭尽所能，将更多的俄语文学杰作呈现给大家！

谢谢！

——李春雨（译者）

对话

采写 宫子

【这本书】
一条贯穿时间的长廊

《新京报》：《记忆记忆》是一本形式复杂的作品，你如何看待它的体裁呢？

斯捷潘诺娃：它的体裁很难界定——我更希望把《记忆记忆》的体裁视为一座无人岛，承载着虚构小说与散文，甚至研究与当代艺术相遇的一个地方。从某种意义上说，它是一种空间装置，是一条引导读者缓缓前行、进入下一个房间与时代的长廊。

《新京报》：为了创作这本小说，你做了哪些准备工作？

斯捷潘诺娃：我花了好几年的时间疯狂阅读，试图让自己能够自如面对祖先居住的世界——当然，这是徒劳的尝试，因为过去从来都不是一个令人舒适的地方。我经常旅行。如果不从字面上追溯他们的轨迹和人生旅途，我将永远无法开始写作——我觉得有必要看到他们曾经看到的风景，并在相同的位置上留下自己的足迹。有时，在大多数情况下，这种逗留让人非常难过：你会发现那里已经一无所有，整个往昔世界消失得无影无踪。

《新京报》：你认为记忆与历史、时间之间的区别在哪里？能否简单描述一下？

斯捷潘诺娃：哦，这可是个漫长的故事，但总而言之，我要说历史至少是客观化的，而记忆则不那么关注事实，它更关注人的动机和外在投射。无论要付出什么样的代价，记忆始终是个人的，这是它顽强的地方：它保留了过去时光中宝贵的颗粒、微小的细节，以及让故事栩栩如生的微小（但是非常重要）的差异。历史处理的是庞大的数字和瞩目的人物，而记忆在这方面非常有限。但我想在过去 20 到 30 年间，个人记忆的意义和重要性正在迅速提升——通过它，我们将会看到更多的信息。

《新京报》：我们有权决定应当保留和应当遗忘的记忆吗？——有时为了更好的生活，我们或许不得不放弃某些记忆。

斯捷潘诺娃：这是一个至关重要的问题，尤其是现在，在经历了 20 世纪重新塑造生活的所有悲剧和灾难之后。有时候，遗忘似乎是一个简单而受欢迎的解决方案。但是，遗忘和记忆一样，都不应当是出于选择而产生的结果——就像爱、恐惧或敬畏一样。我想，假如生活是在强行遗忘痛苦记忆的地基上建立起来的，那么任何生活都不可能变得更好，它们应该以有机的方式消逝或改变。

【这个人】
探索无止境的记忆

《新京报》：你是从什么时候开始创作这部作品的？大概写了多久？其中有反复修改的地方吗？

斯捷潘诺娃：我从小就一直怀着写这本书的想法，初稿是在 11 岁那年写的……从那以后，我花了很多时间去思考这本书的主题，甚至改变了原来的出发点，这个工作量有些过于庞大了。在经过了调查和研究之后，实际写作花费了大约 3 年的时间。

《新京报》：书中前面的内容会让我联想到普鲁斯特。在你看来，那种私人的回忆是否具有更开放的可能性？它的价值在哪里？

斯捷潘诺娃：我认为私人记忆的可能性是无止境的——也许它看上去表达的是普通的层面，但却会产生非常巨大的影响。20 世纪初，记忆的宫殿与回忆的乌托邦开始建立（例如普鲁斯特或乔伊斯，以及夏洛特·萨尔蒙的那些鲜为人知和令人惊叹的作品），私人记忆也开始演变成一种非常有趣且更具民主

意味的事物，从而诞生了一种新的文学运动，我们可以称其为"后记忆文学"。它是全球性的，它跨越了所有文化与世代的代沟。它建立于个人记忆的细腻纹理和对它产生的浓厚兴趣上。对我来说，这不仅仅是一种新的文学流派，而是一种新的环境——看到它形成的过程是一种无穷无尽的乐趣。

《新京报》：俄罗斯有许多与 20 世纪历史相关的小说，很多当代作家们也会选择这个作为小说背景。你如何看待这种写作选择？

斯捷潘诺娃：我认为这是不可避免的。如果不了解我们的先辈，就不可能在历史、政治和文化上向前发展——在一个拥有悲惨历史和动荡不安现状的国家中，更是如此。某种程度上，谈论过去甚至可以作为一种安全的方式来应对当前的问题。俄罗斯社会仍在努力寻找共识，寻找一个可以调和不同群体和阶层的历史版本。另一方面，我们当代对过去的迷恋也可能会成为一个严重的问题，使人们的注意力从更紧迫的问题和

需要直接做出反应的情况中转移。

【这一年】
集体经历与难忘的记忆

《新京报》：能否简单说一下你在今年的工作状态？

斯捷潘诺娃：这可不是我一生中最富有成果的一年——这一年里我大半的时间都在与家人独处，我试图把精力集中在工作上，但仅取得了部分成功。不过，这种情况给了我一些我现在正在尝试发展的有趣的想法。

《新京报》：今年疫情造成的现象肯定会成为人们心中难以忘却的记忆，你认为，这种记忆会对未来产生什么样的影响？

斯捷潘诺娃：我们会看到，20 世纪 20 年代西班牙流感的可怕经历其实对人们的记忆只有非常小的影响——尤其是如果将它与战争和革命的后果以及这些事情在西班牙文化历史中的地位进行比较的话。但是现在，由于社交网络的传播效应，情况有所不同。人类正在一起经历这件事情——见证彼此的进步，分享快乐，表达哀悼、恐惧和希望。之前人类与流行疾病的斗争从来都不是一个如此集体的过程，我想这将是值得人们多年珍藏的记忆。

《恐惧与自由：第二次世界大战如何改变了我们》

作者：［英］基思·罗威
译者：朱邦芹
版本：甲骨文 / 社会科学文献出版社
2020 年 7 月

基思·罗威，英国作家、历史学家。著有《火焰地狱：1943年汉堡灭顶之灾》《野蛮大陆》等。他是全世界许多杂志和报纸的撰稿人，经常在英国和美国的电视广播上发表意见。

致敬词

"二战"早已结束，但人类仍然活在以1945年为纪元的"后1945"的阴影中。作为一部战后全球史，《恐惧与自由：第二次世界大战如何改变了我们》的作者基思·罗威引领读者来到恐惧与自由之间漫长的灰色地带。在这里，"二战"中形成的正邪二元论，成了冷战对抗的意识形态根源。英雄与恶魔的"标签"，简化了战后复杂多元的世界，成为全球冲突新的导火索。当自由在放纵与禁锢的两个极端之间摇摆时，恐惧就会借势重临世界，引起纷争和不和。唯有人类意识到命运的相连共通，才能让时间的指针走出"二战"的阴影，走向未来。

我们致敬《恐惧与自由：第二次世界大战如何改变了我们》，致敬作者基思·罗威以史家深刻的洞察力和非凡的勇气，揭开了人类长久以来回避的历史疮疤，打破了人们对战争、国族和正邪对抗永恒迷恋的执念。为了拥抱新的未来，人类必须学会与过去真正地进行和解。

答谢词

我得知《恐惧与自由：第二次世界大战如何改变了我们》获得了《新京报》的年度阅读推荐。在艰难的2020年年末，这对我来说是一个再好不过的消息。我衷心感谢《新京报》的推荐，这是我的殊荣。我还要感谢这本书的出版方社会科学文献出版社。我要感谢译者朱邦芊，我的书有幸获奖，朱先生在其中做出了杰出的贡献。最后，我还要感谢你们——这本书的读者们，是你们购买了这本书，并牺牲宝贵的时间来阅读、欣赏它。

2020年是非常艰难的一年，不仅对我，对所有人都是如此。2020年新型冠状病毒疫情的危机告诉我们，我们每个人都休戚与共，这也是我这本书要传达的信息。"二战"也是一场全球性危机，它不仅对中国及其他卷入战争中的国家造成了深远影响，也深刻影响了那些远离战争的人们和国家。"二战"影响着你和我，无论我们是否意识到这一点。在很多方面，"二战"并未在1945年结束，它的影响直到今天。感谢你们的聆听，并再次感谢你们给予我的这份殊荣。我非常开心，谢谢。

——基思·罗威

对话

采写　李夏恩

【这本书】
没有人能知道所有答案

《新京报》：作为"二战"史研究学者，你两本译为中文的论著，《野蛮大陆》和《恐惧与自由：第二次世界大战如何改变了我们》也都是与"二战"相关的研究论著。你如何在众多历史事件中选择"二战"作为研究对象？你是英语文学专业的毕业生，之后才转入历史研究。作为一个非历史专业出身的研究者，你认为这对你的历史研究有着怎样的影响？文学与历史之间横亘的"虚构的长沟"，是如何跨越的呢？

基思·罗威："二战"是 20 世纪最重大的历史事件。无论我们来自哪里，我们都共同经历了这一事件。但是，在这个共性之下又存在着广泛而不同的经历认知。中国的"二战"经历有别于英国，我祖父的"二战"经历又与我祖母的不同。这就是我研究"二战"的原因：因为它不仅重要，还兼具了多样性。对这个话题，我永远不会感到厌烦。

至于我从英语文学到历史专业的转变，我不认为这看起来是一个很大的跨越。两门学科都要求在客观事实和主观意见之间维持一种艰难的平衡。在这两

种情况下，你必须收集证据，并用它来构建一个可信的论点。与文学不同，历史研究需要检验更多的原始资料——对任何一个人来说都太多了。这就是为什么不同的历史学家会对我们过去的历史得出如此不同的结论：因为没有人能够知道所有的答案。

这里还有一个重要的区别。历史和文学都涉及对一种真理的探求。但与文学研究不同的是，历史研究的是对个人和社群产生实际影响的真实事件。揭开这些真相是所有历史学家都应该严肃承担的责任。

【这些人】
从众多可能中选择 25 个人

《新京报》：在书中引用了许多普通人的访谈和回忆，将这些普通人的经历和命运和广大的世界局势与时代变革联系在一起。在拣选这些访谈和回忆时，是否特意找出那些具有代表性的特殊个例？这些普通人是否只能在时代的波浪中随波逐流，还是也有自己的个体选择？

基思·罗威：我书中的每一章都描述了世界历史的一个主题，并用一个个人的故事来辅证这个主题。显然，我在选择个人故事时必须非常小心，因为我想确保它们尽可能地具有代表性。我

从数百种可能性中挑选了 25 个人，在每一个案例中，我都选择了一个能同时代表同一个故事不同方面的人。例如，在描述原子弹对战后世界的影响时，我选择讲述一位从事原子弹项目的科学家的故事。但我不是随便选择了一位科学家——我选择了一位出生时是俄罗斯人，但国籍却是美国人的科学家，他对自己的所作所为心存疑虑，并在 1945年后改变了对原子弹的看法。由此，我便可以在一个故事中同时展现几种不同的观点。

这是一本关于战争如何改变世界的书，所以我试着选择那些经受了战争带来的深重影响的人。例如，书中讲述了一个对中国百姓犯下暴行的日本人的故事。战争期间，他看不出他的行为有任何不妥。但后来他明白了一个可怕的事实——他曾经就是个恶魔。在其他章节里，我讲述了那些受到战争严重创伤的男女最终改变了自己的政治、宗教或生活信条。战争期间，他们被卷入了自己无法控制的事件中，但后来他们能够自己决定该以何种态度面对曾经的经历。他们在 1945 年做出的选择塑造了我们今天看到的世界。

当然，没有谁的经历能代表战争的方方面面及其影响。这就是为什么我试图把来自不同国家、拥有不同背景、不同政治观点的人们都囊括进来。我希望这个结果最终能呈现出 1945 年后世界的马赛克主义式图景。

【这一年】

世界仍然需要共同行动

《新京报》：一般来说，面对灾难，人们会团结起来面对共同的危险。"二战"就体现了这一点。而今年面对新型冠状病毒疫情这一全球性的人类危机，世界却似乎变得四分五裂。你如何看待这种现象？

基思·罗威：我不确定历史是否为我们当前的危机提供了宝贵的教训。20世纪 20 年代的全球流感大流行，30 年代的经济崩溃，40 年代的全球战争——这些都是发生在一个完全不同的时代的事件。如果用七八十年前的方法来处理今天的问题，那绝对是一个错误。

我希望我们在第二次世界大战后建立的全球机构能够帮助我们成功地度过这一困难时期。至少我们的科学机构合作得很好，至少现在我们还在交流，没有威胁要开战。

然而，我很担心我们仍然没有正确地从疫情当中学到教训。我担心我们可能会需要另一场更大的危机才能让我们最终把分歧搁置一边。而当危机最终来临时，我希望它绝不是以战争的形式出现。

《我的二本学生》

作者：黄灯

版本：人民文学出版社

2020 年 8 月

黄灯，湖南汨罗人，学者，非虚构作家，现居深圳。著有《大地上的亲人》《我的二本学生》，曾获"琦君散文奖""第二届华语青年作家奖"非虚构主奖、深圳读书月 2020 年度十大好书、搜狐文化 2020 年度好书等，入选《环球人物》2020 年度面孔。

致敬词

2020 年，青年一代的焦虑引发了广泛的关注。相比于"985 大学"中自嘲为"小镇做题家"的高才生、在"绩点为王"规则中的清北精英，"二本学生"在各类社会范围内的讨论中常常沦为"沉默的大多数"。《我的二本学生》则将目光投向了他们，作者黄灯用她曾教过的二本学生们鲜活的经历，诉说这批年轻人在时代变迁下的困惑与失落、焦虑与希冀，思索时代环境与青年发展之间的关联。从某种程度上来说，他们的经历，折射出中国最为多数普通年轻人的生存境况。

我们致敬《我的二本学生》，致敬它用细致的记录，让一个个看似平凡却不平庸的心灵发出曾经不被听到的声音。我们致敬黄灯，从《一个农村儿媳眼中的乡村图景》到《我的二本学生》，她用持之以恒的行动，实践着一名教师的人文关怀，和一名知识分子的社会思考与道义担当。

答谢词

从 2006 年到 2019 年，我在南方的一所大学当了两届班主任，完整见证了"80 后""90 后"两批年轻人的成长。在多年相处的过程中，直面他们学习、就业、考研、安居等各类具体的困境后，我总是忍不住拿自己和他们对比，并追问一些问题：为什么今天的年轻人，会毫不犹豫地认同个人奋斗的路径？为什么他们会将自身的困境更多归结到个人层面？为什么他们会自动剥离个体和时代之间的关系？

我知道自己无法回答这些问题，更无法通过写作推出一个斩钉截铁的结论，作为社会转型的亲历者、见证者和介入者，我有限的记录，只是急速流转时代的一个剪影。从这个层面而言，《我的二本学生》更像是一个人在漫长的职业生涯中，对日常生活的观察和自省，它是开放的，未完成的，充满了局限和不完美，但它竭力打开一个话题，揭开帷幕，让更多的人看到自己以外的人群。我的写作，不过是转身后，看到了学生群体，看到了世间更多的年轻人。

——黄灯

对话

采写　刘亚光

【这本书】

"相比理论的诱惑，我更想书写具体的人"

《新京报》：这本书的一个特点是对学生自述的大量呈现，理论分析部分相对较少。为什么选择这样的写作方式？

黄灯：关于本书的定位，我在序言第一句就讲得很清楚——这是一本教学札记。我在写作的时候，被无数的想法和无数年轻人的形象、命运变迁所包裹，我想表达一种建立在经验之上的复杂图景和一种基于直觉的观察。

因为接触的学生个案极为丰富，学生差异极大，我没有办法穷尽我教过的所有学生，这就意味着，我必须放弃学术性的专著式写作。从方法论而言，我也无法统计所有孩子的具体状况，在证据欠缺的情况下，任何结论都是不负责任的。但我完整目睹、陪伴了"80 后""90 后"两代年轻人的成长，我知道很多孩子成长的故事和秘密，和他们有深入的交流，这是我的优势。

任何一种写作都有局限性。相比理论的诱惑，打动我的是学生命运的流转。当然，理论的观照和对社会的透视，也是我写作过程中隐秘架起的 X 光机，但从这本书的定位出发，我还是竭力避免生硬的理论介入，只是在合适的时候，趁机表达自己的观点。

这是一本不完善的书，是一本局限性很强的书，但也是一本诚实、节制，严格遵循非虚构写作伦理和写作要求的书。正是因为它的诚实品格，才接通了很多人的共鸣情绪。

《新京报》： 有评论认为，过多展开学生的个例，让本书探讨的一些有意义的问题浅尝辄止，使得全书显得比较零散，缺乏对问题的系统、深入的洞察。你怎么看待这些批评？

黄灯： 站在读者的角度，可能会有这种想法。站在作者的角度，写作者只能依据他所看到和掌握的材料来书写，不能有半点越界。

我的写作是基于我在广东 F 学院的日常生活，主要就是上课（公共课偏多）、当班主任、导师制带学生这些烦琐的事情，这种结构的确定性，使得文本无法获得充分、系统、深入的讨论空间，加上脱离既定素材的讨论又会显得游离，我只得割舍。更重要的是，学生的成长因素特别复杂，很难和各种必然、偶然的要素建立因果关系。我既然选定了非虚构这种限制性极强的写作方式，记下他们的成长经历，是我最能把握、也最应该做的事情。

当然，我得承认，造成这种状况，和自己不成熟的写作有关。我还没能处理好材料的诱惑和问题指向之间的关系。

《新京报》： 你在书中提到，与自己教的二本学生相比，"重点大学的孩子，仍旧以最古老的方式，端坐在图书馆阅读泛黄的纸质书籍"。联系高校"学术 KPI"的现象，你怎么看待顶尖高校因为过度竞争的焦虑，"容不下安静读书的书桌"？

黄灯： 我在武汉大学、中山大学等重点高校都待过，在这些学校里，我总能看到不少孩子还是以最传统的方式认真读书。那个时候，我就感慨，二本院校学生和他们的差异，可能是图书馆和高质量学术讲座的差异。当然，重点高校出现"绩点为王"的状况也是真实的，但有不少学生还是在安心读书。

在全球化出现挫折和分化不断加剧的情况下，大家都在共同承受这一后果。从这个层面而言，我从来不认为我只是写了二本学生，他们背后实际上站着更为庞大的年轻群体。

【这个人】

"社会转型期的亲历者、见证者和介入者"

《新京报》：《我的二本学生》出版后，获得了非常多的关注。你怎么看待它的走红？你的生活有发生什么变化吗？

黄灯：这本书并不完美，它的影响力主要来自话题的重要性，来自社会对年轻人命运的关注、思考，以及对转型期社会走向的探索。我的写作，不过是提供了一个契机和切口，便于大家讨论问题。

除了要接受采访，我的生活没有太多改变。有意思的是，采访我的记者，95% 是年轻人，是"80 后""90 后"。他们大部分都是名校毕业，不少有海外名校留学的经历。但他们普遍对二本学生的话题感兴趣。采访之余，我们会共同探讨年轻人的命运，会探讨社会、时代和年轻人的关系。

《新京报》：你在书中也提到"导师制"的实践。你不仅对文学课堂进行了精心的设计，还非常注重和学生的交流。这是一种有别于通行于目前国内高校体制化、标准化教学的"精耕细作"。现在还在坚持吗？"导师制"的意义是什么？

黄灯：我进行的"导师制"实践，是基于师生互信所建立的一种十分松散的"君子协定"。换言之，就是"学生愿意学，老师愿意教"，没有任何考核目标，也不进入学校的任何评价机制，当然，也没有经费支持，所以，它算不上"精耕细作"，纯粹是"业余施肥"。

我在广东 F 学院的时候，尝试"导师制"很多年。最近因为工作变动，调往了深圳职业技术学院，暂时还没有施行。

"导师制"也说不上有太多意义，就是通过师生的协调和信任，去获得一种真正的大学生活的体验，获得一种因为思考和阅读带来的乐趣，让大家拥有一个交流和提升的机会。

《新京报》：2016 年，你的《一个农村儿媳眼中的乡村图景》曾引发广泛讨论。乡村书写一直是你关注的领域，你觉得那篇文章和《我的二本学生》之间，有怎样的关联吗？

黄灯：两者之间确实存在关联。我写农村儿媳这篇文章的动因，来自对年轻的侄子侄女命运的忧虑，他们作为留守一代长大了，但他们甚至连重复父辈的命运都不可能。后来写完《大地上的亲人》，我脑海中始终盘旋一个问题：那些比我年轻十岁、二十岁的晚辈，如果考上了大学，会如何？而我目前所从事的工作，恰好回答了这个问题。

《文化失忆》

作者：［澳］克莱夫·詹姆斯
译者：丁骏、张楠、盛韵、冯洁音
版本：理想国 / 北京日报出版社
2020 年 10 月

克莱夫·詹姆斯（1939—2019），澳大利亚籍著名评论家、记者、作家、诗人、翻译家、电视节目主持人，20 世纪 60 年代移居英国，数十年活跃于各种纸媒和电视，是英国文化评论界的一支健笔，被称为"折中高眉与浅俗的大师"。

致敬词

我们遭受了遗忘的"诅咒"，历史总被轻易地抛诸脑后。而克莱夫·詹姆斯选择写下了 800 页的皇皇巨著，他以广博的知识与深厚的激情，书写出这部贯通历史、哲学、文学、音乐等领域的思想者备忘录。从阿赫玛托娃（A）到茨威格（Z）的序列中，克莱夫·詹姆斯将 20 世纪的文化英雄召唤至此，建立起一座抵抗遗忘的思想者大厦。你可以从任何一页进入，也可以从任何一页离开，而这部用四十年铸就的文化坐标会一直留存。

我们致敬《文化失忆》，致敬它在一个奔腾不息的时代捕捉到旧日思想的闪光。我们也致敬《文化失忆》的作者克莱夫·詹姆斯，致敬他为 20 世纪的精神生活留下自己的证词，并用这证词将我们从遗忘的潮水之中打捞。

答谢词

《文化失忆》的作者克莱夫·詹姆斯是 2019 年底过世的，未能在克莱夫生前让这个中文版面世，也成为几位译者老师和我最大的遗憾。詹姆斯一生都活在各种聚光灯下，从纸媒到电视到网络媒体，他致力于将这个世界的复杂和晦暗转化成清晰、理性而令人愉悦的文字，传递给普通人。在此我想分享书中一个选段，詹姆斯谈到了他的两位文化英雄，历史学家布洛赫与作家普雷沃，谈到他们的作品如何穿越了文明岌岌可危的阴影，在长久沉寂之后，在另一个时代重生。我们知道詹姆斯具有非凡的锻造金句的能力，此时此刻或许也可以借用詹姆斯自己这番话，让他回到我们中间待上片刻：

"从身体意义上讲，布洛赫与普雷沃已经不存在了，因此也无法发声，提醒这个他们为之付出生命的国家，他们的精神是永存的。他们剩下的只有自己的作品，而他们的作品唯有等待。终于，等待有了结果。沉睡者终于醒来。他们的作品开始再版，也开始出现评论他们的书。姗姗来迟的复兴终归是种鼓舞，哪怕算不上太大的宽慰。知识之树以振奋人心的力量重新扎根于满目疮痍的大地，多少抵消了些沉积数十年之久的冷漠带来的萧条。"

——雷韵（责任编辑）

对话

采写　张婷

【这本书】
庞大的人物群像

《新京报》： 这本书收录了从 A 到 Z 的 20 世纪各领域杰出的思想者，可谓体量巨大，在翻译、编辑工作中，最大的困难或挑战是什么？又是如何解决的？

盛韵（译者）： 翻译特别慢，因为要查阅很多背景资料、人物、作品等。

雷韵（编辑）： 刘苏里老师曾在一次活动中谈到，当他看到《文化失忆》是四人合译的时候非常吃惊，不知道这四位不同的译者是怎么把 800 多页的作品统一在一个文本里，像是一个人翻译的风格。这本书涉及大量的历史人物、事件和作品，而詹姆斯本身又是一位具有鲜明文体风格的作者，口吻讥诮幽默，也有很多雄辩的、动人的时刻，在语言层面上很有感染力。鉴于翻译和统稿的难度较大，编辑和译者老师们在前期准备的时候进行了充分的沟通和协调，翻译过程中以最大的诚意面对文本，让这本书最终能够以比较满意的译文呈现出来。

《新京报》： 这本书的翻译、编辑周期是多长？对于这本书你最满意以及最大的遗憾是什么?

雷韵: 从译者"组队"到收齐翻译文本,翻译历时整整两年,此后又花了较长时间统稿编辑,在整个过程中都得到译者老师们各种协助。还算满意的是这本书最终呈现的面貌,从译文品质到装帧设计,与原著的意图与气质是较为吻合的。一个无法弥补的遗憾是詹姆斯于 2019 年 11 月逝世,最终没能让他亲眼见到这个中文版。

【这个人】
通才型的跨界作者

《新京报》: 克莱夫·詹姆斯是一位"通才",在英语世界有很大的关注度与影响力,但直到《文化失忆》他的代表作才第一次得以引入国内。他的作品是否一直被国内读者与出版机构忽略了?

盛韵: 詹姆斯在英国大众里的名声主要来自他制作的电视节目和主持方程式赛车,比较本土化和即时性,所以在那个文化土壤之外的读者的确对他不太熟悉。但是英国百姓非常喜闻乐见,戴安娜夫妇都是他节目的忠实粉丝。他在文坛的名气主要是渊博有才,高雅和通俗通吃,还能靠查字典自学多种语言,这种复合型才子后来就很少见了。他也不是学问特别有系统的人,笔记体,驳杂,善于触类旁通,跟钱钟书有点像。

雷韵: 詹姆斯是一位全能型文化人,横跨大众媒体和严肃文学界,在五十年的创作生涯中披挂了很多身份,他写诗歌、文艺评论、回忆录、旅行文学、小说和媒体专栏,出版的著作多达五十余部,其中最有公众知名度的除了《文化失忆》,还有五卷本的《不可靠回忆录》《诗歌笔记》,等等。

詹姆斯的代表作直到现在才得以引进,但出版之后立刻引起了广泛的回响,我想这一点或许正好可以提醒我们,严肃作品的理解和接受有一个过程,有时候甚至是非常缓慢的过程,但正因为此,来自其他时代、其他文化背景,乍看之下全然陌生的作品,也可能在今天继续与人们发生共鸣。《文化失忆》在市场上的成功也鼓励我们在热门作者和潮流之外,继续寻找和引介具有持久价值的写作。

《新京报》: 你在翻译、编辑这部书的过程中,印象最深、最受启发的地方是什么?或许这正是让更多读者进入这部大部头作品的入口跟敲门砖。

盛韵: 这本书本身就是一块敲门砖,可以按图索骥去了解一些有意思的人,还可以学习怎么写出富有感染力的金句。

雷韵: 这本书里提到的人物,恐怕有很多是我们中国读者不熟悉的——这也是《文化失忆》的一个价值所在。但即便是那些陌生的人物，詹姆斯叙述和评论的方式，常常也能吸引人走近他们，甚至进一步产生阅读更多相关作品的愿望。这是一本时常给人阅读快感的书，同时也是一本不那么容易读的书，它是一部布满了超链接的作品。

从读者反馈来看，《文化失忆》最能引起普遍共情的一点似乎还是"抵抗失忆"这个主题。20 世纪是个残酷纪元，经历了两次大战，无数灾祸，从这本书中我们可以看到在一个最混乱无序的时代，人类的英雄和智者们是如何振作、联合与抵抗的。所以我想这也是一本给人信心的书。张定浩老师说"一个文明人面对野蛮威胁时所具备的英勇感，是作者在这本巨著中力图传达给我们的最重要的感受"，深以为然。

某种意义上，这本书在去年（2020年）问世算是生逢其时，面对一个或许正不可避免地滑向保守与撕裂的世界，作为亲历者的我们必须成为"记忆者"，而抵抗集体失忆的唯一办法，就是个体的人先在私人层面上守住真实的记忆。

《中国经济史的大分流与现代化》

作者：马德斌
译者：徐毅、袁为鹏、乔士容
版本：启真馆 / 浙江大学出版社
2020 年 6 月

马德斌，经济学家，主要研究兴趣为中国与东亚经济的长期增长，现为日本一桥大学经济研究所教授。曾就职于美国密苏里大学圣路易分校、日本政策研究大学和英国伦敦政治经济学院等。他是亚洲经济史学会和国内量化历史研究的发起人之一。

致敬词

工业革命在经济史上是一个并未说尽的中心议题。它颠覆了生产的动力机制，塑造了经济的增长方式。不同经济体被拉开差距，形成一种"大分流"，追赶型经济体随后产生。经济学家马德斌把中国作为根本的方法，回到"大分流"前的中国和欧洲，比较工业革命的基础，同时回到"大分流"后的中国和日本，比较追赶型经济体的现代化差异。他反思并超越劳动力、资本等要素价格和财政的解释力，在制度和历史中理解发展的真实逻辑。

我们致敬马德斌，致敬他在论文集《中国经济史的大分流与现代化》中兼具计量统计和新制度经济学特征的研究，克制思辨，让读者看到制度在促进与抑制经济增长之间的巨大张力。我们同时致敬浙江大学出版社"启真馆"，在世界经济格局再次转变的当下，将这样一本基于多国的比较经济史研究带到读者面前。

答谢词

我的《中国经济史的大分流与现代化》入选"2020《新京报》年度阅读推荐"，深感荣幸，甚至惊喜。本书收集了我近二十年主要在海外出版的英文论文集的译本，也算是为我这么多年走来的学术生涯做了个小结，回想三十年前走出国门，凭着对"近代中国为什么会落后"这样的议题的个人兴趣和稍稍执拗的信念，走上了经济史研究的寂寞小径，现在能把这么多年的研究与国内读者共享，已感欣慰，而能得到《新京报》这样大平台的赏识，更起到了对中国经济史研究的推动作用。

在此我要感谢清华大学的龙登高教授，感谢浙江大学出版社的王志毅、王军、伏健强的非凡耐心与努力。特别感谢三位译者徐毅、袁为鹏与乔士容的辛苦工作，本书两章英文原著和多位海外学者合作，同时在成稿过程中也有不少朋友同事提出宝贵反馈，在书中已一一提起，在此一并致谢。

本书各章对大分流中财政金融、产权法律和生活水准等问题有广泛涉及，而在现代化讨论中的如为什么旧上海能成为金融中心、为什么日本现代化能捷足先登等老议题提供一个新的视角，随着近四十年中国经济的快速崛起，在振奋人心之间所浮现的功利与浮躁，让我们更感受到对一些长时段的本源问题进行反思的必要性，相信中国经济史的研究从此不再寂寞。再次感谢《新京报》的厚爱。

——马德斌

对话

采写　罗东

【这一年】

对反思流动的反思

《新京报》：工业革命从根本上改变了人的生产形式和生活方式，而也是从那时起，人类逐步进入大流动时代。2020 年是不同寻常的一年。受新型冠状病毒疫情影响，在世界范围内，人和资源的流动在不同程度上呈现减缓、暂停之势。经济史的特点之一是将时间拉长，在比较中发现经济发展规律。作为经济学家，你如何理解流动与经济的关系？

马德斌：经济史研究确实在很多方面都能提供一种长远视角。在历史上，瘟疫不仅对生命和公共卫生带来威胁，而且往往对文化价值和经济制度产生过重要冲击。比如众所周知的 14 世纪的"黑死病"，差不多摧毁了不少欧洲地方三分之一的人口，经此一"疫"，导致有些国家对劳动力奴役的解体，而有些国家反而强化。以英国为例，由于大量的人口消失，市场上相对稀缺的劳动力能拿到更高的工资，具备更高的议价能力而由此获得了更高的自由度。而同样的情况在东欧或欧洲之外地区并不一定发生，甚至反而让有些精英加强对更为稀缺的劳动力资源的垄断和奴役，从而强化了农奴制。

所以我们可以看到，不同地区、不同的制度，反应也不同。而短期和长期的反应也不一样。比如在 2020 年，在新型冠状病毒疫情之下，一个重要的反思是全球化问题。这次疫情确实对全球化短期内是重创，在全球范围内导致狭隘的民族主义或民粹主义的泛滥。但假如我们将所有事怪罪于流动、全球化，将来可能会付出一定代价。此次疫情的重要教训就是随着全球化的深入，我们更需要国际的合作和信任，这也需要不同文化制度更深入更开放的沟通甚至某种程度的融合。

【这个词】

把中国研究置于全球史和经济史之中

《新京报》：在过去 20 年，包括加州学派的彭慕兰、王国斌等人都在使用"大分流"来理解近代史上中国等诸多经济体与欧洲的差距，认为这一差距是在工业革命期间才出现的。当时，你在美国刚刚攻读完经济学博士不久，是怎样接触到"大分流"的？在你看来，这一概念的经济解释优势和局限是什么？

马德斌：我在美国念的是经济学里的经济史，当时几乎没有对中国经济史的专门研究，当时我个人关注的是李约瑟命题等，去理解为什么工业革命没有在近代中国发生。而"大分流"，则是我 1998—2000 年在日本一桥大学做博士后提起的，记得大概在 1999 年加州大学戴维斯分校举行过一次影响深远的会议，世界体系论提出者伊曼纽尔·沃勒斯坦、高水平陷阱理论提出者马克·埃尔文和中国宏观区域的理论家施坚雅都参加了，而西方经济史的大家如乔尔·莫基尔、格雷戈里·克拉克等都在场。当时作为博士后的我听后非常震撼，印象较深的是当时《大分流》一书还未出版尚名不见经传的彭慕兰在发言时，第一句话幽默地说：我这样一本尚未出版的书已经收到如此多的批评和攻击，是否也算是史无前例？

"大分流"无法解释全部问题。但是，无论它是真命题还是伪命题，都并不重要。重要的是，它带动一个跨学科的研究，聚集了人们的学术兴趣。过去这些年，在"大分流"形成的原因上，

从自然资源、地理位置，慢慢讨论到了文化、制度和法律。在时间跨度上，人们也渐渐认为不能只看 18 世纪。"大分流"还有一个意义是，把中国研究放在全球史和经济史中，放在世界学术主流研究中。

《新京报》："大分流"实际上也改变了我们的提问方式。"中国何以在近代落后"是假设欧洲是历史进程的标准，据此问中国何以没有走上这一道路。"大分流"则认为，在近代史上例外的是欧洲成功，而不是中国落后。中国只不过同当时世界上其他经济体一样，甚至相比之下还有所领先。

马德斌：是的，如你所说，很多人提出过中国情况并不是特殊的，恰恰欧洲是特殊的。"大分流"之所以能引起这么多的关注，也是因为他们想通过中国来了解欧洲。人们原来认为，有些问题对欧洲来说是重要的，比如发达的市场体系、人力资本、私人产权等，但和中国比较，这些现象好像也并非特有。那么，要解释这个问题就必须继续追问，这是我现在更关注法律、意识形态与制度等层面的原因吧。

【这门学科】
学术共同体是未来

《新京报》：欧洲理解它作为近代

的一个例外，通过与其他经济体比较，最终是为了理解自身。你在 20 世纪末出国，在美国求学，又在日本和英国执教，研究兴趣也一直是在理解中国经济史。如何理解你的问题意识和你的学科呢？

马德斌：我们那一代人在 20 世纪 80 年代长大，都比较关注中国与发达经济体的差距为什么这么大。我的问题意识是受到国内前辈学者影响。但是到了国外，发现他们的关注方面很不一样。确实，他们有中国学、汉学或中国研究（China Studies），但是在很多地方其实只是面向国外的读者，更多的是一个专业的学术共同体。

来日本一桥大学之前，我曾在伦敦政治经济学院的经济史系工作 12 年，而该系为世界上少有的独立的经济史系。在大部分高校，经济史只是一个"点缀"，不是在经济系下，就是在历史系下。所以伦敦政经这一点很难得。在其他地方，最早做中国经济史的大多是在历史系就职的汉学家和历史学家，而西方经济系的经济史家大都是专攻欧洲或北美经济史的。所以中国经济史有点像个孤儿。但这些年情况在大大改善。我坚信无论是在西方还是东方，一个学科最终靠的是专业的和独立学术共同体的不懈努力。中国是一个非常重视历史的国家，由于西方对中国的兴趣毕竟有限，

所以中国经济史也恰恰是最能够通过需要本土化和国际化开花结果的一个学科。我认为中国未来的经济史发展前景宏大。

《内城故事》

作者：［澳］陈志勇
版本：蒲蒲兰绘本馆
　　　二十一世纪出版社集团
2020 年 12 月

陈志勇，艺术家、作家、电影制片人。在澳大利亚珀斯长大，目前生活在墨尔本。著有《兔子》《绯红树》《抵岸》《别的国家都没有》《蝉》《内城故事》等。曾凭借《失物招领》获得第 83 届奥斯卡金像奖最佳动画短片奖。

致敬词

随着现代社会的发展，人与自然该如何持续相处已成为当今世界完全无法回避的问题。《内城故事》在这一现实背景下，从中抽出尤为动人心弦的人与动物的关系这一点，用充满奇异幻想的故事与画面，对此进行了系列深刻的反思。长久以来，人类高居于地球食物链顶端，全然忘记了自己也是动物的一员，忘记自己脆弱的命运实际与周遭世界紧密相连，对自己对世界造成的巨大影响视而不见。《内城故事》所努力的，正是将这些巨大而沉默的伤口呈现到人面前。另一方面，书中同时也对作为个体的人类复杂的生存状态进行着探寻，充满了人文主义的关怀。

我们致敬《内城故事》，致敬它对动物与人类同样深切的情感，在表面的痛苦和压抑之下，隐藏着深处理解的温柔、善良、勇气与希望。我们同样致敬作者陈志勇，致敬他恢宏而细致的想象力，将如此美丽而沉重的思索，这样栩栩如生地捕捉出来。

答谢词

《内城故事》不仅能在中国翻译和出版，还荣获了《新京报·书评周刊》2020 年度最佳儿童读物奖，我感到非常高兴和荣幸。

我的父亲出生于马来西亚，他的父母都是中国福建人。大约六十年前，他们移民到澳大利亚。因此，他特别高兴能用中文阅读这本书。除开个人原因，一部创作于特定时间和地点的文学作品，能够触动来自大洋彼岸、背景各异的读者的想象力，也令我倍感欣慰。它不断提醒着我，我们是一个共同体。问同样的问题，做同样的梦，为人类同样的关切所困扰。

我一直不太确定自己究竟是儿童书籍的作者和插画家，还是成人书籍的作者和插画家。这些年来，我不再担心这个问题，而是尽我所能为所有读者创作出最好的作品。但当非常年轻的读者与我的文字或图片产生共鸣时，我仍然备受鼓舞——尤其当这些故事像《内城故事》那样涉及对后代至关重要的问题时。我们可以启发年轻人掌握必要的技能，让他们参与其中，对自己的所见所闻机智地发问，让他们透过生活的表面去想象更深层的意义，并坚守童年时判断对错的直觉。对我来说，这就是为什么儿童文学如此重要的原因。

——陈志勇

对话

采写　沈书枝

【这本书】
"当动物闯进城市"

《新京报》：《内城故事》这本书很厚重，最初你创作的灵感火花迸发自哪里？又是如何将它们逐渐扩大，最终形成这 25 个动物故事（以及开头只有画面任人想象的鹿的故事）的呢？

陈志勇：我的书往往是从素描本上成百上千随手画出的素描和小故事中自然浮现出来的，一开始并没什么明确的目的。这有点像白日梦，一旦被记录下来，就可以解读成任意相关的意义或主题。当动物进入素描或小故事时，它们就像一个种子，其他想法会围绕着这种子，很容易地萌发生长出来。我发现，把一只野生动物放进一个城市环境中，尤其会打开一些通道，让人们在此时此地思考我们作为人类这意味着什么，同时也思考我们来自哪里——森林、平原、海洋——以及可能在多大程度上忘记了我们与其他动物的亲缘关系。当我把一只鳄鱼放在办公室，或把一头猪放在公寓里，又或把一只羊放在教室的那一刻，我的文字和绘画就自然流畅起来了，并且也有了意义。这对我来说并不常见，因此，我决定花几年时间更全面地去探索这一点：动物被困、擅自闯入或故意被带入一个通常只供人类居住的空间——城市。这就是这本书真正探索的东西。

随着探索的进一步发展，我写了很多东西，也画了很多东西，其中只有一些似乎对其他故事的内核有着重要的意义或联系。有些一开始就只是画作，背后没有故事，有些则只是故事，脑海中没有特定相关的画面与之匹配。画鹿的缘由来自我对森林附近一块广告牌的错觉，它看起来像一扇窗户，于是我在其中画了一只夜间活动的鹿，眺望着日间的城市景观。这张画看起来非常神秘，也很完整，不需要文字多做补充。其他画，比如会议室里的青蛙或机场里的鹰，一开始脑海中也没有故事，但后来觉得似乎还是需要一些文字阐述。与此同时，我不想毁了这些画，对它们进行一些陡然的解读，只是想要扩大一种"它们可能是什么"的认识的可能。我希望读者仍然能够保持对画作进行其他解读的自由，这也是为什么故事如此简短和转瞬即逝的原因之一。

【这个人】

"绘画是我的原始本能"

《新京报》：很多艺术家在小时候就发现自己最爱的事情是创作（绘画或其他），并确定自己将来要走这条路，你也是这样的吗？你是如何走上艺术创作的道路的？

陈志勇：还是个小孩子的时候，我就喜欢素描和绘画，但我并不认为有什么特别的地方——所有的孩子都是艺术家。绘画是我们作为人类所拥有的一种迷人品质，用线条、颜色、黏土、纸——手中能拿到的任何东西来再现现实的兴奋之情，是一种原始的本能。我想，是否要选择成为一名职业画家是一个比较难的决定，因为童年之后的道路并不是规划好的。十几岁时，我对成为一名艺术家略微有些气馁，因为这在经济上似乎很没有保障，不过我还是想写作和绘画，它们是我最喜欢做的事情。最终我发现，成为一名艺术家和从事任何其他职业都一样——学习、工作和努力决定着成功。专业地去思考就可以变得专业。这需要一段时间才能过上可持续的生活，但坚持不懈是有回报的。大量的书籍、展览、电影、动画片、电视节目、绘画和雕塑，都激励了我继续学习艺术和文学。

【这一年】

"更广泛的合作和善意"

《新京报》：2020 年是非常特殊的一年，你是如何度过的？有何感想？

陈志勇：在 2020 年大部分时间里，墨尔本是经历世界上最严格封城的城市之一，幸运的是，这暂时消除了病毒。人们为了更大的利益而共同遵守这些限制，这令我印象深刻。事实上，我觉得对于气候变化和其他环境退化等更大的迫在眉睫的问题来说，这可能是一个好兆头。至少，这表明科学家应该得到信任和尊重，特别是在这个一定程度上由社交媒体的不信任引发的令人担忧的反智运动的世界里。我们真的需要在相同的现实中共同努力，提升我们的批判性推理能力。

对我和我的家人来说，封城是一段有趣的时光，并非完全不受欢迎。我没有完成太多创造性的工作，但有了机会更深入地在家教育我们的孩子，并从中学到了很多东西。这也促使我（我想对其他许多人来说也是）更广泛地思考人类的未来，以及国际合作和善意的重要性。

《逛动物园是件正经事》

作者：花蚀
版本：商务印书馆
2020 年 1 月

花蚀，独立撰稿人、武汉动物园网民园长、动物园爱好者。曾经研究过鸟类的方言现象，后来阴差阳错地成为一名媒体人，出版译作《听说你也是博物学家》《头骨之书》《邪恶的虫子》等。喜欢自然和宗教建筑，并且愿意为爱好狂热付出。

致敬词

1 个人，4 个月，41 个城市，56 座动物园。作为一名动物园爱好者、动物科普达人，花蚀遍访全国各大城市动物园获取第一手资料，以专业游客的视角为无言的动物发声，也为我们展现了一个与固有认知绝对不一样的动物园世界。在展示每一种动物的独特之处之余，他揭示了动物园的存在意义：看懂动物，尊重动物，有助于让我们成为更好的人。他坚信：动物园是大自然的缩影，它虽然具有原罪，却是现代社会必不可少的地方，也是人类进行动物启蒙的绝佳场所。

我们致敬《逛动物园是件正经事》，致敬这本书对中国动物园巡礼式的聚焦，以及对动物福利的深切关注；我们也致敬花蚀，致敬他带我们踏上了这段非凡"逛动物园"之旅，让我们的关注，成为促进动物园进一步前行的动力。

答谢词

我所关注的动物园，是一个很小且不怎么受关注的领域。每一座稍有规模的城市都有个动物园，但国内动物园的整体水准并不高。2018 年时，我从工作了七年的公司辞职，成为一个自由职业者。在那之前，我的职业是做科普，关注野生动物保护。我从小就很喜欢动物园，一直有一个梦想，想把全中国的动物园给逛一遍。但直到成为自由职业者之后，我才有机会真正去做这件事。

所以，我花了四个月的时间，逛了全中国几乎所有省份的 41 座重要城市的 56 座动物园，一边逛，一边在网上直播，之后就有了这本《逛动物园是件正经事》。我做这些事，一方面是完成夙愿，另一方面是想引发大家的关注，去了解动物园，关注动物园，同时帮助动物园这个行业往前发展。

在 2020 年的 4 月 8 日，我老家武汉重新开城之后，我在那一天回到了武汉，接任了武汉动物园的一个荣誉头衔：网民园长。这几个月，我一直作为志愿者在武汉动物园办公。目前，我已经不满足于观察动物园了，我更想帮助一座动物园变得更好。无论是写书还是现在的志愿工作，我都希望能用行动来让我所爱的行业前进。我相信行动的力量。

——花蚀

对话

采写 何安安

【这本书】

逛动物园真的是件特别正经的事

《新京报》：在大众读物层面，关于动物园的书其实并不多，并且几乎都是游记、攻略的形式。在这本书中，最想和读者分享什么呢？

花蚀：动物园这个圈子，远比博物馆受到的关注要少，也更加封闭。这本书里最重要的地方就是讨论了两个问题。第一，什么样的动物园是好的动物园？第二，动物园可以怎么去逛，怎么逛更有趣？我希望这本书能够带给大家一种全新的视角，去了解我们身边的动物园。逛动物园真的是一件特别正经的事，比如很多人选择在动物园里"遛娃"——"遛娃"也是一件挺正经的事——但你既然来动物园"遛娃"，娃和你都应该有更多的成长，不要单纯就进来转一转，这是我们更想推动的事情。

有人问过我为什么要去逛动物园。现在网络这么发达，纪录片也非常多，我们能够毫不费力地知道一种动物长什么样。但这只是借助别人的耳目去观察。我们去动物园，可以用眼睛看、耳朵听、鼻子闻，可以近距离地观察动物，感受每一种动物的独特之处，逛动物园的真正优势也正在于此。

《新京报》：会有一些遗憾或者想要补充的地方吗？

花蚀：这本书里缺一张动物园地图。实际上全中国几乎所有的省份我都去了，只差山西，因为当时太原动物园升级改造闭园了。我准备过段时间重新去一次，把它写一写，放到书里面。还有一些动物园，比如南京红山森林动物园，我在 2018 年去的时候，刚刚开始进行某一项改变，去年再去看，已经有了很多非常好的改进。这些可能会成为这本书下一个版本的重心，在未来，这本书可能不是一个固定不变的样子，每两三年它会更新一次。对于这本书，我还是很有自信的。

【这一年】
"呵呵"成了武汉动物园的小"网红"

《新京报》：对于过去的一年，最大的感受是什么？

花蚀：这一年怎么说呢？有很多事情、很多计划，因为这样那样的原因就彻底打消了。比方说，我除了搞动物保护这方面外，还有一个研究方向是东南亚古建筑。本来 2021 年 1 月我要交一本书稿，讲东南亚那些老神庙，但是因为出不了国，所以这本书也就延期了。疫情对动物园的影响也非常大，因为游客变少，有的动物园连员工工资都发不出来。

2020 年的前 4 个月，我是在家宅过去的。我是武汉人，但是过年的那段时间我并不在武汉。4 月 8 日武汉开城以后，我马上回到了武汉。因为我接受了武汉动物园"网民园长"的荣誉头衔，去那里当志愿者。

《新京报》：作为武汉动物园"网民园长"，你需要做些什么？

花蚀：我是做媒体出身的，在武汉动物园，我所在的部门也是负责宣传和自然教育的部门，我更多地做了一些这方面的工作。我在武汉动物园时参与救助了一只动物，它是一只貉，名字叫作"呵呵"（就是那个嘲讽的时候用的"呵呵"）。"呵呵"现在是武汉动物园里的一个"小网红"，很多人去武汉动物园都会专门去看她，这是让我很高兴的一件事情。

《新京报》：随着动物福利概念的普及，有一种观点认为动物园具有原罪，因为人们从野外捕捉动物，剥夺了动物的自由，甚至也有观点对动物园的存在意义提出质疑。对于动物园来说，应该如何保障动物福利呢？

花蚀：目前，国内动物园动物福利做得好的，说实话不是特别多，目前大多还处于一个转型的阶段。动物园如何转型？如何盈利？究竟应该公立还是私立？这些都是令大家感到非常纠结的问题，并没有一个处于支配性地位的思潮出现。

那么，这种情况下，我们如何保障动物福利呢？我希望能够激起更多公众对于动物园的关注，从而倒逼动物园向前进。这也是我们的一个想法。

动物福利是动物园做各种事情的基础，只有动物养得好，它才能展现出更好的身体状态，才能展现出更多的自然行为。这样，无论是做研究、自然展示、自然教育，都可以做得更好。而且，如果动物们都惨兮兮地被关在一个小笼子里，人们在动物园里也不会得到娱乐。因此，我们希望动物园能够提升动物的福利，从而更好地完成其他目标。

《佚名照：20 世纪下半叶中国人的日常生活图像》

作者：晋永权

版本：世纪文景／上海人民出版社

2020 年 10 月

晋永权，曾任《中国青年报》摄影部主任、中国摄影出版社常务副总编辑、《中国摄影》杂志主编，现为《大众摄影》杂志主编。著有《最后的汉族》（合著）、《出三峡记》《江河移民》《沙与水》《红旗照相馆：1956—1959 年的中国摄影争辩》《合家欢：20 世纪 50—80 年代的民间相片》《每一声快门都忧伤》等。系列摄影作品"傩""三峡移民"等，被蓬皮杜艺术中心、上海美术馆等多个艺术机构收藏。

致敬词

自摄影技术诞生伊始，人们就难以遏制用文字记录、阐释、分类影像的欲望。但《佚名照》却试图说明，影像自有其命运。随着世纪更迭、时代变迁，曾经隆重拍摄并精心收藏于家庭相册的黑白老照片，或在关系结束后被裁剪，或在搬迁流动后被遗弃，流落至旧货市场、地摊街头。脱离了文字描述、拍摄情境的佚名照片，反而摆脱了个案差异，在与其他同类照片的"互图性"中创建了文字之外的独立世界，用图像语言讲述了一代中国人在照相行为中投射的时代潜意识与精神变迁史。

我们致敬《佚名照》，致敬它对影像自身语言的探索与建构，致敬它对 20 世纪下半叶中国人日常生活的记录与还原，也致敬它对时人精神世界和公共记忆的归纳与呈现。同时我们致敬作者晋永权，是他用二十余年时间，将上万张黑白老照片从旧货市场打捞，赋予它们新的生命。

答谢词

感谢《新京报》及各位评审专家。

有关这些佚名照的收集、整理，甚至出版，对我来说是一个孤独的、漫长的，甚至有些冒险的个人旅程：那么近，又那么远，触手可及，又无边无际。

在大多数人看来，这些无名无姓无主的日常照片，既不能在学术的、特别是传统史学意义上的殿堂内占有一席之地，更不可能拥有可观的商业价值。但恰恰是她们，占据了普通中国人日常生活图像的绝大部分，构成了 20 世纪下半叶国人最为直观、感性的精神样态。看似杂乱无章的纷繁图像，实则有着异乎寻常的理性秩序，她们无不是建构的产物。这也是漫漫长路中，出乎我本人意料的认知。

萨特说过，把形象当作形象来理解是一回事儿，而就形象的一般性质建构思想则是另外一回事儿。

探索之途依然漫长。

——晋永权

对话

采写　肖舒妍

【这本书】

自成体系的老照片

《新京报》：你是从何时起关注老照片的？

晋永权：从 2000 年就开始了。2000 年是新世纪的开端，有一个契机。我从 20 世纪 90 年代起参加工作，就感受到比较重的世纪末怀旧情绪。体现在图像方面，人们用照片回忆过去、见证历史，在当时是特别主流的方式。在新世纪我们如何看待旧的东西？我开始思考这个问题，有意无意地关注这些老照片。

《新京报》：最早的老照片收藏从哪里开始？

晋永权：当时丝毫没有收藏的意识，只是到一些旧书摊、旧货市场买书。买书时看到这些照片内心非常惊讶。这些日常照片，比如家庭照片、朋友合照，对于每个人都曾经是非常珍贵的回忆。当年认认真真梳妆打扮、花了钱隆重拍摄的照片，为什么都扔在地摊上，还卖得特别便宜？日常照片的命运难道就是如此吗？

我是图片编辑、摄影记者，当时也刚刚工作，一心学习国外的大师和经典，也在努力拍摄可以称之为"作品"的图片，以为说不定以后会流芳百世。但随着看到越来越多的旧书摊上的廉价"老照片"，无名无姓、价格低廉，照片上人物却又大多郑重其事，我感到不小的打击。事实上，这些图像才是图像生产中的绝大部分，而无名无姓的照片又是其中的绝大部分。

作为一个记者，我当时出差比较多，全国各地跑。我到哪儿都会去当地的旧货市场转转，这些老照片也看得越来越多，渐渐就萌生了买一些的想法。

《新京报》：书中的老照片有哪些分类边界？

晋永权：第一是时间边界。由于历史的原因，我能见到的照片基本上都是 1949 年以后的。1949 年之前的各类图像，因为年代久远、时移世改等原因已经大量消失了。

第二是物质边界。当傻瓜相机拍摄的彩色负片大量普及时，人们已经进入另一种状态，不拿照相太当一回事了。结合物质材料，边界大约就到 20 世纪 90 年代初。在此之后的图像就呈现出新的面貌。确定边界之后，我才能具体分析它的架构、形成、类别和特征。

【这个人】
人的形象是时代的影子

《新京报》：你书中的老照片聚焦的是 20 世纪 50 年代到 90 年代初期这一代人，你也出生在这个时期，你有类似的照相记忆吗？

晋永权： 我出生在 20 世纪 60 年代末期，我还记得 70 年代父亲带我去拍照，午觉刚睡醒，我就被拽到一个照相馆里，又是拉又是扯又是整理衣服，弄了半天，正站着不知道怎么回事的时候，突然嘭一响，就照了一张照片。

在那个年代，每一次照相行为都可看作是一次具有仪式感，且弥足珍贵的"图像事件"。很多人的经历都很相似，行为特征也很相似，地不分南北，天不分东西。在照相行为建构的世界中，人的形象即是时代的影子。

但有一些和我年龄相仿的读者看到这本书后，给了我一个原来我完全没想到的反应。有人告诉我，看到这本书以后非常难过，以至于看不下去，可是过一段时间又忍不住再翻，每一次翻心里都特别难过。因为他觉得，这本书里每一个人都在努力地表现自己，"劲儿都特足"，但他们似乎同时又在努力地压抑自己，或者说不知道该怎么表现自己，呈现出特别纠结的状态。

【这一年】
有别于惯常的现实

《新京报》：为什么选在 2020 年出版这本书？

晋永权： 这本书的书稿交到编辑手中已近两年，经过反复打磨，出版是水到渠成的事情。

另一方面，作为本书编著者，在 2020 年这一特殊的年份，面对国内反复出现的疫情和复杂变幻的国际形势，来出版一本与 20 世纪下半叶这一特殊历史时期，与中国社会日常生活图像、历史、记忆密切相关的书，心情一直是沉甸甸的。

长时间的疫情在很大程度上改变了普通中国人的日常生活、思维方式甚至心理状况，也改变了人们对身处世界的感受与认知。如果说疫情是一面镜子，那么在这面镜子前，普通人的希望与失望、自在与恐惧，都以一种有别于惯常的方式夸张地呈现出来。

2019年

这个时代，人们与图书相逢的机会越来越多，智慧阅读不再是一个问题，但是，打开的大门也有可能再度关闭，人们需要一种出自对知识和真相本能了解和持续追问的勇气。

——邓一光

《沸腾协会》《尖锐的信任丛书》《情感教育入门》

作者：臧棣

版本：广西师范大学出版社

2019 年 8 月

臧棣，1964 年生于北京。现任教于北京大学中文系，北京大学中国诗歌研究院研究员。出版诗集有《骑手和豆浆》《最简单的人类动作入门》等。曾获中国当代十大杰出青年诗人、中国十大先锋诗人、中国十大新锐诗歌批评家、当代十大新锐诗人等，多次应邀参加国际诗歌节。

致敬词

快速、高效、焦虑、虚无。社会的急速运转像一架带有强大引力的机器，对准每一个人，而诗人臧棣试图用语言悄悄纠正这一切。他清楚地意识到我们对日常事物的忽视，意识到我们对自身存在的迟钝，他以敏锐的语言、感知与智力，向我们说明一棵草或一只鸟的真相。他用初见式的好奇心，探入事物内部，精心体悟，重塑着这些微小之物，

同时重塑着自己，而在对这一过程的思考中，我们得以"重新看清我是谁"。臧棣诗歌的语调温和、平易，又在猝不及防的瞬间陡然锋利，一个词便足以击中你。

我们致敬"臧棣诗系"，致敬它对日常的独特想象，将人与外部事物再次连接；同时我们致敬诗人臧棣，是他对语言和感知的刷新，赋予了诗歌如此迷人的魅力。

答谢词

长期以来，在我的印象中，当代诗和大众传媒的关系并不那么融洽，甚至存在着相当严重的对立情绪。在大众传媒展示的当代诗的形象面前，当代诗人常常感到委屈，感到自身的努力没有得到应有的理解和尊重；而在大众传媒的文化视域里，当代诗越来越远离公众的期待，从以往居于文化中心的崇高地位加速滑向晦暗不明的边缘。私底下，我常常觉得我的诗是和大众传媒绝缘的；因为即使在诗歌界内部，一贯的传言是，我的诗是极其难懂的。就在不久前，还有人因为我前年发在《人民文学》上的诗公开打赌：谁要是能读懂臧棣的诗，他愿意重回小学去复读。所以，听到我新出的三本诗集获得"2019《新京报》年度十大好书"的消息时，我有点意外，但必须承认有更多的惊喜和感激。感谢评委们和读者们的选择。也借此机会，感谢广西师范大学出版社的两位年轻的编辑的支持。

毋庸讳言，当代诗和大众读者的关系是紧张的。但我的基本态度是，这种紧张关系不一定都是负面的，它有时也会起到督促作用。促使当代诗人去想尽办法，在表达和传播之间要么披荆斩棘，要么高空走绳，写出必须对得起伟大的汉语诗性的当代诗。一方面，当代诗人还需要付出更艰苦的劳作；另一方面，我也希望大众读者能多理解当代诗人所付出的啼血努力。

——臧棣

对话

采写 张进

【这本书】
系列诗是长诗写作的另类实践

《新京报》："诗系"的三本书在形式上有明显的特点，都由系列诗组成，加以统一的后缀。为什么会采取这种形式？目的和意义是什么？

臧棣：新出的三本诗集分别对应着我新世纪以来开始系列诗的三个阶段。

最早开始的是"协会诗"系列。一开始，并没有太强烈的统一规划。起名系列诗，现在回想起来，有两个因素：一是受到现代绘画的间接影响，二是长诗的写作一直是我希望解决的一个问题。系列诗的写作，由于在抒情方式上隐含的一致性，由于它的片断性和主题的散射性，由于不强求意图和结构的总体性，比较符合我的工作节奏，所以，它渐渐被我发展成了长诗写作的另类实践。

命名的目的和意义，我在随后的每个阶段里也会不断去自我逼问。这个问题不便和盘托出，但也不是完全无法解释。"协会"，是一个现代体制的产物，代表权威、客观、规划；与此相关的，诗的主题对象，诗的意图要展示的东西，则往往属于感受性的范畴。所以，在我的诗性规划中，这样的命名代表着一种将主观感受客观化同时也将客观观察主观化的双向捏合的努力。另一方面，从展开诗歌层次的角度看，"协会"所代表的"确定性"，定量和规则化的协调能力，可以将诗歌题材中"不确定"的飘忽的感性意图沉淀下来。在我看来，生命的意义假如可以看成是由最值得记忆的浸透着情感的事物保存下来，那么，在我们的生活中有太多的事物，被现代生活的节奏给忽略掉了。这种忽略，对我而言，是相当严重的。如果它们全然来自外部的强制，那就意味着一种野蛮

的剥夺，甚至说变相的谋杀也不过分。

《新京报》："诗系"中的诗侧重对日常事物的描写，却往往超乎人们的日常认知。为什么如此注重对这些日常事物的描写（重塑）？

臧棣：现代艺术中存在着一个大趋势，即对亲历性的重视，对身边事物的体察和认知，如塞尚画苹果，如凡·高画农夫的皮靴。这确实可以说，是一个非常大的革命性的转变。以往的想象力模式是向上升华。但到了现代，人们终于意识到，最遥远的地方其实是我们每个人的身边。所以，这个"日常现实"一定和奇迹有关。但以往和奇迹有关的观念似乎是说，奇迹是高于日常现实的。而在我看来，一个人如何不能感受"道旁的智慧"，那么，他的其他的高妙的追求也是极其可疑的。

《新京报》：你如何看待自己的诗歌语言？如何定义"语言"在你诗歌中的角色和作用？

臧棣：我个人的风格意识，不太看重"口语"。我有点看重胡适那一代知识分子诗人讲的，现代的汉语诗歌应该使用"活的语言"。"活的语言"可以分很多层次，其中涉及口语和新诗的关联，但范围更广。我心目中理想的新诗语言是一种充满张力的灵活多变的戏剧性语言。汉语诗歌的传统中，受制于格

律和对偶句法，语言的戏剧性在我们的诗歌表达中是受到压抑的。现在，是到了必须将它们释放出来的阶段了。

【这个人】
诗人要把诗歌当成一种工作

《新京报》： 三本诗集是你2000年后至今写作的合集，量很大，展现了你的写作密度和强度。你平时有固定的写作时间吗，还是想到即写？写诗时有哪些习惯？

臧棣： 我早年受冯至影响很大。冯至提到过一个概念：诗人要把诗歌当成一种工作。而且早年见过太多表演性很强的诗人，比如说诗人应该是野兽那类的，我有意识和这样的做派保持距离。我对自己的要求是，尽量保持对世界的兴趣，保持对生活的警醒，保持住天真的热情。这样，似乎总有东西可写。就写作习惯而言，以前讲究比较多，但近20年来，几乎可以随时进入写作状态。比如，我去参加2015年墨西哥城诗歌节，由于时差，每天失眠，但我没有抱怨，睡不着就干脆喝咖啡，几乎每天写一首诗，而且即时发到微博上。

《新京报》： 你在北京大学中文系任教，主要教什么？教学工作对诗歌写作有影响吗？

臧棣： 主要教和新诗有关的课程吧。比如，新诗的现代性、海子研究、当代诗学研究，等等。我喜欢教学，教学工作当然会影响我的诗歌写作，但那似乎是每个艺术家都必须在私下想办法解决的个人问题。

《新京报》： 2019年"臧棣诗系"这一庞大诗系的出版，对你个人有哪些特殊意义？或带来了哪些不同的感受？

臧棣： 如果说有特殊的意义，就是事情才刚刚开始。还有好几个"系列诗"已在悄悄进行中。今年"简史诗"系列会出版。

《我的奋斗3：童年岛屿》

作者：［挪威］卡尔·奥韦·克瑙斯高

译者：林后

版本：理想国 / 上海三联书店

2019 年 8 月

卡尔·奥韦·克瑙斯高，1968 年生于奥斯陆。1998 年以首部小说《出离世界》获得挪威文学评论奖。2009 至 2011 年间，克瑙斯高出版了六卷本自传小说《我的奋斗》。

致敬词

童年，不仅是一段时间，也是一种精神状态，它发生在过去，却保存着未来，如水晶球般影响并守护着人的一生。通过对童年的观照，我们能洞见人生的本质，体会纯真个体与复杂社会之间最原始的矛盾。克瑙斯高用自传体散文的方式，从自身的灰暗记忆中榨取人生的反思，挖掘北欧现代社会中潜在的暴力与压抑。他从居所的每一个角落、日常生活的每一个细节中挖掘自由的渴望，正如书名所示，我们在融入生命的同时，也在与它搏斗。宁静，只是一种空洞的表象。

我们致敬《我的奋斗 3：童年岛屿》，致敬作者卡尔·奥韦·克瑙斯高坚持不懈地与时间搏斗，不惜展现私人生活的痛苦来为读者带去慰藉。我们也致敬这本书的译者林后，她细腻冷峻的译笔还原了挪威语原作的魅力。这部六卷本的巨著，将一个普通人的人生变成了崇高的史诗，追寻着生命的意志与尊严。

答谢词

克瑙斯高的《我的奋斗3：童年岛屿》获得了《新京报》2019年度阅读推荐好书奖，这真是令人愉快的消息。这类大部头的严肃文学作品能受到中国读者的青睐，我有几分惊讶，当然更多的是感动，因为这不是通常会有的英美或日本小说，是挪威小说；曾听到一种议论，说现在差不多没人读长篇了，只看短篇小说。所以，这里我要对中国读者由衷地说声谢谢，谢谢你们花时间读这部厚重的书。

读者掏钱买书，带着好奇心走进书中的世界，耐心地读完它，这是一种精神享受的过程，也是作者希望看到的一个美妙过程。和作者一样，此刻我也感受到了收获时的喜悦和感动。

挪威有诱人的峡湾风光，也不乏具有魅力的文学作品。谢谢中国读者的理解欣赏、认同和喜爱，也非常感谢业内人士和书评人，没有他们的海量阅读筛选，就没有这一份份精神美食呈现在读者面前。

不知道人在伦敦的克瑙斯高是否赞同我上面讲的那些话，但有一点可以确信，获奖于他来讲定会是个意外的惊喜，就像圣诞老人在门前放下的一个礼品袋。

感谢中国读者的厚爱，感谢这个推介好书的平台。谢谢大家。

——林后（译者）

对话

采写 宫子

【这本书】
在平淡琐碎中发掘深刻与美丽

《新京报》： 能否谈一下你在翻译这系列作品时遇到的困难与感受？

林后： 总的感觉是词汇量大和涵盖的知识面宽。特别是第一册的内容，它涉及医学、音乐、绘画、历史、哲学、文学等领域，在五百多页的书里，常有连着出现的一堆艺术家和作家的名字，还有成串的欧美20世纪六七十年代的音乐人与他们作品的名单，这些我都不熟悉，只能去查去问。再就是这本书里有许多细节描写，他拎着啤酒袋子去参加一个圣诞晚会的路上，就可以写个二三十页。但他又总是非常巧妙地把时空与话题转换到自己的感悟上去，或者转换到他对哲学与绘画、生命与宇宙的思考上去。在平淡琐碎的叙述中引出一段段深刻美丽、令人思考的文字，能吸引着读者一路前往。

另外就是有些挪威的双关语，要翻译贴切同时不失幽默感，这一点确实很难做到。就像有些挪威的留学生中文不错，但让他们听相声，哪怕知道词义，他们也不觉得好笑。最难的时候，可能我会一整天就在一个句子上打转，想着怎么从中文里找到对应的说法。记得书里有写大人们开玩笑捉弄小孩的一件事，让去商店买一个不存在的东西。克瑙斯高的原文里是让小孩去买个绕线筒，但把那个单词的字母前后颠倒过来，是个找不到的词。我想了半天中文这该怎么翻译，觉得找一个买不到的东西就好，最后想到了人所熟悉的巧克力棒，所以最后就是"力克巧"这种译法。还有类似的一些趣语，如让小孩子去买个"触电"之类的，不知道英译本是怎么处理这些问题的。另外，挪威语分为书面语和新挪威语两种，加上外来语词汇，更为挪威作品的翻译增加了困难。

【这一年】

"我的奋斗"系列热潮的持续

《新京报》： 2019 年，"我的奋斗"最后一卷的英译本出版，在英语国家引起阅读热潮。而这本书在刚出版的时候，在挪威本国也非常畅销，能否简述一下当地人阅读这本书的状况？

林后： 我记得十年前这部书第一卷问世——应该是 2009 年的秋季吧，当时我去商店里买圣诞礼物。挪威人过圣诞节非常喜欢送书，可能现在变成送手机什么的了，但在当时绝大多数人还都是送书。因为挪威的书很贵，都是好几百块一本的那种。然后就看到有人在排长队，那些人就是在等着买他的书。他是当时挪威各家书店新书排行榜、各报刊杂志讨论的热点。挪威人口很少，五百多万人，平时一本书卖过十万册就算畅销了，《我的奋斗》则卖到了五十万册。这些是《我的奋斗》刚开始的盛况。第二次盛况应该是作者获得许多国际奖项以后。这本书在美国卖得特别火，在德国也卖得特别好，然后又再度影响到挪威国内，在热潮中被推上舞台，有了同名话剧，我去国家剧院看过这部话剧，为极简同时很有抽象意味的舞美设计感到惊讶，更佩服演员们能记住那些大段的台词。

【这个人】

性格腼腆，记忆力惊人

《新京报》： 那你在挪威接触过克瑙斯高本人吗？能否谈一下你对这位作家的印象？

林后： 这个很抱歉，我还没有见过他本人。他非常忙，人常不在挪威。我们对外文学翻译协会每年夏天聚会时都有一些作家参加，比如我见过女作家汉娜·奥斯塔维克和其他一些作家，但从没有见过克瑙斯高。我看最近这里的报纸《世界之窗》里提到，现今他家居伦敦，新娶的妻子是英国人，两个人的孩子刚十个月大，肯定没有什么空闲了。以前我在电视里看到过几次对他的采访，记得他那时上电视时抽烟厉害，现在应该不会了。挪威现在对吸烟有禁令，在电视公众节目上不主张有抽烟的镜头，这可能会引发舆论批评。但是有一点，他在镜头里表现的性格和书里的好像不一样，给我带来的反差感很大，除了高大英俊的男子汉形象以外，其实他本人有些拘谨，完全不是那种滔滔不绝的作家，甚至有点腼腆，像个大学生。他在接受采访时也很有礼貌，给人谦谦君子的感觉，从不打断别人说话，不像有些人张开了嘴就停不下来。在反映他家庭生活的电视花絮里，也看得出他是个非常爱孩子爱家庭的人。

说实话，我自然希望见到作家本人，但其实也有点小担心。因为他有惊人的记忆力和非常敏锐的观察力，他不会放过任何一个细节。记得第一卷里他写在去参加父亲葬礼的飞机上遇见一个邻座女性旅客。他觉得她裤子下的大腿快要被挤出来，再进一步想象这女人晚上在某个旅馆里的朦胧中可能显现的白皙肌肤。总之，就是你最私密的、最不愿意看到的东西，他都能给你写出来。因为作者的笔下对自己和对他人都毫不留情，所以想想还多少有点畏惧。

《"山中"的六朝史》

作者：魏斌

版本：生活·读书·新知三联书店
2019 年 8 月

魏斌，武汉大学历史学院、中国三至九世纪研究所教授，近年研究领域为魏晋南北朝史、中古区域史，发表论文三十余篇。

致敬词

"山中何所有？岭上多白云。"白云遮蔽的仙山胜境之中，隐藏的是纷繁多元的历史变动。《"山中"的六朝史》正是将山岳这一地理空间，置于政治、社会、时代变迁的中心。作者在研究中广泛应用了长期以来被正统史家边缘化的碑铭、石刻和祠寺志等材料，通过探寻"山中何所有"这个问题，述说了政治权力形态、社会身份秩序、南人与北人关系以及侨民土著化等六朝史研究中的重要问题。作者罄十年之功，从云翳山林中发掘出一部长期以来忽视的六朝史，出色地证明了六朝人心目中清旷之域的山中世界，与名利之场的世俗世界并非泾渭分明，别若霄壤，而是同样交织在权力与社会的关系网中。那些隐居山中宣扬避世出尘的种种高标特立之举，最终却铺就了通往纷扰尘世更加便利的终南捷径。

我们致敬《"山中"的六朝史》对六朝史料的重新发掘和解读；致敬作者魏斌从人类学、民俗学和宗教学的多维角度，探究山中世界隐藏的权力与社会交织的多重网络，为往后的六朝史研究开凿出一条通往史学山岳的石阶蹊径。

答谢词

首先要感谢《新京报》，还有参与推荐评审的各位。我只是一个很普通的专业学者，考虑最多的就是读书、上课，一年写一两篇想写的专业论文，供同行评鉴。学术产量不多，也没有太考虑体制内的考核是否"达标"，以及研究是否"前沿"，是否"热点"，是否有"引领性"，基本只是按照个人兴趣，闭门造车，自得其乐。更未想过这些论文会引起专业同行以外的兴趣。因此，此书陆续被选入一些好书榜，我感到非常意外。当然很开心。但因为从未想过会引起大家的关注，开心的同时，也伴随着困惑。

我们处在一个急速变化的时代。历史学研究可能也需要不断反思自我，尝试提出和探索新的学术问题。正如杜赞奇所说，"历史研究领域能够在消失的陈迹中获得生命，是因为我们要提出新问题，要对历史表述提问和重新构思"。此外，可能也需要反思原来的学术表达和写作方式。中国是一个有着悠久史学传统的大国，这种传统如何在现代意义上重新焕发生机，成为未来文化重建的重要一环，很值得我们思考。

——魏斌

对话

采写 徐学勤

作为特殊文化空间的山岳

《新京报》： 你是从汉唐间江南地区的名山开始接触中国的山岳文化，起初并未打算投入太多精力，但后来"蹉跎山中"十余年，山岳文化为何吸引你？从山岳文化角度进入历史研究，与传统的历史研究在方法、材料和结论上会有何不同？

魏斌： 最初纯粹是知识上的好奇心。2007年底开始写《汉唐间江南名山的兴起》一文，写完后不久，就意识到自己对于六朝山岳的认识实在是过于肤浅。这时候就想能不能具体研究一座山，获得一些更深入的认识。于是从庐山开始一直写下来。开始只是为解答自己的一些困惑，后来才觉得六朝山林本身作为一个特殊的文化空间，值得单独研究。

从山岳文化角度进入历史研究，没感觉到有太大不同。要说有，可能是山岳自身的特点决定的。山岳具有空间隔离性，生活于其中的主要是僧人、道士、隐士这样的文化人群，这使得山岳成为不同于城市、村落的第三种生活空间。因此，在从山岳角度观察历史时，首先也会聚焦于文化和信仰层面，是在一个相对封闭的空间单元中观察那些普通的文化人群生活的痕迹。这跟传统史学注重政治过程、制度变迁，可能有些不同。需要说明的是，山岳中不仅仅是这些文化人群，还有普通人的村落和日常生计。后者书中没有涉及。书名里的"山中"两个字特意加了引号，除了表示出自陶弘景的诗之外，主要就是想强调一下，书里讨论的并不是山中生活的全部。

官场和山水是士大夫精神的两面

《新京报》： 相较于城市和村落，山岳处于社会、经济、文化的边缘地带，山岳文化在六朝人的生活中占有怎样的地位？对山岳的研究，对我们理解传统中国社会史和文化史有何作用？

魏斌： 首先可能需要区分两种"六朝人"，一种是皇室和士族官僚，一种是社会下层的普通人。对于后者来说，山岳主要是生计和信仰意义，山中的物产为生民之所需，祠庙和寺院、道馆，是善男信女们祈祷祭拜的场所。对于前者来说，类似的生计和信仰意义同样也是存在的，像谢灵运《山居赋》描述的就是谢氏在曹娥江流域的一处大庄园，茅山道馆的主要供养者，也都是皇室和士族官僚阶层。士族官僚首先也是普通的人。

只不过对于士族官僚而言，山岳还

具有另外一层文化上的意义。无论是访问性的山岳游观，还是山居于其中，山林的自然之美和空间的幽静，往往引发文思和创作，形成山水文学和山水画，这些又形塑着知识阶层超越性的精神世界，使得山林逐渐成为中国文化中一道独特的风景。四至六世纪正是这一文化风景的形成时期。官场和山水，是中古以降士大夫精神的两面，如果我们能够更好地分析这种现象是怎样发生和形成的，对于理解从中古至近代的政治、社会和文化世界，可能都会有积极的作用。

历史学者应探索多元的写作方式

《新京报》：《"山中"的六朝史》是一本严肃的学术著作，阅读起来并不轻松，你如何看待它在学界和读者圈中引起的热烈反响？未来，对山岳的研究是否仍将继续？

魏斌：实事求是地说，我自己觉得很意外。这本书是修改过去十余年间陆续写作的一些专业学术论文而成，而这些论文原本都是写给学术圈内的"小同行"（主要是魏晋南北朝史研究者）看的，行文、论证都是按照专业论文习惯处理，没太考虑可读性。之所以引起大家的兴趣，我想主要是讨论内容属于一个新话题吧。对于一个学者来说，写的书能够有人读，当然是最开心的事。对于非专

业的读者，这本书可能确实过于艰涩。最近我也在想：近年来学术圈和民众的史学阅读口味是不是在发生变化？历史学者需不需要反思旧有的研究习惯，探索更多元的学术写作方式？

书稿的主要内容 2016 年就写完了，断断续续修改了一年多，2018 年初交给出版社。在此期间我的主要兴趣已经转移到北朝史。有的老师鼓励我，应该把山岳研究继续下去，接着写北朝山岳，然后是唐代山岳。但我自己觉得有一些审美疲劳。学习和研究魏晋南北朝隋唐史的初衷，是想更好地理解这个时代，如果有可能，我还是想尝试更多元的研究主题。当然，要是碰到好的史料，可能还会写一些山岳方面的文章。

《声入心通：国语运动与现代中国》

作者：王东杰

版本：谭徐锋工作室
　　　北京师范大学出版社
2019 年 4 月

王东杰，历史学博士，曾任四川大学历史文化学院教授，现为清华大学人文学院历史系教授、博士生导师。从事中国近现代史和中国思想文化史研究，出版有《国家与学术的地方互动：四川大学国立化进程（1925—1939）》《国中的"异乡"：近代四川的文化、社会与地方认同》《历史·声音·学问：近代中国文化的脉延与异变》《声入心通：国语运动与现代中国》等。

致敬词

国语运动是晚清以来中国转型的重要环节，几乎重构了中国文化的存在形态，也促进了现代国家的文化认同。以语言革命和文字改革为目标的国语运动，不仅是晚清民国知识分子的学术研究问题，还牵扯到国家建构、国族认同、文化理想、地方观念、阶级意识等范畴之间的多维度互动，同时涉及中西方文化的学战论辩和语言文化的观念变迁等复杂问题。王东杰采取非线性的跨学科研究范式，重新考察了国语运动中的生态变化和思潮变迁，以及语言与社会、政治等方面的内在互动关系。

我们致敬《声入心通》，也致敬作者王东杰对近代中国语言文字改革、统一与推广等历史脉络和结构异变的多维度考察，致敬他从语言的角度探究中国近代社会的复杂轨迹，致敬他发掘近代中国社会中的文化与政治、精英与民众、国家与地方之间的内在张力，他为我们深刻地剖析了国族建构与社会转型诸问题的复杂性及其历史影响。

答谢词

谢谢评委会的厚爱，授予我这项未曾料及的奖励。

我深知这本书对读者不算友好，若是今天来写，我会增强叙事，使其少些艰涩，更加畅达。因为我在从事这项研究的过程中，越来越清晰地意识到，我们每天都要与汉字汉语打交道，对其成长，人人有责，要让它更生动、精准、优雅，富有弹性，而不是把这项工作交给诗人、作家，自己袖手一旁。另外，我也希望有更多人借助这本书，思考一直困扰我们的问题：该不该保留汉字，要不要废除方言，是否应学习外语？

传统中国的思维，习惯从个体出发，由家而国而天下，层层推展：一个国士，同时也是乡人；身处一隅，不妨思及天下。大认同和小认同共处对流，不必非此即彼，零和竞争。不同种类的资源储蓄越多，我们应对不虞之务就越发自如。汉字、中文、普通话，以及各地方言，都是我们认同的根基，应该不离不弃；两百年与洋人相处，外语、外文亦同样成为我们传统的部分，置之不顾，于己有损，于人无益。

语言帮助我们自由表达，丈量自我的深度，也赋予我们聆听和理解他人的心量。当然，它也可能带来褊狭、乖戾，制造怯懦，使弱者失言。如何让语言更好地发挥它解放的力量，而不是沦为束缚心智的绳索？这不只是可以思辨的议题，更有赖于你我当下的行动。

——王东杰

对话

采写 萧轶

【这本书】
国语运动中的"上情下达"

《新京报》：你是什么机缘转入了对国语运动的历史研究？在此过程中，遇到的最大困难是什么？

王东杰：选择这个题目，一个考虑是想深化我之前的研究。我博士论文做四川大学国立化运动，实际是讨论 20 世纪二三十年代的国家统一、国家建构，国语运动也是这个大问题中的一部分，只是不同的侧面而已。还有一个考虑是，语言文字，大家日用而不知。普通话是怎么来的？过去的人从哪里又怎样学说官话？这是大家都觉得有意思可是又不大说得清楚的问题。还有，我上大学的时候，因为结构主义、符号学时髦一时，我逐人牛后，也半通不通地读了好些跟语言学有关的书，也算是一段因缘。

在研究过程中遇到的最大困难，当然还是我对语言学的了解有限。读到有些文献，总觉得里边埋藏有什么线索，可是又说不清楚，甚至不能判断自己想的是不是有道理。"恍兮惚兮，其中有物。"这时候就只有读书，或向专家请教。

《新京报》：研究国语运动，改变千年以来的话语方式和书写方式，"上情"方面似乎更好研究，但"下达"方面似乎较难做出评判和分析？国语运动在"上情"争论和发展过程中，是如何"下达"的？

王东杰：确实如此，这也是我觉得这本书最大的遗憾：它处理的还是相对容易的部分，留下了一些难啃的骨头（讨论得很粗略）。不同观点的激荡、相关政策的出台、组织机构的设置，这些东西有大量史料可以说明；至于具体的实践，被要求学习国语的那些人怎么想、怎么学、怎么感受？材料就很少，即使经过一番精细的爬梳，所获也不多，零零散散，难以构成一个相对系统的叙述。

就我目前掌握的情况，国语运动（或者说标准语、共通语运动）的推广，主要还是依赖于建制性因素。学校、媒体、交通、政府法令和公文，都是推行国语的主要渠道，特别是前两个。早期主要靠学校，而从整体效果看，媒体（广播、电影，尤其是电视的普及）的力量更强。有一些组织，比如大型的国营工厂（尤其是在"三线"地区）等，也为普通话的流通提供了制度性的空间。

当然，学校、媒体、铁路、工厂背后，都是官方的力量。但国语运动也不是只靠官方力量就能奏效，物质性、情感性、心理性的社会需求，也许还更为重要。政策、机构和各种社会力量的互动，谋生手段、文化机制和心理氛围，都是国语进入日常生活的渠道。要了解这一点，还需要更细致、更集中于微观语言场景和行为的研究。

【这个人】
未来十年会集中于两个议题

《新京报》：尽管国语运动有历史的某种必然性，但国语运动在近现代的不同时期似乎扮演着不同的工具，或者说在不同时期被不同的目的所利用？左右国语运动的因素有很多，具体有哪些呈现？

王东杰：像我之前讨论过的大学国立化一样，国语运动也被不同的力量所关切，投注了他们各自的关怀。在20世纪的中国，"国家"是一种强势的象征性权力资本，国语运动作为其能量场的一个重要组成部分，是各方力量都要竞争的对象。不同的势力介入国语运动，当然各怀目的，有的人的确是想"利用"它以满足私利，但有些人就是想表达自身诉求，实现自己的理想。在理论上，国语是服务于民族国家的，而民族国家本身就具有平等和民主的意味。在此意义上，国语运动不仅积极参与了公共空间的生成，它本身也成了一个公共空间。

影响国语运动的因素，有语言本身的，也有语言之外的。我的精力主要还是放在后者，也就是一些社会性和政治性因素上。国家建构、国族认同、地方观念、阶级意识、民族身份、城乡差别、政治派系等，都是激起争议的刺激源，构成多声部中的一种，这些力量又常常交错在一起，并随时代而变动。此外，物质景观、资讯手段、生活方式等方面的变化，是整个国语运动的背景，对此我只是简单地提了一下，其实还需要花大气力去重建。

《新京报》："声音"在国语运动过程中扮演着怎样的角色？

王东杰：国语运动原本就是围绕声音展开的，一个（相对于"文字"来说）更具独立性的"声音"意识，启动了中国近代语文改革的开关。我们甚至可以说，声音是国语运动背后的匿名"组织者"。

从语言与文字的关系角度而言，国语运动提出了"言文一致"的目标，实质则是以"言"导"文"。其中又可分作两个层面：在文字层面上，它一直存有将汉字改为拼音文字的追求；在文体层面上，则提倡"我手写我口"。顺便说一句，最近沈国威教授提出，"言文一致"首先是满足"科学叙事"的要求，而不是"文学革命"。它适用的是课堂演述之类的场合，目的是要让人"听懂"，还不是写作问题。这个看法能否取代传统的讲法，还可以讨论，但有一定道理，至少提示了我们过去关注不够的问题。

《新京报》：你接下来有什么研究计划？

王东杰：我不是一个特别讲究计划的人，大概未来十年会集中于两个议题：一是近代的"声音文化"，希望在过于运动研究基础上，讨论更大范围的"声音文化"是怎样影响、建构、组织 20 世纪中国的社会政治的；另一个是思想史课题，主要讨论晚清以来中国文化的价值轴心怎样从天道、天理转向历史局面。

《贸易的冲突：美国贸易政策 200 年》

作者：［美］道格拉斯·欧文
译者：余江、刁琳琳、陆殷莉
版本：比较 / 中信出版集团
2019 年 7 月

道格拉斯·欧文，经济史学家，美国达特茅斯学院经济学讲席教授，著有《贸易政策灾难：1930 年代的教训》《国富策：自由贸易还是保护主义？》等。

致敬词

贸易，国际经济议题之王。随着特朗普政府保守倾向崛起，美国贸易政策的不稳定性上升，产生巨大的揣度空间。在这可能的转变之际，经济史学家道格拉斯·欧文转身回到历史长河，置身于浩瀚无垠的文献材料，通过考察美国贸易政策的整个历史，最终发现贯穿两百余年的稳定性。产业集中的地理分布与联邦立法的制度设计，共同使贸易政策趋于维持原状。在这一条漫长且充满博弈的道路上，贸易政策的方向只发生过两次转变：一是南北战争导致的保守主张；二是大萧条见证的互惠导向，并影响至今。

我们致敬道格拉斯·欧文，致敬他在《贸易的冲突：美国贸易政策 200 年》一书中把握整体趋势与历史细节的双重能力，他让我们见到了直接冲突背后更漫长的逻辑。我们同时致敬译者余江、刁琳琳、陆殷莉以及"比较"编辑室，在贸易冲突被空前关注的当下，他们以流畅的译笔带来了这一部贸易编年史。

答谢词

《贸易的冲突：美国贸易政策 200
年》是中信出版集团比较编辑室前两年
确定的选题。作者道格拉斯·欧文教授，
是经济史尤其是美国贸易政策史研究领
域的权威，全书对美国自独立战争至今
的两百多年贸易政策历史做了宏大叙
述，可谓数十年一遇的经典作品。原著
问世不久，特朗普便挑起中美贸易战。
时至今日，全球贸易秩序仍危机重重、
前途未卜。这是该书的机遇，却是时代
的挑战。

比较编辑室的先见之明及信任支
持，让我们三位译者非常幸运能参与本
书引进出版的盛事。该书的博大精深对
翻译是艰巨考验，其中某些历史文献，
在如今的英美国家也需要专家用现代英
语改写，才易于普通读者接受。所幸，
我们的工作能参考学术界和翻译界前辈
们留下的大量成果，能利用网络带来的
便利工具。尤其要感谢编辑吴素萍女士
和包敏丹女士对文稿的细致审核与精心
修订，对译本的负责态度和杰出贡献。
信息时代，名著的翻译出版也只争朝夕，
我们对仍可能存在的错漏感觉诚惶诚
恐。非常感谢《新京报》及广大读者的
推荐认可，并衷心欢迎大家批评指正！

——余江、刁琳琳、陆殷莉（译者）

对话

采写 罗东

【这本书】

冲突下的稳定：两次转变与三个时代

《新京报》：你在《贸易的冲突：
美国贸易政策 200 年》里指出，美国
两百余年的贸易政策具有比较高的稳定
性，因为产业集中的地理分布与联邦立
法的制度设计使贸易政策趋于维持原
状。比如，棉花集中于密西西比州，钢
铁集中于宾夕法尼亚州，产业不同，对
进出口诉求也不同，而不同产业所在州
的议员通常根据自己的选民给贸易法案
投票。只要产业分布稳定，联邦立法制
度设计不变，贸易政策就不太容易发生
转向。这些力量都来自经济地理和政治
制度。不过，观念呢？你知道，人们也
相信观念能产生影响。

道格拉斯·欧文：没错，你说的观
念有它的力量。关键人物的个人观念甚
至会发挥作用，影响政策走向。众所周
知，国务卿赫尔在 20 世纪 30 年代之所
以推动美国朝着与其他国家达成合作贸
易协定的方向发展，并不是因为他个人
或身后的经济利益，而是他反对贸易民
族主义，主张更自由、更平等的世界贸
易。这是赫尔的个人观念，他超越了自
己的经济利益，并且成功影响了美国和

其他一些国家的贸易互惠政策。

然而，"超越"也说明作用更大的不是观念。也就是说，观念本身很难违背根深蒂固的强大经济利益，而后者是影响国会以及贸易政策的重要原因。美国贸易政策能表现出稳定性也源于此。

《新京报》： 美国贸易政策在两百余年间只发生过两次转变：一是南北战争导致的保守主张；二是大萧条后的互惠导向，影响至今。然而过去一两年，人们都在探讨特朗普政府，好像美国贸易政策将带来第三次转向，比如走向保守。我知道你不那么看。《贸易的冲突：美国贸易政策 200 年》英文原版在 2017 年面世后，你接受采访也认为贸易政策不会因为特朗普政府而发生一次根本性的转变。两年多过去了，现在你还是这样认为吗？

道格拉斯·欧文： 美国贸易政策的主要目标，包括对进口产品征收关税，增加政府的"收入"（revenue）；"限制"（restriction）进口，减少国内厂商的竞争压力；基于"互惠"（reciprocity），减少贸易壁垒和扩大出口，我称之为"三个 R"。内战重新分配了政治权力，使我们从使用关税来增加收入转变为保护主义的限制进口关税。大萧条再次重新分配政治权力，使我们从使用关税限制进口转向寻求与其他国家的互惠协议。

我根据这两次转变把美国贸易政策分成三个时代。我们处于第三个时代的延续。

从美国贸易政策的历史来看，我仍然坚持这个看法，并没有改变。我有时会开玩笑说，特朗普总统希望利用关税来同时实现"三个 R"——税收、限制和互惠！在这一点上，我认为我们不会看到政策朝着新目标的根本性转变，特别是如果他只任期一届，尽管他对贸易政策采取了不同寻常的做法。

【这一年】
"每个人都想更多地了解贸易"

《新京报》： 新闻媒体经常邀请你就经济议题发表意见。据你所见，这一两年公众更关注贸易了吗？他们的讨论和贸易政策是什么样的关系？

道格拉斯·欧文： 在美国，人们对贸易的专业知识需求比过去增加了许多。在过去很长一段时间里，贸易都被认为是一个平静如死水的问题；现在它处于政策讨论的前沿，每个人都想更多地了解世贸组织、贸易法、贸易逆差等。从最近的民意调查来看，美国公众对国际贸易的看法出人意料地积极。这就是特朗普政府的做法如此不寻常的原因。他在经济运行良好时征收关税，而大多数人支持现有的贸易政策。

《新京报》： 假设有中国读者对你

说，"欧文教授你说的可能都对，但我在新闻报道看到的还是不确定、多变，就像是一个政治阴谋"，你会如何回复？

道格拉斯·欧文： 我不知道这里说的"阴谋"具体是指什么。特朗普在贸易问题上的态度当然有很多不确定性，比如他威胁（从未实施）对进口汽车征收高关税。我不确定这一切背后是否有阴谋。但是，将历史时间线拉长，就像刚才说的，美国贸易政策应该有它的稳定性和确定性。

《人类起源的故事》

作者：［美］大卫·赖克
译者：叶凯雄、胡正飞
版本：浙江人民出版社
2019 年 6 月

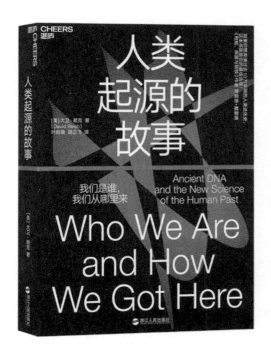

大卫·赖克，哈佛大学医学院遗传学系教授，霍华德·休斯医学研究所研究员。古人类DNA领域的世界级领跑者。2015年，大卫·赖克因率先通过大规模测序和分析远古人类的基因组数据来揭示人类历史，被《自然》杂志评为"年度十大人物"之一。大卫·赖克还曾荣获奖金达百万美元的"丹·大卫奖"、美国科学促进会的"纽科姆·克利夫兰奖"、美国国家科学院的"分子生物学奖"等多项殊荣。

致敬词

对人类起源问题的探究史，几乎与人类文明发展史等长，由此诞生的宗教、神话、科学、考古构成蔚为大观的人类起源故事。随着对古人类DNA研究的突破，人类起源和演化史正在被重写，《人类起源的故事》正是该领域的奠基之作，它通过对古人类DNA的研究考察探索世界各地区人群的演变史，并揭示出混血融合才是人类演化的主旋律。

我们致敬《人类起源的故事》，它深入浅出地展示了当下古人类DNA研究的最新成果，找到现代人与其他早期智人的混血证据，并描绘出一幅数十万年的人类起源、迁徙、演化和混合的宏大地图。我们致敬作者大卫·赖克，他以科学的实证和人文的情怀，破解了种族神话臆想的"纯种"传说，并直言不讳地批评了那些试图将人群间差异"种族化"的谬论。

答谢词

获悉我的新书入选"2019《新京报》年度推荐榜"，我深感荣幸！

作为一名科学家，当我集中于古DNA研究时，很多人都建议我写本书，都被我以科研工作忙为由给拒绝了。后来，我逐渐意识到，需要有一本书来帮助人们理解古DNA的科学发现，因为，报纸杂志上关于这个主题的文章已无法满足大众读者的需要。

我的妻子尤金妮·赖克对我的写作帮助很大。她帮我找到了一种基调，让这本书变得通俗易懂。随后，我用3年时间完成了这本书的写作。有时，我在凌晨3点起床，这样写作就不容易被打扰。有时，我又会集中一段时间专心写作。毫无疑问，写作有时会分散我对科学的专注力，但也有好处，比如，它能帮我从宏观角度看待什么是最重要的。

古DNA革命给我们上的最重要一课，就是当今世界上几乎所有人都是混血儿。10万年前，世界各地生活着多个古人类人群，他们并没有全部灭绝，而是相互融合，并与我们的祖先融合。

最后，感谢各位书评专家的厚爱，

谢谢！

————大卫·赖克

对话

采写 徐悦东

【这本书】

"没有人是'纯种'的"

《新京报》：你觉得《人类起源的故事》对于普通读者来说意味着什么？

大卫·赖克：对我来说，古 DNA 研究最重要的发现是——今天的人类都是由不断混血融合而成的，没有人是"纯种"的。我在书中不断在强调这个结论。

在古 DNA 研究诞生之前，如今生活在欧洲、南亚、东亚、东非或其他地方的人们，都倾向于相信他们与他们几万年前的祖先一样，生活在同一片土地上。一开始，人们希望能通过古 DNA 研究来证明他们这个信念，但是，古 DNA 研究发现，现代人都是由一波波迁徙浪潮所导致的混血融合而形成的。

因此，从人类演化的角度来看，非裔美国人和拉丁裔美国人在历史上并不罕见。他们不过是人类演化史上最新由迁徙导致的混血群体。人类演化史的主旋律就是混血融合。

有些人会认为自己属于某一个"纯种"的种族。但是，他们仅需要回到五千年前，就会发现，他们所属的群族的祖先，其实是由不同人群混血融合的群体——这包括中国的汉族，也包括欧洲人和南亚人。古 DNA 研究的成果告诉我们，我们都是互相联系着的。

《新京报》：《人类起源的故事》在中国非常受欢迎，但有中国读者发现，书里对东亚部分的描述较少。

大卫·赖克：在我写这本书的时候，东亚那章是我写起来最困难的一章。所以，我最后才动笔写东亚那章。这是因为东亚地区是研究人员们收集到的古人类基因组和现代东亚人基因组最少的地区。

当然，现在一切都正在改变。我期待着未来能够在东亚找到许多令人兴奋的发现，这使我们能深入了解东亚人群的演变史。中国现在有了几个出色的古 DNA 研究专家，并建立了实验室——这其中包括我的学生付巧妹和王传超。此外，在中国，许多地方妥善保存了数以千计的古人类残骸。因此，我可以明确地表示，未来三年内，中国的古 DNA 研究的成果将会有爆炸性增长，这将改变我们对东亚人类演化史的认知。

【这个人】

"意外让我成为一名遗传学家"

《新京报》：你为何选择成为一名

遗传学家？你的遗传学研究一开始关注致病基因组，后来为何转向古人类 DNA 的研究？

大卫·赖克：我成为一名遗传学家是由于一个意外。我本科的学位是物理学。我还辅修了社会学。我当时觉得，我研究生时会读物理专业。

在本科毕业后，我得到了去牛津大学读书的机会，并在牛津大学再读了一次本科。这次我学的专业是生物化学。我没有完成这个学位，但我在牛津大学的一个实验室里获得了一份工作，这个实验室致力于通过基因来研究人类演化的历史。一开始，我不过是想在那个实验室里获得一些短期的研究经验——这样可以让我的简历更有竞争性。等到我回美国时，我可以用这份简历来申请医学院。但是，那份工作对我来说特别不错，工作内容还激发了我的兴趣。因为那份工作结合了我对科学和人文的爱好。于是，我读了这个方向的博士。

在我拿到博士学位后，我再去哈佛大学医学院读书。我在哈佛大学只读了两年，也没有完成学位。但我获得了在哈佛大学一个实验室里工作的机会，我用我在牛津大学学到的技术，去寻找致病基因组。2003 年，在我获得了一些研究成果后，我开始在哈佛大学的遗传学系教书。因此，一开始我的研究领域是致病基因组。到 2007 年，我的研究领域才有机会越来越转向人类演化史，也就是我今天研究的领域。

【这一年】

希望能连接科学与大众

《新京报》：《人类起源的故事》在你的生命中扮演着什么样的角色？你如何看待它所得到的褒奖？

大卫·赖克：对我来说，写这本书是一个奇特的体验。因为很少有科学家

会写这样的著作。在学术体制里，我们并不会因写这样的书而受到鼓励。

然而，我觉得这本书对我来说很重要。因为它集合了我在古 DNA 领域的所有发现。其实，许多非专业人士都想知道，我这些发现的意义何在。古DNA 研究的发现，挑战了人类在人类学、语言学、社会学、考古学和历史学上很多习以为常的理论——但是这些学科的学者们，很难去评判一位古 DNA 研究专家所写论文的质量，因为我们所写的科学论文的细节、术语太多。而对古DNA 研究的新闻报道又太过于简单了。所以，我们需要这样一本书，既能保证知识上的严谨，又深入浅出。我也感觉到大众对古 DNA 研究的发现会感兴趣，所以我写了这本书，并希望这本书能成为科学界和大众之间的桥梁。

《少年赫比》

作者：［美］赫尔曼·沃克
译者：一熙
版本：乐府文化 / 北京联合出版公司
2019 年 5 月

赫尔曼·沃克（1915—2019），美国现实主义作家、普利策奖得主。他的代表作品有普利策文学奖获奖作品《凯恩舰哗变》（被改编成话剧《哗变》）、《战争风云》和《战争与回忆》两部西方描绘"二战"经典著作，此外，他还创作有唯一一部儿童文学作品《少年赫比》。赫尔曼·沃克的一生与写作为伴，一直到去世前一个月仍在坚持创作。

致敬词

从男孩到少年，从女孩到少女，是每个生命中最神秘的变化阶段之一；从童年的安全堡垒走到少年的广阔世界，更是每个人都必须面对的惊心动魄时刻。《少年赫比》以细腻丰沛的情感，讲述了一个高密度的成长故事，男孩和女孩在一个夏天里奋勇突进，并开始承担自己的人生命题，理解"成长"的真实含义。

我们致敬《少年赫比》，它的作者赫尔曼·沃克真正理解并由衷地赞美从童年到少年的神秘转变，让每个身处其中的孩子知道自己并不孤独。这位活了105岁的文学大师，是20世纪的伟大记录者，但在其唯一的儿童小说中，他超越了时代，因为一代代孩子总是这样长大。甚至成年人也应该读读这本书，它让我们可以回望来时的路。同时，我们也致敬译者一熙，他极好地还原了书中的童年味道——既渴望又恐惧，既迷惘又坚决。

答谢词

很荣幸能在《新京报》组织的年度阅读推荐好书评选中获奖。我选出三个关键词，来聊聊《少年赫比》背后的故事。

这三个词分别是"感谢""坚持"和"回归"。

一本好书的诞生，是各方合力的结果。感谢主办方，感谢乐府文化特别是我的责任编辑，从选题、校稿到设计，都倾注了你们很多心血。感谢家人的宽容与支持，因为如果要论投资回报率，翻译真不是一份收益丰厚的工作。感谢诸多译界前辈的提携和鼓励，尤其是屠岸先生。

如今，数字化时代为读书带来便利，但资讯爆炸、信息过载消耗掉人太多精力，碎片化更阻碍深度阅读，牺牲了对文字的认知和理解，长此以往，人便形成一种恶习：将有价值的东西拒之门外。不过，我相信，人之所以为人，是具有反思的能力和勇气，如果说时尚是一个轮回，阅读也必将经历一种回归，甚至还包括纸质载体、书写技能。在这方面，我们有先天的优势，"诗书传家""明德知义",始终在中国传统文化的精神内核中占据一席之地,每一代人的青春都会逝去,但阅读会带领我们追寻美好的记忆。

谢谢大家!

——一熙(译者)

对话

采写　何安安

【这本书】

普利策奖得主的儿童文学作品

《新京报》: 《少年赫比》是赫尔曼·沃克唯一一部儿童文学作品,赫尔曼·沃克生前深居简出,曾被《华盛顿邮报》称为"美国历史小说家群体的隐居掌门",你是如何接触到《少年赫比》这部作品的?

一熙: 就像我在《少年赫比》的"译后记"里所说的那样,翻译这本书,纯属是一连串的机缘巧合。因为读到我发表在《世界文学》上的《阿莱汉姆小说选》,加上之前我也翻译过儿童文学作品,所以编辑联系上我,寄来了这本样书。

在"译后记"里我提到了两个人,一个就是这本书的作者赫尔曼·沃克,他是一位非常有名的作家,我第一次接触赫尔曼·沃克的作品大概是在 1989年,当时电视剧《战争与回忆》在全国热播,但那个时候看不到书。一直到我上大学的时候才开始买书,才看到了赫尔曼·沃克的原作。这位作家在美国非常低调,隐居在加利福尼亚州,宣传也相对较少,很多普通读者对他的印象就停留在他写的普利策奖获奖作品《凯恩舰哗变》。

在收到样书以前,我没有想过他还能写儿童文学,而且还写得这么好。但我的编辑将这本书发掘出来,这本书很好地反映出了在当时的历史时期下美国的社会文化以及美国的学校制度。

作者的语言文字驾驭能力很强。如果说赫尔曼·沃克的两部"二战"经典著作《战争风云》和《战争与回忆》着重展现了成年人在战争中的英勇无畏,那么《少年赫比》描绘了儿童在成长道路上面临的困惑与烦恼。

《新京报》: 还有一位呢?

一熙: 还有一位是屠岸先生,他以前是人民文学出版社的总编辑,屠岸先生已经去世了,我曾经和他有过多年的书信往来。这里边有一个故事,在20世纪80年代初,屠岸先生在出访美国时曾经拜访过这位作者,临走前,作者刚好赠送了这本书给他,我觉得这真是冥冥之中的一种巧合。

其实这里边有两个很大的遗憾,我将翻译这本书的消息告诉屠岸先生以后，他告诉了我这一段往事。我就想，既然当年二人有过这样的接触，现在的交流沟通又比较方便，能否让二人通过网络等进行一场对话，在相隔几十年后，通过这本书再次重逢，可惜没能做成——2017年末，屠岸先生因病去世，这也成了我永远的遗憾。

第二个遗憾就是，翻译这本书的时候沃克还健在。我曾想翻译了这本书，能不能在出版以后寄给他，或让他知道这一消息，但也没能做成。这本书出版于2019年5月，刚好也是这一年的5月，作者去世了。这也是一个遗憾。

【这个人】
翻译过程中还原孩子心态

《新京报》：你翻译过相当多的作品，其中的跨度也非常大。在翻译《少年赫比》时，有遇到过一些困难吗？

一熙：为了完成《少年赫比》，我找来了大量的儿童文学译作进行揣摩。其实这本书我是2016年翻译的，翻译完这本书的时候，我女儿一岁，现在女儿三岁了。翻译的过程，就是慢慢把自己放到角色身上去的过程。还原孩童的那种心态，那种视角。这本书最大的难题可能是比较厚，而一般的儿童文学作品篇幅都不长。我们毕竟已经是成年人了，再回到过去，以孩童的视角看世界，有时候不太容易。

《少年赫比》这本书最大的特点就是人物多、场景多，人物的身份也多。书里面是两个世界：一个是成人的世界；另一个是儿童的世界。成人的世界里有学校，学校里有讨厌的校长，有教练、老师等形象。学校之外，还有父母等。儿童的世界里有规规矩矩的、听话的孩子，也有野孩子。他们怎么说话？他们的语言有什么区别？语言要符合人物的身份，当时下了很多的功夫。原文中很多语言其实很朴实、简单，一个词语可能反复出现，比如"beautiful"，但如果每一次都翻译成"漂亮"，可能就会挨读者骂，怎么能老师用"漂亮"、小姑娘还用"漂亮"呢？这个时候就是译者必须成为强迫症的时候——看到原文脑子里一下子就

蹦出来好多可以参考的译文。

《新京报》： 对翻译这个职业有哪些感触？

一熙： 最近有一部很火的纪录片，叫《但是还有书籍》，有一段讲《百年孤独》的译者范晔，他自封为"象寄门下临深履薄仓皇右使"。"仓皇"二字，我深有同感。从事翻译，已有十年，曾经初出茅庐，下笔洋洋洒洒，到现在被硬生生逼成了强迫症，文字、标点、节奏，原文越简单，越是惶恐，难以拿捏，所以每译出一本自认为还满意的书，都不啻一种解脱，心头暗发毒誓，再也不干这有害身心、费力不讨好的活。但为何无法割舍，始终坚持呢？因为总有新题材、新领域，让人难以抗拒与大师过招的诱惑。有人偏爱极限运动，做翻译，就是时时挑战极限，既消耗脑力，又折损体力，双重压榨。李文俊先生译完福克纳的《押沙龙，押沙龙！》，就因为心肌梗死进了医院，但从鬼门关绕了一圈回来，他自叹"尘缘未了"，又开始译书、写书。相比之下，我们这些后辈没有理由不坚持，将翻译之路继续走下去。

《帝国的暮光》

作者： ［美］鲁大维
译者： 李梅花
版本： 社会科学文献出版社
2019 年 12 月

鲁大维，美国柯盖德大学何鸿毅家族基金讲座亚洲研究暨历史教授、富布莱特学术交流基金会访问学者。研究方向包括蒙古帝国史、军制史以及近代东

亚的外交实践等。著有《帝国的暮光：蒙古帝国治下的东北亚》《匪徒、宦官与天子：明中期的政治叛乱与经济暴动》《明朝宫廷的尚武展示》《乱中求治：韩国理学家郑传道及其时代》等论著。

致敬词

在沉迷于宏大叙事的当下，《帝国的暮光》是一部肃穆而细腻的长歌。它通过作为全书主角的两名男性和一位女性起伏跌宕的经历，展现了乱世中无定命运所赋予历史书写的魅力。作者独辟蹊径，将目光聚焦在蒙古帝国崩溃前夜的东北亚，富有创见地将蒙元史研究中长期以来担当配角的王氏高丽，置诸风云变幻的舞台中心。作者细致爬梳了蒙古、中国和韩国三方文献档案，以纵横交织的三方视角，深刻揭示了千头万绪的矛盾冲突，是如何通过帝国本身构建的权力网络联通汇合，最终导向帝国的总体性危机，更进一步展现了这种帝国秩序下的共时性，是如何深刻地影响了之后数个世纪的东亚历史建构。

我们致敬《帝国的暮光》，致敬作者鲁大维以史笔为刀的写作，他条分缕析，超越了惯常的朝代更替的视角，通过对帝国秩序下各政治实体间互动关系的分析，提供了一种更具有普遍意义的研究范式。我们也致敬译者李梅花，是她以细致准确的译笔，让读者得以透过纸端熟悉的文字，去感受一段陌生而激荡的王朝命运史。

答谢词

《帝国的暮光》在我看来就像是一个万花筒，你往筒眼里一看，会看到一朵美丽的"花"样，再将它稍微转一下，又会看到另一种花的图案，你不停地转动，图案也就不断地发生变化。其中有一处给我留下了非常深刻的印象，总在我脑海中萦绕。书中写道，恭愍王狼狈逃离京城之际，在临津河畔驻驾回望沦陷的开京城内"老幼颠仆，子母相弃，哭声动天地"，淡漠地对随行大臣说了一句"如此风景，卿等正宜联句"。真是万千思绪，千言万语，化为一声长叹。也有一位同事，从事朝鲜半岛古代文学研究，她和我要这本书，说对她的研究很有帮助。喜欢军事战争的人，可以在书中看到各种战斗、战役和战争。书里也不乏诡谲的政治斗争。我本人作为女性，免不了会关注那个时代女性的命运。在这本书里你也会发现很多女性，虽然寥寥数笔，但面目鲜活、个性突出，她们在时代的狂潮中并非小小浪花，翻转几下就消失不见，她们被潮流裹挟，也在推动着潮流。诸如此类，不胜枚举。

我在翻译这本书的过程中，能够

有机会重新回顾这段历史，重新学习相关论著，同时观照我现在的人类学研究主题——跨界、流动和认同，觉得受益匪浅。

感谢《新京报》组织年度阅读盛典，这不仅是对读者的福利，也是对作者的鼓励。

感谢鲁大维教授写了这么好的一本书，我作为译者能够分享到他的荣光，真是莫大幸事！

感谢社科文献出版社甲骨文工作室慧眼识珠，选了这本书，特别感谢冯立君从中牵线搭桥，感谢刘娟老师细心周到的沟通协调，感谢甲骨文工作室团队的精心策划。

感谢我的同事和学生，在我翻译这本书的过程中提供的各种帮助和支持！

感谢我的先生，他在我一开始接到这本书，因为翻译费不多而犹豫不决的时候，为我打气，他告诉我说，这样的好书不给钱也是要做的。现在看来，他还是有眼光的！

感谢三年前的我，无知无畏地接下了翻译这本书的工作，在教学科研家事工作繁多、女儿高考堪称兵荒马乱的情况下，坚持不懈，不辱使命！

——李梅花（译者）

《两个天才》

作者：徐萃、姬炤华
版本：蒲蒲兰 / 二十一世纪出版社
2019 年 10 月

徐萃、姬炤华，画家，夫妇。1997年，他们开始为孩子创作童话和插画，其中童话作品《青蛙与天鹅》获2006年冰心文学奖，插画作品《童话庄子》获"台湾读书人2005年最佳童书"。《天啊！错啦！》（2011）是他们的第一部绘本，自出版以来获得各方好评。2007年，他们开始进行儿童阅读推广，如今仍在继续。

致敬词

这是一个关于吹牛的故事，这是一个关于传承的故事，这是一个关于想象的故事，这是一个关于行动的故事——这是一个关于创造的故事，这也是一次漫长的创造过程。我们一直强调要培养孩子的想象力，但《两个天才》的作者认为，想象力并不等于创造力，想象力不需要培养，真正需要培养的是创造力。这部"劝人勤勉，策人实践"之书，在艺术表现方式上进行了独特探索，它更强调对细节的寻找和领悟。

我们致敬《两个天才》，致敬它的作者徐萃和姬炤华，他们辗转十余年，用世界通行的绘本语言和现代性思维，讲述了一个贴近儿童心性的故事，并传递出中国传统思想当中知行合一的精神。它以复杂多义的内容、清晰明亮的形式，让孩子在寻找快乐的过程中，埋下了理解未来的种子。

答谢词

谢谢！谢谢《新京报》和各位评委，以及所有喜欢我们作品的人！不管是爱是恨，孩子们都不造假，他们是人类世界里最真的存在。能为孩子们创作图画书是我们的荣幸！希望我们的故事能为他们带来欢笑。

对于《两个天才》，我们不想把想象和实干分裂成两个对立的状态，好像有想象就不会实干，实干了就不能想象。我们认为想象和实干合二为一才是创造的关键。当一个社会只能实干不能想象的时候，它就偏离了创造的轨迹，于是人们痛定思痛，意识到想象的重要；可是当人们过度强调想象而忽略了实干的时候，又何尝不是另一种歧途？希望我们的作品不光让孩子快乐，也能为他们带来些许思考。

《两个天才》里的内容很复杂，能够在复杂中保持故事的完整和清晰，真的要感谢许多朋友、老师，还有这本书的编辑们——真的太多了，他们无私地为这本书出谋划策，让这本书有了现在的模样。能够得到这么多实实在在的帮助，更是我们的荣幸！

——徐萃、姬炤华

2018 年

从看似无意义的幻想与扮演中，孩子们学习了语言、逻辑和合作；在由自己主导的游戏里，他们的专注力和想象力获得了生长的空间。幻想游戏是孩子的本能和权利，却正在课业的压力下濒临灭绝，以至于需要一次重新发现。

《旱魃》

作者：朱西宁

版本：理想国 / 九州出版社

2018 年 10 月

朱西宁，本名朱青海，台湾小说家。生于江苏宿迁，祖籍山东临朐，1949 年赴台。一生专注写作，以小说创作为主，兼及散文和评论。著有短篇小说集《狼》《铁浆》《破晓时分》《冶金者》《现在几点钟》和长篇小说《旱魃》《华太平家传》等。

致敬词

《旱魃》是一部迟到的作品。它的迟到，不是因为写作，而是因为阅读，在既定的文学史中，它被长久地忽视着。这部半个世纪前用山东土话写成的长篇之作，至今读来依然鲜明跃动、蓬勃生猛。它的素材是乡土的，但其中的思想却大大超越了乡土——作者为旱魃这个古老的传说注入了现代精神。它的人物血肉饱满而满含悲剧，它的语言强悍有力如激流飞瀑，情感的炽烈和天地的旱燥交织在一起，深切的同情与宗教的省思融汇在一处，成就了这部悍厉而悲悯的小说。我们致敬《旱魃》，致敬它的作者朱西宁，他在漫长的寂寞岁月里对写作的坚守，对世界真实境遇的执着探求，使我们感受到一种深厚的生命理想。他的创作丰富而复杂，任何定义都难以概括其真貌，而当我们想要更深地探入其中时，我们触及的是整片大地。

答谢词

《旱魃》这本书，其实是父亲的生长环境与宗教信仰的产物。照理说，作为虔诚的基督徒的父亲应该不会对他的信仰产生怀疑，可父亲又是一个天生的小说家，小说家有他的天命职责，这使得他在写这本书的时候提出了对宗教的质疑，这个质疑使得这本小说具有了很强的现代性。这是一个宗教家和一个小说家的矛盾，在莫言看来，这个矛盾却也是小说的福音。在我看，是小说家顺从了他的小说世界里的严厉法则，因此成就了小说，这是一个宗教家和小说家的同体拉锯，而很显然的，小说家战胜了也压倒了宗教家。非常感谢父亲这本五十年前在台湾出版的书今天能在大陆出版，谢谢理想国，谢谢《新京报·书评周刊》，很高兴这本书能在岁末年终的盘整过后，能够被读者看见，被标记出来，让更多的没有看过这本书的人所知道。

——朱天文（台湾作家、编剧，作家朱西甯与翻译家刘慕沙之女）

阅读朱西甯

采写 杨司奇

【这个人】
温文外表与奔涌内在的强烈反差

朱西甯，对绝大多数大陆读者来说，是个陌生的名字。但是说起他的女儿朱天文和朱天心，许多人却并不陌生。他给了他的孩子们最好的"文学养成"，自己的创作也渐渐臻于大成，只是在很长一段时期里，却一直遭到种种误解和有意遗忘。

但朱西甯从未因此放弃过他的写作志业，他的大半生都在专注地写，不发一言地写。他去世时，与他同一条船来到台湾的同胞们曾回忆昔年一起赤身穿红短裤时，朱西甯是如何不放过一分一秒的空闲趴伏在铺卧上写作的。自朱天文、朱天心有记忆以来，也总是看到她们的父亲在简陋的小桌子上借着灯光奋笔疾书的身影。他对于文字，精心负责、近乎严苛，写《八二三注》时曾两度自毁其稿，《华太平家传》曾八易其稿，就在后者写到将要突破30万字大关时，全遭白蚁食尽，他又是从头来过。

朱西甯的所有创作都可以在他的童年找到源头。朱西甯的祖父本是清朝读书人，后来接触基督教后，举家受洗，成为传教士。他尤善于将圣经教义用中国本土语言讲出，以教化民众，却因此被视为异教，逐出临朐。朱西甯受家庭影响，自幼也是虔诚的基督徒。虽信奉基督教，但与其他传教士不同的是，祖父常用古代孔孟学说诠释基督教义，这在朱西甯的世界里埋下了一颗种子。

我们今日看朱西甯的作品，总会发现种种强烈的反差，他的外表是如此温文尔雅，而他的内在又是如此血气奔涌。但在朱天心的眼里，这种反差是可思议的。"其实他是一个'很寂寞的小男生'，他的灵魂的某一部分是冻住的，始终对外界充满了好奇。记得昆德拉这样描述卡夫卡：小说家拆掉他生命的房子，为了用砖石建筑另一个房子——小说的房子。我觉得父亲的血性也许都在小说里用完了，显得现实人生好像是在'敷衍'地过。但他是那样地调皮、爱开玩笑，那种幽默、完全没有架子的平等，会使人忘记他的年纪。"

【这本书】
"怀乡作家"是一种偏颇的文学判断

在既有的文学史中，朱西甯总是会被贴上"怀乡作家"的标签。文学评论家唐诺反对"怀乡"这样简单的判定。

在唐诺看来，朱西甯的文学自觉和文学教养源于"五四"，推动他小说书写的并非怀乡式的慰藉，而是文学自有的书写传统。"我们的误解，来自这段历史的特殊性，还有我们回头看这段历史的大而化之和现实局限。"最清晰的实例莫过于《旱魃》，这部悍厉的小说，朱西甯"动用了数十万字不停歇不中断不眨眼的逼视一个设定于故土的相对简

单故事，刀子一样剖进去"，这种"不停歇不中断不眨眼"甚至包括了小说的实际书写体例，《旱魃》就连长篇的素朴章节割分都没有，从第一字到最后一字仿佛一气写完。"我不认为可以用'怀乡'来概括这个东西，因为如果怀念故乡，你不会是理性的，你不会载着这么强烈的自省，甚至带着批判与鞭打。"

朱西甯写作《旱魃》的这一阶段，笼统被评论者称为"铁浆时期"，以短篇小说集《铁浆》为肇始。张大春等人认为，《旱魃》已经突破了早期单纯描述和叙述的阶段，里面包含了非常多的现代主义因素。

谈到《旱魃》的先锋性，其责编、理想国文学主编黄平丽说："《旱魃》给人这样一种感觉，里面的每个字你都认识，但组合起来就有一种很奇特的陌生感。它讲的其实是一个很简单的故事，但却用了一个巨大的长篇，完全靠语言撑起，这本身有其先锋性。它和《铁浆》不太一样，《铁浆》至少还是依照传统叙事模式写成，读来是容易的，而《旱魃》读起来其实是'艰涩'的，它的叙事技巧、它的时空交织都会给读者造成某种阅读的困难。"

但朱西甯并未止于此。《旱魃》之后，朱西甯又大胆突破既有叙事模式，接连出版了《冶金者》《现在几点钟》

《画梦记》等小说，默默进行着他的现代书写实验。因此学者陈芳明指出："朱西甯是一位复杂的作家。所谓复杂，指的是他文学生涯与思维模式的曲折复杂。他的产量丰富，创作寿命又特别长，任何简单的定义都难以概括他的文学真貌。轻易把他划归为怀乡作家或现代主义作家，都会发生偏颇。"

【这时代】

他占据了文学史上一个很特殊的位置

从 1952 年的短篇小说集《大火炬的爱》到 2002 年的《华太平家传》，朱西甯共出版了 20 部中短篇小说集，7 部长篇小说，6 册散文集。他的创作历程长达半个世纪，每个阶段无不见证台湾文学发展的转折。可以说，朱西甯本身就是一部私人文学史。

读到朱西甯的作品，刘大任曾惊异在台湾"发现"了鲁迅与吴组缃的传人。

他认为，朱西甯属于在台湾几乎失传的"灰色地带"传统，在这个传统中，"相对于人生的荒谬与世界的冷酷，一种拒绝妥协、拒绝投降的顽固意识似乎潜藏于深底，眼光从那个深度看出来，人性的幽微处，人际关系的真假虚实复杂面，暴露出来，构成了小说风景的实质内涵，这是过去正宗左翼小说里面欠缺的东西，也是当前流行的现代派、后现代派小说有意或无意忽视的东西"。

朱西甯的名字亟待被重估，诚如其责编所言："今天出版朱西甯的作品，其意义在于对文学史空白的填补。以前我们并不知道他，在台湾他也是长期被忽略的。朱西甯其实处于一个很特殊的位置，他想把基督教的普遍救赎意识与中国传统结合在一起，所以他的作品显得更慈悲、更有温度，而不是截然两分的黑白世界。"

《菲利普·拉金诗全集》

作者：［英］菲利普·拉金
编者：［美］亚齐·伯内特
译者：阿九
版本：上河文化／河南大学出版社
2018 年 6 月

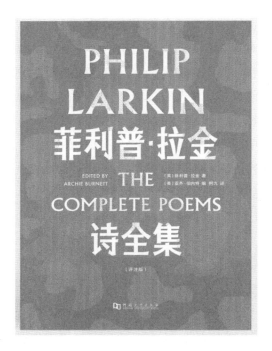

　　菲利普·拉金（1922—1985），英国
诗人，小说家，爵士乐评论家。1943 年
毕业于牛津大学圣约翰学院，1945 年出
版第一本诗集。被公认为 20 世纪最有
影响力的英国诗人，但极少参与公共活
动，其诗歌以书写日常经验为主。

致敬词

　　诗歌，是文学中最为神秘的领域。
而不同的诗人对神秘的探讨则形式各
异。菲利普·拉金，一位英国的隐士诗
人，在日常经验中开拓了诗歌的新境地。
爵士乐般的节奏与随性的内容融合，让
拉金的诗歌在人人皆可触及的平凡生活
中，表达出对真与美的渴望，这种诞生
于日常的诗性，值得当下的每个读者去
体会。同时，对自发性的警惕，不断地
重塑反思，让拉金的诗歌展现出敏锐的
高度。我们致敬《菲利普·拉金诗全集》，
致敬这位在平凡生活中追逐的诗人，也
特别致敬这本书的出版方，以全集收录
的方式让我们聆听到诗人内心完整的鸣
响，用大量的编注资料提升了诗集的完
整性，让我们更全面地走进诗歌世界。
也许，诗歌永远都改变不了现实中的什
么，但是，只要诗歌依旧存在，它就在
用自己独特的形式，拉扯着我们的灵魂。

答谢词

　　2014 年初与河南大学出版社签约
翻译《菲利普·拉金诗全集》前，我最
担心自己没有足够的韧劲啃下一本两英
寸厚的英文书。当我在 2018 年初做完

三校时，我发现这四年多时间值得铭记和感恩。感谢我的编辑杨全强先生和李冬梅女士。全强先生耐心地说服我把全集译成真正的全集，包括那些打油诗；冬梅女士提出的每一个问题都很有技术含量。感谢朋友和读者们从一开始就对这本书抱有很多期待，这让我深深感到手头的工作不仅属于自己。感谢《新京报》对拙译的提名和推选。所有这一切都使一本纯文学译作获得了超额的关注和荣誉。但我最想说的是，我希望这几年的艰辛对得起拉金本人。译者不得不与错共生，因为他们永远都无法摆脱自身的局限性，但翻译不允许僭妄和游戏心理。一个译者应对自己、对读者，但最终要对原作者负责，因而永远不应纵溺于自我表演。以此自鉴，我最好马上停止高谈，退入书房。

——阿九（译者）

对话

采写　宫照华

【这本书】

翻译过程历时近 30 个月

《新京报》：翻译《菲利普·拉金诗全集》的过程是怎样的？有什么困难和遗憾？

阿九：在开始译《菲利普·拉金诗全集》之前，我已在十余年时间里读过他发表的全部作品，并零散地译过其中二十多首。因此，与河南大学出版社签约翻译全书，对我而言有点像履行对一个老朋友的责任。诗全集中体现的时间跨度、作品完备性和风格变易都是吸引我的挑战，而我在英语国家生活20年，写诗25年，自信我对原作语言、汉语和诗歌本身的理解都算得上够格。尽管如此，翻译的困难是多维度的，其中最困难的当然还是语言和文化的隔阂：有时我们甚至不能理解父辈的语汇，何况是一个宗教文化迥异的国家，一个特立独行的诗人花了50多年构建的一座令人敬畏的语言大厦。翻译过程历时近30个月，其中18个月完成诗歌部分，12个月完成注释部分。三次校对一共持续了16个月。要说遗憾，三校之后还是发现了几处文字错误，还有就是版式不是我最着迷的大开本。

《新京报》：在你看来，《菲利普·拉金诗全集》这本书的出版会对国内诗歌界产生什么影响？

阿九：拉金是英国"二战"后影响最大的诗人，他的影响力在去世30多年后仍然高涨不衰，必有其理由。《菲利普·拉金诗全集》为英语诗歌拾掇了一串琼林圭璧，而中文版的出版则为国内学者研究其诗歌提供了一个完整平台和文本基础。译者的责任在于尽可能忠实地在中文里复现拉金的诗学指纹，如果无法做到词语层级的保真的话。我并不期待这本书能引起多大的影响，只想把它作为一份个人礼物献给读者。以后大家研究拉金时，如果记得有个阿九译本，那我就没有枉费四年时间。

【这个人】

一个复杂、多向度的诗人

《新京报》： 拉金代表着一种什么样的诗学传统？对未来的诗人而言，如果想要学习或模仿这种诗歌传统，最大的困难是什么？

阿九： 有人说，拉金回归了哈代的诗学传统。就我所读到的哈代诗歌而言，他把视角从维多利亚时代宏大但也虚浮的历史、社会、知性和属灵大叙事转向对个体生活的小环境、自我感受和内心世界的更个人化、平民化的小叙事，这是一种更可以亲证和互感的写作。哈代似乎比他生活的时代早熟了 50 年，对人性一开始就不抱幻想，他写出了自发的怀疑、悲悯和同情式反讽。大诗人可以借鉴，但不可模仿。唱出自己的声线才是诗人的追求。值得学习的是他对写作的认真：那些看似信手拈来的超语感诗行其实是事先构想和写作后一遍遍修订的结果。

《新京报》： 拉金的诗歌中，最值得人们研究或者思考的是什么呢？

阿九： 就写作风格而言，拉金未必是我最喜欢的诗人，但他是一个无法忽视的诗人。读卡瓦菲斯，我们能看到他深刻的历史意识和隐秘情感，一种复杂的希腊气质。读圣 – 琼·佩斯，我们会被他超现实的梦境和语义的精确携载着飞起来。读里尔克和策兰，我们能感到心脏的紧缩和灵魂的颤抖，还有一种德语诗歌的阴柔气质。读阿赫玛托娃和曼德尔施塔姆，我同时感受到俄罗斯的深沉宽广和不事雕琢。而在拉金身上，我读到了欧洲最好的语感和冷峻自嘲。拉金之所以在英国受到读者和批评界追捧，是因为他恰当地体现了战后英国国民心理中最秘而不宣的部分：在历经了 20 世纪上半叶的暴风骤雨后，各种精神泡沫开始破灭，个体人对生命、对信仰、对帝国衰落的失落，乃至对一切崇高大词的幻灭感，然后在同情和自怜、反讽和自嘲中寻找平衡。这是一种复杂的后现代心理，很容易在全球范围内引起共鸣。我喜欢"复杂"的诗人、矛盾而且多向度的诗人，只有这种多向度才提供了一个值得研究的真实、丰满的个体和诗学标本。这就是拉金的魅力。

《现代政治的思想与行动》

作者：［日］丸山真男

译者：陈力卫

版本：商务印书馆

2018 年 3 月

丸山真男（1914—1996），日本著名政治思想史学者，东京大学名誉教授，并获美国哈佛大学、普林斯顿大学分别授予名誉法学博士和名誉文学博士。其政治学被日本学界称为"丸山政治学"。著有《日本政治思想史研究》（1952年）、《现代政治的思想与行动》（1956—1957 年）、《日本的思想》（1961 年）、《忠诚与叛逆——转型期日本的精神状态》（1992 年）等。

致敬词

作为"二战"历史的亲历者，日本政治学家丸山真男在深切经验中思考政治，剖析了日本帝国的宪制病理，以敏锐的洞察力考察战前和战时日本法西斯主义的形成。在此基础上，他反思了政治学的方法论，冷峻深邃地重估政治的核心问题，从而开辟了日本政治思想史这一学术领域，指引日本战后政治发展的方向。他的代表作《现代政治的思想与行动》正是如何运用外来主义解决本土问题的典范。

我们致敬丸山真男，他保持着怀疑精神与决断能力，以强大的勇气和清澈的目光打量政治，履行了一位政治学者和思想家的道德责任，展现了独立于国家统御之外的自由人格。我们也致敬译者陈力卫，正是他十多年来坚持不懈的努力和成熟朴质的翻译，才让这本经久不衰的作品得以首次呈现在中文读者面前。

答谢词

这本书能够获得《新京报》的年度好书奖项，当然是要归于原著本身的魅力。丸山真男对日本近代以来所走过的道路做了透彻和冷静的分析，也为我们展示出一种作为学者所应有的态度，值得我们认真反思的地方很多。说实话，我一直认为自己的文字表述还有欠缺，翻译也有生涩之处，这是我感到不安的地方，所以我没有想到能够获奖。《现代政治的思想与行动》蕴藏了很多的智慧，告诉我们作为学者如何去剖析问题，如何做一个独立的、有思想的知识分子，这是这本书最大的意义和价值。说是感谢，首先应该谢谢商务的老编辑和新编辑以及我的很多朋友，没有他们的不断鼓励，真的很难坚持下来。就我个人愿望来说，还是期望这本书能被更多的人读到，也希望有更多的人在阅读这本书之后，养成独立思考的习惯。

——陈力卫（译者）

对话

采写　李永博

【这本书】
研究近代日本政治的重要著作

《新京报》：是什么机缘让你开始着手《现代政治的思想与行动》的翻译工作？你在这本书的译后记中谈到，这部作品从翻译到出版经历了十六年，整个过程中是否遇到不少困难？

陈力卫：大概在 2000 年左右，商务印书馆编辑、我的老同学王仲涛先生提议应该翻译一些日本的学术名著，他首举的就是这本书。我当时在日本的大学任教，刚刚翻译完和辻哲郎的《风土》，接下来就打算着手丸山的这本著作。刚开始翻译这本经典的时候热血沸腾，非常激动和震撼，因为我从没看到过对日本如此冷彻、客观、全面的分析。也感到这是一本对于研究日本极为重要的著作。我一口气就把第一卷的主要几篇翻译完了，但是，等列入商务印书馆的出版计划时，才发现还有版权交涉的问题。丸山著作的版权交涉是一件非常困难的事情。一个原因是，丸山和他的弟子形成了一个组织，保护丸山的著作版权，所以原则上应该是由他们来决定译者。据我所知，国内也有很多人想翻译这本书，但丸山的弟子看不上，最后都没有成功。我也做了很多努力，找了很多人，但也遇到同样的困难。丸山的弟子认为译者应该是研究政治学的人士，或者是丸山的弟子。我也认识丸山的中国弟子，他们也感到翻译这部著作太困难，不光是语言上的问题，还有知识面的问题，书的篇幅也比较长。因此，由于版权的原因，翻译工作在完成第一卷的大半之后停滞了很长一段时间。后来，我在一次会议上遇到了一位东京大学的教授平石直昭，他是丸山的弟子，同时主管丸山著作的版权。他看过第一卷的几篇中文译稿后，认可了我的翻译。于是，他决定自己出面和出版社交涉版权，大概在2010年左右，版权问题才得到解决。在这之后，我接着翻译了第三卷的几篇。相对来说，第二卷的翻译比较难一些，我也为准备这部分的翻译花费了很长的时间。

【这个人】
担起知识分子之责，不怕"戴帽子"

《新京报》：你能谈谈对丸山真男的印象吗？丸山真男的这本著作在讨论哪些日本问题呢？

陈力卫：我在东京大学留学的时候，丸山还在人世。我周围也有朋友去听过丸山的课。当时，丸山在日本舆论界依旧很活跃，指导着日本的民众运动。《现代政治的思想与行动》的第一卷是丸山思想的主体，讨论的是极端国家主义到日本军国主义的形成原因。我们现在老是歌颂明治维新，实际上明治维新之后，日本经历过一段非常曲折的道路。为何日本会走向军国主义的道路？"二战"后，大家都在反思，丸山对此中原因做了彻底的分析，承担起了作为知识分子的责任。《现代政治的思想与行动》中的论文主要集中在1946至1962年间，这段时间里，日本面临的另一个问题是冷战带来的后果该如何处置。比如，在日本恢复国际社会的过程中的和谈问题，以及后来的反对日美安保条约的问题等。其中主要谈论战后日本知识分子的取向，究竟该站"左"还是站"右"？丸山当时反对封杀社会主义，冷静地回复其他人对此的质疑。他的态度非常鲜明，他认为该表态的时候就该表态，不怕被人"戴帽子"。

《新京报》：这次《现代政治的思想与行动》的出版是大陆首个译本，距丸山成书之时已有几十年的时间。对当下的中国读者而言，这本书为什么仍然重要？

陈力卫：中国读者如果想要了解日本的现代化过程，以及明治以来的走向，应该读一读《现代政治的思想与行动》。首先，它对于日本近代以来的思想进行

探讨和分析，比当下流行的日本文化二
元对立论要充实得多，论证过程也更为
扎实。其次，丸山的论著也可以作为
印证日本战后发展的重要史料。阅读这
本书，特别关注到细节，你可以了解到
日本在"二战"后经历了哪些过程，日
本的思想界又是如何应对的。这本书对
研究战后日本是完全避不开的史料性著
作。此外，这本书也提供给中国读者一
个视角，看看日本学者是如何看待自己
的战后地位，以及如何分析冷战时期的
国际局势的。

《我们时代的精神状况》

编者：［德］海因里希·盖瑟尔伯格
译者：孙柏等
版本：世纪文景／上海人民出版社
2018 年 9 月

海因里希·盖瑟尔伯格，1977年生于德国魏布林根，2006年至今任苏尔坎普出版社编辑。

本书共15位撰稿人，包括：阿尔君·阿帕杜莱、齐格蒙·鲍曼、多娜泰拉·德拉波尔塔、南茜·弗雷泽、伊娃·伊鲁兹、伊万·克拉斯特夫、布鲁诺·拉图尔、保罗·梅森、潘卡·米什拉、罗伯特·米希克、奥利弗·纳赫特威、塞萨尔·伦杜埃莱斯、沃尔夫冈·斯特里克、大卫·范雷布鲁克、齐泽克。

致敬词

20世纪90年代，西方知识界开始有意识地反思全球化；而今天，我们则身处全球化的诸种危机之中。巴黎恐袭、特朗普上台、右翼势力兴起……时代要求我们再次检视自己身处的世界，也要求我们反思媒体精英与学院话语的失效。假想的"历史终结"没有到来，"文化之争"的逻辑在今天取代了冷战年代的敌友划分。当初被认为是全球化受益者的欧美人，竟开始憎恶起它的后果。

我们致敬应运而生的文集《我们时代的精神状况》，是致敬全球化时代一种典型的反思性写作，致敬它从不同学科和国界出发，对人类命运做整体性的思考；致敬学界与出版界有意识地厘清民主、民粹等时代热点或陈词滥调；致敬这样一种直击真问题的尝试：在更广阔的历史情境和真实体验之中，重新定位我们时代的精神状况。它要求我们正视：一个缺乏制度和文化准备的社会，如何在全球化的处境里解救自身？

答谢词

感谢《新京报》把"年度好书"的奖项颁给《我们时代的精神状况》这本书。我个人对这个中译本算是有一点点小贡献，但真正值得嘉奖的，我认为还是世纪文景北京公司，特别是编辑李顿看中这本书，并当机立断买下它的中文版权，是很有眼光的。这本书原来的题目是《大衰退》，的确更契合于美、英、法、德等西方国家的时代状况，面对民主体制的倒退、右翼民粹主义抬头、新的排斥机制的全面兴起，这十五位欧美思想家提出了他们的思考。尽管中国的自身处境和所要面临的问题截然不同，但在早已是"环球同此凉热"的全球化格局下，我们与世界处在一个平行空间之上，我们的学者站出来提出自己的应对性思考，才更值得瞩目和期待。

——孙柏（译者之一）

对话

世界来到历史转折时刻

《新京报》：你如何看待《我们时代的精神状况》这本书的出版运作模式？

魏然（中国社会科学院外国文学研究所助理研究员、《我们时代的精神状况》的译者之一）：作为译者之一，我认为这种由国际知名出版社牵头、联络众多学者共同回应全球问题的模式，是一种有益的尝试。电影门类当中有所谓"集锦片"，众多导演分享同一个话题，拍摄一段影片，《纽约我爱你》等电影大家已经非常熟悉了。《大衰退》像是一册"集锦理论集"，大家共同来讨论关切的国际政治、经济话题。但我想中文读者不能期待该书提供关于很多国际变化的最新信息或者结论，这是一本"互动之书"，仍然需要读者继续找寻信息、做判断。苏尔坎普是一个有眼光的出版社，它所结集的作者包括已经成名多年的名家，也有正在上升之中的青年学者。我觉得，那些名字并不为我们所熟知的欧洲青年学者的文章，更值得跟踪阅读。

《新京报》：作为译者，你翻译这本书有何感想？如何看待西方国家出现的"大衰退"？

魏然：我在翻译过程中能够深刻感到欧洲学者的内在危机感。他们明确提出，目前已达到历史的转折时刻，欧盟的价值和走向问题、民粹主义问题、失业问题，都需要有新的理论范式来做出解答。西班牙学者伦杜埃莱斯引用波兰尼的概念，指出我们面临着一系列过度市场化之后的"反向运动"。20 世纪 90 年代以来的市场主义已经失去信誉，这是欧洲人面临的选择。这本书很有趣的一点是，书中收录的 15 位学者或资深记者具备跨学科的知识背景，包括历史学、政治哲学、文学批评等。他们试图打开政治、经济范畴中一些意义重大的"黑匣子"，实际上，西方诸多民众运动的危机，都来自对操持着政治与经济术语的精英阶层的不信任。

《新京报》：根据你的观察，这本书在西方世界出版后引起了怎样的反应？

魏然：关于西方世界的反响，由于我的语言限制（仅能查阅英语、西班牙语、葡萄牙语材料），我只能说该书在欧洲激起了广泛的论争。在几种欧洲语言的版本出版之后，当然有不少持相似立场的左翼学者做出应和或补充，但也有不少读者完全不分享书中的结论，而是在论坛上做出批驳，并用自己的本土经验加以论证。我想这是一个有趣的、正面的现象，正如编著者所说，"当世界分崩离析时，也是人们开始思考之际"。

《国王神迹：英法王权所谓超自然性研究》

作者：［法］马克·布洛赫
译者：张绪山
版本：商务印书馆
2018 年 8 月

马克·布洛赫（1886—1944），法国著名历史学家，年鉴学派创始人之一。1929 年他与吕西安·费弗尔（1878—1956）合作创办《社会经济史年鉴》杂志，标志着年鉴学派的诞生。生前出版的著作包括《法兰西岛》《国王和农奴》《国王神迹》《致力于欧洲社会的比较历史研究》《法国农村史》和《封建社会》。布洛赫一生曾两次投身行伍：第一次世界大战中因作战勇敢获得多枚勋章；1939 年再度投笔从戎，为法国的独立而战。1940 年法国投降后，毅然参加抵抗运动。1944 年 6 月 16 日，被纳粹德国的盖世太保逮捕后枪杀于里昂城郊。

致敬词

《国王神迹：英法王权所谓超自然性研究》是一本"离奇"的著作，它的研究主题具有魔幻色彩：中世纪和近代初期，法国和英国的国王施展神迹，通过触摸治愈瘰疬疾病，但它的核心却是在揭露一个绵亘数百年的谎言：君权神授。统治者将古代民众对王权的崇拜引入基督教政治伦理，以基督教礼仪——涂油礼与加冕礼——确立其所谓"神命王权"的特性。这部著作揭露了英法王权为确立神圣性所施展的种种伎俩，但也研究了芸芸众生盲信国王超自然能力的心理本质。作为提倡"整体史观"的年鉴学派的代表作，它突破了旧史学固有的障碍和界限，将民俗学、人类学、图像学、医学、生物学和集体心理学无分畛域地汇聚其中，为人们建造了一座巍峨壮丽的史学殿堂。我们致敬《国王神迹：英法王权所谓超自然性研究》，也致敬作者马克·布洛赫作为历史学家的才华和知识分子的勇气。在民众受到当权者的蛊惑和愚弄而自相残杀的 20 世纪，他以严谨的考证和史家的洞见，揭露了这一加在至高权力之上的神圣谎言。当布洛赫于 1944 年 6 月 16 日在盖世太保的严刑拷打下英勇就义时，他以生命为代价对历史学的真谛做出了定义：史家的职责不仅是将真相从时代的谎言中解救出来，公诸世人，而且要以实际行动捍卫历史正义。

答谢词

这次《国王神迹：英法王权所谓超自然性研究》获奖，于我为殊荣，也令我兴奋。这是一本题目怪异、内容精深的学术著作，读者目标是很"小众"的。"小众化"的作品获得大家的青睐不容易，得到很高的评价则更难。像《国王神迹：英法王权所谓超自然性研究》这样的纯学术著作能获得大家的肯定与喜爱，说明中国学术的土壤正在一天天肥沃起来。如果

我的工作能为中国学术的繁荣有所贡献，我深以为幸。这是一本译作。大家知道，在目前的学术评价体系中，译作是不列入研究成果的。目前翻译界的基本境况是，外行者无力从事翻译，但大多看不起翻译；平庸者乐于为之，但大多做不好翻译；高明者重视翻译，但大多不做翻译。《国王神迹：英法王权所谓超自然性研究》能在目前的学术氛围中受到如此好的评价，让我倍感鼓舞，也让我对翻译事业有新的理解。翻译家所担当的角色犹如巫师，一手牵着神明，一手牵着俗众；将神明的意志介绍给俗众，同时让俗众听懂神明的话语，是一项神圣的事业。学术的发展离不开媒体的助力，感谢《新京报》对我国学术事业的关注与支持。

——张绪山（译者）

对话

采写　徐学勤

谈翻译：《国王神迹：英法王权所谓超自然性研究》处处隐藏着"陷阱"

《新京报》：《国王神迹：英法王权所谓超自然性研究》是一部恢宏大气、旁征博引的巨著，你用"艰难时光"来形容翻译的过程，能否谈谈翻译这部书的主要难度在哪里？又是如何克服的？

张绪山：《国王神迹：英法王权所

谓超自然性研究》是马克·布洛赫早年的作品，其翻译难度远在他的后期巨著《封建社会》之上。就主题而论，《封建社会》基本上是"宏大叙事"，虽然也有细节刻画，但所涉及的问题基本上都在我们的专业知识范围之内，故翻译起来心中有底，但《国王神迹：英法王权所谓超自然性研究》有所不同，它研究的主题是独特的，是学术界不熟悉的。新颖的研究领域对译者而言意味着处处隐藏着危机，一不小心就掉进陷阱。就其使用的材料而言，与《封建社会》相比，也是异乎寻常的复杂，从肖像材料、宫廷账簿、公文资料、叙事文学，到政治学著作、教堂人口登记簿、医学与神学论文、《圣经》、宗教祈祷文，再到诗文、法律诉讼文件、信件、钱币、遗嘱，甚至游戏纸牌等，其庞杂程度让任何一位译者都会感到处处充满生疏感；而且，这些材料以各种语言写成，包括希腊语、拉丁语、法语、德语、英语等语言，更加剧了翻译难度。好在得到诸多师友的帮助，这些难题都基本得到解决。《国王神迹：英法王权所谓超自然性研究》有多种文字版本，这次翻译主要采用法、英两个版本，其他版本（如意大利语与日语版本）因我不懂这些语言而无法利用。法英两个版本的对照，对于理解文中某些疑惑或不确定之处确

有不少帮助。英文版缺少序言，索引也不完备，所以基本还是以法文版完成翻译，同时由友人翻译了意大利文版序言。

谈学术：年鉴学派以实践方法取胜

《新京报》： 法国年鉴学派的这部经典著作，在学术史上有怎样的地位？它对后世的历史学研究有怎样的启示？

张绪山： 1929年费弗尔与布洛赫创办《经济社会史年鉴》杂志，标志着年鉴学派的创立。1924年出版的《国王神迹：英法王权所谓超自然性研究》虽然是《经济社会史年鉴》创立之前的作品，但第一代史家费弗尔与布洛赫所倡导的治史原则在这部著作中清晰地体现出来，并为后来几代年鉴学派史学研究所遵循。《国王神迹：英法王权所谓超自然性研究》是年鉴学派最杰出的代表作之一。它的贡献主要在于其昭示的一些基本原则。第一，扩大历史研究的范围，不能将历史研究的内容限定在狭窄的政治、经济、军事范畴内。以《国王神迹：英法王权所谓超自然性研究》而言，它出乎意料的形式，向人们证明诸如国王为人治病这类过去"仅被视为趣闻的东西"可以转变为历史。这样一来，历史研究的范围被大大拓展了，包括家庭、情绪、风俗、欲望、性等。第二，扩大了史料运用的范围，将以往不入正

史的图像、账簿、祈祷文,乃至口头传说、民众谈话都纳入自己的研究中,大大扩展了历史研究资料的范围。第三,打通各学科的人为藩篱,将各学科研究手段贯通使用。就《国王神迹:英法王权所谓超自然性研究》而言,它开拓性地运用了群众心理学和人类学的方法。从这个意义上讲,布洛赫是心态史学和历史人类学的开山鼻祖,是今日盛行的各种新史学流派的先驱。年鉴学派史学研究所倡导的问题导向、比较史、历史心理学、地理学、长时段、系列史、历史人类学,大多可以在《国王神迹:英法王权所谓超自然性研究》中找到。年鉴学派创立以来,其影响波及国际学术界。年鉴学派不以历史哲学理论见长,而是以实践方法取胜,它以具体的实践榜样说明,历史研究的聚光镜一旦有所改变,历史研究将会呈现出何种广阔前景。在过去近一个世纪的时间里,整体史、跨学科研究等方法,已经成为史学研究应用最为广泛的方法之一,而史料使用上的"从地窖到阁楼"的原则,已经被广泛接受。不过,展示年鉴学派治史风范的《国王神迹:英法王权所谓超自然性研究》,在很长时期内并没有得到应有的重视,因为它所选择的这个主题在许多人看来过于怪异,不登大雅之堂。直到最近二十年,人们才领悟到布洛赫这个研究成果的超前与高妙。

谈作者:他是 20 世纪最伟大的史学家之一

《新京报》: 你如何评价马克·布洛赫的治学精神?年鉴学派对整个历史学研究产生了怎样的影响?如何看待一些对年鉴学派的批评,比如片面追求整体史观和方法论的革新,忽视政治史?

张绪山: 马克·布洛赫被认为是 20 世纪最伟大的史学家之一,其治学精神在许多方面表现出开创性。他在研究法国中世纪农村史使用"倒溯历史法"(lire l'histoire à re-bours),所体现的从已知推未知的治史理念,以整体史观研究欧洲封建制度所展现的宏阔视野,研究英法两国王权的"精神控制术"所应用的人类学与心理学方法,都是戛戛独造的学术贡献,展现了年鉴学派第一代史学家超越前代的治史气象,也对年鉴学派后世的研究树立了榜样。布洛赫还是战士,他为国捐躯的浩然正气,同他的史学贡献一样,将永留人间。近日听法国朋友说,布洛赫很可能入祀法国先贤祠,说明布洛赫的精神价值正受到越来越多的重视。年鉴学派史学家研究主题的多样化受到人们赞扬的同时,也被认为忽视或弱化了政治史,并因此受到批评。但是,如果我们将"政治史"

的概念做一下修正，像布洛赫那样从宽泛的意义上来理解"政治史"，将民众的活动也纳入"政治史"的范畴，那么，我们就不能说年鉴学派的研究忽视了政治史的研究，相反，应视之为开辟了政治史研究的新范式。《国王神迹：英法王权所谓超自然性研究》研究"国王触摸治病"这样的主题，表面上是研究"逸闻趣事"，但触及的是政治史研究的核心领域——长期支配人类历史的王权的运作。所以，我认为，与其说年鉴学派忽视或弱化政治史研究，毋宁说布洛赫及年鉴学派其他史学家的研究进入了以往从未有人尝试的政治学新领域，拓展了政治史研究的范围，开创了"新政治史"研究的先例。

《游戏是孩子的功课》

作者：［美］薇薇安·嘉辛·佩利
译者：杨茂秀
版本：禹晨千寻 / 晨光出版社
2018 年 3 月

薇薇安·嘉辛·佩利，1929 年出生于美国芝加哥，美国著名幼儿教育专家、作家、演讲家，曾在新奥尔良、纽约及芝加哥的幼儿园任教 37 年，提倡"游戏本位教学法"。获得埃里克森机构颁发的儿童服务奖、麦克阿瑟奖、前哥伦布基金会颁发的终生成就奖等多个奖项。

致敬词

如今，家长们总是迫不及待地教给孩子知识，填满他们的时间，唯恐他们在竞争中落后。但美国学前教育专家薇薇安·嘉辛·佩利的《游戏是孩子的功课》为我们打开了另一扇门，她让我们看到，儿童的内心世界里蕴藏着怎样的力量。从看似无意义的幻想与扮演中，孩子们学习了语言、逻辑和合作；在由自己主导的游戏里，他们的专注力和想象力获得了生长的空间。幻想游戏是孩子的本能和权利，却正在课业的压力下濒临灭绝，以至于需要一次重新发现。我们致敬《游戏是孩子的功课》，致敬薇薇安·嘉辛·佩利，她的思想都从对儿童生活的长期观察中来，才能如此透彻和清醒；我们也致敬把这本书带给中国读者的人们，在家长们越发焦虑的当下，需要有更多人相信并践行，真正好的教育来自对儿童本性的了解和尊重。

答谢词

佩利老师说："曾经有过一段时间，游戏是王，而童年是这个王的领土，在这个王国里，'幻想'是公开使用且被使用最多的唯一的官方语言……"我们有多少人还记得童年的自己在那些幻想的日子里严肃而忘我的神情？游戏，在我们的印象中与工作刚好站在对立面，严肃和不严肃，认真和不认真……可是对于年幼的孩子而言，再没有比游戏更严肃的事情了，游戏就是他们的功课。他们在游戏中，在虚构和幻想中，认识这个世界的真实和不真实，寻找边际和边际的弹性。感谢《新京报》年度好书评选活动，感谢大家喜欢佩利的《游戏是孩子的功课》这本书。它不厚，但是它很厚重；它不长，但是它对美国学前教育的影响很深远。我希望，它也能影响中国的教育者、家长，进而影响我们的孩子们，让他们继续抱有幻想的权利、游戏的权利，可以用自己特有的和应有的方式学习、成长。

——孙莉莉（薇薇安·嘉辛·佩利系列教育丛书总策划）

对话

采写　李妍

【这个人】

生活在儿童之中的思想者

《新京报》： 你是怎么发现这本书的？为什么会被佩利的书所吸引？

孙莉莉： 2012年，我到台湾拜访林文宝教授，在书架上第一次看到佩利老师的书。我第一次读就非常喜欢，我想用喜欢这两个字不足以形容，应该是惊艳吧。她写作的手法，和她的文字所流露出来的对儿童的热爱，以及她思考的角度，她看待学前教育的角度，都让我觉得我以前从来没有这样想过。然后，我就特别努力地用了五六年的时间，终于让她的书和我们大陆的读者见面了。

《新京报》： 佩利在美国幼儿教育领域有怎样的地位和贡献？她的著述、思考，最突出的特色是什么？

孙莉莉： 佩利的生平履历，大家在网络上能够查到。她生于1929年，从她几十年的幼儿教育从业经验，到她的著作等身，再到她获得了很多在美国响当当的奖项，就可以知道她的教育理念对美国学前教育的深远影响。我认为，她是走在时代前沿的思想者，是生活在儿童之中的思想者，是一位勤奋的思想者，是一个常葆赤子之心的思想者。在佩利从教的1960年开始的这个时代，刚好是美国非常强调考试、测评、标准化的时代。成人对于自由游戏、假想游戏、幻想游戏处于一种警惕的、不满的，甚至是敌对的状态。佩利作为一个年轻的老师，在她很早的作品当中，就对那个时代有一个非常清醒的认识和强烈的批判反思精神。《游戏是孩子的功课》是佩利年纪比较大的时候写的一本书，是对她整个人生、她一生当中教育理念升华的一个作品。佩利的思想源泉、学术源泉都来自儿童生活的现场。这也是我特别喜欢佩利的书的原因。就是因为她跟孩子密切的接触，长期的观察、记录，以及深入的思考，让她对孩子有那样透彻的认识。阅读佩利的书一开始可能是轻松的，因为她的语言文字绝不艰涩，她总是会讲很多很多有趣的、发生在小朋友身上的故事，你会看着觉得很好玩儿。但是呢，你反复阅读以后会发现，这些小故事，轻松的语言背后却能够带给我们很多哲学的思考。

【这本书】

引领我们走进儿童文化世界

《新京报》： 在这本书中，佩利观察和分析的对象是"幻想游戏"，为什么幻想游戏是值得特别关注的对象？

孙莉莉： 我们现代人很多都对幻想

抱有一种不公平的态度。我们大人可能会对孩子说，你胡思乱想什么呢，不要老做白日梦了。但是幻想有着不一样的价值。我想大家都读过小说，都看过虚构作品，都看过戏剧，像佩利所说，故事的起点是什么，第一阶段是什么？我想，幻想最重要的起点，就是确定我是谁，比如我假想自己是一个机长或者救生员，我才能够进入到你们的游戏，和你们拥有共同的语言。其实每个人的生活不都是在假想自己是谁吗？我假想、我幻想我处于这样一个位置，做我应该做的事情。所以当我们去进行一种幻想游戏的时候，我们做的事情就是在确认我是谁和我可以是谁，我和别人乃至整个世界的关系。看了佩利的书就应该能够理解，幻想对于一个人的人格建构的价值。

《新京报》：将《游戏是孩子的功课》引进到中国大陆出版，你希望它对大陆的读者、家长和幼教从业者有怎样的意义？

孙莉莉：目前我们看到的各种各样关于教育的乱象，其实归根结底要思考的问题是——到底儿童是什么？我们只有去思考儿童是什么，而且是长期地、不断地，在各个方面去思考儿童是什么，我们才有可能去定位教育是什么。佩利的书中，成人与儿童的关系是贯穿始终的思考。从佩利的书里会发现，她越来

越多地把时间留给孩子。她总是觉得孩子自由游戏的时间还不够，因为，孩子只有在自由游戏的时候，才能够展开那些看似无聊、很奇怪的、很荒诞的一些想法。我们到幼儿园测评幼儿建构区域游戏活动质量的时候，有幼儿园老师就问我，孩子们就花三到五分钟在那里探索积木，过一会儿他们就扮演小猴子、大汽车、大灰狼，他们搭了一会儿积木就开始演了。老师的关注点是建构区的功能、积木的价值，而不是去看孩子们通过对这些材料的改造，形成了他们游戏的一个场景。你说我们的老师不勤奋吗？她也挺勤奋的，她在思考孩子们怎么能多玩一会儿积木，但她的思考和勤奋并不是指向儿童的行为，而是指向她所期待的儿童的某一种学习，某一种工具的使用。所以我们要求老师少教一点，多管一点，多听一听小孩说话，这样孩子就成长起来了。佩利的书会引领我们走进儿童的生活，儿童的文化，儿童广阔而深远的世界。

《铸以代刻：十九世纪中文印刷变局》

作者：苏精
版本：中华书局
2018 年 5 月

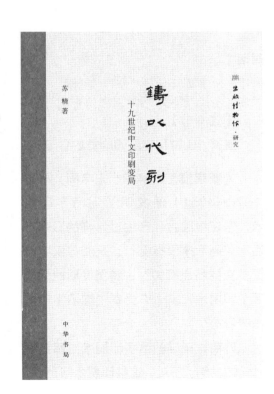

苏精，英国伦敦大学图书馆系哲学博士，中国台湾云林科技大学汉学资料整理研究所教授，主要研究领域为以基督教传教士为主的近代中西文化交流史。著有《铸以代刻：十九世纪中文印刷变局》《基督教与新加坡华人 1819—1846》《上帝的人马：十九世纪在华传教士的作为》等。

致敬词

印刷术的革新是近代中国最重要的变革之一，中国传统的雕版印刷术逐步被西式金属铸字印刷取代，使得知识传播的成本大幅降低、传播的速度急剧提升，这对知识界和全社会都产生了震荡性的影响。《铸以代刻：十九世纪中文印刷变局》讲述的正是 19 世纪中文印刷业的变革过程。260 余万字的传教士书信手稿和草蛇灰线般的钩沉索引，密布于这部看似饾饤碎细的近代印刷史专著中，它展开了一幅近代中国知识变革的历史长卷。正是那些西洋传教士出于传教便利带来的印刷术，无心插柳地推动了帝国迈向现代文明的进程。我们致敬《铸以代刻：十九世纪中文印刷变局》，这部爬梳档案的严谨著作，它不仅还原历史，更带来思考。150 年前西洋印刷术的进入，为老大帝国迎来一次开眼看世界的思想剧变，它不啻一场

19 世纪的"信息革命"。而如今身处新世纪信息洪流中的我们，也得以从中反思技术进步对于文化传播和文明再造的巨大贡献。

答谢词

　　《铸以代刻：十九世纪中文印刷变局》探讨 19 世纪中文印刷从木刻改为使用铸造活字的经过，这看起来只是媒体生产技术的改变，结果却改变了中国人传播思想和吸收信息知识的模式，进而成为改变近代中国社会的工具因素之一。由于当年是来华外国人推动这种印刷技术的改变，只有从他们留下的史料下手，才可望全盘了解其中经过，我很幸运有机会利用这些外文史料。当然，要搜集、整理和解读数量庞大的外文手稿并不容易，需要相当多的苦工和耐心，但是，今天能入选《新京报》的年度十大好书，过去多年的辛苦都值得了。我

要感谢本书的责任编辑贾雪飞博士、出版者中华书局、赞助者上海出版博物馆、主办好书奖的《新京报》，以及所有的读者。

——苏精

对话

采写　徐学勤

【这本书】

揭开 19 世纪中国印刷业的变革

　　《新京报》：早在北宋年间，毕昇（970—1051）便发明了泥活字印刷术，它在中国古代产生过怎样的影响？活字印刷后来没有流行，是否与汉字繁复多变的特点有关？古腾堡发明的金属活字印刷术，是否有受到中国活字印刷术的启发？

　　苏精：毕昇的活字印刷术当然是划时代的发明。不过，这种印刷术问世后，

虽然陆续有人以各种材质的活字印刷，却始终没有成为中国印刷的主流技术，比活字先数百年出现的木刻雕版才是主流，雕版印刷的工资低廉、材料便宜、技术成熟、视觉美观等都是主要原因，而中国活字几乎都是逐字雕刻而成，制造技术不够精细，印成的视觉效果也往往不如木刻。若要和西方拼音活字一样以金属铸造，单是几千个常用汉字已极为费时耗工，全部几万个汉字更不易，而且，我们还缺乏像西方那样的铸字技术。古腾堡的活字印刷术有无受到中国活字印刷的启发，长期以来是世人关注的问题。身为中国人，我当然也希望确有其事。但就我所知，一向只有情况证据（或间接证据），并没有直接证据可以断言古腾堡的发明确有中国因素在内。

《新京报》： 19 世纪，"铸以代刻"的印刷技术革新，对近代中国的文化传播和思想启蒙产生了怎样的影响？传教士在其中扮演了怎样的角色？

苏精： 西方活字印刷术取代中国传统印刷术，原来只是图书生产方法的改变，结果不但直接改变了中国的图书文化，进而成为改变近代中国社会的一种工具因素。图书文化包含生产技术、版式形制、书刊类型、出版传播、阅读利用和保存维护等环节，中国的图书文化在 19 世纪时由于来自西方的技术冲击

而改变。例如，在生产技术方面，活字与石印取代了千年传统木刻成为图书印刷的主流；在版式形制方面，精装和平装的书取代了线装书；在出版品的类型方面，图书以外又出现了报纸杂志等定期的刊物；在出版传播方面，传统上由政府官刻、个人家刻和商业性书坊坊刻三足鼎立的现象，转变成商业经营一枝独秀；在阅读利用方面，过去图书主要由少数读书人拥有的情形，变成通俗而普及社会大众的读物；在保存维护方面，保存方式从诸如原来图书平放架上、封面朝上，改变为直立架上、书背朝外。在这些彼此相关的环节中，印刷生产技术的改变是最早发生变化的环节，这是 19 世纪一些基督教传教士费了数十年工夫推动的结果。图书文化的改变，进一步引起中国人传播思想、接受知识信息模式的改变，传播和接受的快速、普及、低廉和多样性都是以往难以想象的，这些情形肯定引起中国社会各方面的剧变。

【这个人】
卖掉房子和藏书，以学术为生

《新京报》： 你在知天命之年卖掉房子和藏书赴英留学，研究中文印刷变局，并手抄 260 万字的传教士档案，以学术为志业，为何会有这样的决心？中

文印刷变局的课题为何如此吸引你？

苏精：当初决定卖掉一切去读博士，老实说不是什么以学术为志业这样崇高的理想，而是因为先前辞去工作读了硕士学位以后，却找不到工作，失业了半年左右，实在没办法了，只好孤注一掷的结果。读完博士后，在大学教书，又能继续做研究，我很高兴这是一个可以安身立命的"窝"。几年后升上教授，已经凑到可以退休的年资，自己觉得研究的兴趣还是大于教书，就提前退休了，虽然退休金比在职时差很多，但是可以专心研究，而且这样还能策励自己继续前进，否则收入变少，又没有研究成果，岂不成为笑话？退休 15 年来，我出版了五种书，第六种也即将出版，这种情形大致符合自己退休时的盼望，我也乐在其中。关于中文印刷变局的课题，我本科学的是图书馆系，会读到关于中国图书形制的变化，后来又在图书馆工作多年，馆内藏书中西式都有，让我觉得中国的书从传统形制改变为西式是个很有意思的现象，但看了不少相关的著作，发觉似乎都没能说清楚其中的来龙去脉，这成为我心中多年的疑问，所以当我有机会深造读书，很自然地就以这种改变作为研究的课题了。

【这一年】

潜心研究以传教士为主体的文化交流活动

《新京报》：能否谈谈 2018 年的工作和生活情况？未来有何心愿？

苏精：2018 年，我主要的研究工作是关于西方医学传入中国的过程，完成了一本名为《西医来华十记》的书稿，包含十篇文章。从 18 世纪与 19 世纪之交英国东印度公司在中国传播西医的活动起，到 20 世纪初年为止，西医以基督教传教医生为主大举来华，这本书包含了一些个案研究，也讲述了中国人对西医的反应、接受及学习过程，预计 2019 年 4 月出版。其次，这一年还进行了一些演讲，参加了一些学术研讨活动，涉及翻译史、医学史、教育史，以及印刷出版史，2018 年内曾在日本大阪报告论文《关于罗伯聃的新史料》、在上海演讲《仁济医院的创办人雒颉》、在东京演讲《美华书馆二号（柏林）活字的起源与发展》、在武汉演讲《清末传教士档案的史料价值》，以及在香港报告论文《马礼逊与英华书院》等。此后，我仍当以来华传教士留下的庞大档案作为主要史料，继续研究以传教士为主的近代中西各种文化交流活动。

《历史及其图像》

作者：［英］弗朗西斯·哈斯克尔
译者：孔令伟
审校：杨思梁、曹意强
版本：商务印书馆
2018 年 1 月

弗朗西斯·哈斯克尔（1928—2000），英国著名艺术史家，生前历任剑桥大学国王学院研究员、牛津大学艺术史系教授。哈斯克尔被誉为 20 世纪最富有独创性的艺术史家，他对艺术史的研究不但彻底改变了英语国家传统的艺术史面貌，而且丰富了对意大利、法国、英国和其他欧洲国家的文化史探索。其主要经典著作有《赞助人与画家》《艺术中的再发现》《趣味与古物》《过去与现在》和《历史及其图像》等。

致敬词

"图像证史"是西方史学界长期关注，但一直悬而未决的论题。在追溯和解读往昔的艰难探索之中，有这样一批学者，他们认识到艺术图像除了审美价值之外，还与历史有着千丝万缕的联系。艺术史学家弗朗西斯·哈斯克尔，首次将焦点对准了这些将艺术图像应用于往昔阐释的先行者。原作扎实、引人入胜的文字和译者孔令伟准确、精湛的译笔，让我们得以近观这场前人对艺术图像道阻且长的破译之旅。《历史及其图像》是哈斯克尔留给后世学者的警示之作，图像之于往昔，既是在研究迷局中指引方向的灯塔，也是诱使研究者误入陷阱的塞壬之歌。这本著作的译介，对国内艺术史研究也将起到推动的作用。

我们致敬哈斯克尔，致敬他在《历史及其图像》中所展现的博学、睿智与真诚，几个世纪的研究史料梳理并非斯须之作，而哈斯克尔对研究盲点的敏感判断，也展现了独创性思考所承载的令人神往的魅力。

答谢词

感谢商务印书馆。图像与文字，是托举人类历史的两扇翅膀，是我们理解历史，感悟人类情感与信仰的重要通道。《历史及其图像》这部著作，追溯了西方史学传统中长久绵延的"图像证史"问题，并指出了其中所无法避免的思维陷阱和情感陷阱。这是一部发人深省的著作，是一部对我们历史感官进行检验与测试的开创性杰作。本书作者是已故牛津大学艺术史教授，作者以其浩瀚、渊博的学识，讨论了文物、艺术品、古迹及各类物质文化遗存在我们的历史研究、历史想象、历史体验中所起到的重要作用，讨论了不同时期的古物学家、文化史家、艺术史家在这一领域所做出的杰出贡献。我能接触这部著作，并完成此书的翻译，这完全得益于我的老师曹意强教授、范景中教授和杨思梁教授，借此机会，我向他们表达心中的敬意。

——孔令伟（译者）

对话

采写　吕婉婷

【这本书】
在史学思想上有重要突破

《新京报》：首先介绍下《历史及其图像》这本书吧，这本书在研究上有哪些独到之处？

孔令伟：这部著作比较难读，信息量也比较大。它不是一个单纯的历史学或艺术史学著作，此书第一句话是献给尼克，就是 Nicholas Penny 教授，据他介绍，这是一部在史学思想上有重要突破的书。这部书之所以在史学思想上有重要的突破，是因为它谈到了 19 世纪晚期以来我们的历史感官所发生的巨大变化。18 世纪或 19 世纪前半段的人们主要通过历史小说、戏剧来感知历史，其历史经验大部分是来自文学作品。但在 19 世纪中后期，我们感受历史的主体不再是文字、文学，而是图像。这是很重要的一个变化。有很多哲学家也在思考同样的问题，即所谓的图像转向问题。今天当我们谈某个文明的时候，我们首先想到的是图像，比如说我们谈到埃及的时候，脑子里首先跳出来的是金字塔，说到巴黎的时候，首先跳出来的是埃菲尔铁塔，这种经验纯粹是现代经验、现代体验，17 世纪、18 世纪的人可能不会这样想，这就是历史感官的变化。所以说，这本书的立足点是比较高的。

《新京报》：《历史及其图像》译介至中国，对相关领域研究有哪些重要的价值和意义？

孔令伟：图像研究在当代的人文艺术研究中如今很流行，很多从事非艺术史研究的学者也取得了很多成果。但图像研究是有理论陷阱和情感陷阱的。理论陷阱指图像是否能证明历史事件，情感上的陷阱则较难辨识，因为艺术品、图像总会给观看者带来先入为主的偏见，情感上的因素可能会导致对图像背后历史的误读。比如凡·高的作品经常表现出疯狂和癫狂，而凡·高本人并不一直是这样的人，凡·高作画时其实是冷静克制的。《历史及其图像》指出了这些陷阱所在，对于图像研究来说是一种推进。对于其他研究视觉文化的学者来说，尤其是摄影文化，这本书有参考作用。而对于艺术史研究的学者来说，它能让学者们对艺术史有更深刻的认识。艺术史研究经常停留于介绍分析层面，但研究应该还有历史的厚度和维度，艺术品本身就是历史史实的一部分。

【这个人】

"读书最多"的古典学者

《新京报》：能否大概谈谈弗朗西斯·哈斯克尔这位学者？

孔令伟：我个人没有见过他，只能通过一些间接的信息来谈下我对他的感受。首先，他是一个不喜欢拍照的人，他的照片很少。就像他在描述布克哈特的时候（雅各布·布克哈特，文化史家、艺术史家），他会说布克哈特是一个非常不喜欢别人给他画像的人。除此之外，哈斯克尔还提到了很多不愿意画像的西方古典学者，尽管画像可以名垂青史。我想这体现了哈斯克尔古典式学者的气质。其次，哈斯克尔喜欢实地考察。我们曾请到一位与哈斯克尔有过交集的教授，二人经常相约到农村郊外"访古"，看看古代石刻等，喜欢接触真实的历史遗迹和物品，研究和生活融为一体。哈斯克尔过着非常纯粹的学者生活，到各地访问图书馆、博物馆，到郊野访问古迹，会见不同的学者。最后，哈斯克尔的学识非常渊博。多年之前，我们请过的一位外国学者聊到过哈斯克尔，他说"哈斯克尔永远是对的"。哈斯克尔在欧洲人文学术圈中被誉为"读书最多的人"，他精通多种语言，用意大利、法文发表过多篇论文，得过法国、意大利的大奖。

《新京报》： 你如何评价哈斯克尔的研究？

孔令伟： 他的研究，简单来说就是"没有理论，历史照样可以留存"。哈斯克尔反对用先验的框架来驾驭鲜活的、不可测的史实。历史作为人类思想观念的产物，具有很大的偶然性，如果用理论来约束的话，往往会对历史产生无效的解释。他对事实本身的尊重，超越了对于理论的尊重。结合《历史及其图像》这本书来说的话，除了在史学思想上的贡献之外，哈斯克尔还将图像学的研究历史追溯到了更久远的年代。我们谈图像学，最早能追溯到十七八世纪的法国学者，但哈斯克尔认为可以追溯到意大利文艺复兴时期古物学家的钱币的研究（16 世纪），他们在阐述钱币上的图像为何与铭文不吻合时，所采用的就是图像学的方法。

《宋宴》

作者：徐鲤、郑亚胜、卢冉
版本：新星出版社
2018 年 8 月

徐鲤，"80 后"。现居上海的广州人。自由职业者，曾从事创意手作、插画工作。自广州美术学院美术史系毕业后，持续关注传统文化与艺术历史，并收集宋器。

常以饮食及博物馆为主题安排旅行。

郑亚胜，"80后"。平面设计师，毕业于广州美术学院，现居上海。热爱长长短短的旅行，曾沉迷料理，兴起时能一人操办十六人的中式私宴。

卢冉，"茶也"创始人，毕业于湖北师范大学美术史论专业。在收集整理古籍善本时，对其中所描述的宴饮场景与食物萌发好奇。也是宋代器物爱好者。

致敬词

近些年，越来越多的人重新感受到传统文化的魅力。而且"传统"不再仅仅是书页中的思想和学说，或是需要我们去博物馆观瞻的器物和字画，它以更具体的形式进入我们的日常生活。《宋宴》在这个意义上，是一个极佳的尝试。它详述了75道宋朝菜式的材料和做法，让读者可以在家中一尝宋朝的肴馔。此外，《宋宴》又将对菜式的介绍置于相关的文化讨论之中，再配上与所谈情景相合的宋元名画或器物照片，以期读者对于宋朝乃至古代中国有更深切的了解和感受。我们致敬《宋宴》的三位青年作者，致敬他们将传统文化带回到日常生活中来，让我们在一餐一饭中感知古代中国的精致与美好，也致敬他们依循自己的爱好选择并实践生活道路的勇气和坚持。

答谢词

这是我们的处女作，能出版已经很开心了，没想到还获得一个分量这么重的奖项，可说是对我们五年心血的最大的肯定。回想起来，之前没完没了地改稿是值得的。学界对宋朝的研究已经比较充分，有大量的出版物和论文；在博物馆里则能看到宋朝留下来的各种实物遗存：服饰鞋帽、杯盘碗盏、桌椅瓶炉、图书字画。我们想另辟蹊径，从"吃什么"入手，来靠近宋朝人的日常生活，感觉这会很有意思。按照古籍记载，用当今能找到的食材，我们试着复原了一些宋朝菜式。它们吃起来的感觉既熟悉又带点陌生，总体来说是符合现代人的口味的。愿这本书能为读者打开一扇体验宋朝味道的窗，想了解宋朝菜式的时候翻开看一看，做出来吃吃——噢，原来宋朝可能是这样的味道。新星出版社的编辑老师很用心，把《宋宴》呈现得这么漂亮，我们在这里想一并致以谢忱。

——徐鲤、郑亚胜、卢冉

对话

采写　寇淮禹

【这本书】

考据食材，配以烹制步骤

饮食是进入另一个世界的很好的媒

介。喝一杯杜松子酒，体会 19 世纪英国工人的放纵与沉醉；叫瑞幸咖啡外送一个司康（Scone），感叹自己比张爱玲幸福——她当年在中环的青岛咖啡馆寻不见司康，"顿时皇皇如丧家之犬"，跌跌撞撞地下楼离开了。《宋宴》为我们指示了一条回到宋朝的道路：不烦读程朱，只要下厨房。你可以烹煮出并进而品尝到宋朝，比如苏东坡自己颇为得意的煮鱼。

"子瞻在黄州，好自煮鱼。"贬谪黄州的苏轼亲自下厨，并详细记下了自己的煮鱼法："以鲜鲫鱼或鲤治斫，冷水下，入盐如常法，以菘菜心芼之，仍入浑葱白数茎，不得搅。半熟，入生姜、萝卜汁及酒各少许，三物相等，调匀乃下。临熟，入橘皮线，乃食之。"这样的文字不能说繁难，但真要照此操办，恐怕仍不简单。"菘菜心"和"橘皮线"是什么，萝卜汁要怎样制备，酒该用哪种，都可能成为障碍。

《宋宴》扫清了这些障碍。在考据食材的基础上，《宋宴》详述了每道菜的做法，并配上烹制步骤图，而且每谈一菜，必辅以相关的文化背景和知识介绍。教做金玉羹（就是栗子片煮山药片）而旁及服食导引之术；介绍沆瀣浆（一道用来醒酒的汤），而谈及文人杯盏之趣；示范炉焙鸡，又兼谈柴薪石炭之别。

再加上和所做菜式相关的宋元书画和古代器物照片陪衬左右——比如苏轼的这道煮鱼配的是南宋李嵩的《赤壁赋图页》——这是一场由饮食开启的古代中国文化之旅。但旅程的终点还是要回到饮食上来。苏轼说他的煮鱼"其珍食者自知，不尽谈也"，你如法烹制，尝尝看，看苏轼是否在吹牛。

离开黄州多年以后，苏轼到了富庶的杭州出任太守，有仆役，有伙夫，衣食丰美，远胜当年。忽一日他怀念起自己的煮鱼，便下厨去煮了来招待朋友——饮食不仅可以帮我们通往另一个世界，而且也让我们通向彼此，饮食可以在人与人之间建立联结。

【这些人】
对宋朝审美有共同的认同

《宋宴》的故事就开始于人与人的联结。2003 年，广州美术学院毕业的广东人郑亚胜去上海工作。吃不惯偏甜口的上海菜，郑亚胜开始自己学做饭。等到徐鲤 2005 年到上海，郑亚胜已经做得一手好菜了。

徐鲤也是广东人，在广美读的是美术史，2003 年经同学介绍，认识了在湖北读美术史的卢冉。"一开始只是在 QQ 上联系"，她发现自己和卢冉很聊得来。2005 年她去了上海——卢冉工作的城市，开始以自由职业的方式给杂志画插画。他们成了男女朋友。上海博物馆宏富的中国艺术品收藏让他们的兴趣逐渐偏向了中国美术史。他们一起看展，买些古代的瓷片和瓷器，后来开始收藏宋朝的杯盘碗盏。

出于对宋代审美的认同和喜爱，他们于2011年开始创作《宋宴》，"想以更直接的方式感知宋朝"。徐鲤考证菜品，郑亚胜负责烹调，卢冉拍照。2013年初稿完成，一直在修改，直到2016年底，才最终定稿。"照片就拍了三五版，"徐鲤说，"体例是个大问题，最终参考一本英国的《猎人食谱》拟定的体例。"

图书出版以来，卢冉说他们的生活并没有太大的变化。"就是出差多了，配合新书的宣传。"各地的宣传活动给了他们一些有趣的反馈。有读者告诉他们，《宋宴》中的瓜齑（一种腌菜）在他山东老家依然是这个叫法；而在山西，有读者说他们那里就吃柳叶，此前于苏州宣传时，曾有读者质疑《宋宴》里的"柳叶韭"，觉得柳树叶子不能入菜。

宋朝的，甚至更久远的传统，以各种各样的方式，保存在神州大地上。"有很多惯常的讲法，其实是不准确的。比如说要寻找唐代就去今天的日本或广东，寻找宋代就去福建或潮州，但实际上中国依靠广大的疆域和各地的风土民俗，以非常复杂的方式在承继传统，很多古老的东西沉淀在某个地区的生活当中。"

【那个朝代】
只有少数人过着风雅生活

图书宣传中遭遇的最普遍误解，是人们将宋朝当作一个风雅的时代。"其实宋代只有少数人在过着风雅的生活，大部分人和我们一样，只是在过寻常日子。"徐鲤说。"我更愿意说宋代很丰富，好像改革开放，一下子很多东西都出现了，这样的丰富在当时并不是风雅。当然如果你今天做一道宋代的菜式，再给朋友讲讲背后的故事，这可以是风雅的。但我们不是要主张一种纯粹的古代的风雅，因为没有这回事。"卢冉说。

今天的上海和2003年时已有很大分别，餐饮市场更多元了。郑亚胜2015年的时候带同事去过一趟潮汕，探访美食。转过年来，潮汕火锅就进入了上海，而且火了起来。"现在随便一家商场都有不错的粤菜馆，大家会约在餐厅碰面聊天。"郑亚胜说，"我们这本书的最终目的，在我看来，是希望读者可以照着书，做几道菜，在家里招待朋友，像我们那时候一样。"但他也坦言，自己现在很少在家宴客了。

2017年

　　和其他的人类活动一样，改革要做的不外乎两件事：认知和践行。对于这两件事孰难孰易，前人常有不同的估计，比如《尚书》说"非知之艰，行之惟艰"，而孙中山却相信"知难行易"。其实在我看来，"知"与"行"相互支撑、无法分离，而且不论哪一件都不可能轻而易举做到。

——吴敬琏

《撒旦探戈》

作者：［匈］克拉斯诺霍尔卡伊·拉斯洛
译者：余泽民
版本：译林出版社
2017 年 7 月

克拉斯诺霍尔卡伊·拉斯洛，匈牙利作家。2015 年布克国际奖得主，代表作《撒旦探戈》《反抗的忧郁》等，风格特点为复杂的长句和后现代的结构形式。

致敬词

在浮躁的当下，《撒旦探戈》是一本抵抗时代的作品。我们致敬它，因为它维护了文学阅读与创作的尊严。作者用绵延的长句挑战着读者的耐性，表现着人类心理那些极致而细微的变化，相比之下，那些碎片化的、快速的阅读显得无比苍白。同时，在读者向既成的知识寻求答案的今天，克拉斯诺霍尔卡伊依然用艺术的虚无性呈现着另一种答案，他依靠长句的挖掘，让我们意识到现实背后的真实。他毫不留情地击碎所有平庸生活的幻想，让我们在幻灭后重新思考自我与生命，这是真正艺术永无止境的使命。

我们致敬《撒旦探戈》，致敬作者，也致敬这本书的译者余泽民，是他完成了一项几乎无法完成的任务。他在艰涩的匈牙利原文和汉语间跋涉，最后翻译出一本无损于原著的《撒旦探戈》，让我们真正感受到文学的无国界性和它对全人类共同命运的反映。

答谢词

很高兴得知《撒旦探戈》入选年度好书奖！我作为译者，代表原著作者克拉斯诺霍尔卡伊·拉斯洛先生表示感谢。这部小说，无论拉斯洛写它，还是我翻译它的时候，都清楚这书出版后不可能畅销，即便获了国际布克奖。要知道，就是在匈牙利母语世界，《撒旦探戈》也是出了名的"难读的书"，其翻译难度不言而喻。对这种作品来说，重要的不在于有多少人读，而是什么人读。

我想强调的是，《撒旦探戈》是作者三十岁时写的，那时候他就看透人类自欺欺人的乌托邦梦想。人类以为自己很强大，强大到能够挣脱上帝，但他们逃不出魔鬼的圈套，所有自以为聪明的努力不过都是在跳撒旦探戈，在原地踯躅。无路可逃！这是作家对整个人类提出的警示。不过，也恰恰由于作品的残酷和不留出路，为唤醒个体对普世的思考提供了一种严肃的可能。也许，有人觉得《撒旦探戈》过于黑色，但它的黑色，是能照亮我们思想的黑色的光；也许，有人受不了它的黏稠，但这种通过文学达到的窒闷感，恰恰是人醒来并转向个体之外、转向人类史的过去和未来。好的文学能让人看得更远，想得更远，所唤起的绝望感即责任感。《撒旦探戈》就是一部这样的好书。

——余泽民（译者）

对话

采写　宫照华

【往昔】
初遇克拉斯诺霍尔卡伊·拉斯洛

《新京报》：你是如何发现《撒旦探戈》这本书以及克拉斯诺霍尔卡伊·拉斯洛这位作家的？

余泽民：我最早知道这本书，是在二十五年前，不过那时我还不会匈语，这得从我跟拉斯洛的交往说起。阅读《撒旦探戈》于我本身就是一个文学成长的过程。我第一次见到拉斯洛是在1992年4月，在塞格德一位名叫海尔奈·亚诺什的朋友家。亚诺什当时在塞格德大学历史系教书，是文化名人，编杂志，还搞出版，他在我最落魄时接济了我，把我接到家里住，所以在他家，我结识了许多作家和艺术家。我清楚地记得，在拉斯洛登门之前，亚诺什就跟我介绍了他，说他认为拉斯洛是匈牙利当代最好的作家之一，他写的《撒旦探戈》是部杰作，并从书架上抽出来给我看。我对那个黑色、有抽象图案的封面记忆很深，可惜那时我刚到匈牙利半年，连匈语字母还没认全，但朋友的话我百分之百相信。《撒旦探戈》，这个书名很好记。

拉斯洛来了，他见到我很兴奋，原因是他去中国不久，并写了一本游记《乌兰巴托的囚徒》。我们用英文交流，他很耐心，善解人意，我们谈得很愉快，他给我最深的印象就是：他喜欢李白。当天晚上，他开了四小时车带我回家，邀在布达佩斯北部的一个小山村里住了一个星期。在那里，他也跟我讲起了《撒旦探戈》，甚至还讲了关于这本书写作的一些细节。

回到布达佩斯，我对拉斯洛的作品产生了兴趣。那时我已随亚诺什一家搬到了布达佩斯，亚诺什刚出版了拉斯洛的短篇小说集《恩慈的关系》，顺手给了我一本，我便搬着字典开始读起来。读得非常吃力，但非常认真，后来干脆花了一个月时间翻译了一篇《茹兹的陷阱》，可以说那是我的文学翻译处女作。我一下子被拉斯洛作品的语言、结构、主题和思想性击中了。那两年，反正我也是无业寄居在朋友家，所以一头扎进了匈牙利文学里，疯狂阅读，翻译成瘾。大概在 2005 年，我开始阅读《撒旦探戈》，由于语言过分黏稠，读起来很吃力，时断时续地读了两三年，清楚地记得读完最后一页时的震撼：感觉到死寂中长长的窒息，脊背窜凉，仿佛自己就是那个将门窗钉死的医生。当时我就动了翻

译的念头，并向几家出版社推荐，但都没有结果。

【后来】
翻译的艰难与快感

《新京报》： 在翻译这本书的过程中，最大的困难和最强烈的快感来自哪里？

余泽民：《撒旦探戈》从着手翻译到交稿大概有三年。由于读过两遍，跟拉斯洛又有长期的交往，对他的语言风格已经熟悉，对内容理解上也无障碍，如果说困难，就是对克拉斯诺霍尔卡伊式长句的处理和对词汇的准确选择。

在这里我得解释一下，克拉斯诺霍尔卡伊式长句分两种：一种是名副其实的长句，比如开篇的第一句，由于匈牙利语的语法特殊，一句话里可以带许多个复句，这种长句与中文的兼容性较差，需要反复组织；另一种不是语法上的长句，而是由许多短句组成，重要的在于掌握叙事的节奏和向前滚动的语感，好似小酒馆里的酒鬼，话篓子一旦打开，即便说话吃力，气短，讲述的惯性不容人打断。所以在翻译的过程中我要一遍遍地念，念了译文，再译原文，对照阅读的语气、语调、语速和音色感觉是否一致。

至于快感，恰恰来自对困难的克

服。当我读译文的时候听到了拉斯洛的嗓音，那种快感是难与人共享的。如果把阅读《撒旦探戈》比喻成蹦极，那么翻译它体验的则是"慢放的蹦极"。

【当下】
纯文学作品的价值

《新京报》：作为一部纯文学作品，你认为《撒旦探戈》对中国读者有什么独特的意义？

余泽民：我觉得意义在于，为我们读者提供了全新的文学阅读体验：文学还可以这样写！文学的隐喻功能竟能如此强大，对思想的触动能如此深刻！它的阅读难度虽然很大，同时也意味着很耐读，你一旦适应了作者的叙事节奏，沉浸到他刻画出的氛围里，你的情绪和思想就会随着情节展开，潜到角色的内心深处，无论绝望还是希望，都是由衷的。

通常，中国读者更习惯跟现实贴得很近的传统叙事，纪实一般的现实，说白了就是讲故事，故事里讲出来的，基本上就是想讲的，更少能深刻到哲学层面。克拉斯诺霍尔卡伊的小说不然，虽从现实入手，但通过特殊的——文学性，音乐性和戏剧性——结构实现了极深的隐喻性、荒诞的现实、残酷的虚幻、绝望的戏剧、滑稽的悲剧，将这个反乌托邦故事讲得绘声绘色，令人毛骨悚然。

《新京报》：在未来，你还会继续翻译克拉斯诺霍尔卡伊·拉斯洛的其他作品吗？

余泽民：当然还会翻译，即便出于对朋友的责任感我也还会，拉斯洛也最信任我的翻译。下一步计划翻译他的另一部长篇小说《抵抗的忧郁》，并与一位年轻译者合译他的短篇小说集，书名暂定《恩慈的关系》。

《寂寞的游戏》

作者：袁哲生
版本：后浪 / 北京联合出版公司
2017 年 9 月

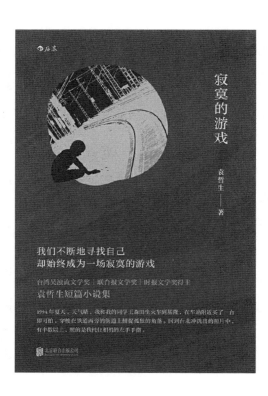

袁哲生（1966—2004），小说家，著有小说集《寂寞的游戏》《秀才的手表》及"倪亚达系列"。

致敬词

"孤独"是生而为人必定面临的困境，因此成为众多作家书写的对象，袁哲生的主题并不新颖，但他用极度敏感的心灵把孤独写到了极致。这位英年早逝的台湾作家天性脆弱、易受伤害，也正因此，他能探知人类情感的深处，捕捉到最幽微的生存体验。没有完整的故事线，没有热烈饱满的情绪，袁哲生用片断性的叙述和冷静节制的文字，将各类孤独展现在我们面前，又在对生与死的诠释中，给予我们新的审视角度。

我们致敬《寂寞的游戏》，致敬它让我们再一次体验"孤独"这一不可忽视的存在，并在字里行间展示出高超的写作技巧和审美能力。同时，我们致敬作者敏锐的灵魂，是这样的灵魂在世俗生活中挖掘出生存的本质。

答谢词

我是这本书的编辑，代表袁哲生老师领这个奖。虽然自己名义上是袁哲生《寂寞的游戏》的编辑，但在做这本书的过程中，我可能更像是一名"读者"。从最初会决定做这本书，只是单纯抱持着"我很喜欢袁哲生老师的小说"这种心情；到后来书籍终于上市，有点激动地想着："袁哲生的作品绝版这么久，竟然出版了。"由始至终，我的身份都偏向一个"读者"。

直到现在，我仍然像是一名读者在发表获奖谢词。

很感谢袁哲生老师和他的小说，带给我一段让人难忘的编辑记忆；感谢袁哲生老师的妻子刘女士和台湾宝瓶文化朱亚君社长愿意协助后浪取得本书的版权；感谢后浪文学部的领导和同事，他们做的努力让袁哲生老师的小说能够被更多人看见；感谢张大春老师和他的妻子台湾新经典文化叶美瑶总编辑，给了这本小说一篇非常棒的推荐序；感谢童伟格老师在时间匆促之下，还为了袁哲生老师特地来北京颁这个奖。

最后，感谢大陆的读者喜欢袁哲生老师的《寂寞的游戏》，还有对这本小说的见解。真心认为大陆读者的评论很精彩，不论是称赞的，还是批评的，都让我看到一些过去没注意的地方，对这本小说有更多的理解。

——王介平（编辑）

编辑讲述

【这个人】
"具有成为大师的潜力"

读袁哲生的小说，画面感是很强的，因为他的文字用了强烈的"白描"叙事手法。文字很精简，甚至连剧情、情感都非常节制，因此他可以在小说中隐藏更深邃的意涵。通过白描的技巧，袁哲生专门捕捉日常生活中的各种瞬间，还有人与人之间在相处时的微妙细节。

另一方面，袁哲生又是一个很幽默的人。可能大家比较关注的《寂寞的游戏》中没有显示出这样的倾向，被早期引进大陆的"倪亚达系列"中，以一个小孩子的视角，吐槽大人世界的种种怪象。明明是一些很无奈很糟糕的事情，经过袁哲生处理之后，就是能把你逗得乐呵呵的。

而在他的《秀才的手表》中，场景以乡下村落为主，乡土小人物的对话贯穿全书，让这本小说的文字比较狂放，情绪、氛围也更剧烈。不过，袁哲生又在小说中加入"时间"元素，让《秀才的手表》成为一部带有哲学思辨的乡土小说，呈现出另一种不同于《寂寞的游戏》的面貌。所以说袁哲生的创作是不止单一一个面向的。

我在宣传的文案中使用了张大春

老师的"撑起 21 世纪小说江山"这一句当作标语。有一些读者反映张大春这句话吹捧夸大、评论过誉，当初我从《寂寞的游戏》和另外一本《秀才的手表》的内容来看，也在想这句话是不是有点过头。然而，还原当时的语境，是 2000 年袁哲生、黄国峻两人出版新书时，提拔这两位年轻创作者的张大春在新书发表会上豪气地说："21 世纪撑起小说江山，起码会有这两位在。"张大春是带着期望说出这句话的，我觉得并非夸大。此外，我也认为袁哲生年轻时的创作隐含非常大的格局，具有成为大师的潜力，其他台湾的学者、出版工作者也提过这点。

【这本书】
"近于冷漠的写作方式"

《寂寞的游戏》在大陆还没出版的时候我就对它很有信心，因为这本书的文字能让人很好地进入，所反映出的情景，从中能引发的感受，又是人们在现代社会中最普遍经历的东西。袁哲生不用带有强烈情绪的文字去渲染，而是以一种冷静而近于"冷漠"的书写方式，和我们生活的世界有一种类似的氛围。一个普适性如此之广，文学性却又如此之强的作品，在现在的中文创作中似乎不是很多见，因此在书籍出版后，看到

大陆读者非常喜欢袁哲生的小说，虽然也很高兴，但并不是非常意外。

但也有两个现象让我感到有趣。第一个，是有点惊讶不少读者说《寂寞的游戏》太丧、太负能量。个人观察，台湾读者对袁哲生小说中的忧郁氛围不会有这么大的反应。以《父亲的轮廓》为例子，我看到有些大陆读者会为小说中的母亲打抱不平而批评小说主角，甚至是作者本人；但是，台湾读者反而比较少出现这种论点。我认为这个现象有点特别。至于为何造成这种差异现象，个人推断可能跟两岸氛围的差异有关。大陆读者喜欢《寂寞的游戏》中的最后一篇《木鱼》。根据我阅读这本小说集的心得，我认为《木鱼》这一篇的文字、情节、情感跟其他篇比起来，较不出彩；情节上，缺少《密封罐子》的意外反转；情绪上，没有《父亲的轮廓》深沉感人；写作风格上，不如《送行》独特新鲜。对我来说，《木鱼》可能就是一个在安全范围之内的作品。相较之下，我可能更喜欢另一篇《遇见舒伯特》。因此，看到很多大陆读者对《木鱼》的评论赞赏，我确实挺惊讶。也因为这样，反而让我想再回过头仔细阅读《木鱼》一次，或许大陆读者真的看出什么我没注意到的地方。

【引进】

"希望让大陆读者看到更优秀的台湾文学作品"

最初选择引进袁哲生的作品，主要原因是我非常喜欢他的小说。另一个理由，则是希望让大陆读者接触更多杰出的台湾创作者。

袁哲生的重要性在台湾文坛不言而喻，他在台湾成名至少十几年，完全不是什么"冷门作家"。不论是前辈张大春，还是同期的骆以军，后来崛起的年轻创作者王聪威……许多台湾知名的作家、学者、出版工作者都推崇袁哲生，而且也有广大的读者喜欢他的小说。但是，大陆过去十几年几乎未引进他的作品，除了定位偏向儿童文学的"倪亚达系列"小说。这就是我一直很疑惑的一个现象，也成为我决定引进袁哲生作品的一个原因。

事实上，不止袁哲生，台湾还有其他非常好的作家，例如跟袁哲生同样被誉为"撑起21世纪小说江山"的黄国峻，他的小说文字密度非常高，每一字都非常好。或是近几年深受台湾读者欢迎、诗集加印了八次的女诗人叶青，她的作品读起来浅白却触动人心，带有强烈的个人特色。除此之外，成名多年的童伟格、甘耀明，或是渐渐崭露头角的黄崇凯、连明伟，他们都发展出自己的创作风格。我认为他们的作品同样值得被更多人看见。

《论巴赫》

作者：［德］阿尔伯特·施韦泽

译者：何源、陈广琛

版本：六点图书 / 华东师范大学出版社
2017 年 9 月

阿尔伯特·施韦泽（1875—1965），
旧译史怀哲，德国哲学家、神学家、医生、
管风琴演奏家、社会活动家、人道主义
者，1952 年诺贝尔和平奖得主，被称为
"非洲之子"。

致敬词

　　德国作曲家巴赫代表了音乐史上一
座毋庸置疑的高峰。德国哲学家、神学
家、人道主义者阿尔伯特·施韦泽则透
过这部近 800 页的丰碑之作《论巴赫》，
全景式地呈现了巴赫音乐的深邃意涵。
如果说施韦泽从巴赫那里获得和平之
义，那么巴赫在施韦泽身上重新复活。

　　将《论巴赫》这部作品译介进入中
国的两位年轻译者何源、陈广琛，以精
湛的译笔和准确的传达，促成了这场穿
越时空的精神对话。我们致敬《论巴赫》，
因其引导读者重新认识音乐与美，重新
理解巴赫音乐中的情怀与理智；也因其
展现了欧洲思想的历史渊源，填补了国
内巴赫研究的长期空白。施韦泽笔下的
巴赫，引领我们在艺术与语言的路途上，
不断探索自我与世界。

答谢词

　　能得到国内出版界、学界和读者
的认可，应该归功于巴赫对于西方音乐
世界的不朽贡献以及施韦泽对于巴赫精

湛的诠释。巴赫生前无名卑微，一生以谦逊和虔敬的态度躬亲于他所执着的事业。施韦泽一生则可谓波澜壮阔，用他毕生的精力和宏瀚的生命热情，投入人类和平与博爱的事业当中。巴赫对他而言，仅是早年磨砺品性和修养的注脚。

从巴赫对上帝的热情，到施韦泽对全人类的热情，这之间有一种理所当然但又充满奥妙的联系。施韦泽身体力行地指引出一个我们在全新的时代和文化背景下理解巴赫作品和精神的方向，即巴赫不仅仅是西方音乐的巴赫，基督教上帝的巴赫，还是一个带领人类走向精神整全，引导人类情感、文化、艺术、语言走向更高级的和谐的巴赫。翻译出版这部作品，将巴赫和施韦泽的思考带入中文世界，恰恰是这个方向上的一次尝试。在此感谢我的恩师刘小枫老师、华东师范大学出版社六点分社社长倪为国老师，以及上海音乐学院的杨燕迪老师，他们孜孜不倦的工作推动我们共同的愿景不断迈向新的维度。

——何源、陈广琛（译者）

对话

采写 张畅

【这本书】
传统与现代之间海德格尔式的路标

《新京报》：将《论巴赫》这样一部皇皇巨作译介到中国，对中国的读者和相关的研究领域而言有怎样的价值和意义呢？

何源：《论巴赫》的写作和出版已经过去一个世纪有余，前后辗转的缘起与波澜早已尘埃落定。读者可以从这本书和相关资料中去追溯这道余晖，不在此赘述。在施韦泽之前和之后也有各式各样的巴赫论著。施韦泽的研究既在这个传统之中，又有异于这个传统的独特光芒。《论巴赫》像是一个海德格尔式的路标，立在一个全新时代大幕即将开启的发端，立在一个传统与现代观念交织论辩的时间节点。施韦泽尝试和过去的各种见解形成张力，同时又以一种不同的眼光开启探寻和理解传统的路径。无论是古典音乐的鉴赏美学，还是我们对于传统和经典的认知和态度，直到今天这种问题的张力和价值的抉择依然存在。施韦泽对巴赫的诠释，不仅给我们提供了一条理解巴赫的路径，也给我们提供了一套观照我们自身传统的理念模板，更重要的是他给我们指引了一种用我们自身传统理解巴赫的可能性。从某种意义上说，这恰是施韦泽诠释巴赫所希冀的理想。

施韦泽不是学院式的研究者，也不是职业演奏家，但他在这个领域所达到的高度远在泛泛庸辈之上。对于这样一位博采众长的大家，研究巴赫仅是他年轻时的心性修炼，但这种艺术修为和他的神学、哲学理想，以及之后的经方救世，都有着贯通的联系，巴赫的精神和其作品的力量给予他奋斗不息的一生莫大的鼓舞和安慰。他给我们树立起一个榜样并引领我们思考，理想的音乐教育和人文教育应该是什么样子。本书的翻译更多是面向普通的爱乐者和人文读者，这类型的工作得到了他们的欢迎和认可，至少可以给专业工作者、教育者和传播者指引一个方向。

《新京报》： 翻译这本集合了音乐、哲学、宗教、历史等诸多方面的理论知识的"大书"，是否遇到过挑战和困难？最终是如何解决的？

何源： 翻译的过程确实困难不少，也遇到特别懈怠、焦虑的时刻，甚至一度觉得我们可能交不了稿了。还好无论是我们的老师、出版社以及关心我们的友人和读者都给了我们充分的时间和极大的信任。这本书从开始翻译到出版花了将近 9 年的时间，从二十出头到三十

而立，施韦泽已经几易其稿、不断增补，最终出版成法、德两种文字，而他是一个人写，我们是两个人译，我们好似在跟施韦泽赛跑，跑得气喘吁吁。校对、誊正比翻译花费了更大精力和更多时间，我们翻译完后，重新开始反复校对整理；出版社也请了各方专家参与校对，在此要感谢所有参与编审的专家、学者以及出版社的编辑。人文学科需要沉得住气，最终是时间解决了所有这些繁难。

【这个人】
巴赫不会让人厌倦，永远有新意

《新京报》： 作为译者，你如何理解巴赫在音乐史中的地位？相比于其他研究巴赫的论述，施韦泽对于巴赫的阐释有何独特之处？

何源： 说到巴赫，乐迷们应该首先想到的是各种 CD、音乐录音、历史上精彩的演绎，而巴赫对我而言，就是任何时候都可以听，能让我愉悦、宽慰和满足的作曲家。首先他不会让人感到不适、不安和惶恐，其次他不会让人感到厌倦，永远都能琢磨出新意。对巴赫越熟悉，就越亲切。尤其是耐心翻译完全书后，我会对他作品中的各种小机锋莞尔一笑。

施韦泽的巴赫阐释，开启了用绘画、图像这种具象、感性的方式理解巴赫的

路径。刻板的对巴赫的理解，都说巴赫是抽象的、数学家思维的，最能体现音乐的建筑特性的，这当然是巴赫的某种面向，施韦泽说巴赫是具象的艺术家，他用的素材和描述方式其实是很具体的、很感性的，并举了很多诗歌（唱词）和音乐相互对照的例子，来证明巴赫的这种创作方式不是神来之笔，而是有一套完整体系的。他提醒我们注意，巴赫的创作中更值得琢磨的是声乐作品而非器乐作品，巴赫的器乐作品中那些让乐迷和研究者们眼花缭乱的"把戏"，仅是他的音乐训练和实验，而他磨炼出来的这套技艺，恰是为创作声乐作品准备的。施韦泽认为巴赫不仅是一位音乐

家，还是一位用音乐这种素材（形式）去呈现他包罗万象的理念和感知的艺术家，如同诗人用文字、画家用颜料是同样的道理，巴赫的终极理想，是一种"音乐戏剧"，是一种包含文学、诗歌、（戏剧的）人物、故事、情节、冲突，以及音乐、戏景（舞台美术、服装）等综合要素构成的整全艺术形式。

【 这一年 】

翻译是一种自我实现

《新京报》： 从翻译和研究《论巴赫》到这本书最终面世，这一年你在翻译之路和生活上有了怎样的新的经验？

何源： 应该说是十年磨一剑，所幸我们顺利完成，还能得到大家的认可。二十岁到三十岁，完全不可想象这中间所遇到的人和事，以及这些经历对我的影响。作为译者，我起初的意愿就是学习，因为只有翻译，才能让你如此细致地、千锤百炼地去琢磨书中的每一句话，每一个注解；也只有出版，才会让你诚惶诚恐，生怕自己每一个细微的疏忽或者对文义未能真正吃透，而给读者带来的误导，并要面对业界的压力。从工作的角度，翻译是吃力不讨好的辛苦活，但从学习的角度，翻译是让人迅速成长、真正摸清门道的方式。因此翻译应该是一种自我修炼和自我实现，它无关乎外在，只求心悦诚服。

《重塑中华：近代中国"中华民族"观念研究》

作者：黄兴涛

版本：北京师范大学出版社

2017 年 10 月

黄兴涛，现任中国人民大学历史学院院长、清史研究基地学术委员会主任，教育部长江学者特聘教授。长期从事清代和中国近现代思想文化史研究，是国内"新文化史"和"概念史"研究有影响的探索者之一。著有《文化怪杰辜鸿铭》《文化史的视野：黄兴涛学术自选集》《文化史的追寻：以近世中国为视域》等。

致敬词

我们都盼望"中华民族伟大复兴"，但现代中华民族观念究竟如何形成，如何传播开来并对近代中国产生深远影响的问题，却并非人人都了解，学界的研究其实也多有不足。黄兴涛从 2001 年起，历时十余年，终于在《重塑中华：近代中国"中华民族"观念研究》一书中对这些问题给出解答。读者通过本书扎实的考证和深度的阐释，相信无论是对自己的民族身份与认同，还是对近代中国的政治思想与国家命运，都会有更为丰富的认识和更加深刻的感受。

我们致敬《重塑中华：近代中国"中华民族"观念研究》，因为它关注了一个仿佛尽人皆知，其实人们往往知之不详或知之甚少的时代课题，而它却深切地关系到每一个现代中国人自身的来源、去向、共同的身份与命运。这部现代中华民族观念史的学术论著不仅系统深入，而且还自觉地将精英观念与其社会化的大众传播结合了起来。

答谢词

"中华民族"这一现代观念的形成与认同过程很重要，作为一个中国人，我们需要了解它的来龙去脉。作为一名历史学者，搞清楚这个问题也是我的一个职责。我正是在这种想法的支配下进行研究的。这本书得以在今年出版，总算了结了自我拖欠的一个旧账和多年来的一个心愿。尽管因为自身能力的缘故，书里面肯定还存在这样那样的不足，但应该说，我已经尽了自己的努力。以后有机会，我还会进一步补充、修改和完善它。

非常感谢读者们和评委们的厚爱，我觉得这本书之所以受到大众的关注，也是因为这个问题本身很重要的缘故。但愿我的研究，能对大众深度了解和认知现代中华民族观念问题，有切实的助益。也欢迎读者和同行对它的不足给予批评指正。

——黄兴涛

对话

采写 宋晨希

【这本书】

《新京报》：《重塑中华：近代中国"中华民族"观念研究》是你花费十六年的时间写就的著作，是什么机缘导致你做相关的研究？

黄兴涛：我是研究思想文化史的，现代中华民族观念是近代中国思想史上一个重要的问题，我关心这一问题，是出于学者的本能。现代意义的中华民族观念的内涵到底何时形成，如何形成，怎样传播和认同，哪些人、哪些文本、哪些政党、哪些事件和体制，对它发生了作用，产生了何种作用，诸如此类问题都不能不弄清楚。这一观念还严重影响了近代中国的政治、社会和很多相关历史发展的内容。因此我决定从观念史的角度出发，对这个问题进行一个勾勒。

我最早研究这一问题，是在参加纪念辛亥革命九十周年国际学术研讨会的时候。2001年10月，我在这次会上宣读了《"中华民族"观念萌生与形成的历史考察——兼论辛亥革命与中华民族认同之关系》的论文，不久后公开发表，算是正式开始了有关"中华民族"观念的研究。当时，我正好在读清末满族留学生办的《大同报》，这些满族留学生在这份刊物里就呼吁，汉族人和满族人是同一个"民族"，都是一个国家的国民，不必互相排斥。我当时看完之后，非常吃惊，因为这些论述对民族问题有着非常现代的国际政治视角的认识，完全是在英法美等国家现代"民族"观念的影响下展开论述的。于是我就开始自觉搜集这方面的资料，开始探讨起这方面的问题。

《新京报》： 这几年有关"何为中国"的书已经出版了很多，这个话题这几年也非常热。你觉得《重塑中华：近代中国"中华民族"观念研究》与其他的著作相比，有什么不同点？

黄兴涛： 我不敢说和别人有什么不同，只能说一下我的研究思路。关于"中国"问题的认识，我的侧重点在于揭示传统中国向现代中国的转化历程及其政治文化意义。也就是作为王朝国家名号、带有夷夏观念的传统"中国"，如何在近三百年的岁月里，通过与现代西方世界和日本等打交道的过程，逐渐转化成现代意义的国家名号。这一过程并非像以往人们所认识的那样，到民国建立后才形成，而是早在明末清初就开始，经过一个过程，特别是晚清时期，尤其是清末新政阶段，具有不容忽视的重大意义。与此同时，"中国人"的内涵和性质也发生了相应变化，这是现代中华民族观念得以形成的直接基础。我在这方面下了较大功夫，这是以往谈"中国"的学者较少重视的。

"中国"或"中华"这个名称的含义，从传统到现代一直在变化。这个变化中既有断裂，也有延续，不论是断裂还是延续，都是我们在外来影响下不断调适的结果。我特别强调延续，延续是在变化中延续，变化是延续的前提，没有对新时代的适应，也就无法转换。

【 这个人 】

《新京报》： 你与其他学者相比，专著的数量相对较少，但是每篇文章出来往往都很有影响。

黄兴涛： 我在这本书的后记里面曾经说，我希望自己可以全面搜集资料、系统解决问题。我觉得我们历史学者写文章，应该能对别人有所借鉴。史学的特点是要强调长时段和全局性，如果不把相关的资料全部搜集全，怎么得出合理可靠的结论？

其实，我还有很多论题想写，但是我还是希望能尽量将资料搜集齐全。我在写这本书的过程中也是不断在学习。这本书里面，我涉及了民族学、人类学等相关的领域，我也是边学习边研究。不懂的，就向高明请教。

【这一年】

《新京报》： 你的这一年做了哪些工作？你如何看待这本书出版之后，在读者中间引起的反响？

黄兴涛： 这一年，我决定一定要把这本书完成。这本书我已经拖了很长时间，今年总算是完成和出版了，我已经很知足了，把多年来欠的"债务"还清了一件。

这本书学术味很浓，我开始的时候，只希望能够得到同行们的认可。但没想到有那么多读者关注，可能还是因为这个话题重要。很多人能够从这本书中了解一些准确的历史知识，解决他们自己心中对这个问题的困惑，我就知足了。虽然读者从事的工作多种多样，很多人的知识背景也不一样，但大家对知识的渴求还是一样的。一个历史学者的本分，就是应该给大家提供有关"中华民族"观念由来这样的基本考据和知识，从中辨析清楚它在历史中变化的内涵。我相信，读者看完我这本书，可以根据自己的经历和认识去深化理解相关的问题。

《新京报》： 你算是一个书斋型的学者，很少写通俗性的读物，你如何看待现在历史研究市场化的倾向？

黄兴涛： 我的老师曾经强调史学要走出书斋，史学研究不应该只是史学界自娱自乐，自说自话，满足自己研究的愿望。清代学者章学诚讲到，"史学所以经世，固非空言著述也"。我们虽然达不到那么高的目标，但起码我们要对社会负责任，努力为社会提供一些可靠的知识和有益的思想。这些知识首先是真实的，然后尽量做力所能及的解读、阐释。

我在1997年时写过一本通俗读物《闲话辜鸿铭》，后来就再没写过类似的东西。我不反对通俗的写法，只要写作者本身遵守史学的基本原则，不刻意编造即可，通俗读物可以面向更多的读者，更有效地提供史学知识。不过并不是每个史学研究者都有这个能力把通俗读物写好。通俗历史不是说不该写，而是应该考虑如何把它写好才行。

把高深的专业问题，用通俗、生动、准确的语言表述出来需要很高超的能力。写通俗化历史读物，学者是有这个义务的。我们在学术研究之余，还有为现代人和社会服务的责任，提供可靠的知识和反思性的思考。

"北京口述历史系列"

作者：定宜庄
版本：北京出版社
2017 年 2 月

定宜庄，满族，生于1948年。1968年，赴内蒙古锡林郭勒盟阿巴嘎旗插队，1974年回城，现为中国社会科学院历史所研究员，研究领域包括清史、满族史等，坚持从史学的角度出发做口述史研究，其近二十年来的口述史研究都落脚于北京城。

致敬词

自 1999 年第一本旗人妇女口述历史专著《最后的记忆》至今，定宜庄从史学出发的口述史研究始终落脚于北京城和人。"北京口述历史系列"是城中人对"沉没"的北京城无奈而痛心的一种怀念，内含文献钩沉、考证补注的心力以及对"发展"的反思。她勾勒出北京城的往日模样，那里既有东城的爱新觉罗后人，也有城墙根下的穷人和胡同里的姑奶奶，混杂着满族、回族、蒙古族。人的精气神、价值与权利，和城的多元、包容、根脉与活力息息相关。

我们致敬"北京口述历史系列"，这套下足功夫又让人心沉的标本凝合了学者的关切、公众的焦虑与时代的痛点，指向吾国诸城的当下和未来：何为现代都市，何为城市规划，我们可有基于人的温度、无愧于历史问责的回答？

答谢词

首先，我要感谢北京出版集团以及这套书的编辑，他们在出版这套"北京口述历史系列"的过程中，给我贡献了好多有价值的想法。如果不是他们，我也不会把这套书分成五册，用不同的主题来出版。其次，我也要感谢支持我做口述的被访者，他们给我讲了那么多生动的故事，现在很多人都已经作古。我在开始写这套书的时候，本来对可读性没有什么信心。但没有想到，这套书在读者中那么受欢迎、受关注，我非常高兴。

现在，很多人开始关注老北京的历史文化。我觉得，在所有消失的东西里面，除了关注建筑和名胜之外，更值得关注的，应该是老北京人的灵魂和精神。我现在最难受的是，已经很少能听到过去纯正的北京话了。时代在发展，过去老北京的文化，谁也没有办法留住。我只是想尽一点自己的力量，多保留一些鲜活的老北京历史文化记忆。此外，我也希望现在年轻人能够重视，参加到抢救老北京历史文化的工作里面来。

——定宜庄

对话

采写 宋晨希

追问为什么忘记更有意思

《新京报》： 从你 1999 年第一次出版《最后的记忆——16 名旗人妇女口述史》算来，到现在已经将近 20 年了。这次系统出版"北京口述历史系列"，你觉得这期间出现了什么样的变化？

定宜庄： 我必须要首先澄清一下，我之前在网上看到过一些评论，有人说我这次采访围绕的是满族的妇女。其实，我这次主要想探索的是北京的城市历史。我虽然还是用了口述的方法，但与我之前的研究对象已经完全不一样了。

我在 2009 年的时候曾经出过《老北京人的口述历史》，这本书的篇幅已经很大了，但是我觉得还不够，所以这次我决定按照主题的形式，也就是按照内城、外城和城郊这三个受访人群分别出版。这套书我补充了很多之前采访中没有用到的内容，更重要的是，我还对当时的口述者做了追访。我发现，追访比第一次访谈要有意思得多。在追访中，我把之前没有问到的，以及有所怀疑的问题重新问了一遍，加深了我对原来访谈的内容和被访者的理解，更凸显了访谈的意义。但遗憾的是，在追访的过程中，很多访谈者都已经不在了，现在活着的人要比逝世的人还要少，所以我觉得这也是口述的一个重要性。

此外，在这套书里面，我也把访谈内容的事件进行了延伸。以前口述的内容主要是围绕辛亥革命前后，但是这次我把事件截至 1949 年中华人民共和国成立。虽然，这套书也涉及了中华人民共和国成立后的内容，但这套书重点的内容主要是在民国时期。

我现在回过头来看我之前做的口述，我发现自己以前不太会做口述，没什么经验。可是即使那样，很多老人回忆的内容，还是对现在有着巨大的价值，因为他们口中的事情现在已经看不到了。

《新京报》： 这套书还原了当时访谈的情景，很少能够从访谈的文字中看到加工的痕迹。你是不是有意保持这样的风格？

定宜庄： 其实，我做的整理更多，下的功夫也更大。我要做大量的整理工作，虽然访谈的文字我没动，可是我加了大量的注释和考据。

我觉得，只有考据，你才能知道这些访谈者说的内容是否真实，还是故意撒谎或者记忆出现偏差。口述不是研究，也不是历史，口述是记忆。作为访谈者，你就要去辨析他的这些记忆是否有错，如果有错，原因是什么？我们需要追问的是，口述者为什么要忘记，其实，追

问这个原因要比口述本身更有意思。

我所做的口述不像文章那么紧凑，是因为我希望可以保持现场感。我的研究有一个中心，就是研究老北京的这些人，看他们的生活和精神状态，所以故事就会比较长，比较啰唆，这也是没有办法。

现在的口述史，的确存在很多矛盾之处，究竟是追求可读性还是现场感，也是很多口述工作者不断讨论的问题。我的原则就是不刻意去整理，因为那样就没有意思了。与其那样，你还不如去写一本有关老北京的历史文化。可是，你要写的话，又无法具有经历者的那种状态，所以我觉得，这就算是我的一个尝试吧。

留住老北京人的灵魂和神韵

《新京报》： 你是否打算在未来利用这些口述资料出版研究北京历史文化的书籍？

定宜庄： 应该不会。有关老北京文化的书太多了。我希望的是保存口述材料，供后人去阅读去了解。现在有关北京历史文化的专著太多了。但是，我觉得从城市史学的角度来看，北京的研究还存在着欠缺。我所提倡的城市史学角度，是从社会学、人口学、人类学、经济学等多个学科出发，运用社会史的研

究思路，把城市看作一个有机的社会主体，构成以城市作为空间背景的历史研究。现在，有关北京的很多研究还是类似于在讲过去的"掌故"，不属于学术的范畴。现在的很多学术研究，没有注意到这个城市里面活生生的普通人，注意到普通百姓的记忆和感受。所以，我希望我的这些书，可以留住老北京人的灵魂和神韵。

《新京报》： 你最早致力于研究清代历史，而且也做得非常出色。为何后来开始做口述研究？

定宜庄： 我现在也没有把主要精力都放在口述史中。我之所以开始做口述史，是因为我要做清代旗人的研究。之前，我在台湾看到台湾做的口述史，非常受启发。我觉得，通过文献去研究历史，与我对他们进行访谈所看到的历史非常不一样。我觉得做口述，对我思考问题的方式有非常大的影响。我后来就形成了一种方式，在研究一个题目的时候，如果我能找到活生生的对象，就要从口述出发对其进行访谈，以此来深入我的研究。我现在是结合我的研究来做口述，用口述深化我的研究。这可能算是我的特色。

了解过去的事是我的乐趣

《新京报》： 你这一年还做了哪些

事呢？

定宜庄： 我这一年主要还是做满族史研究，尤其是1911年前后的满族历史。清代灭亡之后，满族人命运的变化研究其实是一个空白。

《新京报》： 做口述史给你个人带来了什么变化？

定宜庄： 我从小就是在北京长大的，所以我对北京有非常深厚的感情。可是我发现自己不了解北京的前世今生。

我最早做口述的时候，就觉得我访谈的这些内容即使不出版成书，对我个人也会非常有益处。我可以听老人们讲他们那些现在见不到的故事，体会以前人们的生活状态。那些老人太精彩了，他们讲的故事，他们在几十年的经历中所总结的人生道理，让我特别受教育。有些故事让我特感慨，原来北京有那么深厚的文化和历史。了解这些过去的事情，也是我的乐趣。

《雷蒙·阿隆回忆录》

作者：［英］雷蒙·阿隆

译者：杨祖功、王甦

版本：甲骨文 / 社科文献出版社

2017 年 7 月

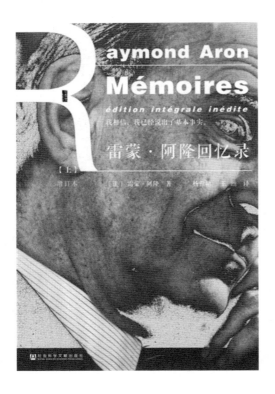

雷蒙·阿隆（1905—1983），法国著名哲学家、社会学家，著有《知识分子的鸦片》《社会学主要思潮》《国际和平与战争》《论自由》等作品。

致敬词

　　作为 20 世纪法国最杰出、最重要的知识分子之一，雷蒙·阿隆不仅是严谨从事理论研究的治学者，更是积极介入公共事务的知识人。在大多数人用抒情的幻想回避严酷的现实时，阿隆用他一以贯之的冷静与清醒，坚守理性，诚实自省。《雷蒙·阿隆回忆录》是阿隆对自己漫长一生的追溯和回忆，不仅再现了 20 世纪诸多重要的历史事件，更教会人们如何正视历史，看清事实。

　　我们致敬雷蒙·阿隆，致敬他在一次又一次的选择中始终保有勇气，忠于自己。在激情涌动、谎言弥漫的时代，是清醒的追问、冷静的分析和健全的现实感，逐渐拉开阿隆与其他同时代法国知识分子的距离。不惮于站在思想潮流的对立面，不受时代和集体叙事的裹挟，只求极尽所能公正客观，阿隆用他的一生给了我们答案。

答谢词

　　文化在于分享，思想重在争鸣。只有先做到了解、理解和分享，才有可能产生真正的交流和争鸣。作为译者，我们就是帮助读者克服语言障碍、增进不同语言文化之间理解的一座座桥梁。我们不是透明的，我们的翻译也不是机械复述，这是一项需要日积月累训练和推敲才能出色完成的创造性活动。而将在不同语言背景下写作的作者们的丰富思想准确生动地呈现给中文读者，是作为译者的我的最大愿望。

感谢中国社科文献出版社的董风云先生的信任，让我参与到这本雷蒙·阿隆重要著作的翻译工作中。而这本书作为甲骨文书系的一员，编辑们也对其倾注了大量心血。因此，这本译作获得《新京报》·腾讯年度好书的嘉奖其实是对所有人工作的极大肯定和鼓励。众所周知，《新京报》·腾讯年度好书的评选一向严肃认真，而其不设题材和门类限制、仅以书籍本身质量为主要依据的做法，更是让那些熠熠生辉的中文创作能够让更多读者看到。尽管在国外留学且生活多年，但我对法国社会的理解依然有限，翻译技巧也有待磨砺。感谢评委和读者们的肯定，我将在翻译道路上继续努力，将更好的法语译文带给读者，让更多的法语好书和好作者穿越语言和文化的障碍得到欣赏。

——王甦（译者之一）

对话

采写　李佳钰

【这本书】
一本以回忆录形式写就的自传

《新京报》：此次《雷蒙·阿隆回忆录》（以下简称《回忆录》）以增订本形式再版，相较之前的版本新增了三个章节和巴弗雷的序言。这部分也正好是由你翻译完成的，能具体谈谈这部分新增的内容和翻译吗？

王甦：《回忆录》曾于 1992 年和 2006 年有过两个中文版本，它们都是根据 1983 年 Julliard 出版社法语版所出的译本。但这个法语版本并不完整：其出版者以"臃肿"名义删掉了第 28—30 章这三个涉及社会主义和美国外交等话题的章节。这部见地丰富的回忆录也因此缺少了重要部分。直到历史告别具有冷战背景的 20 世纪 80 年代迈入全球化的 21 世纪伊始，Robert Laffont 出版社才弥补了这个遗憾，并请历史学家兼著名报业撰稿人尼古拉—巴弗雷作新序，出版了《雷蒙·阿隆回忆录（全本）》。这便是社科文献出版社《雷蒙·阿隆回忆录（增订本）》中文翻译的法语原本。

从这部著作跨越二十年，才得以最终完整出版的经历里，我们可以一窥思想表达和社会变迁之间的复杂关系。要知道，就这些内容本身而言，它们都是 20 世纪 80 年代初期法国社会乃至国际关系领域的热门话题。然而有时候热门也代表着"敏感"。正是在这些章节中，阿隆不顾法国左派刚刚获得大选胜利的喧闹气氛，直言左翼联盟的破裂无可避免，担忧密特朗的社会主义试验会让法国付出沉重代价。他拘泥的不是左派或右派谁当政的问题，而是一针见血地指出左右派争斗、轮流执政的弊端，邀请读者思考如何解决这一政治问题。再比如，被删掉的第 30 章其实是全书中唯一一处阿隆集中论述对社会主义前景看法的地方。执笔于 20 世纪 80 年代初期的阿隆当然难以准确预见 1989 年即会发生柏林墙的倒塌，但在这些章节里做到了深刻分析冷战形势，运用了他在《国家间的和平与战争》一书中的知识和论点分析了东西两大阵营的可能策略走向。这是他在国家关系方面从理论走向实践的一次运用演示。

因此如果将这三章的阅读置于法国和世界的政治经济背景之下，就可以清楚看出它们的重要性：它不仅在于其本身涉及的内容，更在于能让读者更加全面地了解雷蒙·阿隆其人。作为一本以回忆录形式写就的自传，作者除了着笔表达自己的时事论点或理论分析，也在阐述自己作为知识分子的身份人格、操守和对社会的展望期待。

【这个人】
具有深切社会责任感和参与精神的知识分子

《新京报》：能谈谈你对雷蒙·阿隆的了解吗？怎么接触到他的作品？又是因何机缘决定参与翻译这本书？阿隆身上最吸引你的地方是什么？在你看

来，我们在当下开始阅读或者深入了解雷蒙·阿隆，从他身上能学到的最有益的是什么？

王甦：第一次接触雷蒙·阿隆还是源于《知识分子的鸦片》。这是一本邀请法国知识分子阶层反思自己的书，阿隆的清醒和尖锐给还在大学读书的我留下了深刻印象。多年后，我受邀翻译《国家间的和平与战争》一书（即将由社科文献出版社出版），于是开始系统接触阿隆的国际关系理论，看到了他对冷战局势的精辟分析。《国家间的和平与战争》一书展现的是作为学者的阿隆，他从容不迫地用一系列学术概念和理论工具论证了自己对国际关系的深刻理解，解剖了国家间和平与战争的本质。他的治学风格十分朴实，没有丝毫卖弄。这种脚踏实地的精神让人钦佩。再后来，便是受邀翻译《回忆录》的增补章节。所以，在开始这项翻译工作前，我其实已经对阿隆的思想有了一定了解。因此当再次受邀参与翻译《回忆录》时，我很高兴能尽绵薄之力，能将这些缺失的重要内容介绍到中国。同时，对我自己而言，也是一次通过精读阿隆来加深对法国知识分子理解的机会。

事实上，阅读《回忆录》让我们对阿隆的认识更加完整：不同于他的其他学术著作，他在这本书里描绘的是他的生活，尤其是他作为一个个体知识分子的成长历程，他的欢喜，他的担忧。如果说他在《知识分子的鸦片》里是以旁观者的客观观察书写别的知识分子及整个法国知识界的话，那么《回忆录》是他自己写自己。他对自己的大小经历娓娓道来，我们则有缘了解到他是如何成为并作为一个知识分子活出了一个独特人生。雷蒙·阿隆是一个具有深切社会责任感和参与精神的知识分子，他在回忆录中对很多问题都直言不讳。里面没有龌龊的人身攻击或个人恩怨，激荡的只有心忧天下的情怀、社会的责任感和对法国的拳拳赤子心。或许正是这种勇为天下先的批判精神和知识分子的正直让他的这些章节蒙尘近 20 年。每个时代都有诱惑，但从阿隆身上我看到了一种坚持和操守。他不是不计后果，而是在自己能力可及范围里，在自己知识和精神能达到的高度，坚持让社会听到自己的看法和声音，警醒人们注意可能面临的历史危险，鼓励更多的人去思考社会，邀请人们去积极参与政治和社会实践，以身作则，改变世界。阿隆曾写道："我从三十年代初开始，就是作为公民、作为爱国者在书写法国。我觉得法国处于将死的危难中。"而作为读者的我们，作为公民的我们之于自己的国家，之于社会的福祉呢？

《艾希曼在耶路撒冷》

作者：［德］汉娜·阿伦特

译者：安尼

版本：译林出版社

2017 年 1 月

汉娜·阿伦特（1906—1975）原籍德国，后迁居美国，20 世纪最具影响力的思想家、政治理论家之一，著有《人的条件》《精神生活》等作品。

致敬词

我们总是习惯于谈论那些以极端的僭妄、癫狂、贪残、暴戾为特征的邪恶。然而，汉娜·阿伦特"报告"的，是一个写字台后愚蠢、平庸、冷漠的官僚按部就班地作恶。她称之为"平庸之恶"，并问我们：一个人，这样的以恶为常、作恶不觉，究竟为何？他为何意识不到自己的作恶？

我们致敬《艾希曼在耶路撒冷》，当它在 54 年之后姗姗来到中国之际，我们没有感到任何隔膜与过时，而更痛切地领悟到：在艾希曼的奥斯维辛之后，存在的只能是对罪恶的记忆、书写、良知的判断与责任，再也不能是浅薄的"奥斯维辛以后"了——一切以"时代""人性""生存""欲望"……之名所做的推诿、掩饰、美化、神话，都不过正是"平庸之恶"的续演。

答谢词

《艾希曼在耶路撒冷》的中译本能够顺利出版，首先要感谢译林出版社的王蕾女士。没有她的穿针引线，今天站在这里的人恐怕就不会是我了。感谢我的博士生导师、北京大学德语系的谷裕教授。没有老师的鼓励和提携，我不会在纳粹罪责与反思这个沉重的问题上徘徊至今，自然也就不会遇到阿伦特。感谢我的家人。没有他们的支持，我不可能潜心读书翻译，更不会有此时此刻。总之，感谢所有为这本书的诞生贡献力量的人！

各位专家学者和权威人士能够认可这个中译本，首先归功于阿伦特原作之伟大。我站在这里，完全是沾了原作者之光。阿伦特的书每出一个中文版，翻译都会遭到无尽诟病。念及此，我在翻译的过程中可谓小心翼翼，尽力完整准确地理解原作。然而翻译毕竟是再创作，只能摸索靠近而无法完全吻合。所以，我十分期待中肯的评价和指正。无论如何，感谢辛苦研读、认真评选的你们！

最后，感谢《新京报》和腾讯联合发起的这次好书评选活动，让蛰居在象牙塔里的人与公共舆论接壤。一本书得以成为公认的好书，需要太多人的努力耕耘。无可否认的是，还有更多人的付出不为人知。为此，我希望这样的评选活动，多多益善。

——安尼（译者）

对话

采写　李佳钰

【这本书】
研读中有太多震撼心灵的时刻

《新京报》：此次《艾希曼在耶路撒冷》中文译本是大陆首个无删节译本，能谈谈是什么机缘让你参与到这部作品的翻译工作？你对这本书印象最深的是什么？

安尼：尽管中译本姗姗来迟，但这本书对许多读者都不陌生。十年前我就读过它的德文版，之后久久不能平静。那时候，我对"二战"和纳粹罪责问题的认识还很肤浅。时过境迁，我的那本研究战后德语小说中罪责问题的博士论文早已出版，而当年一同留学柏林的王蕾师妹，如今也已是译林出版社的资深编辑。她了解阿伦特对我的意义，在拿到版权后第一时间就问我是否愿意翻译。对于我，这就好像一件期待已久的事。

那时我才确定，阿伦特是用英文写的这个庭审报告。由于审判的第一手资料为德文，我参照了由她授权并校验过的德语版本。阿伦特的英语句法仍有德语痕迹，尤喜长句、插入语和从句；表达偶有偏差含混之处，我便以德文版为准。于是，这个中文版依据的是两种源语言，而整个翻译过程就像戴着三个枷锁跳舞，虽有困顿艰苦，但总体感觉是美妙的。

经历逐字逐句的双语研读，有太多震撼心灵的时刻，一言难尽。要说印象最深的还是她在结语末尾那段角色扮演：假设自己是法官，对艾希曼宣读判词。这个看似孩子气的做法，再次反映出阿伦特对正义与公平的执着。她永远都是那个不会沉默的人，无论面前之事多么难以言说，她总有她的方式来表达立场。

【这个人】
洞穿一切仍不失凝视与关怀

《新京报》：你对阿伦特是什么印象，尤其是她主动请缨前往耶路撒冷观摩这场审判？她身上的哪个特质最触动你？

安尼：不同于国内大多数阿伦特粉丝，我研读阿伦特的作品始于她的一部人物传记，该书的雏形本是她打算申请教授资格的论文。阿伦特不拘泥于学科条框，不给自己做学术身份定位，这令我十分欣赏并钦佩。而这部庭审报告，又写得颇有跨学科意味，令不同学科背景的追随者慕名而来。

在我看来，阿伦特首先是一个勤奋的思想家。她以无涉功利的思考习惯和质疑精神，表达对这个世界的爱。她熟谙学理，却不固守教条，亦不热衷于为自己的理论树碑立传。她从不惮于表达感情，不放弃任何唾弃丑恶的权利。她充满斗争精神，同时又心怀至善。

《新京报》：对于艾希曼是什么印象呢？你同意阿伦特把艾希曼的所作所为归于 banality of evil 吗？对于 banality of evil 的中文译法其实一直有争议，你在翻译过程中是怎样考虑的？

安尼：至于艾希曼其人其事，我最早是通过德国剧作家海纳·基普哈特的《艾希曼兄弟》略知一二。无论是平庸之恶，还是以兄弟相称，都包含着一层深意，即反对把纳粹阐释为魔鬼的做法，主张将所谓的恶魔还原成真实的人。

阿伦特并未把艾希曼的行为归纳为平庸之恶，而是归因于放弃思考。"平庸之恶"这个副标题，只出现在全书的最后一句话中。后来阿伦特也曾表示，这个灵光一现的措辞，被外界过度放大，有违她的初衷。

至于翻译的问题：究竟是恶之平庸还是平庸的恶？尽管德文也是以"平庸"作为核心词，但作者本意是通过一个个案，深入繁杂的历史丛林，靠近她内心悬而未决的问题：真实的纳粹究竟是怎样的人？纳粹之恶是魔鬼附体吗？阿伦特曾钻研过康德哲学，而在康德的时代，还没有"平庸之恶"的提法。只有作为"根本恶"的对应物,"平庸之恶"才有意义。

【这一年】
人们越来越关注公平和正义问题

《新京报》: 这一年你个人还在从事翻译工作吗?对过去的一年有什么感受?2017年发生了很多事,你觉得在当下我们读这本书,有没有什么地方是需要特别关注的?

安尼: 过去一年我几乎没有再从事翻译。时间和精力不足是主要原因。不过,一旦遇到特别喜欢的作家或作品,我还是会接受新的翻译任务。对于2017年,我的一个深刻感受是,人们越来越关注公平和正义问题。我时常提醒我的学生,看一个文学作品或社会事件,可以有一定的感同身受,但要谨防沉溺其中,产生过剩的代入感。

许多看过"二战"战犯影像资料或文字记录的人,也会自问,假如是我会怎样?我认为这样的问题是无解的。能从书里反观自身,是好习惯,但是以古鉴今的意义,不在于虚拟已逝去的人物事件本身,而是警示和预防类似灾难的重演。通过阿伦特的书,思考的价值和个人的责任意识被推上了舆论的顶峰。我认为,放弃思考无异于一个学武之人自废武功。纵观过去一年乃至十年里发生的许多人为灾难,究其根源大抵如此。如果人失去了独立思考的意识,那么,与人类生活有关的一切责任、价值、意义都无从谈起。

《改革大道行思录》

作者：吴敬琏
版本：商务印书馆
2017 年 10 月

吴敬琏，1930 年 1 月生，南京人，1952 年毕业于金陵大学。当代中国经济学家。主要研究领域为理论经济学、比较制度分析、中国经济改革的理论和政策等。

致敬词

经济学家吴敬琏在中国经济政策和公共领域都有着举足轻重的位置。在改革开放四十周年即将到来之际，中国经济已面临新一轮的结构调整，而在过去五年，吴敬琏站在现实与观念的前沿，一直在关注并致力于探讨改革如何继续深化、进步。《改革大道行思录》即为他此间的文集。

全书涵盖的内容，既探讨改革总体方案、经济体制转型、发展模式转型等基础问题，也关切国企改革、金融改革、产权保护、制度反腐等经济社会议题。

我们致敬吴敬琏，致敬这位中国市场化改革理论先行者、中国法治化市场经济的推进者，致敬他在经济思想中贯穿始终的现实关切和呼吁，因为他直面中国当下经济真问题，重述市场经济的共识，推动深化改革的前进。

和其他的人类活动一样，改革要做的不外乎两件事：认知和践行。对于这两件事孰难孰易，前人常有不同的估计，比如《尚书》说"非知之艰，行之惟艰"，而孙中山却相信"知难行易"。其实在我看来，"知"与"行"相互支撑、无法分离，而且不论哪一件都不可能轻而易举做到。

——《改革大道行思录》序言

答谢词

2013年11月的中共十八届三中全会制定了全面深化改革的顶层设计和行动纲领《关于全面深化改革若干重大问题的决定》，意味着新一轮改革的正式启动。这本书是我从2013年以来的作品中选编成的一本文集。我把自己在改革大道上且行且思的一得之见提供出来，目的在于和读者朋友相互切磋，供读者朋友研究批评，希望相关的讨论能够对厘清问题和推进改革有所助益。

这本书荣获"《新京报》·腾讯2017年度好书"，我感到非常荣幸，感谢《新京报》、腾讯、读者和学者的厚爱。同时也要感谢出版人李昕先生、特约编辑马国川先生、我的研究助理张馨文女士和本书的责任编辑蔡长虹女士的辛勤付出，使得本书能够顺利地呈现给读者。

今年是改革开放四十周年。既往的改革使中国开始了翻天覆地的变化，要解决当前仍然面临的诸多社会经济问题，还要依靠坚持不懈的改革努力。我衷心地希望，大家都参与到推进改革的事业中来，为推动中国的现代化转型增添力量。建设一个富裕、民主、文明、和谐的现代化中国，是我们每一位公民的责任。

——吴敬琏

侧写吴敬琏

为改革鼓与呼

这五年，吴敬琏的头发几乎全白了。

但是，他仍然仆仆行走，为改革鼓与呼。《改革大道行思录》就记录了他在过去五年间对中国改革问题的观察与思考，其思也深，其虑也密，是深入了解当代中国经济问题、把握改革方向的必读物。

新世纪以来，经济社会矛盾累积，中国面临重大挑战。吴敬琏对此忧心忡忡，在许多场合都提醒国人，"中国正站在新的历史十字路口上。为了避免社会危机的发生，必须当机立断，痛下决心，重启改革议程"。在社会各界的共同推动下，2013年11月十八届三中全会通过了《中共中央关于全面深化改革若干重大问题的决定》，对以完善市场经济制度、推进国家治理体系现代化为总目标的全面改革做出了战略部署，标志着新一轮改革正式启动。吴敬琏在启动新一轮改革过程中发挥了重要作用，不过，他从无一言谈起个人之功，而是致力于推动改革。

改革从来就不是一帆风顺的事业。因此，吴敬琏一方面不断地提醒人们新一轮改革可能遇到的各种阻力和障碍，另一方面密切关注、认真研究现实问题。从国企改革到产权保护，从金融改革到社会保障，从环境保护到社会治理，对于改革涉及的几乎所有问题，他都有深入的研究，言之有物，彰显了一位改革者脚踏实地的务实精神。

吴敬琏曾在一篇纪念文章里说，王元化先生是"常怀千岁忧"的思想者。其实，吴敬琏本人又何尝不是时刻关心改革前途、无时不在思考问题的思想者？多少年以来，吴敬琏总是直言不讳地指出中国经济存在的问题，即使遭遇误解和质疑，他也不改其志。2015 年中国股市在"牛市"的大合唱中不断创出新高，吴敬琏却指出"目前证券市场的情况不太正常""天下没有不破的泡沫"。这种善意的提醒遭到一些人的批评，可是两个月后，股市掉头直下，引发了一场严重的股灾，股民损失惨重。

吴敬琏曾经提出，顺利推进改革需要维持一个比较宽松的宏观经济环境，国家资产负债表中杠杆率过高或许会引起系统性风险。一些人士认为这是杞人之忧，坚持央行"放水"维持高增长。这样做并没有阻遏住增速下滑，反而导致杠杆率快速增加，系统性风险急剧积累。去年召开的中央经济工作会议上，"防范化解重大风险"成为今后三年的三大攻坚战之一。这说明防范系统性金融风险已经成为决策层的共识，也证明了吴敬琏的先见之明。

正因为不断地有人提出警告，中国的经济之船才能够成功避开各种暗礁，比较平稳地前进。可是，经济学界的另一种现象也引起吴敬琏的忧虑。面对层

出不穷的各种复杂的现实问题，一些经济学家热衷于对新口号、新概念的诠释，流于对表面现象的解释，一次次引发就事论事的讨论。针对这种现象，吴敬琏提出一个"开拓思想市场，研究基本问题，探讨长期发展的路径"。他认为，经济学家应该研究千变万化的具体问题背后的基本问题，不被眼前的现象变幻所迷惑，才能找到中国长期增长的正确应对方针。在"林（毅夫）张（维迎）之争"引发的产业政策讨论中，他自己身体力行地按照"研究基本问题"的方法将产业政策问题进行了清晰的梳理，为经济学界树立了一个榜样。

其实，"研究基本问题"这个命题，对于研究中国现实社会问题的所有学科都是适用的，因为中国身处"数千年未有之大变局"，社会现实复杂多变、往复曲折，如果不抓住基本问题，就容易跟着浪潮现象走，就事论事，迷失方向。在这个意义上，"开拓思想市场，研究基本问题，探寻中国现代化的现实路径"应该成为直面社会现实的思想者们的共同追求。

去年6月份在上海的一个学术活动时，吴敬琏站着演讲了一个多小时。最后他说，"站在新的历史起点上，真刀真枪地进行改革，这是包括我在内的大多数人的希望""我今年87岁了，但还想为改革尽一份力"。听众无不为之动容，现场响起了长时间的掌声。

现在时间进入2018年，吴敬琏即将迎来88岁的生日，中国也将迎来改革开放四十周年。我们祝愿吴敬琏健康长寿，也祝愿市场化、法治化改革顺利推进，中国早日建设成为一个富裕、民主、文明、和谐的现代化中国，实现包括吴敬琏在内的几代中国人的伟大梦想。

——马国川（《改革大道行思录》特约编辑）

《游隼》

作者：［英］J.A.贝克

译者：李斯本

版本：全本书店 / 浙江教育出版社
2017 年 8 月

　　J.A. 贝克，原名约翰·亚历克·贝克，英国作家，凭借《游隼》获得 1967 年的达夫·库珀奖。他一生都生活在当时的英国乡下小镇切姆斯福德，仅写过两本书，全都围绕埃塞克斯的乡村。后因类风湿关节炎引发癌症，于 1987 年 12 月 26 日去世。

致敬词

　　这是一部关于一个人如何成为一只鸟的自然观鸟笔记。英国作家 J.A. 贝克一连十年，始终追随着游隼的身影，他穿过雾霭的树林，跋涉寒冬的江河，在十年寒暑中望向天空，以极其精准和动人的笔触，记录下这群生灵的活动和身姿。贝克的文字有如攫住人心的利爪，从自然的开阔和暴力中，萃取人类世界所匮乏的美与纯粹，召唤读者去关注和欣赏。

　　这也是一曲吟唱给一种行将灭绝的生物的哀歌。战争与工业成为游隼最后安息的荒塚，自由的生灵最终难逃人类的自负。贝克的追寻和记录，见证了一个人以谦卑敬畏之心为起点，渴望成为人之外的存在的漫漫征途。我们致敬这部书写孤独和渴求的自然之作，正因其十年如一的忠实与虔诚，才使人类得以聆听自然的悲悯与渴望，同时认清自身的贪念与逐求。

答谢词

对很多人来说，J.A. 贝克是一个陌生的名字。如果要介绍这位作者和这本书，我大概会说，J.A. 贝克是一个没有专业鸟类学知识背景、厌弃人世、高度近视，还患有类风湿性关节炎而行动不便的作者，而《游隼》是他用整整十年的追逐，凝练结晶的一本观鸟日记。听上去真的很疯狂。

疯狂之余，《游隼》还是一本不太好读的书。贝克对人类世界的厌弃，在书中的表现之一就是他从不照顾读者的阅读感受。他从不解释自己大胆的修辞，不关心那些巴洛克式的长句和繁复的细节，以及读者是否有耐心读完。他应该也不在意自己日复一日的追逐和毫无节制的沉迷、半个世纪后是否还有人翻阅；他也不在意有多少人读出了隐藏在晦涩与迷幻之下，他渴望成为人以外的存在、成为一只鹰的痴妄哀愁。

抱着最终可能没有多少人愿意读完它的觉悟，我翻译了这本书。得知获奖，实在意外、惊喜。感谢《新京报·书评周刊》，从今年出版的众多好书中发现了这个寂寂无名的英国人，认可了他的诸多任性，肯定了他的一生痴迷。得知有人与我，与为这本书付出巨大心血的编辑、校对一样，将其视作珍宝，非常幸福。

——李斯本（译者）

对话

采写 张畅

【这本书】

将大自然的温情脉脉与冰冷暴戾尽数告知

《新京报》：《游隼》的作者 J.A. 贝克一生就出版过两本书。这本《游隼》成了少数人的经典和读者中游走的秘密。从阅读和翻译原作的体验来看，是什么样的特质使得这本书能够传世至今，并受到诸如自然作家巴里·洛佩兹、著名导演沃纳·赫尔佐格的极高赞誉？

李斯本：首先还是贝克的语言风格。他恣意随性地打破了英语世界里动词、形容词、名词的边界，用浑然天成的想象力和密集的比喻，几乎做到了让每一个句子都富有画面感，每一页都充满目不暇接的飞翔的幻象。尽管距离翻译这本书已过去多时，我想起这些文本还是很惊羡，惊羡一个人竟真的可以打破语言的匮乏和苍白，用一种全然自我，甚至可以说是任性的写作方式，将大自然的温情脉脉与冰冷暴戾尽数告知。这个大自然有温度也有痛感，令人无限渴求又使人万千恐惧，哪怕是对巴里·洛佩兹、沃纳·赫尔佐格这样卓越的创作者而言，也是寥若晨星的动人篇章吧。

如果它只是一本极尽笔墨的自然笔记，或许还不致成为传世的经典。为它点睛的，我想恰恰是大多数自然笔记力求避免的"主观"，即执笔者浸染于自然万物里的爱与怨憎，以及那份将生命、灵魂尽托于游隼的孤独和热切。就像贝克在开篇里提到的，"观测者的情感也同样是重要的数据，我必如实记载"。从秋天到春天，他的希冀，他的不舍，他的那些抱怨、寂寞，突然而来的狂喜，迅速燃尽的激情——归根结底，他渴望成为一只鹰而不得的热烈与绝望，虽极其克制，却让这本书在客观的记录之上，

多了一份悠长而悲凉的情感力量，五十年来，不能忘怀。

《新京报》：将这样一本自然观鸟日记译介给中国的读者，有什么样的现实意义或阅读价值？

李斯本：《游隼》是一本日记，虽经过贝克略显偏执的提炼和编组，但成型之初，它就是一本没有什么目的、不为谁而写的观鸟日记。你在书里找不到一个人的野心，只有一个默默消失于世的人留下的对不可及之物的痴迷。如果说有什么现实意义的话，大概就是这份坚定到超然的纯粹，让人能够暂时远离一个充满了意图、方法和利害得失的世界。人的心中大多怀揣着这样的东西，才不至心如死灰。游隼之于贝克如此，之于今天的中国读者来说，希望也是一份宽慰。

【这个人】
贝克是一个寂静主义者

《新京报》：英国作家 J.A. 贝克与林中的游隼、飞禽共处，以人类的视角观望自然，并渴求成为自然的一部分，成为这本书最大的亮点。根据你的了解，

作者的什么写作方式或个人经历尤其吸引你？

李斯本：或许难以置信，但《游隼》出版五十年来，关于贝克的生平还没有一个众口一致的标准答案。不同年份的英文版序言中关于作者本人的基本信息都有所出入，国外最新的书评和即将出版的新书里又将有些许增改。而如果完全按照贝克本人的意愿，我们至今连他的本名：约翰·亚历克·贝克，都不会知晓。也部分因为这个原因，我在译后记里说他是一个寂静主义者。寂静不是虚无。这个活着时默默无闻、死后也无意留下名字的人，拥有过比我们大多数健全的人更加真实、更加彻底的生命，体验过我们一生从未敢想象过的痴迷与羁绊。只是，无论是十年如一日的追逐，还是渴望成为一只鹰的执念，都是一个人的耀眼，一个人的陨落。孤独又完满。我很羡慕。

【这一年】

翻译这本书，让我又重新"活"了过来

《新京报》：在翻译《游隼》这本书的过程中，你经历了怎样的心理转变或心路历程？在过去的一年中，你个人的生活、翻译之路有了什么样的变化？

李斯本：翻译这本书之后很长一段时间里，我总觉得自己能神奇地"遇见"昨天刚刚译过的内容，几乎要确信是命运使然。后来才明白，根本不是我真的"遇见"了什么，它们一直在我生命里好好地存在着，只是不知在忙些什么的我，从来与它们是隔断着的，与晚霞、地平线、春天的新草、太阳照在眼睑上的温热，长久地隔断着。我想，所谓自然文学，不是告诉我们遥不可及的地方发生了什么，而是让你看见自己的生命，那生命就大方裸露在点点滴滴的寻常之物中，比如"冬天的傍晚，在清冷而变幻莫测的微光里，你能清晰地看见光线在燃烧、剥落，如雪花般纷纷扬扬，向西坠落"。说起来，是翻译这本书，让我又重新"活"了过来。

《儿童教养：全 4 册》

作者：〔日〕峯村良子

译者：唐亚明、郭敏、崔颖

版本：活字文化 / 中信出版社
2017 年 5 月

峯村良子，1947 年出生于日本福冈县。曾在三爱宣传部做设计工作，之后成为自由绘画撰稿人。现在以创作儿童图书为主，活跃在插图、随笔、手工艺等领域。

致敬词

这一年谈及"孩子"，家长的反应是愤怒、焦虑、质疑和何以应对的迷茫，在日本滋养儿童 18 年之久的《儿童教养：全 4 册》提供了及时支持。它展现了多层面的教养礼仪，辐射儿童的身心健康、人身安全（性侵、骚扰电话等），温柔细腻地让低幼儿童对人际交往中的善意与伤害有会意、做选择，从而掌握自主参与公共生活的技巧与权利。

我们致敬《儿童教养：全 4 册》，它的张力与力量在于：为孩子打开世界的同时送出可身的盔甲，让孩子拥抱善恶交融的真实世界，同时建立分寸感并知抵抗，可以期待，成年后的他们在社会的暗与杂中仍有能量去秉持自己与他人、与社会共处的底线；它也提示着原创童书可发力的空间和力道：怎么给孩子当下中国稀缺的分寸感与必要的辨识、抵抗力？

答谢词

这套书在日本已经出版了 18 年，

我想通过这些绘本告诉读者，礼仪规范并不是一件难事，之所以要学习礼仪规范，就是为了不让别人感到不愉快。"儿童教养"系列中所出现的礼仪礼貌，都是我从小养成的，在书中我将它们安排在各种场合表达出来，我并不觉得做到这些是一件很难的事情。

对于那些读到这套书的孩子们，我想对你们说，有礼貌就意味着成长，这是一件很好的事情，你们应该感到自豪。谢谢你们阅读我的书！

——峯村良子（作者）

得知获奖，我又惊又喜，这个消息来得太突然。我曾经听人说，孩提时代得到的爱，能够让孩子幸福地度过一生。我希望努力育儿的父母们，能够享受和孩子们在一起的时光。特别是当孩子还小的时候，经常性地互动与陪伴，是一件非常愉快的事。

——唐亚明（译者之一）

对话

采写　徐学勤

【这本书】

放之四海而皆准的礼仪规范

《新京报》： 为何会想要创作或翻译一套关于儿童礼仪培养的绘本？想通过这套书传递怎样的教育和文明理念？

峯村良子： 我并没有很明确的所谓理念意识。礼仪和礼貌，就是不论在家庭内部，还是公共场合，都不要让他人感到不愉快。我想通过这套绘本告诉读者，礼仪和礼貌并不是一件困难的事情。

唐亚明： 我在日本从事儿童图书工作已经35年，是在日本做童书的第一个中国人。之所以翻译这套《儿童教养：全4册》，是因为我发现两国图画书市场存在"时差"，或者说阶段差。这套书是近二十年前出版的，在日本曾经很受欢迎，现在这些内容已经成为常识。中国的儿童教育还缺乏这类书籍，这些礼仪规范与意识形态无关，而是做一个现代公民或者世界公民所必备的素养。

《新京报》： 日本人在全世界留下谦恭有礼的形象，讲究公共秩序，以礼待人，日本家庭是如何对孩子进行礼仪培养的？关于儿童礼仪规范培养的书，在日本很常见吗？

峯村良子： 这个系列中所出现的礼仪规范，都是我小时候接受和养成的。随着日本的"核家族"（即父母和一个孩子的家庭）越来越多，以前自然而然就可以形成的教养，现在父母却不懂或者不去告诉孩子。我记得这些书刚出版的时候，有父母告诉我，自己很认真地参考，然后告诉孩子应该怎么做。我当时听了非常高兴。

唐亚明：日本儿童教养类的书籍非常多。之所以选这一套，是因为它做得很精细和准确，没有讲大道理，都是实实在在地还原生活。日本的家庭现在也需要这种书，但是很多内容已经深入人心。家长和学校非常注重对孩子礼仪的培养，在日本，如果不注重礼仪规范，是待不下去的。

【这代人】

礼仪规范不应有代际差异

《新京报》：因为代际差异、城乡差异、地域差异，对日常生活中的一些行为，不同人可能会有不同的认识，出现意见不统一的情况该如何协调？书中是如何处理的？

峯村良子：在创造这套书的时候，我一直乐在其中，非常愉快。我在书里放入所有可以想象到的场景。尽管每个家长的年龄、地域、受教育程度存在差异，但是关于教养的根本出发点是一样

的，那就是不让他人感到不悦。这本书里所写的东西，我觉得适用于任何人、任何地区，我并没有特意地选择日本或者选择某个地区的礼仪。

或许，是读者在书中感受到我的这种愉悦精神，让这些书得以流传至今。现在它们能够被日本以外的读者阅读，我感到非常高兴。我希望大家能够通过这些书认识到，礼仪并不是一件死板的事情，孩子懂得遵守礼仪意味着成长，是很棒的。

唐亚明：这套书描写的是一般的、共同的教养，没有具体到地区、民族等差异，每个家庭可以根据自身情况灵活应用。城乡区别与我说的"时差"是一个问题，一些落后地区可能暂时达不到这样的水平，但是早晚会走一条相同的路。现代文明一个很重要的特点，就是每个人都可以自由，但你的自由不能侵犯他人，这也是这套书反复强调的。

《新京报》：你认为一个合格的现代公民，哪些文明素养是必不可少的？

峯村良子： 比如，在其他人做出一个行动或是说某一句话的时候，能够想到如果自己是对方的话会怎样。与人相处的时候，站在对方立场去想问题，去体谅别人，这一点是非常重要的。在这个基础上，能够阐述自己的见解，做自己喜欢做的事情。

从事童书创作数十年，我一直都是做自己想做的书，选择自己喜欢的题材，经常都是很任性的，没有固定规则。我做书的时候非常开心。当然，也有很困难的时候。这时候，我会想，这或许是我最后一本书。抱着这样的心情，我坚持了下来。我很感谢出版社，能够让我任性而自由地工作！

【这一年】
童书创作依然在路上

《新京报》： 能否说说 2017 年的工作和生活情况？未来有何心愿？

峯村良子： 2017 年，我并没有干什么惊天动地的事情。我做了一本书，

也是关于教养的。我现在不仅关心儿童，也关注老年群体，日本的老年人越来越多，老年人的护理是很有价值的问题，所以现在也在从事这方面的工作。

唐亚明： 我现在所做的工作，一是帮助中国生产更多的本土原创童书；二是把日本或其他国家真正好的图画书介绍到中国，以专业眼光来挑选；三是组织一些中国和国际童话书的合作，比如带一些日本画家到中国创作以熊猫为主题的图书。

图画书诞生于欧洲现代文明，中国自古以来没有这个体制，所以图画书对中国是新生事物，需要认真学习外国经验，从头做起。但中国有 3 亿儿童读者群，又有悠久的绘画和文学传统，这是任何国家都比不了的，只要把中国的文化传统和外国经验嫁接起来，就能走得很快。

2016年

　　我找童年，同时找到了民间。原来，我本民间。朴素深厚的、充满生命力和创造力的民间。

　　我常问自己，你爱"好"，"好"是什么咧？"好"，是一种心思。心思一好，一切皆好。好是一种能力，使一切手法的表达能力变得有了自由度。

——蔡皋

《帕斯捷尔纳克传》

作者：［俄］德·贝科夫
译者：王嘎
版本：人民文学出版社
2016 年 9 月

鲍里斯·列昂尼德维奇·帕斯捷尔纳克（1890—1960），苏联作家、诗人、翻译家。1890 年 2 月 10 日生于莫斯科。1957 年，发表《日瓦戈医生》，并获得 1958 年诺贝尔文学奖，后因受到苏联文坛的猛烈攻击，被迫拒绝诺贝尔文学奖。

德·贝科夫，当代俄罗斯作家、诗人，十分高产，并凭《帕斯捷尔纳克传》获得俄罗斯"大书奖"。

致敬词

在惯于书写失意与民怨的俄罗斯文学语境下，帕斯捷尔纳克实属凤毛麟角的异数，作为一个平民知识分子，他曾被逼向道德两难的绝境，却善于将一切灾祸转化为幸福的机缘，最终经受住良心的拷问。俄罗斯诗人、作家贝科夫用雄浑而激情的笔力，书写了一位在极权条件下依然葆有丰盛的爱与创造力的范本，给予我们一个崭新的机会，重新审视文学与时代、文学与人格的关系，重新理解"穿过苦难，做幸福的人"这一贯穿时代语境的精神命题。

我们致敬《帕斯捷尔纳克传》，这是作者与传主心灵交合的相互馈赠，也是译者王嘎六年磨一剑的精神纪念碑。1014 页的体量，从翻译到阅读，几乎是一个"不可能完成的任务"，他用精准洗练的汉语，还原了原作的哲思与诗意，更将传主一生的荣耀与悲情、软弱与持守带到我们面前，让中国知识界在作家独立人格的烛照下反观当下的自我。

答谢词

1958年10月23日，瑞典诺贝尔委员会致电帕斯捷尔纳克，祝贺他获得诺贝尔文学奖，他的回复是："无限感激，感动，自豪，吃惊，惭愧。"今天站在北京大学的殿堂，请允许我借用帕斯捷尔纳克的话语来表达此刻的心情，尽管与天才的创造相比，一名译者的工作何其卑微。

《新京报·书评周刊》历来秉持专业精神，弘扬公共价值，故而我要将荣誉首先归于《帕斯捷尔纳克传》的伟大主人公。他是"善与光的产儿"，他用隐喻、声音和形象的光束照映他所经历的大时代，营造出一个自足的"小宇宙"，康德意义上的优美感和崇高感充溢其间。他在艰辛历程中始终保持着鲜活的节日感，从芸芸众生到人间草木，均领受过他的祝福。有理由认为，年度文学奖乃是向帕斯捷尔纳克的致敬。欢迎他重新回到我们中间来！

巴赫金说过："传记是一种馈赠，我将其视为人与人的互赠而接受它。"按照这个说法，《帕斯捷尔纳克传》既是传主对其诗歌同行贝科夫的惠赐，也是两位俄罗斯诗人对所有读者共同的馈赠。为此，我也要向贝科夫的厚重之作深表敬意。

一部传记译著的获奖实属意外，译者水平有限，见识短浅，唯有怀着欣喜与不安，向每一位朋友表示感谢！此外，本年度原创文学作品当中，不乏错失机缘的杰作。但它们不可能从阅读中淡出，而是各自存在；得益于这些优秀的文明成果，我们才更有理由"在自己身上克服这个时代"。

感谢所有这一切！

——王嘎（译者）

对话

采写 柏琳

【这代人】

《新京报》：选择《帕斯捷尔纳克传》的翻译这个"几乎不可能完成的任务"，你认为对你这一代知识分子有怎样特别的意义？

王嘎：作为一名"70后"，我对影响我成长的20世纪80年代难以忘怀。这是一个理想升起又幻灭的年代，但理想主义的色彩挥之不去。多年以后，我有幸站到大学讲坛上。坦率地说，象牙塔内的浮躁状况让我深怀忧虑。我更愿意遵从自己的志趣读书为文。除了日常教学工作，我拒绝参与任何巧立名目的学术活动——"非不能也，实不为也"。某些科研项目的创立，固然是锦上添花，但更多却是一种强制性的诱惑，扭曲了学术的本来面目，因而当诱惑越强烈，越容易引发本能的反感和抵制。

文学翻译是"戴着镣铐的舞蹈"，倘若原作思想艺术足够丰富，译者能力足够强大，这种"半自由"的活动依然能够给人带来创作主体的存在感，正如帕斯捷尔纳克通过翻译《哈姆雷特》与《浮士德》所表现的那样。中国古人称翻译相当于把绣花纺织品的正面翻过去，所谓"翻也者，如翻锦绮，背面俱花，但其花有左右不同耳"（参见钱锺书著《林纾的翻译》）。这个比喻妙极了！在我心目中，满涛先生、汝龙先生、焦菊隐先生以及无法在此一一罗列的前辈译家，正是这种翻转锦绣的行家里手，而他们各自在艰难条件下度过的"信达雅"的人生，无不堪称后代学人之楷模，对他们的褒扬，大概也是我所能接受的最大限度的文化保守主义。当然，以上仅仅是我个人的短浅体会，并不具有代表性。

【这本书】
一座诗学问题的迷宫

《新京报》：从 2009 年和人民文学社签约起，你在翻译这本大书的六年时间里，遇见的最大难题是什么？你觉得对中国读者介绍这本书，最大的价值在何处？

王嘎：只用八个多月，德·贝科夫创作了《帕斯捷尔纳克传》这部"大书"，我的翻译则持续六年之久。在此"不对称"的过程中，译者见证了作品重新长出它的"鲸须骨架和百褶花边"。六年来，记忆深刻的事件连绵不断，它们未必是宏大历史性的，但理应是一个混沌时代里个性的轮廓足够清晰的。文本的解译暗含着对"尤里·日瓦戈"的某种效仿——将记忆的触须伸向人与人的遭逢，继而盘卷于生活的肌体之上，从中汲取一个社会个体所必需的各种给养。而帕斯捷尔纳克就像一道口令，让许多美好相遇超越暗淡现实，不期而至。对于一个普通读书人而言，这些或许才是真正的大事件。翻译中的难点主要来自传记中密集的引诗。我曾零星试译过若干俄语诗，局部经验不足以形成译诗的语感，直至传记中引用帕氏早年名诗《马堡》，我才似乎被其中人格化的写景和哀而不伤的调性一下子点醒。

《帕斯捷尔纳克传》犹如一座诗学问题的迷宫，在繁复到几乎不留间隙的构架内，汇聚着极尽详细的生平记述、对作品的释读、对极端年代的剖析，由此呈现形象与现实、逻辑与幻想相结合的诗学特征，并使传主在非自由中追寻自由的独立人格得以感知。这些不仅围绕诗歌艺术，也触及知识分子精神史的方面，在中国读者中间无疑是易于引发联想和共鸣的。

【这一年】
与帕氏的相遇如同吉兆

《新京报》：2016年《帕斯捷尔纳克传》姗姗来迟，面对这本辛苦六年的译著的付梓，这一年你有怎样的新的心路体验？这一年你本人在生活和治学之路上又有怎样的新经验？

王嘎：2016年秋天，《帕斯捷尔纳克传》终于姗姗来迟。贝科夫在传记中写道，帕斯捷尔纳克是幻想的生动见证，与他的相遇如同吉兆。无论在刚刚过去的这一年，还是在此前更加漫长的日子里，很难说译者未曾受到这场相遇的影响或感应。20世纪30年代，当官方所宣称"生活越来越好"的假象四处蔓延，他却脱离众声喧哗，独自持守着"在沸水中越来越好"的信条。这一点尤其令人印象深刻。

帕斯捷尔纳克的形象定格于"幸福的人"。众所周知，他其实经历了诸多不幸，时代的压力和命运的波折，一齐落在他身上，就像曼德尔施塔姆所云："猎狼犬的世纪扑落在我肩上。"帕氏的人生，与其说是以幸福为鹄的，倒不如说是以悲剧性作为自我认知的形式，由此实现人的幸福完满。此种悖论带有斯多葛学派和基督教福音书的双重印记——前者使他对一切人为强制所造成的灾变与悲剧保持静观，同时又对自然万物、对他所称的"生活—姐妹"怀着永不止息的挚爱；后者则赋予他使徒保罗般的品格，使他在患难中不失忍耐和盼望，不至于跌倒和羞耻，反而"在压迫下喜乐，在墓穴中欢庆"。离开悲剧性的映照，就无法理解帕斯捷尔纳克悲欣交集的一生。

《杨先让文集》

作者：杨先让

版本：广西师范大学出版社

2016 年 11 月

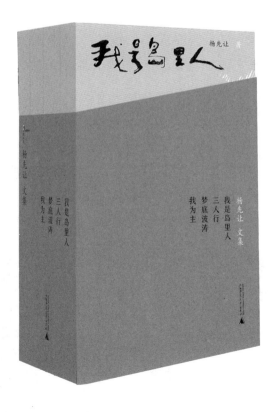

杨先让，1930 年生于山东省牟平。画家。1952 年毕业于中央美术学院绘画系。历任人民美术出版社编辑和创作员、中央文化部研究室研究员、中央美术学院民间美术系主任、教授。曾任中国美术家协会版画艺术委员会副主任、中国民间美术学会常务副会长。

致敬词

作为新中国培养的第一批美术工作者，杨先让先生以西洋画、油画作为他艺术之路的起点，通过版画记录时代的风貌，表达自身与时代之间的联系，又转向民间美术挖掘艺术之根、民族之魂。早年，他力排众议，在中央美术学院创建民间美术系，培养了国内第一批民间美术方向的艺术人才；为了汲取民间艺术的养分，他带队走黄河，走通了民间美术，也走出了气势磅礴的大作《黄河十四走》，记录和抢救即将消亡的民间艺术。

我们致敬《杨先让文集》，致敬它真实呈现了一位艺术家同艺术和自我对话的过程。同时，我们向杨先让先生坦诚而真实的写作致敬，向他毫无功利之心、享受艺术的馈赠致敬，向他为民间美术做出的卓越贡献致敬，也向他以一己之力重写中国美术史的精神致敬。

答谢词

我感觉我这一辈子,在艺术界我经过了很多爱我的人,他们都对我特别厚爱。很多艺术界的人,包括徐悲鸿、江丰、朱丹、刘开渠、李苦禅、李桦、古元、彦涵等都是爱我的。我们的老师都是对我特别好的,我感觉到很感恩。比如我在国外十几年,有时候老想这些人,我能不讲他们吗?我能不写他们吗?我能不想他们吗?有时候,写他们的时候,夜深人静,感动我的地方,我就趴在那儿哭,因为我这些老师都特别好。我还算是一个感恩的人。在这种精神底下,我只能好好地干活,好好地教学,好好地做一个人。这就是我的想法。

黄永玉很关心我,他说,你整天在别人地里跑,你自个儿的地都荒了。我不知道我那"一亩二分地"在哪儿。我这人啊,走到哪个山头唱哪个山头的歌,我尽量好好地唱。我的确是这么过来的,就像黑瞎子掰玉米,掰了这个,忘了那个,每一个我都很投入。我就这样糊里糊涂活了八十多岁。

我几十年的生活积淀,广西师范大学出版社帮我梳理成册,没想到被肯定,没想到被读者喜欢。我心存忐忑,感觉很万幸。感激《新京报》、评委和读者。

——杨先让

对话

采写 张畅

【其书】

民间艺术如潮水消失,我却无能为力

杨先让说,自己属于"走到哪个山头,唱哪个山头的歌,尽量唱好就是了"。一辈子没想过要当大画家,也没想靠艺术赚钱、得声望。今年,他的四卷本文集出版,媒体向他频频发问,他才开始细细回想这辈子是怎么过来的。

按照杨先让的说法,他学画实属偶然。1948年,同学要考美术系,拉上他,他去了,考上了,就这么一辈子都在这块田地里摸爬滚打。开始是对西洋画情有独钟,画油画,26岁那年跑到陕北,四处找形象好的人给他当模特。毕业后到人民美术出版社做编辑,得以接触到当时国内水平最高的艺术家和作品,眼界大开。因为画油画耗时长,颜料和画布价格不菲,当时不具备这些条件,杨先让遂转而学版画。到20世纪80年代,无师自通的他在版画领域已经成果卓著,创作出《怀念周总理》《弘一法师》《延安组画》等一批脍炙人口的艺术作品。

就在所有人都专心创作,力图在开创自己的一片天地时,他却从版画转向民间美术,在中央美术学院创立了民间

美术系，还亲自带队走访黄河一带，记录和抢救消亡的民间艺术。从 1987 年到 1989 年底，杨先让走完了黄河，也走通了民间美术。由台湾汉声出版的《黄河十四走》"震傻了"黄永玉。他一边惊叹，一边替杨先让惋惜："都在别人地里，自己的地荒了。"而杨先让真正忧心的，却不是自己，而是"民间美术自自然然地消失，像潮水一样"，他却无能为力。

直到"黄河十四走"回来，他方才想起 1956 年的陕北，年轻媳妇头戴的大爪银器、小孩脖子上戴的银饰、小伙子头上围的羊肚子白手绢。"那时候民间艺术就在我身边，而我对它视而不见。等到 20 世纪 80 年代我转向民间，再回到陕北，年轻人都戴鸭舌帽了，连一条羊肚子白手绢都买不到了。"

在"走黄河"的过程中，杨先让亲眼见证了民间艺术的消亡，速度之快让他震惊。有几次，他听人说哪个村子有民间艺人，就带着学生风尘仆仆地赶过去，结果人死了，生前创造的东西也烧了。在当时的中央美术学院，杨先让的外号叫"杨先嚷"。"我嚷，是因为人家听不进去。人家听进去了，还用我嚷吗？我太着急了。"他说。

【其书】
文字是我的热情，不是我的本行

杨先让至今记得已仙逝的百岁老人顾毓琇对他说的话："美术家以作画为主，写文章不值得。"他说，文字不过是我的一股热情而已，始终不是我的本行。在采访的间隙，他反复强调：你们总问我的书，怎么不看我的画？接着就翻开茶几上的画册，眼睛直发光：看，多漂亮啊！他夸赞自己的画时，脸上带着孩子般天真的笑。

在杨先让的记忆中，从小父亲没

关心过他的功课好坏，只关心他字写得好不好。家中祖父辈珍藏的字画、二哥收集的唱片、少年时代在仁川读书时看过的舞蹈表演、北平名角演的戏剧和话剧……他坦言，"资本家的少爷在这种艺术的氛围中受到很深的影响"。或许因为家境还算富裕，或许是天性使然，杨先让对艺术的追求和金钱、名利毫不相干。用他的话说，他是"玩"艺术，没想到最后能"干出个大苹果大鸭梨来"。

1993年，杨先让从中央美术学院退休，到美国与儿子一起生活。2008年，他从美国带了一部分文稿回北京，准备集结成册出版。这套《杨先让文集》就是在这些文稿和已出版的三本文集的基础上，整理编排的。《我是岛里人》记录了杨先让从学生时代起开启的艺术之路，以及对故土和亲人的感情。《三人行》是关于文艺界的人和事。《梦底波涛》是关于民间美术的研究与留存。《我为主》写在国外十几年的经历，尤其是对于中西方艺术的思索与体悟。用杨先让自己的话说："我也不知道这套书，是传记呢还是什么，就好像我讲故事一样，一口气把一辈子讲完了。"

回望自己的一生，杨先让说："我们是共和国培养出来的第一代美术工作者。有些路是既定的，没有选择，但也不能叫损失。因为作为一段历史来说，我们只是一个瞬间。"如今，87岁的他所期待的，除了一位艺术天才的出现，还有一个眼界更为宽广，乐于吸纳不同养分，开创出更多艺术形态的民族。

《马克斯·韦伯与德国政治：1890—1920》

作者：［德］沃尔夫冈·J. 蒙森

译者：阎克文

版本：三辉图书 / 中信出版集团 2016 年 10 月

沃尔夫冈·J. 蒙森（1930—2004），德国著名历史学家，曾先后任教于科隆大学、杜塞尔多夫大学，并担任伦敦的德国历史研究所主任。他的研究兴趣和写作领域很广，包括民主史、社会史、思想史、经济史等，主攻 19 世纪末 20 世纪初的英国史和德国史。本书是蒙森的第一本专著，其著作另有《官僚制度的年代：论马克斯·韦伯的政治社会学》《帝国主义的理论》等。

致敬词

怎样与激荡年代相处的拷问，百年来未曾远离过思想者。马克斯·韦伯因卓越的思想而获得了崇高的学术位置，是著述颇富的社会学家和政治学家，但鲜为中文读者所知的是，他同时还是一位活跃的政治人物。20 世纪初年的德国，经济得到增长，但在政治建制上走向了相反的方向，蒙森先生忠实地记录了深处其中的马克斯·韦伯——倡导学术的中立性表述的同时，积极表达和传播政治言说；既批评俾斯麦和德皇保守的社会政策，却也在魏玛制宪中期盼卡理斯玛威权领袖重振大国荣耀。

我们致敬 12 年前逝世的德国历史学家蒙森，他将德国的政治和社会事件，与马克斯·韦伯的政治思考鲜活而公允地呈现出来，厘清了一个思想者在变动环境中的矛盾面向。我们同时致敬译者阎克文，以成熟的翻译将这一历史著作带到了中文读者的面前，让我们看到了一个伟大思想者在他所在年代的复杂境遇和选择。

答谢词

最初是钱永祥先生提议并鼓励我把这本书翻译出来，这是大约五年前的事情了，钱先生的学术眼光令人敬重，此后我就念念不忘了，可恨自己没有三头六臂，一直拖到2014年底严博非先生来电约稿，这才暂停了手头的一切常规日程，专心致志用了接近一年的时间，如期完成了译稿。所以我有义务向两位先生表达由衷的谢忱，感谢他们的信任，将这部名著交到我手里转达给中文读者。希望译稿的质量没有太多地辜负他们的期待。

同时我也有义务由衷感谢《新京报》，在"好书致敬礼"这个已经形成了传统佳话的文化品牌中，让这个译稿占了一席之地，同样希望它不至于太对不起这个品牌。我还应该由衷感谢所有确定和不确定的读者群，是他们无休止的阅读、研究和传播需求，支持我在韦伯翻译中获得了源源不断的内在动力。

——阎克文（译者）

对话

采写　罗东

【这一年】

阎克文：继续给韦伯"打工"

这一年，我倒没有特别的事，就是按照自己的计划给韦伯打工。十多年前，就做了一个选择，今后只要还能正常工作，主要就是给韦伯打工了，给韦伯著作的翻译和研究出点力。2015年秋，把这本书交了稿后，就开始重新翻译韦伯全集的第17卷，《学术与政治》，同时做着第16卷《德国的新秩序》校对工作，现在还没有结束。

了解、理解或研究韦伯，文本的阅读当然是基础，但文本翻译这项基础工作还远远不够。现在，德国人把韦伯全集编到了43卷48册，出齐了预计是48卷55册。韦伯著作现有的中译本，绝大部分是转译自英文，只有商务印书馆出版的《经济与社会》是德文译过来的，而且坦率地说，对原著的忠实度很不理想。我的有生之年只有一个重大希望，就是能够争取看到德文版韦伯全集翻译成中文，这样可以避免转译所不可避免的信息流失，可以保持文本体例的统一风貌，如果力量足够，还可以力求翻译文本的权威性。

2016年是韦伯全集翻译出现了好兆

头的一年，因为原来申请过两次国家社科基金，都被否掉了，说实话比较沮丧，觉着很可能遥遥无期了。但 2016 年确实有点意外，不仅社科基金主动要求我们报，且很快批准。虽然目前还没有得到能够令人彻底踏实下来的实际支持，但毕竟是个非常值得高兴的规范性开端。

【这个人】
阎克文：高度参与政治的思想家

就我个人的阅读经验和认知能力来说，从韦伯那里感受到的强大、深刻、持久的思想冲击力，主要是来自韦伯那种在经典作家群体中好像并不多见、甚至可以说很罕见的特质，如果不得不简单概括一下：他作为一个毕生抱有公共关切的知识分子，从来就不是一个意识形态专家；他作为一个开拓性的社会科学学者，从来就不是一个纯抽象思辨专家；他作为一个高强度参与实际过程的现代政治人，从来就不是一个道德专家。

那么，他是个什么家呢？我觉着，韦伯是个问题专家，不管对学术还是政治问题，不管对形而上还是形而下问题，也不管对现代性、前现代性还是后现代性问题，他的审视眼光和提炼能量，在思想大师群体中都是极少见的。问题专家的逻辑和需求，自然而然就意味着，必须正视并试图解决问题，尤其是，必须正视解决问题的方法论，对经验世界具有评估力、解释力和预见力的方法论。由此，韦伯提出的一系列问题或命题，以及解释和解决问题的方法、工具和手段，我们至今还绕不过去。

可以说，企图从他那里获取碎片化的灵感和情绪化的快感，将是白费工夫，一是很可能把韦伯给肢解了，二是很可能把读者自己给肢解了。他的系统性中的逻辑力量非常强大，同时内在张力也非常大，需要一个比较整体的背景把握。

【这本书】
阎克文：在转型期有特殊启示

十几年前，我就注意到了有人提到过蒙森这本书是部名著，没想到现在由我自己翻译了出来，也许是命里注定吧。有一位喜欢阅读韦伯的年轻读者，前些天给我来信说，他一边读就一边感到了一种震撼，因为第一次了解到以往基本是陌生的一个人物——政治人韦伯。应该说，这对于深入准确理解韦伯的政治理论乃至学术建树，都是个不可或缺的认知领域。我们中文读者对韦伯的了解，目前可能还比较片面，一般都知道韦伯是一个学术大家，但普遍还不知道他也是一个政治大家。

到了韦伯这里，我们可以看到一个需要重估的事实，就是说，具有高度独

立人格的知识分子和作为高度独立领域的实际政治之间，已不是单纯的二元对立或者一元从属关系了。他既对政治本身以及实际政治过程持有独特洞见，同时又长期、多维并且高强度地实际参与了当时德国的国际国内政治，这都是绝大多数思想大师不曾有过的阅历。无论从微观还是宏观视角来看，如果知识分子没有相应的政治经验值，那么与政治权力和权力政治的关系，恐怕主要就会出现两种局面，要么是破坏性的，要么是附庸性的，唯独没有建设性，这是一个既严肃又严重的永久性大问题。如何面对这个问题，韦伯也许堪称是具有先知性质的典范。

我相信，中文读者通过这本书可以了解地道的德国学术界，是用什么样的方法论眼光看待韦伯的。作者以政治人韦伯做样本，以独特的眼光来评说政治人韦伯，足以有力提醒读者，如果对政治逻辑、政治规则和政治伦理的特殊性没有把握，那就只能是空谈教条，甚至成事不足败事有余，这在责任压力空前特殊的现代国家更是确凿无疑。我们正在进入现代国家，正在面临类似于当初韦伯经历的转型期，韦伯持续了一生的复杂思考与作为，仍然能够给我们提供特殊的启示。

《西班牙内战》

作者：［英］伯内特·博洛滕
译者：戴大洪
版本：新星出版社
2016 年 11 月

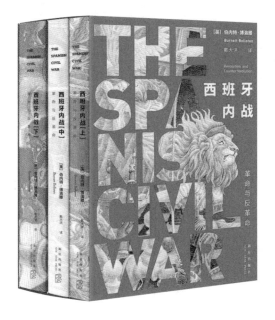

伯内特·博洛滕（1909—1987），
出生于英国，早年不愿继承父业，到地
中海地区旅行；至巴塞罗那时，目睹西
班牙内战的爆发，以美国合众社特约记
者的身份报道战争真相；战争结束后，
至墨西哥跟踪采访数年；1949 年至美国
定居，几十年如一日搜集内战史料，先
后完成了《精心的伪装》《西班牙革命》
《西班牙内战》三部著作。

致敬词

常被作为"二战"注脚的西班牙
内战是一件被低估甚至被歪曲的历史事
件。部分"歪曲"源于海明威的《丧钟
为谁而鸣》、毕加索的《格尔尼卡》：
它寄托众人理想，充满浪漫色彩。奥
威尔的《致敬加泰罗尼亚》也只卖出
600 册。

这条弦被非专业史家博洛腾的鸿篇
巨制《西班牙内战》续了下来。耗尽半生，
博洛腾从头至尾对西班牙革命和共和派
控制区的政治活动进行了全面而准确的
考察。他突出内战起源与极左力量崛起
的叙述，使西班牙内战的标本价值投射
到现代共和原则建国的人类历史进程，
引人对"二战"格局、战后世界格局以
及 20 世纪思想史尤其是左翼理想主义
再度深思。博洛腾以一己之力向主流认
识发起挑战，他和并未或并不愿了解西
班牙内战层理的这个世界反着走，却更
有可能走向真相。

答谢词

在汉语世界中，我们熟知"西班牙内战"这个名称，但不曾知晓与内战相伴随的"西班牙革命"。我们知道西班牙内战是正义与非正义的决斗，却不明白"正义之师"在其领地内笑看着自己人的鲜血，最终在"正义之地"加冕称王。出生于1909年的伯内特·博洛滕，1936年7月18日凌晨在巴塞罗那的旅店里被枪炮声惊醒，从此与这场战争不再分离。内战结束于1939年，而博洛滕孤身一人的战斗却未因他自然生命的完结而终止。1991年，在他逝世四周年之后，《西班牙内战》方才正式出版。

在知识与权力处处联姻的当代，正统学术圈仍多以黑白分明的范式来记述这一场独特的战争。博洛滕身处学术圈边缘地带，无法用自己的著作来换取学术界的爵位，但也远离了因利益而换取谎言的命运，在山头林立的学术界之外积淀了沉重的真相。

这本书的译者戴大洪同样身处学术体制之外，他将翻译看成是文明积累的必要程序之一。十年以来，他的译著为我们打开了一道天窗，就此可重新审视20世纪的政治大格局，更有益于思考当下的流变。

一百多万字的《西班牙内战》并非一部让人感到轻松愉悦的读本，它考验读者的耐心与智慧。我们为某种单一的论述浸润许久，要走到那繁杂的历史世界中，便要时时警惕头脑中的惯性，也更感到费时费力。但当挣脱了那种惯性的羁绊之后，个体灵魂的独立是否又有新的可能？

——刘丽华（《西班牙内战》策划）

对话

采写　孔雪

普通人翻译的一本普通人所写的巨著

《新京报》：你曾谈到近十年每天都是八九点钟起床，吃过早饭开始翻译，午饭后睡个午觉，然后译书到深夜，2016年也是如此吗？

戴大洪：2016年没有什么变化。每天翻译七八个小时，觉得累了，就顺手点开电脑上的"蜘蛛纸牌"玩一会儿算是休息。完成每天的工作量后，一般都要过了晚上12点，我会看一张DVD，算是对一天工作的奖励。这一年看的电影中印象较深的是《聚焦》，看过之后曾对人说，调查记者这个行业现在基本上消失了。谁知没过几天就爆出了"巴拿马文件"，原来这个行业还有，而且仍在积极行动。另外，为了保持译书需要的身体状况，我每周要跑两次步，每次连跑带洗澡换衣服以及稍微休息一

下，大概要用三个小时。

《新京报》：这么精细地规划日常时间，紧迫感从何而来？

戴大洪：我只是 20 世纪 70 年代末在大学学过两年科技英语，然后荒疏了二十多年，所以译书的速度非常慢，而且我译的都是大部头的书，译一本书需要一两年，若不时时抓紧的话，可能会拖很长时间。说"笨鸟勤飞"也好，说"滴水穿石"也好，我必须保持紧迫感。另外还有翻译合同。有人喜欢说规矩是用来打破的，我却认为规矩是用来遵守的，签了合同就应该遵守它。迄今为止我翻译的五本书，基本都是按照合同交的稿。现在年龄大了，越来越感到力不从心，翻译的速度有所下降，今后签合同时要把这个因素考虑进去，签的时间长一点。

《新京报》：现在大部头字典频繁出现在大学毕业生的跳蚤市场上，你的翻译仍像一个靠字典"纺线"的过程，译笔也耿直，如对"authoritarian""totalitarian"这些词应该译成"威权"还是"独裁""极权"很较真。

戴大洪：我说过我的英语荒疏了多年，开始译书时词汇量极少，记忆力也不行了。翻查词典最初完全是迫不得已，后来逐渐喜欢上这种方式。我翻字典的原因有三个：第一是不认识英语单词，所以必须查词典。第二是虽然认识，但是害怕记错了，所以要翻翻词典确认一下，保证不会出现错误。第三是虽然认识某个单词，但在翻译时觉得意思不够准确或者译文不够完美，所以要翻词典看看有没有别的意思或者在查阅中得到某种提示。相比网络，我更相信纸质的词典，我常用的英汉词典有五六种；因为要确认不同语种的具体单词，我还备有法汉、俄汉、西汉、德汉等词典；还有《简明不列颠百科全书》以及各种人名、地名译名手册。

另外，我是通过翻译来读书的，以翻译的方式把一本书仔仔细细地读一遍，然后根据阅读的理解整体把握叙述的尺度、用词的精确，尽量忠实地再现原著的立场和风格。我曾经看过一份译稿，感觉译者似乎是在竭力柔化原著的表达。一部立场鲜明的著作经过译者的柔化之后其价值可能大大缩水。

《新京报》： 你相信译者与书之间有缘分吗？或者，是否和这本书、这个作者之间有共鸣？

戴大洪： 我不大相信"缘分"之类神秘的东西，但是译完《西班牙内战》之后，我感到似乎有某种"冥冥之中"的东西存在。最初我以为这是一部西班牙内战史，翻译过程中发现它记述的主要只是"西班牙内战期间发生在共和派阵营内部的事情"，因此我一度以为选错了书。可是等到译完全书，我发现它可以说是一部奇书，如果只译一本关于西班牙内战的书的话，那就应该译这本书。另外，本书作者伯内特·博洛滕"既非一名受过训练的专业学者，也不是一位端着铁饭碗的大学教授"，他完全凭借一己之力，五十多年锲而不舍地努力向世人揭示被"精心伪装"起来的历史真相。尽管西方史学界的某些"权威"至今仍对博洛滕的努力视而不见，但是，诚如美国著名西班牙历史学家斯坦利·佩恩所说，博洛滕的《西班牙内战》"树起了一座将使未来的研究者永久受益的学术丰碑，同时也为作者的不懈努力树起了一座纪念碑。几乎没有什么人曾经在如此重要而艰巨的事业上取得如此辉煌的成就"。作为一名普通人译者，我在这位普通人作者身上看到了榜样。

《新京报》： 西方史学界的某些"权威"至今对《西班牙内战》视而不见，你对这种装模作样的视而不见感到忧虑或遗憾吗？

戴大洪： 我在《西班牙内战》的"译者说明"中说过，"对于认识'二战'之前乃至整个20世纪的世界政治，它也许更有启示作用。"现在人们经常提到历史虚无主义，我认为，历史虚无主义包括抹杀历史和伪造历史。博洛滕就是一个人在与历史虚无主义进行斗争。到目前为止，他可能没有打败任何人，但那些"权威"似乎也没有能力打败他，因此只能假装对他视而不见。我相信，当老一代当事人逐渐逝去，新一代人会更加客观地面对这本书和西班牙内战的历史。

《大国大城》

作者：陆铭

版本：世纪文景 / 上海人民出版社
2016 年 7 月

陆铭，1973 年生，复旦大学经济学博士、教授，入选教育部"新世纪人才"支持计划，研究领域为劳动经济学、城乡和区域发展以及社会经济学等。2013 年受聘上海交通大学特聘教授、博士生导师、中国发展研究中心主任。

致敬词

城市化的基本精神是人的城市化。二十年前，中国的城市化踏上了新征程，成长为引领经济增长的一支重要引擎，但困境却相伴而生，从交通、空气、住房、教育到就业等诸领域，都在拷问着日常生活中的公共服务质量和公平状况。陆铭先生以经济学的普遍规律和实证数据，实诚地探寻了中国城市化面临的困境。城市问题宜疏不宜堵，只有让市场本身的调节作用获得该有的发挥，土地依真实需求而配置，劳动力依公平而自由流动，才是未来走出城市困境的方向。

我们致敬陆铭，他所从事的公共研究与写作，同时兼具严谨的学理逻辑和深刻的人文关怀，用城市经济发展的规律，摇晃了那些长期以来将"城市病"归因于人口膨胀的认知偏见，以理性触及城市发展中该被照亮的个体权利和公共利益。

答谢词

在这本书交稿的时候，我特意在扉页上写下了这样一句话："越是将历史拉长了看，我越是相信，决定人类发展轨迹的是普遍规律，每个国家的特色只会在普遍规律下开花结果。"

这本书的出版将我带到了更多的读者面前，使我越发感受到，虽然中国经过了三十多年的市场化改革和现代化过程，但人们的思维仍然带有计划经济和农业社会的烙印。人们甚至忘记了问一句，自己的所见、所想、所为是不是符合两个标准——市场经济的基本原则和人类文明的共同取向。

这就是我们所在的中国：在经济上快速进步，同时，在思想上却相对滞后。

这同时也是我们所爱的中国。

感谢世纪文景·上海人民出版社，感谢《新京报》和此次参与评奖的专家与读者们，是你们让我相信，发自内心的呐喊，终将被听到。

——陆铭

对话

采写 罗东

【这代人】

我们这代人"正当时"

《新京报》：城市化已是推动中国经济增长的一个重要引擎，但中国的城市化又是从历史中走过来的，身上还有仍未去掉的历史的印记。三十多年来，中国经济高速增长，成长为世界上最大的经济体之一，而这一过程正是转型的重要时期。你是"70后"，经历和见证过哪些改变中国的关键时刻？在你看来，你们这一代人在当下处于什么样的位置？

陆铭：我们这一代人，可以说是踩着计划经济的尾巴出生的。我们的成长，经历了中国最波澜壮阔的三十多年时间，看到了市场化的改革怎样把我们国家，从小时候所看到的贫穷落后的农业国，在短短的几十年里面，变成了这个世界上最强的国家之一。这个过程，可以说是历史性的。

同时，相较于上一代人，我们更加接触到了现代社会科学的整个知识体系。正是这样，我觉得我们这代人具有很强市场经济改革的信念，至少我本人是这样的。看到目前的计划经济方式，在城市发展中所起的桎梏约束，我们还是该有责任要把市场经济的理念，可以在学者身上持续地传承下去，同时传播给大众和政策制定者。这是我们这代人当仁不让的义务，越是改革到困难的时候，我们这代人的责任就越大。

我们既经历过中国改革开放几十年

的实践，同时接受了现代社会科学体系教育，在经验上，可能比下一代更丰富，在现代科学知识的理解上，比上一代更加接近整个世界的全球化体系。如果用三个字来形容，我们这代人就是"正当时"。

【这本书】
社会科学家有启蒙职责

《新京报》： 这本书在架构上，学理的逻辑严谨，但它同时还是一本写给大众的书，或者说，是写给非经济学的读者的。这样的著作，目前还不在高校学术科研的评价或计分范畴，是什么激励了你？

陆铭： 可以说，我用十年的时间完成了这本书，虽然它的直接写作过程没有那么长。从我完成一个学者到走进社会公众领域的跨越，完成纯粹在大学教书做研究，到影响社会和公共政策的过程，我花了整整十年的时间做积累。在这一过程当中，我能深刻地体会到一种焦灼，这种焦灼一直持续到今天——我们到底应该做什么样的研究、什么样的学问。

现在的中国，加入国际的过程的确非常快，社会科学的国际化进程也非常快，而我们逐渐也引入了国际社会科学的评价体系，以评价我们的学校、科系和学者。从个体角度来讲，我们也在不断迎合这个评价体系。但我个人觉得，一个学者应该抽出一点时间，去回答这个时代和他所处的社会、国家重要的问题，从某种角度来讲，一个社会科学家应该起到一点"启蒙"或至少是传播正确的理念的职责。

尽管这个过程本身，并不能够为我们个人带来纯粹学术上的评价，比如获奖等，但这仍然是非常重要的。中国之大，历史起点跟一个通常的市场经济体也不太一样，尽管中国经济已经是现代化的经济，但我们却面临着一个巨大的历史遗产，即农业社会加上计划经济的方式。经济的现代化和思维方式的遗产，两者之间存在一个巨大的冲突和摩擦。我们应该站出来，去把一些社会科学的知识、市场经济的普遍规律和人类社会发展的全球经验进行传播。我所做的事情，也就是在用自己的行动来作为对这种目标的追求。

《我和教育：三十五年教育生活史（1893—1928）》

作者：舒新城

编者：向继东

版本：广东人民出版社

2016 年 10 月

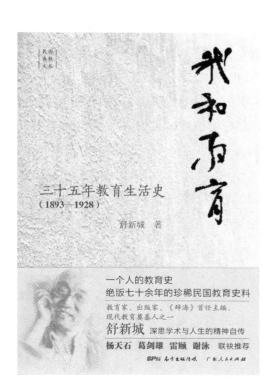

舒新城（1893—1960），湖南溆浦人。著名教育家、出版家、《辞海》首任主编、现代教育的开拓者和实践者。一生教育经历跌宕起伏，著作宏富。代表作《道尔顿制研究集》（1929 年版）、《近代中国教育史料》（1933 年版）等。

致敬词

中国现代教育自萌生至今已逾百年，承载立德树人之大业，见证历史时局之变迁。倘若探寻源头，追溯起点，则要回到 19 世纪末、20 世纪初中国社会变革最为剧烈的时代。站在传统与现代之交，舒新城先生以其 1893—1928 年间的生活经历为线，忆述了一部三十五年的教育生活史。从做学生时亲历私塾、书院生活，到当教员时探索新式教育方法，再到教育著述时反思新旧教育利弊，舒先生用历史的记叙方法，兼带描写，用心力书写了一部深思学术与人生的精神自传。

我们致敬舒新城，因为他力求客观地记述，坚持率真地书写，不避冒犯与嫌怨，把父母亲族的影响、师长朋友的交往极尽真实地呈现。教育中人写教育中事，不仅耳闻目见、亲力亲为，而且朴实恳切、细致入微。在中国社会变革最剧烈的时期，《我和教育》为中国现代教育史留下了一份十分珍贵的个人记录。

答谢词

《我和教育》是著名教育家、出版家、辞书编纂家、1936 年版《辞海》主编舒新城的回忆录，可惜作者在 56 年前就去世了。《新京报·书评周刊》邀我出席这个授奖仪式，是因为我把它纳入"民国春秋"丛书再版。此书初版于 1946 年 1 月，距今绝版 70 多年。

感谢《新京报·书评周刊》年度好书授予《我和教育》2016 年度教育类好书奖。对我而言，出版《我和教育》好像是一种使命。20 世纪 80 年代，我在编撰地方志时有幸复印得到这本书。我很喜欢，一直想再版它，但那时自己不在出版界，直到 2013 年后我成了"出版人"，才有机会把它推出来。我觉得，它不仅仅是一部舒新城个人的自传，也是一部珍贵的民国教育史料，还是一部那一代知识分子的精神演变史。

舒新城说，教育是人生中必然的事实，无论谁都有自己的教育理想、方法，所以书中的"我"不是指舒新城自己或某一个人，这个"我"是复数的，它指的是每一个人。

教育是培养和造就人的。当下的教育改革，如果不在教育机制和教育理念上做根本的改革，就很难完成现代中国的转型。一个民族、一个国家在教育上的成败，决定了它的未来。这也许是阅读本书的一点启示。

再次感谢《新京报》！

——向继东（编者）

阅读舒新城

口述　向继东
采写　李佳钰

关于《我和教育》

我一直很喜欢这本书，很想促成它再版，但以前没机会，后来等我自己做出版了，才做成此事。再版此书，屈指一算，竟花了近 30 年时间。

我之所以执着于此事有两个原因，一是自己确实喜欢这本书，二是因为我和舒新城是乡党，都是湖南溆浦县人。20 世纪 80 年代，我还在编纂地方志的时候，就注意搜集舒新城的资料，知道他进了省人物志，是个了不起的学界人物，当时便很有野心为他写传记。1987 年 5 月，我在上海辞书出版社图书室见到《我和教育》这本书，当时就想复印它，可那个时候复印成本很高，就只复印了他回忆在溆浦县立高等小学堂求学那一段文字。后来，我有机会把这部分文字编到《一方热土人：溆浦文史》第五辑这本书里，没想到读者反响热烈，纷纷前来索书。大家都说这是本好书，问我怎么能买到这本书，我也茫然。

三年后，我终于拿到了这本书的复印本，是当时在上海农科院工作的一位溆浦老乡，帮我从辞书社图书室复印来的。我如获至宝地藏着，一直想找出版社再版，但那个时候我还在小县城里工作，没有机会。1993年，我从县城调到省城长沙，在湖南省政协机关报《湘声报》做了副刊编辑。在这个平台上，我做了二十年编辑，结识了一大批文化界精英，同时也做出版，主编了好几套丛书，其中给广东人民出版社就主编过"新史学丛书"，该丛书共出了4辑20多种。正因为此，2013年退休后，即被广东人民出版社聘去做人文图书总策划。到了广东人民出版社后，我自然将《我和教育》的再版提上了日程。2016年10月，我终于将它纳入"民国春秋丛书"出版了。

作为一个出版人，过去的2016年，感慨良多。坦率地说，过去的一年，做

出版是很不容易的——正由于不容易，我们才选择做这样一本书。这就是之所以出版这本书的大致缘由。

关于舒新城

舒新城（1893—1928）受过完整的私塾和书院教育，15岁后才接受新式的学校教育。他是带着新、旧教育经验的矛盾冲突走上问学之路的，新、旧两种教育经验在其内心里并存、并冲撞也是难免的。舒新城先生也认识到，传统的私塾和书院有迷人之处，可随着农业社会的解体必将成为过去；而新式的学堂即便不尽如人意，可它是工业社会的产物，代表了中国教育未来的发展方向。于是，他积极投身于新教育运动，譬如他极力推广外来的道尔顿制教育，并撰写多种道尔顿制研究书籍。虽然最后归于失败，而那时候好就好在，教育的归教育，没有太多外在的权力干扰。

关于舒新城先生的为人处世，《我和教育》一书里有不少记载，尤其是那篇附录很值得一读。其夫人刘济群的《我所知道的舒新城》，里面有很多细节，很生动，也很感人。他总是严以律己，宽厚待人，以身作则。他日常生活十分节俭，在衣食住行方面一贯是简单朴素的，长衫破了，总是补了又补。20 世纪 50 年代，他做过上海市政协副主席，上面给他配了小车，但他很少用，只有办公、开会时才偶尔用；组织上为了照顾他身体，给他租了每月 220 元的大房子，只要他自己补交 20 元，但他拒绝搬迁，坚持只住自己付得起房租的廉价房，每月租金只有二三十元。他家里的大小家具，也基本上都是旧货市场买来的。从舒新城的节俭自律，联想到当下的奢靡之风，不禁感慨，今夕何夕。

关于教育

我曾经写过一篇《回到蔡元培》的文章。我在文章里说：一百年前，我们的前辈提出"科学救国""教育救国"，而今我们的口号还是"科教兴国"，这令已进入"世界民族之林"的我们多少有几分尴尬和失望。教育的终极目标是培养成现代的人，"现代的人"成长起来了，现代教育的转型也自然完成了，可是我们经过一百年，又回到 20 世纪初的起点。许多年前，杨东平先生曾在《艰难的日出——中国现代教育的 20 世纪》引言中说，"我们今天的所作所为，大多是前辈曾经做过的；我们今天的所思所想，也大多为前人所思想——而且我们的思想和作为未必比前人更好。"此言极诚。

当时舒新城那代人办教育是真的办教育。那一代知识分子自然都是老派的知识分子，都比较正派，追求真理，孜孜不倦。1922 年 3 月，蔡元培在《新教育》第四卷第三期发表的《教育独立议》中说，"教育是帮助被教育的人，给他能发展自己的能力，完成他的人格，于人类文化上能尽一分子的责任；不是把被教育的人，造成一种特别的器具，给抱有他种目的的人去应用的。所以，教育事业当完全交于教育家，保有独立的资格，毫不受各派政党和各派教会的影响。"虽然，那时国民政府曾力推"党化教育"，但教育家们可以不必理会，仍可按照自己的判断去做人做事，不党不派。这也许是成就他们的一个重要原因吧。

《月亮粑粑》

绘者：蔡皋

版本：湖南少年儿童出版社

2016 年 6 月

蔡皋，1946 年生于湖南长沙。国际儿童读物联盟中国分会（CBBY）理事，中国美术家协会会员。1993 年《荒园狐精》获第 14 届布拉迪斯拉发国际儿童图书展"金苹果"奖。1996 年首届中国儿童图画书"小松树"奖特约专家评委。2016 年长沙市博物馆举办"月亮粑粑——蔡皋艺文世界"绘本原作展。

致敬词

有两个被广泛认可的身份交织在蔡皋身上：一个是画笔与心念皆有古韵的绘者，她将民间故事、传说与歌谣化为图画书中灵动的生命；一个是对当代图画书艺术有现代理解的绘者，她的构图、技术与理念都不拘于传统，她对当代世界图画书艺术的理解也已超越本土范畴。

蔡皋是最早在国际图画书领域受到认可且有影响力的中国绘本作家之一，然而她并未完全认同西方的图画书理念，而是一直构建中国的图画书体系。这不冲突，就像铺着传统底蕴的画面亦有冒着鲜味的活力溢出，人们"尝"到真艺术。

我们不做板正的赞美，在又纯正又能融会贯通的精气神面前，定义性的评价太显僵硬。我们要致敬的是如月般的初心、真心和童心，执此心、70 岁的蔡皋已经画了 60 年；我们要致敬的是捧出民间光亮并在当下照亮传统的《月亮粑粑》，月光不分门户落在众人身上，美如此广阔而亲切。

答谢词

一切有根有源，绘本也是。

我喜欢关心根源。因为我喜欢有活泼泼的生命力物事。凡发展中的事物都不是栽在云中间的东西，都是有根有叶地生成的。事物越广大其根源也越深远。近年来连续不断的种植使我对自然界植物的生长过程有了新的认识，更为重视源头。一株植物、一种思路的源头或是一本小书创作的源头。我的能力和环境允许我能做的寻问和清理，以及在此基础上的创造借此有了一定的起色。我需要新鲜的空气，需要清新，我喜欢一种成长的感觉，成长的感觉里内里充实而丰盈的感觉。创造需要的和依赖的只是这种东西。

我的新创作皆是根植于传统之上的努力。传统是我们的根基，所谓继承讲究的是以审视的目光对传统的批判性的认识和深度吸取。

所谓新，是日新日日新，是有根本生命之树的生生不已之新。

谢谢亲爱的读者，谢谢生活。因为你们，因为生活，我才有新的创作。

——蔡皋

对话

口述　蔡皋

采写　孔雪

【月色】
月亮走，我也走

绘本《月亮粑粑》2016 年 6 月由湖南少年儿童出版社出版，同时在长沙市博物馆《月亮粑粑——蔡皋艺文世界》绘本原作展展出，2016 年底，《月亮粑粑》入选《新京报·书评周刊》年度致敬书目……

月亮，真在走啊！

月亮照着我的童年，月光下很多场景和场景中的人物至今在我的记忆里光鲜活跃。这些场景中有个主要形象，是我的外婆。外婆一边做她永远也做不完的针线活儿，一边给我们拉扯永远新鲜的童谣和故事。外婆的故事和童谣总是联通一气，一串一串地闪闪发亮地留在了我们的记忆里。

今天月亮照着我，照着我们的楼房的时候，当年的小孩子变成了奶奶和外婆。环境变了，人也变了。新一轮的外婆们在讲故事和童谣吗？坐在电视机前或是麻将桌边讲吗？新鲜得像小面包一样的小小孩有倾听吗，肯吟诵吗？

答案有时会让人难过，很多孩子如今已经不讲方言，也不再吟诵那些用方

言铸造出来的童谣。我女儿告诉我，她为小朋友组织一个中秋节的读书会的活动的时候，找到了20多本关于月亮的美丽绘本，但遗憾的是，这20多本里，没有一本是中国人自己创造的。中国人没有自己的月亮吗？

怎么会没有呢？我的童年里，仅童谣就有两首关于月亮的，每一首童谣里，月亮都那样温和美丽，朗朗地照耀。可是，这些童谣好像离我们今天的孩子已经很遥远了。

为什么不把童谣做成绘本呢？童谣是故乡，故乡是方言的故乡，是我们祖祖辈辈共同的童年。我们的童谣，被一代又一代人反复锤炼，这么纯粹，这么美好，它怎能说消失就消失了呢？

童谣与方言消失了的话，我们要到哪里去寻找我们的故乡呢？

我要做绘本，要做一只只小小的船，载着我们的思念划向旅途，寻找爱好和志趣相近相同的人们，"停船暂借问，或恐是同乡"。

月亮动了吗？果真是动了的呢，天空中的月亮和悬挂在展厅里的月亮合成了一个月亮了吧，不然绘本原作和画中人物从墙上跑下来了呢，是设计中的情境幻化的，还是看展览的人们跑到画图里去了呢？

"月亮粑粑，肚里坐个嗲嗲……"谁在大厅里唱？呵，大人小孩都在唱。原来，童谣一直都在我们内心深处，月亮正在那儿升起。

月亮升起来的时候，我想说，谢谢你呵，童年！谢谢你呵，月亮！

【底色】
我本民间

我的年龄大中华人民共和国三个年头，可以说是共和国的同龄人。区别于别人的是，我们各自拥有一份独特的童年和青年……

　　我生在古城长沙。和所有古城一样，长沙在很久很久以前存在过许多的麻石铺就的小巷和街道。我的家里有爸爸、翁妈、妹子们，外加一个重要人物——我的外婆。我外婆有一肚子故事，那些故事大都属于口头流传，有腔有调，有栀子花、茉莉花的异香。我外婆似乎还是一个民俗专家。除了四时八节的物事，外婆还喜爱看戏，她看戏，我可以跟着。我喜欢老戏台，喜欢那种戏院气氛，直至日后或多或少把它们搬到画里去才觉熨帖，就是自此开始。

　　开始画画有种大胆的作风要归功于我全家的宽容，我爸一年四季在外头，自然对我们是大宽容，外婆和我翁妈，加上放假归宁的姨妈，那位表演天才，都是戏迷。在没有颜色之前，我会从床脚下找松软的木炭，在一张张门背后的粉墙上画大型壁画，乱七八糟，墨墨黑黑，她们也不骂我。

　　我找童年，同时找到了民间。原来，我本民间。朴素深厚的、充满生命力和创造力的民间。

　　在我懂得去一所好的学校可以继续读到好书的年月，我被湖南省第一师范学校录取，我欢喜不尽地在那儿读了一些好书。无书可读的岁月，我还是可以借到手抄本的书稿，借到好抄本，譬如古文笔法一类的书，我就抄书。为此我没少挨批评。我有机会还会画点画。画画多指为墙报或油印刊物画插图，我把这些事当创作做。

　　我欢喜我的母校，虽然所有的欢喜皆有不欢喜卧底。我在这种对比关系中完成人生初步的预备功课，这种功课使我在走向社会时已懂得什么是我根本的需要。

　　毕业之后，我去了株洲县最偏僻的山区太湖小学当教师。我喜欢山村，客居山村与下放山村的概念是两样的，我的处境介乎其间，但已知春插秋收，砍柴担水"无非妙道"的人已存有一种念想，存有在生活的艰苦中体会人生深层喜乐的念想。我的思想境界渐趋明朗，生活也"日日是好日"地好起来。

　　我常问自己，你爱"好"，"好"是什么咧？"好"，是一种心思。心思一好，一切皆好。好是一种能力，使一切手法的表达能力变得有了自由度。

《陈梦家学术论文集》

作者：陈梦家

版本：中华书局

2016 年 2 月

陈梦家（1911—1966），浙江上虞人，生于南京，中国现代著名古文字学家、考古学家、诗人。他 16 岁开始写诗，曾与闻一多、徐志摩、朱湘一起被目为"新月诗派的四大诗人"；1936 年 6 月，他发表"梦甲室商代地理小记"系列第一篇《隼夷考》，一改诗人的恣意挥洒，全身心倾注于谨严的古史和古文字学的早期论文。1952 年大学院系调整，陈梦家调到科学院考古所，后在北京、兰州等地工作。

致敬词

陈梦家先生是我国 20 世纪成就卓著的学者，在古文字学、商周青铜器、考古学等多领域都有卓越的贡献。他才华横溢，年轻时曾以新诗闻名；他毅力惊人，在海外广泛搜集整理中国文物；他治学精审，留下的著作至今仍极具启发性。

我们致敬《陈梦家学术论文集》，是在陈先生离世 50 周年之际，寄寓我们深沉的纪念与哀思，也是在致敬三十多年来一直致力于整理和出版陈先生著作的学者和编辑们。对陈梦家先生这样的人物而言，著作的出版就是最好的纪念。

答谢词

陈梦家先生才思敏捷，贡献卓著，盛年殒命，令人痛惜。前些时候我曾说过，高质量地整理、出版陈先生的全部著作，是对他最好的纪念。由我们在陈先生亲自开列著作目录的基础上收集资料，中华书局精心编辑出版的《陈梦家学术论文集》，被评定为 2016《新京报》国故类年度好书，是一件值得欣慰的事情。这部书，收录了陈先生几部专著以外的全部学术论文，其中半数以上是他早年的成果，这不仅是对陈先生的良好纪念，而且具有学术史和现实的意义。由此展现陈先生治学之路的起步阶段，怎样在继承历史考据传统的同时，逐步掌握现代的科学方法，进而扩大研究领域，对考古学和古史研究的许多方面深入清理，潜心探讨，扎扎实实，自成体系。陈梦家先生著作被评定为好书，充分表明大家对杜绝浮躁、崇尚谨严的认同。当前，特别要继承和发扬老一辈专家的优良传统，脚踏实地努力做出名副其实的新成绩。

——王世民（编辑）

对话

口述　王世民

采写　李妍

【其人】
见多识广、才思敏捷

2016 年是陈梦家先生去世 50 年，也时值我认识他 60 年，从 1956 年到 1966 年，我和他相处了整整十年。我第一次面见陈先生，是 1956 年 8 月在北京故宫博物院召开的青铜器鉴定会议上，我每天从北大前往列席旁听。他是鉴定委员中最年轻的一位，但见多识广，给人留下很深的印象。

我到考古研究所以后，1957 年春季经过双向选择，陈梦家先生成为我的导师。但真正的导师关系只维持了三四个月时间，因而直接接受他的教诲很有限，仅请他审阅过一篇文章。所以到现在，我从来不敢说我是陈梦家先生的弟子。

陈梦家先生去世的时候刚刚55岁，正值年富力强的盛年，实在太可惜了。陈先生早年出诗集的时候不到20岁，在西南联大任副教授的时候不到30岁，到清华大学任教授的时候不到40岁，他就是这么了不起的一个人。许多后辈学者说，陈先生如果在世，这些年出土这么多新的古代文献资料，凭他的才思敏捷，别人的文章就很难做了。

【其书】
历经十年，精心整理

陈梦家先生去世以后，陈先生夫人赵萝蕤把他许多著作的原稿、印本，以及未刊的遗稿和资料，全捐赠给了考古所。1978年考古所全面恢复工作以后，重新成立了学术委员会，在第一次会议上，根据夏鼐提议，决定恢复陈梦家生前筹划多年并已着手的《殷周金文集成》编纂工作，同时组织整理陈梦家先生的著作。我是两项工作的主要负责人。

由中华书局出版陈梦家先生的著作，首先是重印《殷墟卜辞综述》，再是陈先生亲自编定的《汉简缀述》，然后是我们整理的《西周铜器断代》。《西周铜器断代》从1978年开始整理，1982年把书稿交给中华书局，由于印刷技术方面原因的拖延，到2004年终于出版。《西周铜器断代》出版后不久，我们和中华书局商议，应该把陈先生专著以外的单篇论文也集合起来出一本书。

《陈梦家学术论文集》从筹划到出版又花了差不多十年的时间。这部论文集首先依据的是我手边一份陈先生1957年时亲自写给我的目录，主要是他早年发表的文章。然后，又收入了他五六十年代发表的19篇文章，其中《战国楚帛书考》等3篇是陈先生生前未曾发表，前些年曾由我将它们整理发表，还有6篇文章是将手稿交给中华书局编辑部整理，另有一篇阅读他人青铜器图册的札记以手稿影印的形式附于书后，一共是46篇。这种现代学术著作的整理是非常困难的，中间涉及汉字的繁简转换和规范化等问题，中华书局的责任编辑用整理古籍的办法来整理现代学术著作，下了很大的功夫，取得了宝贵的经验。

这些文章不仅有重要的学术价值，也让学术界能更加全面地了解陈梦家先生的学术思想、贡献和治学方法。

【其学】
大处着眼，勤勉过人

陈先生治学，手非常勤。我从他在国外收集的青铜器图片上看到，每张后面都注出了藏家、尺寸等。他的手稿和已发表论文的印本上，经常有非常多的批注。他总是在文稿第一页的右上角写上该文动笔的时间。

我刚到考古所时，陈先生跟我们刚来的年轻人说，做研究工作没有八小时工作制，除掉吃饭、睡觉，一天二十四小时都要全身心投入。赵萝蕤先生在《忆梦家》一文中回忆说，"有时醒过来，午夜已过，还能从门缝里看到一条蛋黄色的灯光，还能听到嘀嗒嘀嗒和他搁笔时的声音。不知什么时候房间才完全黑了。"

老一辈的古文字学、古器物学和古史研究专家，许多人系统读过的旧书或许比陈梦家多，但由于没有像他那样与西方学者交往，掌握现代的方法，更没有机会直接接触那么多流失国外的资料，做的学问往往支离破碎，不成体系。陈先生为人心直口快、并无城府，对人和事有看法便一定说出，这就有可能让某些人感到不舒服。曾经在 1957 年贬损过陈先生的唐兰先生，临终前不久亲口对我说："梦家还是有贡献的！"

但近些年来，陈先生的学术成就越来越受重视。他研讨什么问题，都要搞出个体系来。他在甲骨文、青铜器及铭文、汉代简牍几个方面，都曾做出划时代的贡献。像他的《殷墟卜辞综述》，到现在依然是这一领域最权威、最被认可的综述著作。

《纳博科夫的蝴蝶》

作者：［美］库尔特·约翰逊
　　　［美］史蒂夫·科茨
译者：丁亮、李颖超、王志良
版本：上海交通大学出版社
2016 年 5 月

库尔特·约翰逊，生于 1946 年，美国昆虫学家，比较宗教学及意识研究领域的著名学者。因其在分类学、进化学以及生态学上的突出贡献（特别是蝴蝶研究）而闻名于科学界。著述颇丰，他的著作《纳博科夫的蝴蝶》曾于 2000 年入选华盛顿邮报"十佳科学图书"。

史蒂夫·科茨，专职作家，纽约时报记者。

致敬词

这是一部关于文学天才的博物学著作，一部难能一遇的科学与人文紧密交织的好书。什么人能在文学和昆虫学上同时达到最优秀的水准？纳博科夫做到了。《纳博科夫的蝴蝶》用大量素材和细节展现了纳博科夫的博物之旅，把那个属于蝴蝶的广阔世界向外展开，让读者了解了这位同时身为小说家、文学教授和蝴蝶专家的天才人物。

我们致敬《纳博科夫的蝴蝶》，这是一部传记，但又不止于此，它还是关于博物学文化的专业之书，关于多领域人生的优雅之书。面对现实，当文学与科学之间立起高高的壁垒，当城市生活与自然之间越发疏离，纳博科夫就像一个楷模，提示我们人生可以有另一种形态。

答谢词

谈到纳博科夫，无人不知晓其是俄罗斯文学史上杰出的小说家，文学成就享誉世界。然而，鲜有人知道这位文学大师还是一位博物学家，他曾致力于南美蝴蝶的基础分类工作，在鳞翅目分类学领域做出了诸多贡献。面对战争、贫困乃至来自科学界的非议，纳博科夫也从未放弃过蝴蝶研究。科学与艺术，不似传统观点那样相互排斥，而在他身上相融相和，汇合成了一种独特的精神特质。

《纳博科夫的蝴蝶》是上海交通大学出版社重点打造的"博物学文化"丛书之一，由美国博物学家、纳博科夫研究者撰写，此次首次译介至国内，为读者再现博物学家纳博科夫的一生。本书能幸获"2016 年《新京报》年度新知类好书"，实为莫大殊荣。当我们身处现代工业文明浪潮，在消费主义的裹挟下生活，不妨回归自然，远离浮世，在博物学中品味万物之美。

——刘浪

李妍：阅读纳博科夫

【这本书】
不是文学，是博物学

纳博科夫这个名字能为人所熟知是因为他是一位有名的文学家。但翻开这本《纳博科夫的蝴蝶》，在读具体内容之前，就首先看到它的作者和译者几乎都是从事动物学研究的专业人士。它由昆虫学家库尔特·约翰逊和作家史蒂夫·科茨合作完成，中文版的译者本来定为两位动物学博士李颖超与王志良，但因在翻译过程中发现书中关于鳞翅目昆虫的术语和专业知识太多，才请来了专业的蝴蝶研究者丁亮前来"支援"。

这正是《纳博科夫的蝴蝶》一书及其传主纳博科夫本人在鳞翅目分类学上专业程度的体现。《纳博科夫的蝴蝶》仔细描述纳博科夫在他所专注的眼灰蝶上做了怎样的研究，达到了什么样的专业程度，他的研究又是怎样在 20 世纪 90 年代以来才获得了普遍的认可。

博物学爱好者和动物学研究者们会从这本书中找到亲切感，那些关于标本如何采集、博物馆内如何鉴定、新种如何发表、如何处理优先权等相当专门和小众的内容，就这样通过一位文学与科学天才的传记鲜活地呈现出来。而对于更关注他文学的读者来说，这样一本书能让那些借助他对蝴蝶的痴迷来理解其小说的尝试，不再停留于意象化、审美化的牵强层面。当人们能以这样专业的视角去看待他的蝴蝶研究，才是真的靠近了完整的纳博科夫。

【这个人】
颠沛流离，矢志未渝

出生于俄国贵族世家的纳博科夫，在少年时期过着优渥的生活，他的父亲是俄国立宪民主党的创始人之一，同时是一位蝴蝶收藏家——在当时，标本收藏是在贵族中颇为时髦的爱好。小纳博科夫正是在父亲的影响下痴迷于蝴蝶，8 岁时就在家中读到了《鳞翅目》《新或罕见鳞翅目的历史画像》《英国蝴蝶飞蛾自然史》《欧洲鳞翅目大全》等不凡的专业著作。

但在 1917 年二月革命后，纳博科夫的贵族生活一去不返，他开始了流亡生涯，家财尽失，直到 1941 年定居美国，才渐渐安定下来。但即便颠沛流离，纳博科夫从来没有放弃过自己所痴迷的蝴蝶研究。即便经济状况不佳，他仍在美国自然博物馆做义工，帮助整理蝴蝶标本；他在未曾中断文学创作的情况下，坚持观察和研究，发表了专业的蝴蝶论文；他一边在美国大学里教授文学为生，一边利用一切可能的时间去观察蝴蝶，他小说中许多景物和细节，都来自周末与假期去捕捉蝴蝶的经历，而他不懈的努力也终于让他实现了自儿时以来的夙愿——发现并命名一个新种。

很难想象，一个像纳博科夫这样历经波折的落魄贵族，可以始终"不忘初心"地坚持自己的兴趣，并做到世界顶尖的水准。这需要坚定的意志、澄澈的心灵和专业的精神，纳博科夫做到了。在他生命的后半段，写作和教授文学是他用于为生的职业，但他曾表示，"假如俄国不发生革命，也许我会把全部生命献给蝶类学，根本就不会写什么小说"。文学给了他举世瞩目的名气，但他说："文学灵感的快乐和慰藉同发现（在显微镜下）蝴蝶的一个器官或在伊朗或秘鲁山腰上发现一个未被描述过的蝶类的乐趣相比就不算什么了。"

【这一代】
"跨界"仍然可能吗？

想为《纳博科夫的蝴蝶》找到一位完美的书评作者是很难的，它的"知音"应该是既熟悉博物学甚至昆虫学，又对文学有良好的品位与解读能力，而这样的人似乎只存在于我们的理想。毕竟文学与昆虫学，这两个领域相距之远，几乎是互斥的。但这种疏离和遥远真的是它们本身所决定的吗？恐怕在更大的程度上，是在于这几十年来，学科分野越来越细化，不同领域之间的壁垒也越来越高。当有了明确的"界限"需要跨越，个人也就普遍畏难而退，把精力用于追求"专业"和"有用"。

纳博科夫的人生是属于天才的个例，但难道不也是一个真实的启示吗？美国当代博物学家古尔德发表过一个看法：纳博科夫的故事让我们知道，创新的背后有某种重要的统一性，传统上艺术与科学互斥的看法是不正确的。

纳博科夫有一句名言："我认为，艺术品是两种东西的融合：诗歌之精确性和纯粹科学之激情。"一般来说，诗歌属于情感，而科学属于精确，纳博科夫的表述显然是故意反常识而为之。这是自然而然又符合实际的，他的文学作品有一种自然科学般的精确性，而他对博物学的专注，也确实充满激情。为什么纳博科夫可以实现如此成功的"跨界"？对比之下，我们当下所缺少的，或许就是如他这般来自个人的饱满的热情、专业的坚持，和精神上纯粹的追求。

《树之生命木之心》

作者：［日］西冈常一
　　　［日］小川三夫
　　　［日］盐野米松

译者：英珂
版本：理想国 / 广西师范大学出版社
2016 年 10 月

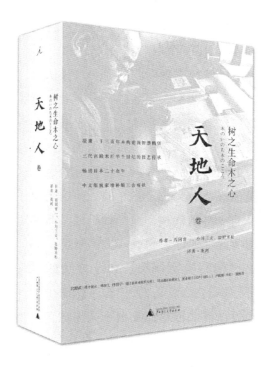

盐野米松，1947 年出生于日本秋田，两次入选芥川龙之介奖提名，先后出版了 20 余本关于手工艺人的书。代表作品有日本传统手工艺者访谈录《守住手艺》《树之生命木之心》等。

西冈常一，十六岁正式开始跟随祖父进行木匠学徒。1959 年修建明王院五重塔，1967 年开始修建法轮寺三重塔，1970 年作为栋梁开始复建药师寺的大雄宝殿和西塔，恢复已经灭迹了的唐代宫殿木匠的工具"枪刨"。1995 年，因患癌症去世。

小川三夫，1966 年拜西冈常一为师，成为其唯一的徒弟，并参与修建法轮寺。

致敬词

"匠人精神"算得上近几年最时髦的词汇之一。从出版到媒体，从音乐到电影，从饮食到时装，每个行业的从业人员都将"匠人精神"挂在嘴边。但在日常生活中，属于每个人的"匠人精神"却仍然罕见。"匠人精神"是什么？缓慢、专注、心甘情愿、不卑不亢，我们害怕缓慢，我们无法专注，我们心不甘，我们情不愿，我们既自卑，我们又自负。

在《树之生命木之心》中，我们看到了难能可贵的属于日常的"匠人精神"。这是日本著名作家盐野米松，对日本师徒三代宫殿木匠持续十年的采访笔录，分为天、地、人三卷。书中记录了奈良的法隆寺最后一代专职宫殿大木匠西冈常一传承下来的宫殿木匠的日常、技艺与身体力行的工匠精神。

我们致敬《树之生命木之心》，致敬在"顺流而下的时代逆流而上"的勇气与专注、缓慢与智慧。

答谢词

自己的书能超越国界，被更多的人阅读，这让我很开心。这本书讲述的是守护着日本古建、遵循传统方式修缮寺庙的宫殿木匠们，他们对生活方式和工作的思考，以及那些向往此道的年轻学徒的想法。在科学技术发展的繁忙时代，传承这门快要消失的手艺，这其中也体现了日本人对事物的思考方式。

这门古老的技艺要追溯到 1400 多年前日本从中国学习的技术。技艺的内核包含了创造者的想法。虽然为了适应气候和风土文化的差异，一些手法会发生改变，但是"树木的生命怎样去赋予建筑物生命"这种理念，基本传承自唐朝时期。这门手艺在日本得以被保存下来。如今关于这门手艺的书被中国读者阅读、喜爱，让我觉得感动。

这一定是因为我们之间有心想要去分享。很感谢这本书能让两国人的心相通。

——盐野米松

对话

采写　张婷

翻译　张颖倩

《新京报》：你怎么想到写作这本书的，你如何理解它畅销多年的原因？

盐野米松：我之所以想写这本书，是因为感觉到了高度经济增长带来的违和感。

不管是家中还是世间，明明生活变得比自己小时候要便利多了，却总感觉心变得匆忙。经济上变得富裕，每家每户都用上家电、汽车；高速路、新干线建起来，各地飞机场建起来，地球变小了，一切变得都很便利。明明什么都有了，却感觉不到生活富足的实感。一直在匆忙地前行，是为了什么？总有种如果停止前行，可能就会倒下的不安感。人们获得便利的同时，会付出什么样的代价？

想到这里，我就会想起我的上一辈，也就是父母、祖父母生活的那个年代是怎样的。

我小的时候，正是父亲那一辈人余波未断的时代。我家附近曾住着很多靠手艺活儿吃饭的匠人。一不留神却发现，这些手艺人的店子、工作室关了，人也不在了。那是 1964 年东京举办奥林匹克运动会时的光景。

在那之后，忙碌慌张的时代继续着。

"这样真的好吗？"可能当时很多人心中都萌生了这样的想法。就在当时那种心境下，我与守护着法隆寺的宫殿大木匠西冈常一的对话成了写这本书的契机。后来我继续采访了西冈常一的徒弟小川三夫（他和我同年），还有年轻学徒们（我孩子那辈人），他们是如何看待宫殿木匠这份工作，如何传承和延续这一古老技艺。以此收录成书，写成了《天》《地》《人》三卷。

这本书 1993 年在日本发行，差不多 20 多年前了。在那之前的 10 年前，我已经写了一本关于西冈常一的书，这三卷书当时是新的尝试。最终这本书想传达的是：技艺的传承和传统为何物；用手制作"物"是怎样一个过程，"制物"的心理状态、和大自然的共生、传承智慧的重要性等。

书中讲到了弟子的养成。传授技艺不仅是教授知识，还伴随有身体的记忆。书中提到经验与体验的重要性，所以许多从事教育工作的人也会成为读者。书中记录的那些世代传承的法隆寺工匠口诀，不仅讲清楚了技艺的秘密，也是领袖人物的说话之道。因此一些公司经营管理者也会阅读取经。

这本书不追求新奇，回过头去记录世间仅存的匠人们的思考，这种记录不会变老、不会褪色，而是被当作宝贵的人生指针，这可能是这本书长期以来畅销的原因。但这本书并不是为长期畅销而写。

《新京报》： 你如何理解"匠心"精神？这个说法如今在中国也非常受欢迎。

盐野米松： "不想做丢脸的工作"，这是匠人们的基本心态。不管是木匠、瓦匠、织布匠、纸匠、做点心的人、种菜的人，大家都是同样的心态。而判断工作做得好与坏的，是批发商和最后的使用者。付钱的人会从很多方面去判断，这东西好用吗？美吗？能用多久？如果他们喜欢，就会支持制作东西的人。匠人们则需要回应这种判断。更加努力，为了比前一天做出更好的东西而努力。这个时候，带着自己的名字做出的东西不会让他丢脸。人死了，他们做的物品会留下。他们不希望使用物品的人说"做得好差劲"。为此，有的时候他们甚至会无视商品的成本，推翻重做。这就是所谓的"匠人气质"。

在这样的努力中，他们磨炼着自己的人格。他们将自己塑造成在工作和生活方式上十分严谨的人。这样的人被称为"匠"。"匠"在日本是一种尊敬的称呼。所以许多人给儿子孙子取带"匠"的名字。日本的国民多数也会尊敬"匠"（当然也有例外的），职人们为了不让这个称呼蒙羞，便会更加努力。我觉得这也是日本人气质的一部分。每个行业有那个行业独特的语言、技能以及生存方式，也有无限的乐趣。这也是为什么这么长时间以来，我与各个行业的匠人打交道。越和他们相处，越钦佩他们的人生哲学。

《新京报》： 2016 年你是如何度过的，对 2017 年有什么计划吗？

盐野米松： 有许多想要见面的匠人，今年会继续去拜访他们。2016 年我的书在中国发行，能创造这样的机会让大家读到我的书，让这一年变成很好的一年。

《新京报》： 你是生于 1947 年的"40 后"，你如何看待你们这一代人的精神特质，与当下年轻人有什么不同？

盐野米松： 我生于战后，对战争无所知。父母亲那一代人经历了战争、战败、立国，受了不少苦。我们这代人接受的是新的和平宪法教育，认为民主主义、家庭和睦是理所当然。我们也是日本人口最多的一代人。如今这代人大多退休，开始安享晚年生活了。年轻的世代就是《树之生命木之心》中《人》这一卷描述的那一代年轻人。这一代人比起我们过着更安定平和的生活。他们是从小热衷于动漫、小钢珠和各种游戏的孩子。

虽然随着世代更迭，人们的想法会发生改变，但并不是所有地方都像是东京和大阪那样的生活，比如在农村还一直保留着祭典活动，一座屋子三世同堂也很常见。因此一个新的世代，并不是永远都是更新变化，而是一边前进时而回头，在试错中前行。新的一代人看上去变化很大只是表面现象，并没有想象中的变化那么夸张。

《殷海光林毓生书信录》

作者：殷海光、林毓生
版本：三辉图书／中央编译出版社
2016 年 7 月

殷海光（1919—1969），原名殷福生，湖北省黄冈市团风县人。中国著名逻辑学家、哲学家。

林毓生，1934 年生于沈阳，14 岁随家人迁入台湾。1958 年台湾大学历史系毕业，师从殷海光。1970 年开始执教威斯康星大学麦迪逊分校历史学系，主讲中国思想史，于 2004 年退休，改任该系荣誉教授。

致敬词

历史学者林毓生，受教于"五四"一代人物殷海光。殷海光的讲课和人格，让他在荒凉的校园内仿佛听到空谷足音。从 1960 年到 1969 年，师生二人远隔重洋而书信不曾断绝。时隔多年，这些信件结集出版又再版，我们读到他们对现代文明的思考和忧虑。在这些书信中，我们更能感受到思想背后那一个完整的"人"在黑暗年代里的追求与坚持。

我们致敬《殷海光林毓生书信录》，致敬殷海光，他以真诚的生命投入思索，其道德想象力使其不断自我完善，并以震撼人心的道德热情来推动启蒙。致敬林毓生，真正的理想向来很难实现，然而一旦找到终极关怀，自然可以安身立命，择善固执。我们致敬这两位黑暗中的燃灯者，用一线微光穿透了时代。

答谢词

十分高兴得悉《殷海光林毓生书信录》获选为"2016 年再版好书"。谨此向初选、决选、终选评委，向新京报编辑部和读者们致谢。

殷海光先生是为了中国人的福祉，投入了他的整个生命来为其实现自由、法治与民主的理想而奋斗的。他的坚持，只在表面上与"宇宙神话"笼罩下中国传统以"三纲"为主轴的礼教社会中，义之所在，知其不可为而为之的精神，相似。因为殷先生所坚持的言论蕴涵着理性的力量——它具有远见与历史解释力（所以它可应用到现在、过去与未来）。这样具有理性力量的判断，蕴涵着超越性与公共性。所以，一方面，它不受现实考虑的限制；另一方面，它超越了个人之私、一家之私、一党之私、一个族群之私、一个地域之私、一个民族之私与一个国家之私。这种理性的超越性，乃是宇宙中一项"真实"的力量。殷先生受到了它的召唤，因此非把他的判断在当时的公共论坛上发表出来不可。

殷先生在到台以后的岁月中，由于坚持理想所遭遇的迫害，与他面对这些严峻的迫害所展现的"威武不能屈"的嶙峋风骨，以及他对事理公正的态度与开放的心灵，对知识的追求所显示的真切，和对同胞与人类的爱和关怀，使我们感受到生活与理想之间求其一致的努力所释出的人格素质。什么是人格素质？用韦伯的话来说，那是来自一个人的"终极价值与其生命意义的内在关联的坚定不渝"。

殷先生伟大的精神，对于任何与其直接或间接触过的人，都可能产生"奇理斯玛"（charismatic）的震撼。我们面对中华民族成长过程中的许多苦难，自然要想到在思想企向与做人的态度上，如何才能保持自己的人的尊严！

——林毓生

阅读殷海光与林毓生

【这一代】
忧心忡忡

20 世纪 60 年代，对于东西方而言，都是人心浮动的世界。彼时，西方在战后崛起，而我国台湾地区经济亦开始腾飞。现代化的车轮滚滚向前，科技逐渐宰制了人类的日常生活和精神生命。以当时称雄的美国来说，整个社会陷入时代的纷乱与狂飙，意识形态的冷战、性解放、嬉皮士文化……乱哄哄向前冲的时代，在殷海光、林毓生这两位具有古典心灵的师生看来，是何等忧心忡忡，他们在来往书信中为那个"现代社会"下了"诊断书"："一个社会，技术肥肿，伦范消瘦、唯利是图，个个忙得失魂落魄，怎样维持平衡呢？"

1955 年，因上段海光的逻辑课，青年学子林毓生开始跟随他读书和思考问题。在荒凉的校园，林毓生在段海光的学识教诲下，呼吸到了真正有生命力的东西。1960 年林毓生赴美留学，来到芝加哥大学，投身哈耶克门下，开始自己的学术生涯。

【这本书】
师生情谊从未改变

《殷海光林毓生书信录》，收录师生二人从 1960 年至 1969 年，隔着大洋彼岸而不曾中断的书信往来记录，直至殷海光因胃病去世。这些信件宛若穿透黑暗时代的一缕微光，我们读到了他们对现代文明的思考和忧虑。"时至今日文明可能随时毁灭，人类面临着无比的威胁，真正可以珍惜的是个人和个人间真挚情感的交流。"

我们也读到师生二人对"五四"新文化运动的反思。在这些书信中，一个重要议题就是对"五四"一代知识分子进行的评价和阐释。虽然自身受到五四新文化源流的浸润，但是殷海光对五四一代的审视依然是冷峻而严苛的，他冷静指出，那一代知识分子是把个人价值当作国族主义或反传统主义的手段。

书信中动人的地方，还在于那些涉及读书治学的文字。"读书，对于咱们而言，不是一种目的，而只是一种手段：一种致知的手段，一种帮助了解世界百态的手段。"殷海光在五十岁的盛年就离开了世界，在他生命的最后十年，从来不肯放弃对知识和真理的探求，不断地在书信中请林毓生邮寄新书、杂志和文章，以期让他在孤岛上继续展开深入的思索。

《殷海光林毓生书信录》最初由台北狮谷出版公司于 1981 年出版，后来台北源流出版公司于 1984 年曾发行再版，此后大陆地区于 1994 年上海远东出版社、2008 年吉林出版集团分别再版。时隔八年，此书再度重版，然而书中所探讨的对现代性的反思，以及一代知识人的困境与突围，是常提常新的议题。

【这代人】
现代理性令人动容

2004 年 5 月，著名历史学者林毓生从美国威斯康星大学麦迪逊分校教职上荣休。他肯定不会忘记当年做学生的年轻时代——35 岁，1969 年，师从哈耶克的林毓生，获得芝加哥大学社会思想委员会哲学博士学位，这一年，他的另一位授业恩师殷海光在台湾溘然长逝。很多年后，他这样回忆两位导师：
"哈耶克先生给我的是知识贵族精神的
召唤，殷先生给我的则是经过西方精神
转化的中国知识分子道德精神的召唤。"

"殷先生对知识的追求所显示的真
切，以及对同胞与人类的爱与关怀，在
使我感受到生活与理想之间求其一致的
努力所显示的道德境界，这使我对他背
后的思想资源产生敬意与向往。"

殷海光在 1953 年到 1954 年曾陆
续发表哈耶克成名作《到奴役之路》的
中译文，林毓生正是透过殷海光的译文，
逐渐接触到哈耶克的自由哲学。1965
年台湾文星书店发行《到奴役之路》单
行本，殷海光在其中的《译文自序》中说：
"世界上最刚强的人是敢于面对逆意的
现实真相的人，以及身临这样的真相而
犹怀抱理想希望的人。"逝世前 26 天，
殷海光忍着巨大的病痛，在《海光自
选·自叙》中口述道："我希望我能再
度战胜死神的威胁，正如我希望在春暖
花开的日子看见大地开放着自由之花。"

《巨人的陨落》

作者：[英]肯·福莱特
译者：于大卫
版本：读客文化 / 江苏凤凰文艺出版社
2016 年 5 月

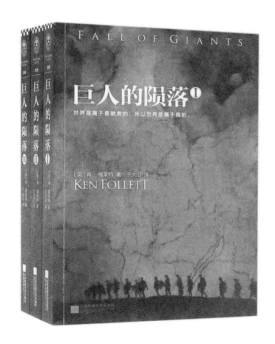

肯·福莱特，当代大师级惊悚小说作家。1949 年 7 月 5 日出生于英国威尔士加的夫，先后在哈罗·威尔德语法学校和普尔工学院学习，1967 年进入伦敦大学学院学习哲学。代表作有《针眼》《圣殿春秋》等。

致敬词

第一次世界大战恢宏的历史画卷在作家肯·福莱特的笔下徐徐展开。没有教科书式的年份和事件堆叠，也不似好莱坞大片单纯追求战争给人的视听冲击。他以非虚构的写作手法写小说，不容许任何史实上的错误或虚假；又以小说家非凡的想象力，赋予历史人物以饱满的生命。他带领我们钻到历史的幕布后面，从一个个有血有肉的生命，一窥宏大的历史与我们不曾生逢的年代。

我们致敬《巨人的陨落》，致敬福莱特先生以持重、精湛的文笔，在学院派的历史写作与民间娱乐式的历史写作之间，开辟出了一条堪称完美的通衢，它直指普通人在历史之中跌宕起伏的命运，直指人类在面临抉择时的邪恶与善良。

阅读肯·福莱特

小说像一扇窗，人从窗里看风景

2016 年 5 月，《巨人的陨落》中文版问世。作为肯·福莱特"世纪三部曲"的第一部，这部将近 60 万字的三卷本历史小说从 1911 年写到 1924 年，在长达四十二章的篇幅中，肯·福莱特将虚构的人物与真实的历史穿插叙述，从威尔士矿工出身的姐弟、威尔士贵族兄妹，写到美国白宫的年轻助理、痴情的德国情报官、俄罗斯的孤儿兄弟。战争与历史不再冷酷无情，而是和每个人的命运紧密相连。

福莱特是一位严肃的小说家，他书写战争的目的是展现一段激动人心的历史，挖掘出空洞抽象的历史名词背后的血与肉。为了力求每个细节的准确，他雇来 8 位历史学家校勘书中的史实错误。他的原则是："要么某一场景真实发生过，或者有可能发生；要么某些话真正说过，或者有可能说。如果我发现有某种原因让某种场景不可能真正发生，或不可能说出某些话——例如某个人物当时处在另一个国家，我便将其略去。"

或许，正是认真和严谨的写作态度，加上娴熟的历史写作，让读者沉浸在福莱特笔下人物的命运和情绪之中，也让这部书成了名副其实的全球畅销书。2010 年 9 月，《巨人的陨落》英文原著初版上市后，登上《纽约时报》小说畅销榜第一名，2012 年 9 月再版，再次荣登《纽约时报》小说畅销榜第一名。在欧美上市仅十周销量即突破200万册。《巨人的陨落》的美国出版人、企鹅出版集团总裁布莱恩·塔特在接受采访时表示，这本大书的爆红让他万分感慨：全世界都流行轻阅读，"短篇、轻小说、140个字，似乎成了大众阅读的标配，这本大书反其道而行之，里面几乎每一页都有故事发生"。

2016年5月《巨人的陨落》中文版问世，不到两个月销量突破十万册，网上好评如潮。作家马伯庸评价说："《巨人的陨落》以小言大，见微知著，我们阅读的是几簇浪花的起伏，却能感受到大海的深邃与广博，能做到这一点并不容易。"

上海读客图书编辑、《巨人的陨落》的责编阅唯在接受媒体采访时说："一个真正伟大的故事，是不存在任何阅读障碍的，是可以引发绝大多数人的共鸣的。我们不应该小瞧了中国的图书市场，更不应该小瞧中国读者的阅读能力。《巨人的陨落》的畅销已经证明'碎片化阅读'只是一个伪命题。"

如今，中国图书市场上的历史类书籍大致可分为两类：一类是逻辑严密、论证严谨的"学院派"历史写作，一类是以调侃、娱乐大众为主要目标的"民间"历史写作。这两类历史写作水火不容，区隔出两类历史书的读者：以学习和研究历史为目的的读者，以及以轻松阅读为目的的读者。

而《巨人的陨落》的出现，恰好弥合了两者之间的鸿沟，以写小说的方式展现历史，以历史中真实的人和事丰富小说。这部小说的畅销，印证了福莱特非虚构历史写作方式的成功，也为我们的历史写作和阅读提供了值得借鉴的范本。

按照以往的经验，畅销意味着迎合大众，通过博人眼球的包装和文案，轻松甚至娱乐气息浓厚的写作方式，获得关注和销量。形式高于内容，成为产业的文学以及成为明星的作家，让"畅销书"一词失去了它本来的权威，成为这个时代畸形的附属品。

肯·福莱特这样期待自己的作品："我的小说就像一扇窗，读者不是在看窗，而是从这扇窗里看风景。我希望我书里的字都是透明的，读者忘记我的写作特征，专注于感受情节。"

对话

采写　张畅

创造一批小人物，让他们参与大历史

《新京报》：最初是什么启发了你创作《巨人的陨落》？

福莱特：我问了自己这样一个问题：在人类文明的历史上，哪一个时代最激动人心、最跌宕起伏、最暴力？答案显

而易见——20 世纪。就这样我开始构思一部讲述 20 世纪的小说。

《新京报》：作为"世纪三部曲"的第一部作品，最初创作这部小说想要达成怎样的目标？

福莱特：20 世纪是我们的父辈和祖父辈创造的，也是由我们创造的。这是我们的故事。我想要做的，是理解并向读者阐述：我们的现代世界是如何成型的——资本主义、共产主义、民主、女权主义，与此同时，写下一个能俘获全世界读者的心的惊心动魄的故事。从目前的销售状况——已经售出 2000 万册来看，读者确实很爱读"世纪三部曲"。我相信，只要读完全书，读者一定会对近代史有更加深入且真实的理解。

《新京报》：在创作这部小说的过程中，遇到的最大挑战是什么？因为这部小说的体量巨大，人物关系复杂，在构思情节的过程中有没有遇到什么困难？

福莱特：我必须掌握大量的历史，无论是宏观的历史，还是微观的细枝末节。但最大的挑战还是创造一批小人物，能够参与到众多历史大事件之中。

《新京报》：你期待你的读者从小说中得到什么？到目前为止，从读者那里得到过哪些让你印象最为深刻的反馈？

福莱特：我非常高兴听到读者说：

"之前我对第一次世界大战一无所知，但现在我懂了。"

《新京报》：对你而言，小说的真实性重要吗？在设置人物、对话、情节时，你是如何平衡小说的真实性和虚构性的？

福莱特：历史的准确性对我而言非常重要。当然，我的主要人物都是虚构的。我们了解到一个人物的所思所想与他的恐惧，比如比利·威廉姆斯。他参战的时候，还在担心自己是会勇往直前，还是会胆小怯懦，这些想法都是我自然而然地想象出来的。但战争的细节都是来源于史实。我对于重大历史事件的描摹，比如索姆河战役、俄国革命，必须是百分之百准确的。为了确保准确，我花钱雇了几位顶尖的历史学家，让他们替我审读打印的书稿，纠正我的错误。

《新京报》：2016 年你做了哪些事？会如何为这一年作结？

福莱特：2016，历时三年，我完成了一部新书，叫作《永恒的火焰》，故事设定在 16 世纪。和很多人一样，我为两次投票的结果感到震惊和失望：特朗普当选美国总统，以及英国脱欧。我研究过 20 世纪 30 年代的法西斯主义崛起，我知道两者有着不祥的相似之处。2016 年最糟糕的事莫过于民族之间的仇恨——未来世界的不祥之兆。

2015 年

　　他的公共写作之中展现了理性对话和建设性批评的公共价值，今天又展现了这样一种公共精神的培育基础，即以经典阅读为基础的人文教育，他不只是个思想家，也是个实践者，而公共性贯穿他的所思所行，这正是今天重塑教育和重建社会必须认真对待的。

《吴大羽作品集》

作者：吴大羽、吴崇力、寿崇宁
版本：人民美术出版社
2015 年 3 月

吴大羽（1903—1988），中国杰出的现代主义艺术大师，中国抽象绘画奠基人，油画家、美术教育家、诗人。生于江苏宜兴。1917 年到上海，师从张聿光学画。1920 年任上海《申报》美术编辑，绘制漫画。1923 年留学法国，考入巴黎国立高等美术学校。1927 年回国，任上海新华艺术专科学校教授。1928 年 3 月，参与创办国立艺术院，历任西画系主任教授、绘画系主任。后任上海交通大学艺术顾问、中国美术家协会顾问、上海画院副院长、中国美术家协会上海分会理事。作为美术教育家，他培养的学生有丁天缺、祝大年、吴冠中、朱德群、赵无极、庄华岳、闵希文、赵春翔等。

致敬词

吴大羽先生是中国现代绘画开拓者之一、中国现代抽象油画的奠基人。一生维护艺术的庄严和人的生命尊严，在油画、水彩、漫画、书法等领域，都有卓越的创造。他是一位诗人，诗心的穿透，使他的艺术散发出特有的灵性。他是百年来中国美术领域不多见的智者，以哲学的智慧淬炼艺术语言，以不灭的道义担当来表现人的生命价值。他的艺术启迪人心，有内在的风骨，在凌厉狂放中有清净优雅的美感。他是一位一生没有举行过画展的艺术巨匠，任凭世事浮沉、人生磨难，都能寂寞自守，不放弃自己独立的艺术追求。

人民美术出版社在先生家人和社会各界的帮助下，第一次较为完整地呈现吴大羽先生的整体艺术风貌——谨将本年度大奖颁给《吴大羽作品集》。

答谢词

欣闻《吴大羽作品集》荣选《新京报》年度图书奖，我既感到荣幸，又感到欣慰。我作为《吴大羽作品集》的执行主编之一，代表主编——吴大羽先生的女儿吴崇力、儿子寿崇宁，以及另一位执行主编李大钧，向《新京报》和各位评委、读者表示衷心的感谢！

此时此刻，我更加怀念吴大羽先生。我曾有幸在吴大羽生前的最后几年拜访过他。那时他的谈话不能完全理解，失去了更多的请益的机会。我真正进一步理解吴大羽先生是这些年有幸参与《吴大羽作品集》的编辑。吴大羽的作品是宝贵的文化遗产，他的坎坷的经历、崇高的人格和杰出的作品随着近年来的展览和出版活动，激荡着我们从事美术专业的人们的心灵，成了一种"吴大羽现象"。现在这种现象和影响又进一步走向了社会，成为《新京报》这样的广有影响的大众和社会媒体的关注，这正是我感到高兴的原因。

吴大羽先生说，"艺术的根本在于道义"。这里的"道义"也是"真理"。吴大羽先生用完整的人生轨迹和艺术创造为艺术正名，他坚持艺术的本体价值，拒绝艺术成为工具和商品，在长期的社会压力下，不改初衷。他创造性地创作了大量杰出的作品，培养了一批杰出的艺术英才。他坚持慎独、自省，将深厚的中国传统文化学养用于人格的修炼，做到了"富贵不能淫，贫贱不能移，威武不能屈"，为艺术家树立了楷模。吴大羽先生生前没有举行过个展，没有出版过画册，时代错待了他。但是他不抱怨，不气馁。他说过"我是不死的"，"怀同样心愿者无别离"。今天的获奖又一次诠释了这份历史的公正。

我还非常敬佩吴大羽先生的夫人寿懿琳女士和《吴大羽作品集》的主编吴崇力、寿崇宁先生。由于年龄的原因，他们不能到北京领奖。但正是他们数十年来精心保护吴大羽先生的作品，并做了大量前期的准备工作，才使得《吴大羽作品集》得以完整出版。我和编辑团队所做的工作，正是天时地利人和。时代的进步、艺术的价值，使得《吴大羽作品集》发挥了它的作用，进一步使我们欣慰的是文化的胜利、艺术的胜利！我们也理应和大家一样，额手相庆，感谢先贤，感谢时代！

——周长江（《吴大羽作品集》执行主编）

对话

采写　李昶伟

"父亲这样，太苦了"

《新京报》：去年七月份《吴大羽作品集》出版的时候，发布会上你最后讲了一句话："我们背负的责任终于解脱了。"这么多年，背负的是什么样的责任？

寿崇宁：我们背负的，其实更多是对父亲的感情，来自家庭感情的责任。尤其是我，谈不上多深沉的追求。父亲这样一辈子工作着，几十年过来，我们只是把绘画的作品、文字的作品留下来，谈不上使命，只是觉得父亲这样太苦了。

《新京报》：他在哪里画画？

寿崇宁：就在这个阁楼上。你们知道的，现在已经不大有这种楼了，两层半的房子，那半层就是这阁楼，老上海特别典型，以前叫假山楼，屋面上盖一个小天窗，见光，现在把它打掉了，光线比以前好多了。从前外面就是瓦，没有光，用个东西把小窗撑上去。

20 世纪 50 年代，一楼原来是他的画室，四口人住比较宽裕。后来一楼挤进了两家，二楼又住进了一家，所以二楼只剩下一间房，加上阁楼，所以父亲大量的思考、文字、画都是在这里。冬天这里很冷，夏天热得不得了。当时吴冠中来的时候，房子还很拘谨的。赵无极 1972 年来的时候，就只能到二楼了，很挤。

我父亲晚年的时候眼睛已经看不见了，一个画家眼睛看不见，你说多受罪啊，就像贝多芬耳朵聋了。他不是靠眼睛，是靠心灵创作的。我记得父亲在上面画的时候，下面还有人家住。他画油画要等那家住家的男主人休息，那家男主人是退休回来的，老是干扰他上去画，如果这位先生不回来的话，大概还会多画那么一些画。这样就断掉了，后来就只有一些纸上的作品。

"吴大羽的画得以保留，妈妈贡献最大"

《新京报》：还记得他画画时的样子吗？

寿崇宁：父亲画画的时候，家里人不能上来的，只有妈妈可以。父亲画画有一些情形，我不知道你们能不能理解。差不多他画完，母亲会上去看一看："好了，可以了。"父亲呢，画了作品之后总是不满意的，一个瞬间完成，再去看看又不满意，有时候加笔再画，又破坏

了。所以妈妈一看，"好了呀，可以了"，然后就抢下来了。你现在去看很多画，很多都是母亲抢下来的。

我的妈妈是很不容易的，一个作者，一个艺术家，在那样的时代里，谁看？妈妈是他第一个读者，也是唯一一个读者，（他们）也有交流，但是妈妈从来不去干涉他。可以说父亲留下来的作品，是父亲的，也有妈妈的心血——创作者是吴大羽，但得以完成、保留下来，我们的妈妈贡献是最大的。没有妈妈，画都不画了，后来到了晚年不画了，没有动力画了，看看一百张画，这么小，他不画了。

《新京报》：母亲生前有评价过父亲的画吗？

寿崇宁：母亲去世前卧床六年，一

开始能讲一些，后来就不讲了，她的世界那时候就封闭了。母亲的一生，最苦了，母亲长大到有我们这个家，没有过一天安静的日子，在杭州虽然说是教授夫人，够忙的，她自己也是个艺术家，她也是有脾气的。吴冠中、赵无极他们那些学生辈是知道的。

"妈妈走了以后，我才理解父亲"

《新京报》：父亲一直给你留下来的印象是什么样的？

寿崇宁：小的时候不在父亲身边，在外婆家，所以我跟父亲接触就少很多，回到父母亲身边的时候已经上小学了。我一辈子就住在这里，没动过。母亲呢，抗日战争中西南兜一圈回来，一直到中华人民共和国成立以后，就在这个地方。所以拿父亲讲，一生就在这个地方，抗日战争后就蜗居在这里。

阁楼里面画这么小的东西，画是他心里吐出来的，他画这个画时间不多的，上去了，在上面画一个小时。有时候他说："我再去画一下！"妈妈说："好嘞，差不多了。"

他的画为什么不签名？他不是现在这些观念，什么价值啦，他不想这些。如果想这些就没有吴大羽了。你探索人的心灵的话，你会发现吴大羽的价值；对于不关心这些的人，他的画可能一钱不值，这是我现在的理解。我从前不理解这些，妈妈走了以后我才理解父亲，理解母亲，理解姐姐。我认识很迟，86 岁的人，理解父亲很晚很晚。

《新京报》：那么长时间里，外界的交流对他来讲意味着什么？重要吗？

寿崇宁：以前我们学校老同事跟我说："你家里不好走进来啊！打门打不进来的。"我们单位里好多人有这说法，大家都觉得吴大羽好像不食人间烟火，拒斥于门外的，其实呢，不是这样的。一个，他不善于与人打交道，他跟人谈，一谈到艺术，心肺都拿出来，你们不知道，谈的时候两眼放光，歇下来，会吐血的。年轻一点的时候，学生来，

这个很好啊，很激动，很兴奋，谈完回去，吐血了，好几次都这样。他不会谈世俗啊，现实生活啊，他会觉得这些有什么好谈的呢。

中华人民共和国成立以后，他不善于谈，也不希望谈。他整个人是隔绝的，我现在老了，才意识到，父亲能够在这样长长的时代当中活着，既保留他的生命，还留下了艺术，他要有多少的毅力、多少的智慧，不容易啊！这么长地活着，还能够画点画，能写一些他关于艺术的感受——他写不是为了给别人看，画也不是给别人看，有不少的艺术家都是一样的。他不是为给你看的，不会问"你看好不好啊？"他的艺术是他自己心灵的一种表述：他对世界的认识，他对艺术的认识，他对人的认识——他关心着人、人的心灵的问题。我越来越认识到父亲的这一面。我没有学识，也没有学问，虽和现实的父亲那么长时间在一起，我认识他并不深，我今年 86 岁了，到这最近几年，他的文字慢慢整理出来，我才越来越真正认识他。

但他自己从来不喜欢在别人面前谈他自己。吴冠中来看他，也没有看到他的作品。他不喜欢谈自己的作品，现在

房间里面放着他的画，他如果在世，是要骂人的。每天房子里挂着自己的画，这个是不行的。在他那里，艺术家的工作是不断在创造、在更新，你拿现在的一套条条框框去跟他讲，他会不高兴的。

追索吴大羽的意义之路

1月5日采访吴大羽先生哲嗣寿崇宁时，正值上海冷锋过境。寒冽的冬日上午我坐在了位于延安中路百花巷吴大羽的家中。1940年的夏天，距离抗战胜利还有五个年头，吴大羽随当时任职的国立杭州艺专迁徙西南，后经滇越铁路转道香港，回到上海，就此蛰居在这个小巷深处的房子中，一直到1988年去世。

正对着门看出去，外头两株大无花果树已经落光了树叶。2015年夏天我赴沪做吴大羽专题的采访时，曾来过这里，尽管当时与寿先生缘悭一面，我见到了这个石库门小院里夏日的景象，印象最深的是那几株华盖亭亭的无花果，浓荫抵达小房子最高的屋顶。我想象，这些绿荫可曾庇护过一位艺术家的夏日潆热？

而这次，见到寿先生，我得以进入吴大羽先生一直作画的阁楼。这个不足十平方米的小阁楼几年前经过了一次改造，改造前唯一的采光是一扇向外支起的小窗，我问寿先生："这样的光线，一位终身致力于油画的画家怎么作画？"寿先生说："他不是用眼睛画，他是用心灵画。"

"用心灵创造"听上去再惺忪平常不过了，因为这个用法用得太多，但唯有面对真正的艺术家时，这字眼才具有它内在的含义。

吴大羽是谁？

2015年3月，《吴大羽作品集》由人民美术出版社出版。迄今为止最完整地收录吴大羽的作品：包括他全部油画作品，也收录了之前出版的画册没有收录的蜡彩、彩墨、水墨、铅笔画、钢笔画、水彩、漫画、书法、书信等作品750余幅。在看到这些明丽纯净的作品之后，读者的第一个问题就是："吴大羽是谁？"何以这样一位大艺术家如隐士一般蛰伏、留下这么多瑰丽的作品却不为人知？

吴大羽是谁？更容易介绍的一种方式是：他是大师的老师，因为他的弟子们太出名。他的学生中有吴冠中、赵无极和朱德群。在另一部同期出版的《师道》中，收入了吴大羽寄给弟子赵无极、吴冠中、朱德群等人的十数封书信，以及随笔、诗歌。吴大羽25岁担任国立艺术院（后改为国立杭州艺专）的首任西画系主任教授，他的学生队伍和艺术体系是中国现代美术史的一个独特的阵营：艾青、胡一川、王式廓、祝大年、李霖灿、丁天缺、赵无极、庄华岳、朱德群、吴冠中、罗工柳、赵春翔、涂克、谢景兰、刘江、袁运甫……其中"三剑客"赵无极、吴冠中、朱德群更是名满天下，但朱德群曾经说："我们几个都是吴大羽的作品。"

他来自哪里？

更真实的困惑于是产生了：吴大羽到底是谁？他来自哪里？同样的环境缘何有了这样的人物？

在上海，我采访吴大羽先生曾经在上海油雕院的前同事、画家也是《吴大羽作品集》的主编之一的周长江。周长江说的一个细节让人印象深刻，他说年轻的油画家进入油雕院拜访老先生们，大羽先生不住点头对他说"后生可畏，后生可畏"；在杭州，我采访中国美院的院长许江。许江记得 80 年代赵无极拜访吴大羽，晚年吴大羽嗜睡，学生婉转劝老师不要睡太多，吴大羽说："我在做梦，梦见什么？梦见画画。"

杭州植物园还保有吴大羽当年住过的房子。植物园入口处是林风眠故居，过百余米转上小山坡，是当年蔡元培的女儿、女婿蔡威廉和林文铮的旧居——

吴大羽任西画系主任时，蔡威廉是当时西画系的教员，林文铮这位吴大羽的留法老友则是杭州国立艺专的教务处主任。蔡林二位的旧居再往里深入则是吴大羽的旧居。这些有理想的一群人，当年曾经相约在植物园建造了自己的房子，他们自海外习艺归来，摩拳擦掌要在西子湖畔建造一番关于美的事业。

如今回顾吴大羽他们这一代人艺术教育的方案，至今依然启发我们。他们一开始就是在中国的内在传统中面对西方现代主义，用中国传统的内在精神性，激活现代主义，视野之宏阔博大，在今天依然发人深省。

由外到内的吴大羽的世界

而由外部进入吴大羽自己的世界，经由那两千多幅像日记一样在纸头上用蜡笔、钢笔、水彩等方式记下的世界，以及阁楼岁月里写下的五十万字的文字，我们才能最终抵达这一位卓越的大师所致力达到的境界。

"他领悟出艺术中一些真正的、可以供当代艺术家分享的东西。比如他认为油画不能沦为一种教育的工具，最怕的是一种依附；比如他说'艺术的前身是自由，后身是大悲'。他的很多的议论，在今天读来还是发人深省。"在《新京报》年度致敬好书终评会上，北京大学专攻艺术哲学的朱良志教授提名《吴大羽作品集》时曾经说："读他的东西，不在于我们发掘出一位寂寞的艺术家，也不在于这个人成就有多么大，他有他自己独特的地方。他作为中国 20 世纪抽象油画奠基人的地位不容置疑，他作为 20 世纪中国美术界最有思想的一位艺术家的地位是不容置疑的。"

吴大羽一生求索，在晚年都未停止。我们今天看到的吴大羽画作，在他经历的时代里，并没有一个开放的世界的参照，他只是在小小的阁楼里，沿着自己的路线，不停地和自己作战，不停地推翻自己，超越自己。他一生的作品轨迹，经由具象、写实、抽象甚至不是简单抽象能概括的后期作品。在他这里，画、诗、哲学互为辩证统一，共同构成他那瑰丽、璀璨、明净的艺术世界，艺术家自己称为"第一百零一个世界"。这个世界的魅力今天并不见得能为所有人洞悉，但前身是自由，后身是大悲，我们在吴大羽身上看到的，是艺术伟大的创造的精神，这一精神是勾连所有时代的密码。

《乐之本事》

作者：焦元溥

版本：广西师范大学出版社

2015 年 9 月

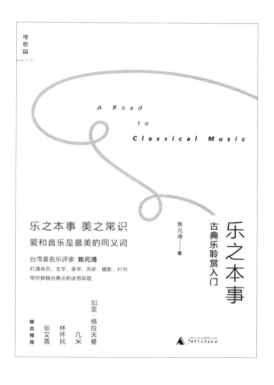

焦元溥，1978 年生于中国台湾，伦敦国王学院音乐学博士，自 15 岁起发表乐评、论述与散文。

致敬词

在古典音乐界，焦元溥是个非常特别的存在。以他的天赋，他可以成为一个非常好的钢琴家，但比起演奏家，他更喜欢欣赏者的位置，之后再将观感转换成文字，于是有了此前厚厚的两大本对全世界优秀钢琴家的访谈录——《游艺黑白》。正是本身对音乐的深入了解，让他的文字充满魅力和可读性的同时，又是严谨深邃的。他本可以继续深邃下去，但此时他偏偏选择回过头，面向大众写出了一本"浅出"的《乐之本事》。《乐之本事》涵盖了焦元溥推广古典音乐这些年听到过的各种提问："不会演奏乐器可以听古典音乐吗？""不会看谱可以听音乐会吗？"他从回答这些常见问题入手，一点点带出古典乐的历史、古典乐的观乐礼仪，如此种种。这是一本资深乐迷和从未接触过古典乐的人都能各有收获的图书。而写下这本书，一遍遍不厌其烦地向公众讲解古典乐是怎么回事的焦元溥，大抵是因为心中总有个执念，这就是："我们要认真地把这门艺术交给下一代人。不能只有技术，要深刻了解道理和文化，然后我们把它传下去。"

答谢词

听说得奖感言，免不了要感谢评审与出版社。我确实不例外。不过在此之前，我想和大家分享一则不有趣的趣事：

元旦早上，台湾某新闻台来电，记者发问时自己都笑了出来："请问您昨晚听了台北市长在跨年晚会的演唱吗？没有啊？哦，他唱得荒腔走板。不知道您是否愿意听一下，给个评语？就听个一分钟行吗？我们等一下再打电话过来？"

跨年夜我没看电视，而在音乐厅欣赏由张艾嘉担任朗读，和台湾爱乐（NSO）合作演出的孟德尔颂全本莎士比亚《仲夏夜之梦》剧乐。我不只是观众，还负责原著的翻译改编。从四月开始，我参与了所有讨论与排练，跨年夜首演完一样不得闲，要分析优缺点供新年场做修正参考。"市长既然唱得很烂，我又何必多谈"，我和记者说，"毕竟，听美好演出都不够时间了，我一分钟都不想浪费。"

放下话筒，百感交集。这个制作很难。即使是演戏编剧导演皆擅，纵横舞台超过四十年的张艾嘉，面对改编版里的十四个角色，也得花上八个月琢磨，才能在现场以声音演技完美表现。

身为古典音乐研究与书写者，对此

其实已经习惯：不管这个领域有何精彩成就，不少媒体永远先给它贴上一个"小众"标签，而小众意味不重要。

因此身为读者，特别感谢《新京报》设立艺术好书专项，正视这量少但质精的小众。而身为作者，比作品获选年度艺术图书更开心的，是得以由入围名单认识其他十一本著作，当成自己的选购指南。一如前辈所提醒的，出版业之间，彼此永远不是对手——我们的对手，是那些不看书也不买书的人。每"消灭"一个这样的对手，就是增加一位看书且买书的读者。正因为出版环境不景气，志在书写创作的我们，更没有苟且怠惰的权利。愿大家互相砥砺，交出更好的作品，为自己也为这个时代留下值得称道的记录。

感谢理想国与联经的出版与行销团队，感谢评审的肯定，感谢《乐之本事》的读者。希望这本书能为大家带来帮助与快乐。祝各位新年如意！

——焦元溥

对话

采写 姜妍

【关于这本书】
是解答疑问的书

《乐之本事》其实是被读者和听众问出来的书。

我从英国回到中国台湾地区后，有更多的演讲机会，也认识到更不一样的阅听大众。我惊讶地发现，大家所提出的疑惑几乎大同小异："我没有学过乐器，所以我听不懂音乐。"（没有学过烹饪，所以不懂吃饭？）"我不会看乐谱，所以我不敢听古典音乐。"（不会看建筑蓝图，所以不敢住房子？）"我没学过乐理，所以我不会欣赏音乐。"（没学过调色原理和光影分析，所以不能欣赏绘画？）太多我自己从未有过的想法，居然是许多人共通的问题。"指挥究竟在做什么？""去音乐厅可以穿牛仔裤吗？""为什么不要在乐章间鼓掌？"我的聆乐经验又是如何，和大家是否真有差异？

一次两次三次，被问得多了，索性坐下来好好书写，把听众的问题回答清楚，也加入自己想要传达给读者的观念。书写过程中每回答完一个问题，写好一个段落或章节，我就传给一些朋友看，从他们的回馈与批评中进一步思考，哪些疑问还没解释周到，哪些议题也应该纳入此书。就这样一来一往，最后组织成了《乐之本事》。

因此，《乐之本事》是解答疑问的书，是陈述主张的书，是沟通对话的书，是记录作者个人友谊与成长经验的书。

当然，也是希望能够陪伴读者的书。

【关于这一年】

是驿马星动的一年

2015 年是我旅行最繁忙的一年，竟超过三分之一时间不在家，从三月底到十二月中跑了台湾以外的二十三个城市。想想真是累人，也觉得没脸见人——时间都花在东奔西跑与工作上，少有机会静下来好好读书。买了待看的著作从地板堆到案头，觉得自己面目可憎。期待 2016 年能专心写作、看书、读谱、听音乐，回归一个作家的正常生活——如果作家有所谓的正常生活。

这一年见了许多老朋友，也认识很多新朋友。特别是因为《乐之本事》新书活动，得以在上海、北京、广州、深圳和读者见面——原来我还真有读者。那更要努力精进，不要辜负各地书友的期待。

论及这一年最大的改变，或许就是逐渐远离网络社交平台。我在台湾《联合报》写了一篇文章《照镜子的下午》，提到："倘若创作者一天到晚乞讨温暖，媚俗媚得理直气壮，'做大家的好朋友'，这样究竟还能创作出什么东西？都说批评可以摧毁创作者，但见诸历史，被赞美摧毁的，数字不会比较少。"——这大概是我近来最深的反省。水能载舟亦能覆舟，想持续进步，就真要警醒小心。这不表示不关心时局，而是更要珍惜独处的益处，特别是如果还想写出下一本书。

是的，下一本书。经过驿马星动（指四处奔走）的 2015 年，如果 2016 年够努力也够顺利，希望 2017 年就有新作品可以和大家见面。

【关于这代人】

不必患得患失，也不必自高自大

如果可以，我希望本栏空白，因为实在不好意思评论同辈，以下说的话也只能代表自己。

我于 2000 年大学毕业，而这十五年可能是台湾变化最多最大的一段时间。变化方向好坏皆有，但总归是更开放、更多元、更国际化，年轻人更勇于追寻自我，也更能质疑权威。这说到底是好事。

若真要说：活到接近四十岁，应该要认清自己的能力究竟有多少，可以进步的空间还有多大；什么操之于人，什么又操之在己。每个时代都有自己的问题与挑战，也都有自己的能人与蠢材。虽然前辈成就斐然，后进才华精彩，我们这一代就算不会更好，想想也不至太差，或许还能有独一无二的时代风味，不必患得患失也不必自高自大。脚踏实地达成自己的目标，诚恳扎实把事情做好，或许是必须了然于心的功课。

当然我也知道，并非所有人都这样想，反其道而行者也大有人在。只能还是说，活到接近四十岁，自己该知道自己是什么样子；就算不知道，旁人大概也都看清自己是什么样子。自欺欺人可以作为生活调剂，拿来当饭吃就很有问题。如果能够过得真实一些，把时间用于精进自己，我们这一代，或许真的可以比较好。

《零年：1945》

作者：［荷］伊恩·布鲁玛
译者：倪韬
版本：广西师范大学出版社
2015 年 1 月

伊恩·布鲁玛，生于荷兰海牙。曾担任《远东经济评论》和《旁观者》杂志记者与《纽约书评》主编，为《纽约时报》《新闻周刊》等报刊撰写关于亚洲的政治和文化评论，并曾任教于牛津、哈佛、普林斯顿、格罗宁根等大学。现为纽约巴德学院保罗·威廉斯教席之民主、人权和新闻学教授。出版的著作有《零年：1945 现代世界诞生的时刻》《罪孽的报应：德国和日本的战争记忆》《创造日本：1853—1964》等。2008 年颁发"伊拉斯谟奖"以表彰他"在欧洲对文化、社会或社会科学做出的重要贡献"，同年因其以卓越的著作帮助美国读者理解亚洲的复杂性而获得"肖伦斯特新闻奖"。2008 年和 2010 年被《外交政策》杂志选为"全球思想家"。

致敬词

在一般历史学家眼里，1945 年为现代世界元年。这一年，"二战"结束，新秩序重建，联合国成立，万众欢腾。人们在经历了战争磨难后憧憬新生，期待一个更美好的世界。然而，在《零年》作者看来，这一年并不那么单纯，除了胜利，还有罪恶。历史的复调写作，将读者领至"历史的暧昧角落"：战后普通人有胜利的喜悦，还有饥饿、困苦、流浪、犯罪……所有这一切构成了丰富的历史画卷，横看成岭侧成峰。"零年"是人类一段历史的结束，又为下一段历史埋下了种子。人类从"零年"再出发，一定能换来一个风清月朗的明天，不论什么式样的法西斯，都必须像毒瘤一样从人类机体上清除。这是"二战"以来的启示。

我们向《零年》致敬，它虽然不是一本严格意义上的学术著作，但其明白无误地向历史学者提出更高要求，历史学应始终如一地追问历史真相，描述大人物，更应进入底层，用生动事例记录芸芸众生在大时代的喜怒哀乐。

答谢词

《零年》能获此殊荣，说实话有些意外，因为参考前几年社科类图书的年度评选，仅凭我以偏概全的印象，似乎读者、评委更青睐专题式的研究。《零年》的风格完全不同，它是全景式的，几乎囊括欧亚大陆各国的战后史，但它在系统性上又显不足，与托尼·朱特的《战后欧洲史》相比，似有几分浮光掠影。

一日与一位历史系毕业的友人聊天，谈及《零年》，她的评价很大程度上解答了我的疑问。她说，《零年》的单个章节看似零碎，材料看似芜杂，但串联它们的脉络十分清晰。仔细想来，还真就是这样，饥饿、报复、返乡、强制民族迁徙，这些历史事件发生在一段失序时期，一段人性中的恶被无限放大的时期，由于被掩盖在波诡云谲的大国角力之下，世人对此多已淡忘。但它们不应被淡忘，因为其警示着我们权力真空的可怖后果。

人在特殊时期如何自处，这恰恰是布鲁玛最擅长的话题。这将他和许多历史学家区别开来，不是冷眼看历史，而是怀着同情和理解去看待被大历史裹挟的个体，看待他们的选择与无奈。这份关怀，就我接触到的作品而言，尚属少见。我感谢他，在各种英雄赞歌充斥耳畔之际，带给我们一番省思。

要感谢的人，除了布翁外，还有很多，篇幅所限，无法一一提及，在此要特别感谢广西师范大学出版社的责编孟凡礼先生，他以专业的眼光和高超的编辑水平，纠正拙译中不少错漏之处，令作品更加出彩。

1945 年是布鲁玛笔下的"零年"，也是我作为译者的"零年"。"零年"之后会怎样，还是个未知数。但不管未来的路怎么走，算是开了个好头。

——倪韬（译者）

阅读倪韬

采写　李夏恩

【关于这本书】

初读《零年》时有种错愕感，因为不管从题材还是风格来看，这不像是我过去熟知的布鲁玛。即便仅仅记录这一年的历史事件，在我看来也是一项庞杂的工程，很难想象如何做到巨细靡遗，甚至有些担心向来不以科班学者自居的布鲁玛将如何驾驭这一宏大主题。然而，随着阅读的深入，熟悉

的布鲁玛式文风再度迎面扑来，新颖的视角、渊博的学识、史料典籍信手拈来的那份优雅自如、平易的叙事风格，淋漓尽致地体现在《零年》的各个章节。

翻译布鲁玛是一种享受，他优美的文笔、贯穿始终的人文关怀，无不令我陶醉。感触最深的是，他将目光投向大历史中小人物的命运，照亮了历史的许多幽暗角落。尽管《零年》揭露了太多的不堪、太多的意外，让人心情沉重，但它更多是一种补遗，而非颠覆，作者意在告诉我们，1945 年的英雄叙事，只有在糅入普通人的甜酸苦辣后，才显得更为真实，也更有温度。也许《零年》在一些读者看来并不十分系统，甚至碎片化，但是面面俱到并不是此书的追求，它无时无刻不在提醒着我们被压抑的历史，被史诗湮没的个体生命的精彩与不幸。历史有太多暧昧不明的幽暗角落和灰色地带等待后人去重新挖掘和探视，我认为，这是《零年》带给读者最大的启发。

【关于这一年】

2015 年是忙碌的一年，《零年》

于年头问世，《罪孽的报应》经过数番校改，总算定稿，虽说过了最黄金的"八一五"这一节点，但终究还是在9月底与读者见面，自然是满满的成就感。《罪孽的报应》一书的英文版很早就读过，当时并未萌生向出版社自荐的念头。不同于《零年》，《罪孽的报应》并不是一本十分易懂的书，不仅是内容，还有行文，有些地方正如学者孟钟捷所言，"不甚系统，留下了粗陋之处"。但该书的价值还是显而易见的，我认为，撇开书中一些思维略显跳跃的段落，仔细品读的话，会有效破除许多国人奉为圭臬的迷信，最典型的当数基于鲁思·本尼迪克特"罪文化"和"耻文化"范式而生的文化决定论。布鲁玛在书中对这一经典论点的批驳方式是既引经据典，也结合自己的访谈和见闻，以具有说服力的笔触，告诉我们造成两国悔罪态度差异的，更多是政治体制设计而产生的政治文化，而非笼统的文化决定论。从风格而言，这部著作与《阿姆斯特丹谋杀案》（*Murde in Amsterdam*）一样，均是结合公共知识分子之渊博和一流记者之敏锐的佳作。

【关于这代人】

恐怕这是最难答的一个问题，部分是因为我受布鲁玛式思维的熏陶过深，很警惕一概而论的命题或断言。实际上，如今社会的一大弊病就在于人们喜欢脸谱化地去看待某个群体、组织和个人。我很恐惧为他人代言，生怕把我自己对某一群体不甚公允的印象滥加在别人头上。作为标准的"80后"，我很介意一些对"80后"武断的评价。如果一定要给我和我的同龄人定性的话，那最好的一个词就是"孤独而不自知"。我们都不知兄弟姐妹为何物，而我们的父母乃至祖辈所生活的时代，都是大家族的时代，一谈起往事，很容易勾起幼年时食物紧缺、物质贫瘠的集体记忆，虽然辛酸，却也温情。常有人以自私二字形容"80后"，看似不无道理，但实际上自私是一种无奈。好在独生子女终成历史，这是2015年最令我欣喜的社会新闻，作为一位即将出世的孩子的父亲，我感念于时代的变迁，感慨于再坚如磐石的国策也会因为人类规律而变得柔软，这是渴望走向常态的心理，不知算不算是《零年》的另一个启发。

《阅读经典：美国大学的人文教育》

作者：徐贲
版本：北京大学出版社
2015 年 10 月

徐贲，苏州人，美国加州圣玛丽学院英文系教授，复旦大学社会科学高等研究院兼职教授。著有《明亮的对话：公共说理十八讲》《什么是好的公共生活》等书。

致敬词

人文教育不是专业知识的传授或灌输，而是基于独立思考、批判意识和价值判断，对公民参与、公共讨论以及理性对话能力的全面培养和提升，目的是培养人格健全的自由人和负责任的现代公民。因此，人文教育不仅是大学教育的一个环节，更是超越大学校园的社会公共教育，是现代社会合格公民不可或缺的公民教育。《阅读经典：美国大学的人文教育》在澄清各种有关人文教育的认知偏差之上，以作者二十多年人文教育的所思所行，具体而微地展现了人文教育如何塑造理性地、建设性地进行社会参与和社会建设的青年公民，这是任何一个良善社会所不可或缺的基础。

徐贲老师已然在他的公共写作之中展现了理性对话和建设性批评的公共价值，今天又展现了这样一种公共精神的培育基础，即以经典阅读为基础的人文教育，他不只是个思想家，也是个实践者，而公共性贯穿他的所思所行，这正是今天重塑教育和重建社会必须认真对待的。

答谢词

非常感谢《新京报》和评委以及读者的推选，对于一个作者来说，没有什么是比读者认可更大的荣誉和鞭策了。出版社在我这本书的扉页上加了19世纪美国废奴运动领袖、黑人作家弗雷德里克·道格拉斯的一句话："你一旦开始阅读，也就永远自由。"但是，并非所有的阅读都通往自由之路。从童蒙阅读到读一本书，再到读一本好书，阅读是一个学会选择该阅读什么、为什么阅读的过程。如果我们在这个过程的某一点上停留下来，故步自封、裹足不前，或者被引入歧途，那么，阅读不单不能通往自由，甚至还会成为套到我们脖颈上的缰轭。

从人类开始有文字阅读，就有了各种以吃食比喻阅读的说法，吃食与阅读似乎有了一种自然的关系。在古代，开始学习阅读的儿童开蒙许多都以公开的仪式来庆祝，中世纪的犹太儿童开蒙，老师给孩子看一块写着希伯来字母的石板，石板上沾满蜂蜜，孩子去舔它，代表身体与文字同化。中文里也有"书虫"（蠹鱼）的说法，取的也是"食"的比喻。"书虫"可以用来称赞埋头苦读，也可以用来讽刺读书食而不化。对不同的阅读，人们经常会说囫囵吞枣或细嚼慢咽。囫囵吞枣经常指粗泛阅读，好读书而不求甚解；细嚼慢咽则是指学习细心理解，领会精益求精。有效阅读能让人有机会接触到许多值得细嚼慢咽的好书。

在今天这个信息爆炸、书籍出版泛滥、读品良莠不齐的时代，辨别好书的任务比以前更多地落在每个读者自己的肩头。阅读的囫囵吞枣和细嚼慢咽又多了一层新的意义。不管什么书，拿来就读，读了便受其影响，无论读得粗还是细，都是囫囵吞枣。相反，只要是带着自己的问题意识和独立思考去读一本书，都可以称得上是细嚼慢咽。这二者的区别在于能否运用自由人的意识和价值选择，而不只是在于技巧的粗精之别。阅读最重要的策略其实与阅读技巧或步骤无关，乃在于我们对自己阅读目的和意义所做的决定。我希望这就是《阅读经典》能带给读者的一点建议。

——徐贲

对话

采写 李夏恩

【关于这本书】

这本书想要说三个基本问题。第一，通识教育与人文教育不是同一种课程。通识教育所包含的是供学生们在自己的专业课之外选修的其他专业课程，与这样的知识拼盘不同，人文教育的核心课程——经典阅读和写作——没有专门的领域知识，而是有自己的三个主要特点：一，它强调的是以思考、理智、判断能力为主要特征的智识，不是某种专业知识；二，它要求学生进行以"常识"和"普通知识"为本、以亲近智慧为目标的知识活动，不以积累和提高专门知识为目的；三，它的智识产生于对话，而不是传授，重在说服的过程，而不是最后的真理，因此特别与公共说理有关。就体现这些特点的课堂活动而言，经典阅读比写作更能体现人文教育的特色，是授人以渔，而不是授人以鱼的课程。

第二，人文教育不是什么高远的精英教育理念，而是一种实实在在的普通大学生课程设置，关键在教师如何去教。教师必须与学生们坐在一起，在日常的课堂互动中把学生当自由、平等、有尊严的个体来对待。教师必须言传身教、以行示范。就像一个人不能只靠阅读烹饪书成为好厨子一样，一个学生不可能只靠听老师大课堂讲课，就能学会在与他人面对面的讨论中独立思考、独立判断、尊重他人、理性说理对话等。

第三，人文教育的价值观与民主生活的价值观是一致的，人文教育是一种自我再生和自我更新体制，它的优秀标准不只来自哲人的人文理想，更来自这样一个民主群体中绝大多数人坚持的自由信念和价值共识。这样的信念和共识才是人文教育的真正精神家园。

【关于这个时代】

这个时代需要什么其实也就是感觉缺少什么。我们并不缺少专业知识教育，我们缺少的是以树人为本的智识教育。这样的教育把人——而不是人在劳动市场上的用途——摆在中心地位。它的核心应该是人文教育。天底下不存在所谓价值中立的客观知识，知识观必然涉及关于"人"的观念。树人的教育把教育视为人不断优秀起来的成长过程，帮助动物的人成长为真正的人，也就是"自觉之人"。

动物状态中存在的人，他们以温饱和物质享乐为满足，连带一些大众娱乐和消遣，追求与这种快乐相一致的幸福目标。他们有一技之长，但缺乏自由、平等、尊严的价值意识。他们不是不爱自由，但并不爱自由本身，而是爱自由能为他们带来的功利好处，因此也就能为眼前的利益而放弃自由。

人文教育是人的自由教育，自由并不是抽象的价值，而是人享有心灵、思想、精神活动、个人权利的合理性和合法性来源。树人教育的根本目标是帮助人走出动物之人的生存状态，成长为自觉之人。这种根本的人的教育就是康德所说的"人的启蒙"，它是一个不断的过程，而不是一个结束性的教育产品（如文凭）。它会引领公民教育，但是，公民教育并不能代替人文教育，人文教育是它本身的目的，公民教育只是它的副产品。我们今天所需要的公民教育也应该从人文教育开始。

《地下·水下》

作者：[波]亚历山德拉·米热林斯卡
　　　[波]丹尼尔·米热林斯基

译者：乌兰

版本：贵州人民出版社

2015 年 12 月

　　亚历山德拉·米热林斯卡和丹尼尔·米热林斯基，二人为夫妻。1982 年出生，2007 年毕业于波兰华沙艺术学院，有自己的工作室。他们于 2010 年获得"博洛尼亚国际儿童书展插画奖"提名，以及"国际儿童读物联盟荣誉奖"（IBBY）提名。

致敬词

　　这是一本有趣的科普图画书。这是一场纸上的探险。精巧的设计将一幅幅幽默的绘画"组织"起来，带领孩子们向地心探险，既向地下开掘，也向水下游弋。它向我们展示地球内部的绚丽景象，知识涉及考古、探险、钻探、潜水、交通、生物、地质、海洋、地球构造等等领域，堪称一本"地底下的百科全书"，内容庞杂却又简明易懂，得以向幼小的儿童讲述宏伟宽广的地球。

　　以发人深省的角度为孩子们展开这个世界的深处，需要的是用专注严谨的精神为孩子们创作，用富有创造力的思维带孩子们翱翔，我们致敬年度好书·儿童类图书——《地下·水下》。

答谢词

　　首先，我要感谢大家喜欢我们的作品。将如此重要的一个奖项颁给我们，这个奖项对我们来说真的意义非凡。因为这份殊荣来自地球的另一边，一个完全不同的世界。这是我们从来没有想到的。

　　最初我们只是想给波兰的小朋友做一些知识类的读物。但没过多久，出版社就将它的版权卖到了其他国家。所以，我们也非常感谢我们的出版社。再后来，我们在创作图书的过程中就在思考，我们的书在呈现知识的时候，仅仅是有趣的、国际化的还不够，还要考虑到不同教育、不同传统和文化背景的孩子是否能够理解。

我想我们还不知道能不能做到这一点。不过，通过《地下·水下》这本书取得的成绩，我想即便有些小细节在翻译过程中可能会有所缺失，但整体来讲，它是有趣的，能够被大部分孩子所接受和喜爱。这对我们来说，也是一种莫大的鼓励，激励我们更加努力地去做后面的项目。其实，做这些知识类的读物，我们要先去理解很多东西，比如埋在墙里的管子，或者了解城市地下那些比较复杂的构造等，这些不仅仅是好玩的脑筋急转弯，也是我们从小就喜欢的东西，所以直到现在，我们依然对这些着迷。其实，我们做的这些书不仅是给读者看的，也是做给我们自己看的。如果你也喜欢读这些书，我相信，在不久的将来，人类一定会收获很多发明家、工程师和设计师。

最后，再次感谢组委会和读者对我们的喜爱，我们也会继续努力，想出更多新奇的点子，做出更好玩好看的书给大家。谢谢大家！

——丹尼尔·米热林斯基

对话

采写 吴梦启

《新京报》：读《地下·水下》的时候，我们最大的一个感受是，这本书用了和《地图》（人文版）迥异的方式。一个往横向的世界延展，一个往纵向的世界挖掘，能否谈谈创作这本书的初衷？中间有什么让你们难忘的故事吗？

丹尼尔·米热林斯基：完成了《地图》（人文版）之后，我们和出版社商量下一步做什么。一般来说，我们在有想法之前，都会去问一下出版社有什么选题。确定了这个选题后，我们要考虑的第一件事情就是这本书该做成多大，我们觉得它的大小应该跟《地图》（人文版）一样，但是打开书的方式不同，它应该是从两面打开的。你可以从这面的第一页看到最后一页，也就是看到了书的最中间。这时，你再把书倒过来，从另一面开始看，你就可以看到另一部分的内容，这是个小小的技巧。亚历山德拉在做大学毕业作品的时候用过类似的设计。

马奇（《地下·水下》波兰版出版人）是一个要求很高、非常细致的人。他是那种到了海滩之后，会仔细检查每一粒沙砾的形状是否一样的那种人。我们跟他会有争论，会就一些细枝末节的事情争起来。他会仔细检查我们是否弄错了，或者哪些地方跟全书不协调，需要调整。他在这本书上投入的精力不比我们少。此外，他还找了许多科学家、地理学家、生物学家等，去核对我们绘画的准确度。

专家们先看一遍，然后马奇亲自上阵，检查全书的风格、连贯性，是不是有知识错误，保证书的质量。这本书很大，但不是为旅游而准备的。更多的时候你会希望孩子们把这本书扔在地上，然后趴在那儿，一页页地翻开阅读。

《新京报》：你们的作品——无论是《地图》(人文版)还是《地下·水下》，都有很多有趣的知识，很想知道你们创作时是怎么进行知识储备的？

丹尼尔·米热林斯基：拿《地图》（人文版）来说吧，我们这么画，并不是说我们非常喜欢地图，而是通过描绘地图的相关内容学到了很多东西。在创作这本书的过程中，有 60% ~ 70% 的时间都用来寻找相关国家的信息了，找完还要做选择，决定要画什么内容。我们在做选择的过程中，绘图板上已经画出大体的作品了，然后把它们输入电脑或者手机，接下来再配文字。这些文字和绘图应该跟想要表现的国家有密切的关系。我们先确定 200 个可供选择的内容，把它们画下来。我找我想画的，她找她想画的。

《新京报》：在你们的眼中，好的儿童读物需要什么品质？

丹尼尔·米热林斯基：当我们知道我们的书有这么多的读者，我们有责任让孩子们读了这些书之后思维更清晰。我们希望他们读我们创作的童书时，会觉得这本书很好，对书里的东西产生很多美好的想象。等他们长大后，这本书带来他们的美好想象也将保留在他们的心底。

在我们的书里，你看见的是微笑的人们和有趣的动物，我认为这些书应该有一些文化性的东西，比如波兰的历史传统。在 20 世纪 90 年代，我们有很好的童书作者，但有些作家认为创作童书是一件很掉价的事情，他们认为这样降低了文学的格调。20 世纪 90 年代之前，波兰有一些很好的设计师。波兰有一个著名的海报学派，里面的很多人为儿童画了很多画，出版了很多童书，他们对此很骄傲。不管怎么说，我们就是这些设计师的徒子徒孙。

在美术学院，我们学习了书籍的设计，后来开始设计童书，不是因为好玩，而是把它当作一件很严肃的事情，尽量做出我们的水平。此外，我们还设计教材。我们努力恢复中断了十年的创作传统。直到 21 世纪初，我们才逐渐找到了原来的传统。

《幽僻处可有人行？》

作者：张志扬
版本：世纪文景 / 上海人民出版社
2015 年 1 月

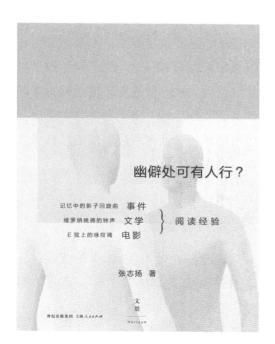

张志扬，即墨哲兰，1940 年生于武汉，1980 年进入学界，1994 年南迁海南大学，任职于社会科学研究中心社会伦理思想研究所。

致敬词

作者是一位独特的生命体验者和思考者，包括他的表达方式也很特别，虽然身为大学教授，但他却不太做那种中规中矩的学术论文，而是将思想学术以体悟的形式出之。他从自身已足够坎坷而丰富的经历回忆和思考，伸展到文学与电影的阅读和凝神，语句经常看似是片段和跳跃的，但其后面总是有一种持之以恒、缓慢燃烧的东西。这是敏感、细腻而又厚重的生命，但也是"幽僻处"孑孑独行者的生命。这样的一本书也是一个邀请，邀请我们进入他所看到的生命的风景，这或许是少数能够探幽入深的人才能看到的风景，却也是人生最好不要错过的一道风景。

阅读张志扬

采写　吴亚顺

【其人】
写作几乎都是被时代强行烙印到身上

其实，《幽僻处可有人行？》2015 年 1 月刚出版时，我就通过出版社联系到了张志扬。那时，我希望借由"哲学家在这个时代如何自处"这一主题，来呈示张志扬及 20 世纪 40 年代出生的那一代学者的经历和学思历程。对记者本人来说，这是一大挑战，但仍摩拳擦掌，跃跃欲试。

不久，"经典与解释"丛书出版纪念研讨会在北京举行，我见到了张志扬。会上，他敢于发言，论辩很有说服力——会场上，如刘小枫、甘阳等，都认他为"老大哥"。中午散会间隙，我向他表达了采访的想法。他很和善地问我哪所大学毕业之类，对于采访，他笑笑说自己不习惯在公众面前"露面"，不过可以用邮箱"私下交流"。

这一次，《幽僻处可有人行？》被评委们选为生活类年度好书，我又看到了某种转机。与此同时，出版方当然也希望张志扬先生到场领奖。不过，很快，打完电话的第二天晚上，他发来邮件，直言"做人是很难的"，他写道："这几乎是两难，因为我不能放弃我自己做人的常态去迎合出版利益的宣传手段。怎样才能做到适度地兼顾呢？"

张先生很明确地表示"实在做不出"我交给他的"作业"，接着解释："因为那些按常理设置的问题根本不是我的感受方式。我是个非常被动的人，写作，不是自主能动的创作欲望使然。恰恰相

反，几乎都是被时代被他人他事强行烙印到我的身上，我只是做下了挂一漏万的记忆笔记而已，非情愿所为，实不得已而为之。"如此坦诚而又非如此不可，让包括书评周刊主编、副主编在内的编辑部同人击节叫好。

对于我来说，同样对张志扬先生充满敬意，从 2015 年 1 月至今前后一年的时间，无论是关于采访，还是获奖，他始终持守着"幽僻处中人"的那一个自我。几乎是同时，我想起他的随感录《禁止与引诱》中的一段："你需要他人的支撑，但你更需要来自你自身的支撑，'他人的支撑'的那种特立独行的自由意志。你有了，你就站起来了。"

这是理解张氏哲学的"不二法门"。他曾经说，"不是智力，而是承受力，把我引入哲学——这个死而复活的受难地"，而"被时代被他人他事强行烙印到身上"的思考、研究与写作，正是他做出的承担，通过承担，最终"挺身而为一自由人"。

【其书】
思想放逐者"立此存照"

张志扬先生 1940 年生于武汉，父亲曾是市港务局码头工会主席。小时候，在河边，张志扬看见码头工人背"夹子花"——有一人半高、两人宽，大约

三百斤重,背着上跳板,"哼声如牛","所谓:'嘴硬、心苦、脚打颤'。"

"在人生上,我何尝不是如此。在哲学上,我何尝不也是如此。"张志扬写道。他不惑之年闯入学术领域,五十岁从武汉大学迁往海南,像一只候鸟,背负风雨,终于抵达风平浪静的水域。当然,以笔为锄的耕耘,从未稍歇。

《幽僻处可有人行?》以 53 万字的篇幅,从"事件""文学""电影"三个层面出发,思想与经历共同雕琢,呈现出了一位思想放逐者的心灵图景。与学术研究不同,这本书不是"不得其门而入"的所在,而是一座桥梁,吸引读者进入——如果按照张志扬所说自己永远是"花花世界的旁观者",那么,这里就是这个旁观者的世界。

读书简直是张志扬的生命本身,即使身处横逆,他也不假外求,深知只有自学、求知、自强不息的生命,才是他的杠杆和支撑点,才能持守"自我的自由",进而达成自我实现。

同时,面对人生和家国的苦难,面对"苦难向文字转换为何失重"的问题,张志扬深入挖掘"创伤记忆"这个概念,并把它看作"中国现代哲学的门槛"。一以贯之,这里突显的仍然是"承担"。张志扬写道:"无论是一个人或一个民族,对于 20 世纪中如此巨大的'创伤记忆',

以为不靠文字像碑铭一样建立的反省、清算、消解而生长、置换、超越的能力就可以在下一代人的新的生活方式中悄悄地遗忘、抹去,这除了不真实和不负责任,还说明这个人或这个民族已在历史的惰性中无力无能承担他自己的遭遇,从而把无力无能追加在历史的惰性中作为欠负的遗产弃置给了下一代。于是,这个人或这个民族就这样自己注定了自己一再重复的命运。"因此,他要"把近百年的遭遇落到我们个体身上的沉重负担清算给文字——立此存照"。

谈"事件"之外,张志扬读毛姆、卡夫卡,赏林怀民的舞蹈,看电影《暗算》,这一切汇涓成河,殊途同归。一个哲学家对学术、现实的关切与思考,因此丰富饱满,亦与我们置身其中的时代、文化,每个人的遭遇、选择,血肉相连。这,就不只是"幽僻处中人"的世界了,它事关现代价值的核心——作为真正的人的尊严与自由。

《汤姆斯河》

作者：［美］丹·费金
译者：王雯
版本：上海译文出版社
2015 年 5 月

丹·费金，纽约大学新闻系副教授，阿瑟·卡特新闻研究院"科学、健康和环境报告项目"主任。费金曾担任《华盛顿新闻报》环境记者长达十五年，两度获得普利策新闻奖；他关于癌症流行病学的文章，荣获美国科学促进会科学新闻奖、美国国家科学作家协会社会科学奖；2013 年出版的《汤姆斯河——一个美国"癌症村"的故事》，获 2014 年非虚构类普利策图书奖、2014 年蕾切尔·卡森奖等多个奖项。

致敬词

《汤姆斯河》的作者丹·费金为我们奉献了一部新闻学教材。历经十几年的调查，作者为我们还原了一个小镇遭到化工污染的三十年历程及灾难性后果，并且试图建立流行病学调查结果与污染物之间的关系。作者还从调查记者角度，引领我们再次思考经济发展与环境保护之间的关系。

这是一部苦涩而沉重的著作，读者很难从中获得阅读的快感。这也许是因为，作者本来就没有期望用生动的语言和煽情的故事去打动你，他更着意追求的，是真相的力量。

答谢词

《新京报》能予我如此殊荣，我受宠若惊。我非常感谢这本书的中文译者和我的出版方，把这一切变成可能。

对于美国和整个欧洲来说，已经花了太长时间才意识到，我们其实完全不必牺牲自己的长远健康状况和地球的良好环境，才能达到理想的生活质量。事实上，从长远来看，保持环境可持续发展的做法，才是实现人类舒适和幸福的唯一方式。污染最终只能破坏经济，因为没有一个人愿意在一个不健康的城市或者国家生活和工作。像汤姆斯河小镇这样的地方，用一种极其惨痛的方式学到了这宝贵的一课——它们花费了巨大的成本，不仅是经济上的损失，更是那些罹患癌症和其他疾病的孩子们，而孩子的这种牺牲其实是毫无必要的。

我也看到了一些鼓舞人心的迹象：中国正在表现得和50年前的美国那样，对其面临的环境问题开始觉醒并有所行动。所以说，如果《汤姆斯河》在中国的出版哪怕只在中国人的觉醒之路上提升了一点点速度，我都深感欣慰。这本书能够获奖会产生很大意义，因为它会让更多中国读者知晓这本书，阅读它，并致力于传播它的信息。

再一次，非常感谢给我这个奖，我衷心希望有一天我能面对面地致谢中国读者，那时的中国，天更蓝，水更清。

——丹·费金

对话

采写　柏琳

***

《新京报》： 作为本书作者，你会如何对那些没有读过的人介绍这本书？

丹·费金：《汤姆斯河》是这样一本书，它讲述了一个平凡小镇上的不平凡故事：这里发生了严重的污染事件，并伴随着令人心碎的儿童癌症集群的发生，这起事件也由于种种个人英雄主义式的行为而得到揭露，并让相关责任人受到了惩罚。它就像是一个真实的侦探故事一样，甚至比小说作者所能创作的更扣人心弦。同时，它也是一个警示，警示全世界——当人们对短期财富利益的追逐盖过了对一个社区长期发展的关注时，究竟会发生怎样可怕的事情。

《新京报》： 你希望人们读完这本书后能够收获什么？

丹·费金： 我希望人们读完后会明白，这本书很有趣，而且与他们的生活密切相关，他们会迅速从中学到一课。我最大的愿望是，中国不要重复汤姆斯河镇发生的事件，而是能从美国过去的错误中得到启示，选择一条更好的路。

我的祖国美国并不完美,但我们还是艰难地建立了根植于严谨科学基础之上的环境律法,并且通过严格执行这些法规,最终收获了更清洁、更安全的水、空气和土壤。

另一个关键的启示是,我们必须把自己生活场所的环境状况信息对公众公开,并需要提供给科学家和政府部门他们需要的资源,以便收集有关人类健康和环境污染之关联的可靠易懂的信息。然后,我们必须赋予科学家和相关机构这样的权力:让他们把这些相关信息公布于众。我们对污染信息越是诚实开放,越是能够在降低污染方面获得更大进步。在美国记者中,有这样一句话十分流行:阳光是最好的消毒剂!我们需要更多的阳光照耀大地,让汤姆斯河这样的秘密无影遁形!

《新京报》: 我们的生活正饱受疾病和污染的关联困扰,在此情境下,你如何理解这本书的现实意义?

丹·费金: 我之所以写下这本书,是因为我不想让汤姆斯河小镇的故事被人遗忘。我想让全世界人都从这个小镇的惨痛过往中得到教训。我有两个女儿,而为人父母者都应该知道,有了孩子以后,会迫使你去做一些可能违背天性的事情:例如迫使你思考未来。人类都是活在当下的生物,只会把目光专注在眼前的问题,例如怎样赚更多钱,住更大的房子或者有一台更好的电视机,但《汤姆斯河》的故事让我们明白,为了我们自己和子孙,不能再那么自私下去,我们必须好好思考一番:我们究竟愿意让自己的子孙继承一个什么样的世界?

《汤姆斯河》的故事绝对在如今世界各个角落都有强烈的现实意义,特别是对那些化工生产正在不断增长的地区而言。这些地区正在经历一种危险的趋势——想要大力地削减成本、提升利益,这种方式严重损害了社区发展。

《新京报》: 眼下你对全球环境的未来最担忧的事情是什么?

丹·费金: 有太多事情要担心了,污染、气候变化、生物多样性的下降、开放性空间的破坏。这些问题有一个共同点:它们都象征了一种人类的集体性失败——目光短浅的贪婪造成长久的毁灭性后果。这些问题必须用人类的力量来一点点改善。

《家人父子：由人伦探访明清之际士大夫的生活世界》

作者：赵园

版本：北京大学出版社

2015 年 7 月

赵园，1945 年生，河南尉氏人。1969 年北京大学中文系本科毕业，1981 年北京大学中文系研究生毕业，师从王瑶先生。中国社会科学院文学研究所研究员。著有《北京：城与人》《地之子——乡村小说与农民文化》《明清之际士大夫研究》《制度·言论·心态——〈明清之际士大夫研究〉续编》《易堂寻踪——关于明清之际一个士人群体的叙述》以及散文集《独语》《红之羽》等。

致敬词

《家人父子》是一份来自传统中国的导游手册，引领我们深入明清之际的士大夫日常生活之中，从而一窥内闱庭院中夫妇父子之家事。我们惯常依靠礼对传统中国家庭伦理的想象，常常正是作茧自缚，束缚了自己的想象空间，《家人父子》恰恰揭开了人情中最温厚、最真切的一面。对经历了过去一个世纪以来传统社会的崩解、伦理道德的剧变而渐感无所适从的今日国人而言，这本不过二百余页的小书的意义重大。

我们致敬赵园老师，她从文学批评转入明清之际思想文化研究，一以贯之的，是对人伦的关切与对历史的关照。她把学术当作一种积极的生活方式，"经由学术读解世界，同时经由学术而自我完善"，正是如此，她的学术成就令人敬畏，而她的生命姿态——不被时代的喧嚣裹挟，追求自我完善与意义，更是令人敬畏。

答谢词

由 1978 年返回北大读研，至今已三十七个年头，实在漫长。在学术工作结束之时，我应当承认，学术研究是一份适合我的职业。我会半认真半玩笑地设想"来生"，比如倘有来生，我是否会做点别的，过另一种生活。就今生而言，我由学术工作中获得的已足够多，应当没有太大的遗憾了。

经由学术，我"进入"了不同的历史时代，"认识"了那样多的现代与古代知识人；借助作品，我与我生活的这座城市建立了特殊的联系；凭借了学术性的写作，表达了我对乡村的怀念与忧思。我与那样多现当代与明清之际的知识人结缘，或深或浅地涉足了他们的世界，被其中一些人光明俊伟的人格感染。我被对象丰富，由对象获得启发，沉睡的思想被对象唤醒、激活。我的学术工作的对象，最终都成了我的世界的一部分。不同于通常的阅读，学术考察的确是深入对象领域的有效途径。经由学术面对自己，经由学术面对世界，在我，是一份美好的经验。

我不大用"母校"这种说法。写过一篇题为《母校》的随笔，写的是我在那里读过六年书的中学。我也不自称"北大人"。但今天我在这里，必须感谢"母校"的出版机构。我关于明清之际的大部分著述，由北大出版社出版，尤其是当我转换了研究领域，还是新领域的"新人"的时候。我特别要感谢我的几种书的责编张凤珠女士、艾英女士，感谢她们辛勤的付出。感谢鼓励了我的老友小友、学界同行，感谢出版界、读书界、媒体几十年间的支持。我希望年轻学人能处在更好的学术环境中，在合理的学术体制与公正的评价机制下，自由、舒展地发展，而不是将学术劳作视为不堪承受的重负。

感谢《新京报》，感谢参与评选的诸位先生。你们的鼓励，会是我继续

写作的推动力。我希望自己不使你们失望。

——赵园

对话

采写 朱桂英

【关于这一年】

2015 这一年，我过得比较辛苦，不是因为写作，而是身体机能的衰退。由 20 世纪 90 年代起，我就一再以随笔的形式谈论"老年"：自己对这一人生阶段的体验，底层民众的养老困境，我所目睹的老年人生的黯淡，等等。今年不过体验更深切而已。但写作仍然在继续；对发生的事，反应也一如既往的平淡。应对恐袭，普通人除保护好自己，最好的方式是如常地生活。应对个人生活中的变故也如此。

这一年也尽有愉快的时刻。上半年有机会与台湾学者继续交流。我关于明清之际的研究，得之于对岸学人的启发与鼓励甚多，我对此心怀感激。下半年则在一个湘西古镇和旧日同行谈沈从文。即使在转向明清之际后，我也不曾远离原来的专业。它始终是或近或远的背景。使我愉快的不止于此。老友与小友一如既往的体贴与帮助，这种暖意，永远是我最为珍视的。

读书与写作早已是我的生活的一部分。到《家人父子》完成，我的学术性写作即告结束，但写作仍然会继续，直到写不出，不想写，或因生理的原因不能写下去。

【关于这一代】

其实这个题目更适于我的朋友来谈，他们之于"代"更有代表性。我则"非典型"。但我的学术与其他写作，仍然有"代"的明显印记。最近清理1966—1976年间的阅读，也使我对此更加确信。我所属的一代从事专业研究，由20世纪70年代末起步，至今已三十余年。其间因个人选择的不同，以及一批批年轻者的进入，专业界的人才结构有种种变动。但较早跨入中国现代文学专业的一代，始终保持着正常的学术联系。这个学科几代学人间的良好关系，在学风与社会风气变幻不定的时期，近乎奇迹。至于我们的工作对于学科的意义，则有待后起者评估。

几年前我所在的社科院文学所一位前辈学者去世，纪念文集题作《告别一个学术时代》。现在是年轻学人告别我所属一代的时候了。在我看来更紧迫的，是学术史、学科史的清理。我不敢用"学术遗产"的说法，怕的是僭妄。但总结几代学人学术工作的得失，是年轻者赖以立足的基础性工作。对此我冀望于后起的学人。

【关于这本书】

尽管探访明清之际，我原先的专业始终是背景，但稍为直接地面对五四新文化运动及其后的家族论述与当代的伦理状况，仍然是这本书的写作与此前几本的不同之处。我在其他场合谈到了"痛感"，也是我在考察明清之际期间较少体验到的，应当与我亲历的20世纪有关。这本书的相关论域本应宽广，即如婚姻史、宗族史，再如关于妇女问题的论述，只不过我没有能力充分展开。更不要说我无力进行的中西文化比较。也因此，相信这一方向上还有相当大可供开发的空间。

《家人父子》出版后，我已在不同的场合谈到它，包括缘起、得失。这本书获颁《新京报》的年度好书奖，我的反应，毋宁说惶恐多于兴奋。在我所写关于"明清之际"的几种书中，它不是我自己满意的一本。如果说来自媒体与读者的肯定，是对于我二十多年间有关明清之际思想文化的研究，我会比较安心。即使如此，写作这本书也如写其他题目，是全力以赴的。它的缺陷、不足，由于能力，也因了长期学术工作中形成的惯性，路径依赖。如若我有能力进入理学的脉络，能充分地利用明清两代的家集、家谱、族谱等，能将明清的小说戏剧作为材料，这本书的面貌会大有不同。所有的缺憾，都已无从弥补。相信年轻学人中会有人做下去，做得更好。

《财富的责任与资本主义演变》

作者：资中筠

版本：上海三联书店

2015 年 10 月

资中筠，1951 年清华大学西方语言文学系毕业。国际政治及美国研究专家、资深学者、翻译家、中国社会科学院荣誉学部委员，曾任中国社会科学院美国研究所所长、《美国研究》主编、研究员。

致敬词

财富可以在一定程度上证明成就它的那部分人的美德与能力，是谓君子聚财有道。但聚财之后，终有一死的人生，如何才能不被财富占有与捆绑，如何赋予财富以尊严与意义，则是另一个重要议题。此书 2003 年的版本，叫作《散财之道》，2006 年再版，叫作《财富的归宿》，2011 年重版依然如是，今年新版，增加了一部分"新公益"，书名则成了《财富的责任与资本主义演变》。从归宿到责任，说的都是美国公益发展的百年史，但作为中国读者的观察角度，或许有一些微妙的变迁，就像如今中国的公益事业，已经与 2003 年时的格局完全不同一样——所谓散财与公益，已经从当时需要申明的理念，转变为今日更需要明晰程序、方法与目标的公共行为。我们致敬资中筠先生，她带着强烈的现实关怀，讲述现代公益的历史与发展，为君子散财之道提供了各种积极的范本，在介绍公益的思想资源与行善艺术的同时，资先生让我们把目光投向流动的财富与永恒的价值，从而更有勇气去想象更好的人，期待更好的社会。

答谢词

得知这本书获奖，我确实意外，没有想到《新京报》还设了一项重版书奖，而在两本获奖书中我是唯一的中国作者，倍感荣幸。

本书初版于 2003 年，题为《散财之道》，后来相继出了两个增订版，改名《财富的归宿》，这是第四版，新加篇幅占将近 1/3，所以部分地也可算新创。书名的变化体现了我对这一事物的社会意义的认识的发展。全书主要内容是介绍美国公益事业百年来的发展变化。最新这一版书名为《财富的责任与资本主义演变》，其含义更加深远。

什么是公益慈善，这大家都知道，不必赘言。我研究的侧重点是它的社会意义。这一版所增加的重要内容是"新公益"部分，主要是说明近几十年来国际上兴起的这种新型的、通过市场运作的公益事业，不仅关系到慈善公益领域的变革，而且可能预示着资本主义社会再一次深刻的演变。在新的矛盾尖锐化的形势下，作为资本主义既得利益者的政、商、学、社团精英强烈意识到：这种两极分化不能再听

任其继续发展了。其严重后果不仅是社会公平问题，而且是经济问题——当消费者无钱消费时，商业企业也就失去获利的机会。全社会购买力不足不但直接威胁到这部分富豪的利益，还会威胁资本主义本身，所以解决社会不公问题关系到资本主义的存亡，必须对资本主义进行一次改造。他们不仅对此达成共识，而且已经摸索出一条路径，并付诸行动。如果说这本书有一点新意的话，就是介绍了这一新事物、新动向，提出了一个新视角。新的公益事业并不是通常意义上的慈善公益而已，它代表着一种社会变革的趋向。这是我特别希望能够引起更多的人注意的。从这个意义上讲，我对这本书获奖特别高兴，不仅是对我个人的鼓励，而且说明至少有一部分读者，特别是评委们慧眼看到了它的意义。

公益慈善从观念到实践正在迅猛发展，内容非常丰富，而且与全球化同步。我精力有限，力不从心，只能起到抛砖引玉的作用。真诚希望借此评奖的契机开阔眼界，引起年富力强的有志者做进一步深入探索的兴趣，使这一领域的研究日益繁荣，硕果累累。

——资中筠

对话

采写 伍勤

《新京报》：《财富的责任与资本主义演变》这本书已经是第四次再版了，能否谈谈你如何把焦点转移到"新公益"，在这个时代尤其是在中国，谈"新公益"的重要性在哪儿？

资中筠：这本书实际上有相当大的篇幅是新增内容。如果再下一点功夫，多花一点时间，"新公益"部分是可以写成一本独立的新书的。不过一则我希望这个内容快一些与读者见面，二则第三版已经脱销一段时间，不断有读者问起，说明还有需要，所以就合在一起做成现在这样一本很厚的书。

至于对中国的意义，首先，方今世界上发生的任何新事物，中国人都应该知道。"新公益"的出现，一方面代表公益事业进入一个新阶段，对于中国公益界当然有借鉴意义；另一方面，其意义绝不止于公益领域，而涉及整个资本主义社会变革的新潮流，正方兴未艾。在全球化的今天，中国的发展不可能孤立于世界潮流之外，我们观察世界的视角不能一成不变，对新事物应该有一定的敏感性，需要有新的视角。

《新京报》：你在著作中提及"新公益"是把慈善的理念从"授之以鱼、授之以渔引向改变渔业生态"，是把穷人圈进财富创造的市场。一般看来，慈善是站在市场经济机制所产出的优胜劣汰理念的对立面，能否谈谈公益如何能符合市场经济的规律？

资中筠："改变渔业生态"是一位印度裔美国学者提出的，他的原话是，"不掀起一场渔业革命不罢休"，意思是要对现有程序做结构性改革。

"慈善是站在市场经济的对立面"的说法本来就不确切。我这本书的前半部介绍的美国现代公益基金会是工业化社会的产物，也正是市场经济高度发展的产物。它已经脱离前工业化社会的单纯济贫的观念，而着重于解决造成贫困的根源，其前提是不改变现有的市场自由竞争的体制。公益的目的是帮助弱势群体提高自力更生的能力，而不是养懒汉。所以绝不是市场经济、优胜劣汰的对立面，而是其修正和补充，使优胜劣汰的竞争机制更加公平。

《新京报》：在你看来，"新公益"的出现是资本主义既得利益者对资本主义的反思。那么，既得利益阶层企图让资本主义发生的演变，和被剥削阶层企图对资本主义的变革有怎样的差别？

资中筠：如果既得利益者是靠超经济的特权维持其地位，那么他们要保住这个特权机制，不希望改变。但是如果是靠市场经济，既得利益者更加关心其健康运行。如果全社会购买力不足，百分之一的富豪无论如何是撑不起市场的。美国社会的活力在于其流动性，在于多数人认为自己通过努力有机会改善境遇，如果社会流动性停滞，特别是中产阶层萎缩，那就是最大的危机。在这种情况下"既得利益者"就成为积极推动资本主义"和平演变"的动力。其方向是向着公平和普惠的改革，在这点上，金字塔尖上的人和弱势群体的长远利益是一致的，"新公益"就是谋求这一共同利益的途径。当然不是说在眼前就能取得完全一致，所以改革还有许多阻力。

2014年

人类的文化和历史，因图书得以流传。无论中西古今，知识的场域从来不会缺乏藏书家和书痴的身影。他们"永恒的爱书之情"，对书籍永无餍足的搜罗和寻求，外在显现为一种匪夷所思的嗜好与怪癖，内里却是对知识的热爱和保护……

《中国古代物质文化》

作者：孙机
版本：中华书局
2014 年 7 月

孙机，文物专家、考古学家。1929 年 9 月 28 日生于山东青岛。1955 年考入北京大学历史系考古专业。1979 年调入中国历史博物馆（今中国国家博物馆）考古部工作。1983 年被评为副研究馆员，1986 年评为研究馆员。著有《仰观集》《汉代物质文化资料图说》等，新作《中国古代物质文化》于 2014 年由中华书局出版。

致敬词

中国古代的物质文化成就，是几千年辉煌历史中重要的组成部分。然而，时间的长河冲刷人们的记忆，传统的断裂更加大了古今的距离。从农业工具到膳食，从服装到建筑家具，从交通工具到玉器瓷器……这些物质所潜藏的历史信息，沉没在古老的典籍里，悄无声息。中国国家博物馆研究馆员孙机先生，集数十年学术积淀，历数这些物质身上所蕴含的历史和文化变迁。他的解说，让古人的衣食住行和生活现场逐渐清晰，在古代历史的宏大叙事中被淡忘和忽视的部分，也因此得到了填补。孙机的埋首著述，为读者搭建了一座通往古代的桥梁。经由这一通道，物质不再是博物馆的陈列和书籍中的图录，而是过往时空里的鲜活再现。

文明的复兴需要传统的继承与创

新，文化遗产的清理和体认是我们出发的起点。它不仅是立足现代面对过去，更是民族复兴不可或缺的前提。就此，我们致敬《中国古代物质文化》！

对话

采写 李昶伟

沈从文是入行"导师"

《新京报》：2014年张新颖的《沈从文的后半生》一书中引了一段你回忆沈从文先生的文字，讲到你做古舆服研究的缘起，这段经历怎么促成后来你到博物馆的研究工作的呢？

孙机：博物馆是个出杂家的地方，比方做文物鉴定，你早晨拿来一个东西可能是商朝的青铜器，到了下午让你鉴定清朝一个什么画。博物馆、博物馆，它有个"博"字，就是说你在博物馆工作，你就知道这一点不行，你得各方面都接触一点，当然这个接触倒不一定说你各方面都是百科全书，但是你得知道的面宽一点，否则在博物馆工作起来就很困难。我在博物馆主要是搞历史时期，历史时期各个方面很多，现在不是说服装史嘛，这个就是沈从文先生带我入的门。

《新京报》：能否具体谈谈这段经历呢？

孙机：刚解放的时候，我在北京市总工会宣传部文艺科工作，劳动人民文化宫开幕之前，我们去做筹备工作，说来好笑，当时在横幅上写仿宋体大标语，那还是个技术，我能写，我就成了技术人员了，就在劳动人民文化宫工作了。我们办公的地点就是天安门进去两边的房子，这个房子叫"朝房"，当时官员上朝之前先在这儿等着，等于是接待室。当时沈从文先生是在历史博物馆，办公室也是这两溜儿朝房，我的办公室跟沈先生办公室就是隔壁，但是我们是走文化宫这个门，他们是走天安门这个门。朝房有很宽的廊子，廊子里摆着藤椅什么的，可以坐着聊天，我从窗户上一伸出头来就能跟他聊天，有的时候就翻窗而出，以后跟沈先生就很熟了。

《新京报》：后来是怎么来到国博的呢？

孙机：我们这个文艺科是搞工人业余文艺活动的，当时叫集体舞，大家拉着手，唛啦唛啦哆啦哆，时间一长就觉得这个工作好像是没事做，整天都是这么玩儿玩儿，我就想念书了，到了1955年我就到北京大学了。毕业以后在北京大学待了一些年，之后工作调动就到了当时的中国历史博物馆，后来中国历史博物馆、中国革命博物馆这两个馆合并了，就是现在的国家博物馆。

认出了至今唯一的陆羽像

《新京报》： 博物馆做研究的特点是什么？

孙机： 博物馆本身特别杂乱，什么事你都得做，这样就给你养成了一个习惯——不是在小范围里边，好像能够更宽一点地去阅读。比方说我们鉴定文物，一个你要看文物真假，我们馆现在国家调拨的东西很少，因为你从外省市把人家好东西调来那是很困难的，社会捐赠在咱们国家还没有形成风气，不能作为主要的文物来源，所以还得买，买的话得鉴定，买来个假的白花人民的钱那不成。另外一个东西看多了以后，你就希望认出一些过去没有被认识的东西。

《新京报》： 比如说？

孙机： 20 世纪 50 年代我们在河北的唐县出了一批茶具，有烧茶的风炉，有茶瓶、茶臼，等等，其中里头有个小瓷人，这个小瓷人既不是佛像，也不是道士像，也不像儒家的像。后来就在宋朝的文献里边找了七八条，说当时卖茶的人都供一个茶神陆羽的像，如果生意好，就给陆羽拿茶上供；如果生意不好，

就拿开水浇陆羽像的脑袋。根据那么多的宋代文献，这个小瓷人应该是陆羽，后来我们找了北大的、社科院的人来一块儿鉴定，大家都同意，这就是陆羽像。原来我们馆里做文物登记底册，登记的时候这件东西名字就叫"小石人"，因为不知道是什么，如果要拿到国外展览有个保险底价，当时保险底价没几个钱。后来鉴定成了陆羽像，而且是目前为止全国唯一的陆羽像，当要再拿到国外去展览，底价就几百倍上去了。在博物馆什么都得弄，所以有些东西你就能够认出来，这就是你做博物馆工作的长项。

刺鹅锥还原了契丹人的打猎生活

《新京报》： 认一些过去不认识的东西背后的意义是什么？

孙机： 比方说在内蒙古发现一个辽代的驸马墓，墓主身上佩戴一个玉把的锥子，玉把很讲究，这锥子跟一个小刀两个放在一起。小刀根据现在蒙古人保留下来的传统就是餐刀，吃饭的时候割肉用的，旁边这个锥子呢？吃饭没听说用锥子的，这是个什么？《文物》杂志当时的编辑就把这稿子给我看了，看了以后我就说这个锥子可是很重要的，这是当时辽代的刺鹅锥。

《新京报》： 这是什么？

孙机： 这是个专有名词，契丹人是

游牧民族，有四时捺钵，"捺钵"是一句契丹语的对音，就是春夏秋冬都要出去打猎，出去打猎的行营跟个行宫差不多，那个地方叫捺钵。

契丹人春天射天鹅，秋天射鹿，冬天钓鱼，比方说松花江都结冰了，在冰上砸开一个大窟窿，鱼在水底下氧气少，你这儿砸个大窟窿它都过来呼吸了，这个时候拿钩子直接把它钩上来。打天鹅怎么打？有个小的鹰，叫海东青，鹰在朝鲜这些地方出，当时女真得给契丹人进贡这个小鹰，因为那时契丹人比他们强大。射天鹅的时候就用小鹰，天鹅原来都在水塘里头，想办法把天鹅轰起来，天鹅跑上来以后，海东青就一下子抓住天鹅的脖子。天鹅飞起来以后翅膀展开、腿展开，连前头的头很长的，鹰比它小多了，所以鹰只是抓天鹅的脖子，捣天鹅的头，给它重创，天鹅就落地了。落地时要人过去拿刺鹅锥把天鹅的脑子给弄出来喂鹰，这样鹰也有个奖赏，这个锥子就叫刺鹅锥。

射天鹅有个仪式，如果是头鹅，皇帝会有奖赏。那么这个刺鹅锥就是当时参加这个活动的贵族身上都配着的，所以通过文物能看到背后的社会生活。我现在八十多了，一辈子做这个事情——希望通过文物去看文物背后的社会生活。当然说起来容易，做起来难，你需

要广泛阅读一些文献，知道当时是怎么回事。

《新京报》：就是说对文献的熟悉程度要求更高？

孙机：有一些事情，比方说大的政治史、经济史，这都是最显著的东西，人们一看就知道，但是有一些边边角角属于社会生活的事情，不是在很显眼的正史记载里面，你得从边边角角多看一些。然后你知道当时它有四时捺钵，四时捺钵它有放海东青抓天鹅这么一个事，再和考古发掘一结合，一看那当然是没跑了，是不是？所以说我一直做的是这样一些工作，通过文物看到它背后的社会生活，这样这件文物本身就活了，就有意思了。

中国古代物质文化是中国人的骄傲

《新京报》：了解古代的物质文化生活的意义是什么？

孙机：我们中国人从鸦片战争开始变成半封建、半殖民地，到现在好像就是摆脱不掉一种自卑感，你说这个东西进口的要价底气就足，他就给你多要钱，认为中国的就是不行。实际上在西方的工业革命以前，中国在生产、生活很多领域都是领先世界的，一领先就是几百年、上千年，都是很多非常重要的东西。举个例子，在大海航行这个船要没有舵，

那是不能想象的事，舵是中国发明的。在广州出的东汉的船，陶船后面清清楚楚是有舵，这个是公元 2 世纪。西方当时没有舵，是后边船尾相当于舵这个地方，两边有两支长桨，用这两个长桨来控制航向。舵本身有个力学角度，舵一动船马上就拐弯，用桨那就很麻烦了，一个力矩一个变化。欧洲低地地区（荷兰、比利时等国）的水手到了公元 11 世纪才开始用舵，跟公元 2 世纪差了八九百年。所以中国古代物质文化应该是中国人的骄傲，这种信念应该促使今天的中国人有信心更好地创造我们自己的新生活。

《新京报》：但这一块的知识恰恰是我们知识系统里面极其匮乏的。

孙机： 所以这个知识我们广大人民应该知道，而且应该进到学校，因为这就是我们的基本国情，我们了解这些，我们就有了民族信念——就是中国人不会在世界上落后的，我们现在很多问题都在赶上去，这个趋势再加上我们对中国历史的这种信念，它会有一种推动的作用。我希望能够通过文物了解古代社会生活，然后把这些涉及社会生活方方面面的基本知识介绍给广大读者，让大家知道我们古代有很多的、很好的做法。现在有些中国人到美国拿绿卡，大家不知道，原来唐朝时，中亚人都愿意到中国，唐朝生活好，到了就不想走了。

《新京报》：当时的生活艺术领域中国有什么弱项呢？

孙机： 当然中国古代也有弱项，比方造型艺术，中国就没有古希腊、罗马厉害。你去看古希腊雕塑原作，它的大理石人体你都感觉有弹性，肌肉里头都绷着劲，中国没有这个水平。我书里避免跟人家一个个地互相比较，这个没有必要，但是节骨眼上点两点。西方的情况当然我们学这么多年历史也知道一些，就是它跟咱们不一样。我们现在不非去说它不好，各个民族有长项，但是我们要知道我们自己的长项，我们知道自己在历史上那么多年一直在领先，增加我们今后的信心。

《小于一》

作者：［美］约瑟夫·布罗茨基
译者：黄灿然
版本：浙江文艺出版社
2014 年 9 月

约瑟夫·布罗茨基（1940—1996）是一位跨越了英语与俄语世界的文学奇才。生于 1940 年的列宁格勒，布罗茨基的前半生在母国苏联度过，他的大部分诗歌成就也是用俄语完成的；1972 年，永别故土、定居美国的布罗茨基从零开始学习英语，进而一举成为英语世界卓越的散文大师之一。1986 年，布罗茨基荣获美国国家书评奖，1987 年荣获诺贝尔文学奖，1991 年获选"美国桂冠诗人"。其代表作品有诗集《诗选》《词类》《致乌拉尼亚》、散文集《小于一》《悲伤与理智》、散文《水印》等。

致敬词

这是一个伟大诗人的精神自传，也是一部私人回忆录。布罗茨基以创造性的诠释与解读，完成了他对阿赫玛托娃、奥登等人的致敬。

对个人价值的有力捍卫，对独裁者罪行的揭露和控诉，同样是布罗茨基的文学主题。统治者将异议分子驱逐出境以掩耳盗铃，受难者却因此获得新生并自由言说。对极权体制下满目疮痍的生活描述，更是布罗茨基作为亲历者的疼痛再现。如果说，诗歌奠定了布罗茨基初期的文学地位，那么，他在散文中的精彩演出无疑影响深远。

历史记忆须以回忆重构，对于历经地狱和人间的幸存者而言，用自己的语言准确地表达深刻的沉思，是个人存在感的有力验证。就此，我们致敬《小于一》！

答谢词

首先，我不敢替自己高兴。因为翻译是不可能完美的，译得多好都不够好；何况我倾向于直译，这不是一种讨好的翻译。哪怕我译得准确，也还会有些人不喜欢；何况准确是一个我远远达不到的目标。如此一来，在喜欢直译或者容忍直译的读者眼中，我只是做了该做的，并不算什么功劳，也不是什么值得夸赞的——这也是我认同的态度。而在不喜欢或不能容忍直译的读者眼中，我使他们错过了一部我认为是 20 世纪最好的随笔集。

其次，我也不敢替作者高兴。我们知道，布罗茨基不张扬自己的苦难。他在四十岁生日时写了一首诗，回顾他的经历，然后总结说："除非我的喉咙塞满棕色黏土，否则它涌出的只会是感激。"意思是说，除非他死了，否则他只会感激。我们从这句诗也可以看到，他怎样回避陈词滥调。

但我替出版社和编辑高兴。我认为一个好编辑，重要的不是有眼光，而是有耳朵。因为一个编辑无论多么博学或有见解，他的眼光都是有限的。而有耳朵，表示懂得听别人的意见、别人的推荐，这等于是把眼光无限延伸和扩大。曹洁女士有很好的耳朵，当我向她推荐布罗茨基、希尼和乔治·斯坦纳的随笔集，她都立刻行动，买了版权。但她也有很好的眼光——而我想，这正是考虑一个编辑是否有眼光的一个尺度。当她看了我的译稿，感到这本书确实非常棒，便决定不沿用"大师批评译丛"原有的封面设计，另请人花了半年时间设计出一个她认为跟这本书相称的封面。而我想，这个封面对于增加读者对这本书的好感和信任，是绝对不能低估的。

——黄灿然（译者）

对话

采写　吴亚顺

最初觉得布罗茨基蛮傲慢

《新京报》：我首先好奇的是，你最初阅读的布罗茨基作品是诗歌还是散文？那时的阅读感受如何？

黄灿然：其实我最初看他，是 20 世纪 80 年代末，《小于一》原版，从图书馆借的。但那时英文水平还不足以完全消化这样的书。我想最初应是读他的诗，而且是中译的，印象较深的是吴笛译的《黑马》。但是我最初并不是太喜欢布罗茨基，感到他蛮傲慢的。这种最初不喜欢然后很爱的例子在我文学生活中常常出现，例如我曾经多次说过，我爱上普希金之前半年还在大骂普希金。但不管是最初不太喜欢还是后来很喜欢，有一点却是没变的，就是他文章的语调，令人印象深刻，而且这语调无论是中译还是原文都是存在着的。

《新京报》：《小于一》里的篇章，很多成书之前我都看过，但文字显然经过多次打磨，更加精确流畅。翻译的这些年里，你是如何打磨这部作品的？不断地打磨，对你来说，更多的是一种乐趣，还是责任使然？

黄灿然：我以前译过几篇，但以前尤其是90年代翻译的，因为经验不足，尤其是校对耐性不足，错漏不少，哪怕是成书之前先拿出来发表的，也是未经过反复校对的，所以成书之后的版本与之前发表的版本是不同的。成书后，又发现若干错误，例如，《一座改名城市的指南》，第69页第二段第一二行，"因此"应是"因为"，是打字错误。我立即通知出版社加印时修正。

反复校对，最初不是打磨而是折磨，然后确实变成翻译中最大的乐趣。而最初反复校对，不是因为责任，而是因为羞耻感。看到不应译错的译错了，而且如果碰巧已发表了，那是很羞耻的。而之所以要反复校对也是因为你校对一遍之后，发现有不少错误和可改善之处，第二遍又发表还是有错误和可改善之处，所以又得再来一遍。还有你自己校

对之后，编辑或出版社校对也找到错误，那你知道还要继续校对。

布罗茨基也是"一个人对一个帝国"

《新京报》：对于布罗茨基，有人激赏他描写的伦理道德，有人赞叹他对极权的洞见，对译者来说，你对布罗茨基的这本书最着迷的部分是什么？

黄灿然：还是他的语调。那是人格力量的显露。他是一个真正意义上的"人物"，不同凡响。你看看他给科学院的信，那种气魄，也是"一个人对一个帝国"。

《新京报》：你作为一个读者，不是译者，布罗茨基在你心里是一个什么样的形象？我记得，大约十年前，你说他像你的中学老师或大学老师，"严厉而且有真才实学"，这些年过去，时至最近《小于一》翻译出版，这一感受有什么变化吗？

黄灿然：他肯定是我成长过程中影响我最大的作家之一，崇拜他，这不用说，但是后来我顺着他的线索，去读他崇拜的人，还有其他不在他的"系谱"里的伟大作家、经典作家。这样，也就是在脱离他的影响和笼罩。但在翻译这本书时，一方面是以前感受的复活，一方面是更成熟的心智的重新感受，依然觉得他是一个非常了不起的人物，而《小于一》依然是我最喜欢的随笔集——在

我眼里也是最好的。

十多年来我一直都有一个愿望，就是写一本像《小于一》这样的书。我指的当然不是这么完美的书，这种书就连他自己也无法重复，就连他崇拜的奥登或欣赏的奥威尔也写不出。我是想写一本以长文章为主、目录不超过一页、约四百页的书。但我从 1998 年开始写到现在，只写了约三分之二。十多年来每年都有出版社来约出版我的评论集，但我都拿不出来，不是我写的文章不够结集（够两本），而是满意的长文章不够。另外，我也知道，布罗茨基有几篇文章是长达五六十页的，而我不一定能写出这样的文章，甚至不一定愿意写这样长的文章。所以我想，最终可能成不了一本这样的书。尤其是写长文章需要大块时间，几个月一篇，而我现在的翻译工作根本不允许我有这样的时间。更麻烦的是，我愈来愈感到大多数人写文章都是在胡说八道，便也怀疑起写文章的必要性了。所以愈来愈不想写——如果说讨厌可能会夸张些，但确实不想写，连写一个译后记都觉得好多余。

《民主崩溃的政治学》

作者：包刚升
版本：商务印书馆
2014 年 6 月

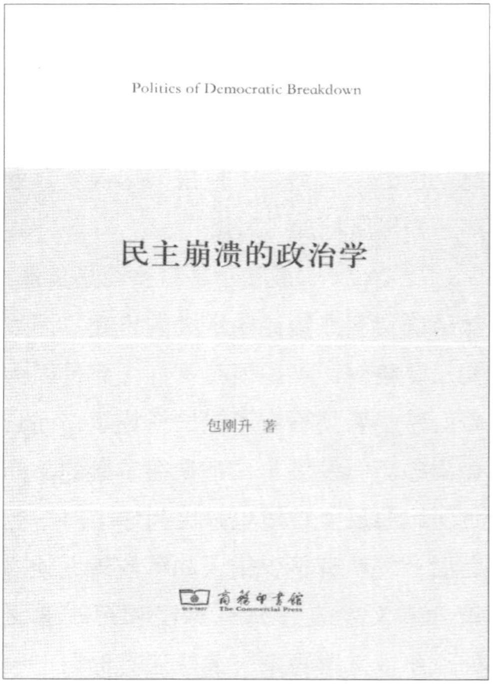

Politics of Democratic Breakdown

民主崩溃的政治学

包刚升 著

商务印书馆
The Commercial Press

包刚升，浙江海宁人，2012 年获北京大学博士学位，现执教于复旦大学国际关系与公共事务学院政治学系，曾赴英国伦敦政治经济学院（LSE）从事访问研究。其专著《民主崩溃的政治学》获评"《新京报》2014 年年度社科书"及"《纽约时报》2014 年 19 本中文好书"，同时著有《被误解的民主》和《政治学通识》。

致敬词

这是一次观念的探险，包刚升带着浓郁的问题意识，深入到民主政治的内部，辨识其运行的内在机理。在成功的民主和崩溃的民主之间，他以实证研究为基础，总结其不同的经验教训。于亨廷顿、戴蒙德和林茨等大师的研究之外另辟蹊径，收获了一片别开生面的学术风景。这是一项填补政治学空白的研究，它以四个国家民主实践的宝贵经验为范例，提炼出民主体制建立与巩固不可或缺的关键要素，启迪人们对于建立何种民主体制的思考。这是吹向观念论域的理论清风，使得笼罩民主的雾霾无法藏身。人们不会因歪曲而迷惑，对民主的信念也更加坚定。

自近代以来，中国的仁人志士一直在寻求自己的民主道路，并且在 20 世纪开始了艰难实验。虽历经坎坷，却从未停歇。今天，民主已经成为中国人的核心价值观。包刚升以强烈的现实关怀和敏锐触觉，对这一重大课题做出了前瞻性的思考。就此，我们致敬《民主崩溃的政治学》！

答谢词

《民主崩溃的政治学》获评《新京报》"2014 年度社科书"，于我而言是一种莫大的荣誉。《新京报》让我来致辞，我想利用这个难得的机会讲几句与致谢无关的话。

作为一位学者，我关心的问题是：对一个处在现代转型中的国家来说，学术界与知识界能够贡献什么？按照卡尔·波普尔的观点，一个社会的进步取决于有效知识的积累。这一论断揭示了进步的本质。这里的知识不仅包括科学、技术、工程和生产的知识，而且包括制度、法律与治理的知识。如果说前一种知识是与直接创造财富有关的，那么后一种知识则是与使创造财富成为可能的制度框架有关的。但是，在一些国家，后一种知识容易受到忽视。通常，这样的国家都比较落后。

在我看来，提供后一种知识是一国社会科学界的责任。在学术界与知识界，我们需要为民请命的人，需要舍身求法的人，需要特立独行的人，但是更需要为建设一个开放社会贡献思想、学术与知识资源的人。一个国家的发展限度，不唯独受到政治势力和社会结构的左右，更受到从精英到民众的思想与知识的束缚。很多时候，正是思想与知识决定着我们思考问题的视野和边界。

我想，学术界与知识界的职责是为此贡献有效的思想、学术与知识资源。

——包刚升

对话

采写　张弘

"我的主要研究兴趣是民主转型"

《新京报》：你的第一本学术专著出版后，就获得了本报 2014 年度社科类致敬图书，你对此有何感想？

包刚升：《民主崩溃的政治学》获此殊荣，我略感意外。

自作品入围以来，我一直在想：那些有价值的重要工作是有机会被世界发现的。但我应该算非常幸运，因为可能还有很多同样有价值的著作被埋没了。

《新京报》：评委周濂说，《民主崩溃的政治学》是一本"横空出世"的政治学著作，你做这项研究的起因和过程是怎样的？

包刚升：我猜想，周濂老师讲的"横空出世"可能有几层意思：第一，研究主题是全新的；第二，作者提出了新的理论；第三，作品的论证方式是国内少见的。所以，《民主崩溃的政治学》看上去令人耳目一新。

我的主要研究兴趣是民主转型。这一领域多数研究关注的是民主转型与民主巩固，但民主失败同样是一个重要议题。若不能避免民主失败，新兴民主政体就谈不上巩固的问题。所以，我从 2010 年开始做这种探索，并用两年多时间完成了这项研究。

《新京报》：中国的政治学研究，多年来一直存在原创不足的问题。与亨廷顿的《第三波》、戴蒙德《民主的精神》以及林茨与斯泰潘的《民主转型与巩固的问题》相比，你在做《民主崩溃的政治学》研究时，有哪些创新？

包刚升：它们都是出自国际一流学者的杰出作品。但这三部著作并不是严格意义上的"理论著作"，它们缺少单一的理论假说，也就谈不上借助系统的经验证据来论证理论假说。

与此不同，本书（《民主崩溃的政治学》）是比较政治领域一项原创性的实证研究。称其原创性，是因为这项研究对民主崩溃提出了一种新的理论解释；称其实证研究，是因为这项研究是严格按照"提出问题—文献回顾—理论假说—经验证据—研究结论"这些步骤依次展开的。因此，这是一部理论导向的"政治科学"著作。在经验研究部分，本书采用的是比较历史分析方法，所以本书看上去带有《民主与专制的社会起源》《国家与社会革命》等经典译著的影子。当然，在既定的结构性约束条件下，一个国家现代政治转型的命运，往往取决于该国的政治精英阶层如何思考政治。那么，学术界与知识界能够为开放社会贡献思想资源做什么？从消极方面讲，我们至少可以做到不误人子弟，不制造虚假知识，不曲意逢迎。从积极方面讲，我们可以主动应对现代转型的重大问题，着眼全球经验，基于严密逻辑，贡献可靠的思想、理论、知识与政策。这既是我们的职责，也是我们的使命。

《古典风格》

作者：［美］查尔斯·罗森
译者：杨燕迪
版本：华东师范大学出版社
2014 年 8 月

查尔斯·罗森，美国钢琴家、作家。他出生于纽约的一个建筑师之家，自幼习琴，少年时拜钢琴家罗森塔尔（1862—1946）为师，可算是李斯特显赫谱系的"嫡传"。他的正式职业身份是音乐会钢琴家，成名后频频在欧美各重要音乐舞台和音乐节上亮相，并留下为数甚多的唱片录音。傅聪先生曾经用"音乐中的钱钟书"来定位罗森。

致敬词

集法国语言文学博士与职业钢琴家于一身，深厚的艺术修养构成了罗森作为著名音乐著述家和批评家的基础。对音乐艺术如数家珍的熟稔，对西方文化传统和知识的广泛涉猎，使得罗森成为西方音乐界和文化界的传奇。他轻松穿梭于 18 世纪古典音乐的丛林，以开阔的视野描绘了古典风格的全貌，又如庖丁解牛地分析和解说古典音乐的语言。他对海顿、莫扎特、贝多芬等人作品鞭辟入里的剖析，融入了自己多年音乐实践的感悟和心得，而深厚的人文修养，又使得他的批评洞见独树一帜。

18 世纪的古典音乐高峰已巍然耸立且不可逾越。借由罗森这位杰出的攀登者和他经典的《古典风格》，爱好者可以一览无余地接近和欣赏，在音乐中与大师们产生情感的共鸣和心灵的碰撞。就此，我们致敬《古典风格》！

答谢词

一本专业精深的音乐西学名著，得到中国知识文化界读书同道的认可和喜爱，并被作为整个艺术类图书的年度代表，作为译者我感到非常荣幸和高兴。古典音乐虽然偏于"小众"，但它所体现的品质和象征的价值却带有某种普世性和示范性，而《古典风格》一书则说明、解释并彰显了以维也纳三杰为代表的古典音乐所达到的艺术深度和文化高度。我愿对已在天国的此书原作者查尔斯·罗森先生，对所有的评委老师，以及对所有为此书中译本的翻译、出版和推广做出贡献的同人们表达发自内心的真诚感谢！

——杨燕迪（译者）

对话

采写　姜妍

"《古典风格》对古典乐派的研究有很高的超越性"

《新京报》：在《古典风格》的序言里你提到，西方学界的共识是，《古典风格》一书是近五十年来在英语世界影响力最大、引用率最高的音乐论著，这本书之所以具有这么大影响力的主要原因是什么？

杨燕迪：我觉得这本书之所以有这样的地位，主要因为它是一本充满了个人洞见的论著。这真的是一本金子般的著作，几乎每一页都有洞见。此书写出了一些前人没有说出来的，或者说原来只是模模糊糊感觉到的，但是从来没有这样清晰表述出来的观点。维也纳三杰的作品大家都烂熟于胸，但是《古典风格》提供了更深一步的见解和认识。这么多年来，这本书不仅是古典风格这个时段的权威论著，而且对音乐艺术的诸多本质问题都有深刻的论断和深入的表述，所以奠定了这样的地位。而且，这本书各个章节的学术含量非常平衡，质量很高，因此有这样的地位是实至名归。

《新京报》：在本书里，罗森主要是针对维也纳古典乐派三位大师，海顿、莫扎特、贝多芬的研究分析，就像序言里所说，在此之前已经有了那么多的相关研究和分析，很难再有新颖创见产生。那么罗森的文字能够突破此前诸多成果，并获得好评的原因是什么？

杨燕迪："维也纳古典乐派"这一术语第一次被提出其实是 20 世纪初的奥地利音乐学家阿德勒，而对这一乐派的研究也有相当长的历史。但是把古典风格与其之前的巴洛克时期、之后的浪漫主义风格比较，做这样清楚深入的交代，应该说还从来没有过。对这一乐派的音乐语言做这样透彻、全面、专业的论述，而且对这三人的个别作品又进行了如此地道和精辟的评论和分析，罗森确实大大超越了前人。

"罗森是艺术文化领域的通才"

《新京报》：傅聪先生曾经用"音乐中的钱钟书"来定位罗森，这个定位对中国读者来说会更容易理解罗森在古典音乐研究中的贡献和位置。这个定位是否准确？罗森和钱钟书有什么相似之处？

杨燕迪：我之所以选用这个比喻，当然我认为这是非常准确的，尽管这是傅聪先生开玩笑说的，但是给我留下了很深的印象。我们都知道钱钟书在中国 20 世纪文化中有什么样的地位，他博闻强识，有百科全书般的知识，从这一点来定位罗森是特别合适的。

罗森在西方文化界，就是以他的强大记忆力，和对于各类知识的全盘掌握而闻名。他对不同的知识领域都有精深的了解，知识量大得惊人，涉及广阔的文化历史领域。他是普林斯顿大学毕业的法语文学博士，写过不少的法语文学评论，包括针对拉封丹、蒙田、卢梭、萨德侯爵等重要名家论著的专业评论，并在《纽约书评》上发表。而且他知道的音乐不但在脑子里，也在手上，他可以随时在钢琴上弹出来大量的音乐，不用看谱，这在西方文化界一直被传为美谈。

可以说，在文化领域要达到真正的高度，做一个通才是非常重要的，而钱钟书和罗森都是真正最高意义上的文化通才。

《新京报》： 音乐语言和我们日常使用的语言其实是两种不同的语言，前者或许更能直击人心，不需要翻译。但是在本书中首先需要罗森从音乐到文字的"翻译"，其次还需要通过你在不同语种之间的翻译。这两种翻译里其实都包含着不一样的辛苦，是否可以谈谈这两种不同的"翻译"？

杨燕迪： 这是很有意思的一个问题。我们都知道用文字把音乐翻译出来，是一件极其困难的事情，常言说"文字终结之处，才是音乐开始之时"。罗森所做的其实不是一种翻译，他对音乐的描述很少用情感术语，这点尤其和我们国内喜欢的那种风花雪月的散文笔法不一样。他在使用玄虚的、不太触及音乐技术肌理的形容词时是非常非常谨慎的。但是有意思的是，他所使用的这种非常专业的、分析式的语言却特别生动，懂音乐的人看他的文字会觉得非常到位而准确，绝不是不着边际、隔靴搔痒那样

的东西。他在用语言文字如何触及和描述音乐这方面提供了全新的启示，对我们非常有借鉴意义。

用中文再去翻译罗森，又是另一层意义的翻译。罗森的英语极其漂亮，和德语的复杂雕琢完全不一样，他的英语还是比较清晰、平白的，但句式很灵活。翻译过程中，我觉得语言本身并不是那么难，但罗森触及了一些很深刻的音乐问题。语言本身很朴实，但涉及的艺术问题很深刻，有的时候我要揣摩很长时间才知道他说的那个音乐问题究竟是什么。此书中论及的有些比较深入的音乐艺术问题的很多方面和范畴，汉语世界的音乐言语系统中似乎还没有触及。

"这本书对整个艺术研究都有启发意义"

《新京报》： 很多普通读者一提到古典音乐，总是会觉得有一种天然的距离感。但是读你的译本，却感觉你把这种距离感拉近了，我想这也是本次评选艺术类好书《古典风格》胜出的原因。在翻译的时候，是否会考虑到普通的非乐迷的读者？

杨燕迪： 这本书确实是主要针对专业音乐家的，因为这本书里充满了乐谱，而且所有的叙述和分析都是直接针对谱面的。如果不懂乐谱的话，阅读是有障

碍的。

但是对于中国，现在情况发生了巨大的改变，改革开放以来普通乐迷水准有了巨大的提高，有这么多的琴童从小就有了读谱能力，也有了一大批业余乐迷可以通过这本书提升自己。这本书所提出的艺术问题，就是我们在听音乐、理解音乐时最关心的那些问题——这些音乐好在什么地方，这些杰作的音乐旨趣和具体效应是什么，而达到这些效应的技术手段又是什么。所以从这个意义上此书也是针对爱好者的。

《新京报》： 这本书对中国音乐界的音乐观念和音乐意识是不是有更深广的意义？

杨燕迪： 这本书尽管是针对古典时期三位大师的断代论述，但是由于它触及了很深刻的艺术问题，所以不仅仅是帮助我们理解这个时期的音乐，而且实际上对于我们了解西方音乐整体和西方音乐观念都有非常重要的启发意义。

通过阅读此书，你会感觉音乐确实是个大学问，里头不简简单单是表达情感或是作曲家个人的某种感悟。罗森总把作曲家的创作放置到当时的文化和历史文脉中去，同时又能够触及和抓住最关键的艺术问题。北京大学哲学系教授朱良志评价此书说："这本书不仅对于音乐研究，而且对整个艺术研究都是一个范例。"这本书尽管是在谈音乐，但是对所有搞艺术研究、想要理解艺术的人都有重要的借鉴和启发作用。我也希望这本书能让中国读者更深入地理解西方音乐及其背后的文化意识，从而对我们自身的音乐建构和音乐文化发展能起到积极的作用。

《顾随全集》

作者：顾随
版本：河北教育出版社
2014 年 6 月

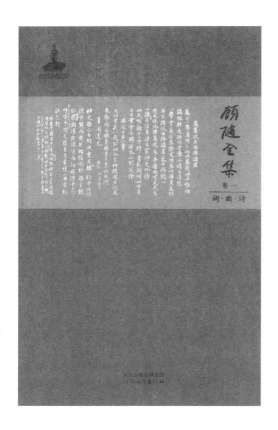

顾随（1897—1960），本名顾宝随，字羡季，别号苦水，晚号驼庵，河北清河县人。1920 年毕业于北京大学，一生执教并从事于文学创作与学术研究。1920 年先生自北大英文系毕业后，即投身于教育工作。曾先后在燕京大学及辅仁大学任教，并曾在北京师范大学、北平大学、女子文理学院、中法大学及中国大学等校兼课。1949 年后一度担任辅仁大学中文系系主任。1953 年转赴天津，在河北大学前身之天津师范学院中文系任教。

致敬词

一代学林宗师顾随先生徜徉于古典文学的瑰丽风景，他深入历史语境体验故国文人的喜怒哀乐，将深刻的人生体验融入学术研究，并以敏感的触觉捕捉源源不断的灵感，进而凝聚成一部部优秀的著作。其讲诗，提倡心物相合，注重独抒性灵，以情为主，"诗心论"独出机杼；其说词，继承和发扬了王国维的词学传统，"高致说"自成一家，字字珠玑而令人回味无穷。顾随先生的词作，兼有雄壮、新奇、健婉之长，其长调抒情性强，格调高雅，感情真挚；其小令含蓄婉约、辞简义丰。此外，他还涉猎小说、杂剧创作，在儒家、佛家思想领域修养颇深。经由十卷本的《顾随

全集》，顾随先生的哲人风范、高雅志趣、学术成就和讲坛遗韵，将百世流芳。"大师无界，大道无名"，让我们致敬《顾随全集》！

答谢词

《顾随全集》十卷本结集出版，对于我父亲的著作来讲，真正是一个集腋成裘、聚沙成塔的过程。从最早1986年，父亲第一册文集——上海古籍出版社出版的50万字《顾随文集》，到2000年的四卷本《顾随全集》，再到这一次的十卷本全集，我感激所有帮助全集完成的人们，感激父亲的老学生们，还有喜欢父亲著作的年轻人们，我深知没有你们的帮助，无法完成这十卷本的规模。整理父亲文集的过程中，我更深有感触的是，没有改革开放的大好形势，没有今天思想学术和意识形态领域的解放，父亲顾随的著作不会以如此丰富的面貌呈现于大家眼前。

——顾之京

对话

采写 李昶伟

度尽劫波赶好时

《新京报》： 这一次《顾随全集》十卷本的结集，跟之前四卷本相比增加了很多内容，是不是到目前为止能找到的资料都已经囊括进来了？

顾之京： 现在还不敢这么说。因为这里边有些东西得到也挺偶然，就是有些我自己都不知道过去我父亲写过这些，一些不相识的甚至很年轻的朋友看别的资料的时候发现了我父亲的东西，就给了我。但是现在能够知道还没有找到的呢，一个是我父亲早年在山东的时候发表一些小说、散文什么的，这个报纸在国家图书馆头几年都见不到，山东省方面济南什么的或许有，但是那个我们也还没有看到，这个是知道的。另外个别的东西，是不是他写了之后还散在过去学生的手里，或者很偶然的情况在什么人手里头，这个也可能还会有，但是估计量也不会很大，因为有些找不到的，就已经确实知道不能找到了。比如像我父亲给周汝昌先生的信，还散在一个人的手里，周汝昌先生的女儿跟我联系，说前不久曾经有人跟她说，还有一些周先生的东西，里面有我父亲给周先生的信，可是得到的希望也不会很大。

不过即使再丰富一些，恐怕也不会有像四卷扩充到十卷这样大的一个规模，顶多也就是能够在某一卷里边多一点，应该说基本上是能够收集到的都在内了。

《新京报》： 从当初的四卷本到动念做十卷本，这个工作做了几年时间？

顾之京： 具体的时间也不太好想了，2000 年出的四卷，后来陆续地就是有不少的东西出来，一个是叶嘉莹先生的听课笔记，过去不可能全部整理出来，后来将叶先生的笔记全部一字不落地做讲台实录的整理，这是 2000 年之后开始这么做的。再有就是又找到了一些文稿，从不同的渠道这个发现一些、那个发现一些，他们都跟我联系就汇集到我这儿，集中起来编订还是差不多最近五六年的时间吧！

《新京报》： 十卷本比之前四卷本增加出来的部分当中，整理过程中觉得特别愿意和大家分享、您自己最看重的是哪些部分？

顾之京： 从学术影响力和传播的作用这个角度讲，最重要的我觉得还是《传诗录》和《传文录》三卷。那三卷是 19 世纪 40 年代完成的，作为我父亲来说，是他学术创作的一个巅峰时期。像《稼轩词说》《东坡词说》，以及他讲的禅学著作，那些是一般人很难真正领会其中深意的东西，而他把它们在课堂上以一种流畅浅白的方式讲出来，而且让你在很自觉很愉悦的情况底下接受那些个知识、思想，我觉得对于当时甚至咱们现在，包括我自己都是很新鲜的体验。

但是从我父亲本人的成就来说，我觉得其实不应该忽视他的诗词曲的创作，作为一个现代人的古典诗歌创作，我想是最优秀的之一。尤其是他写的杂剧，在中国文学史上应该是压轴的，叶嘉莹先生从学术上也写过关于我父亲的杂剧的文章，认为是"空前绝后"的。说他压轴是因为之前王国维有过写杂剧的设想，但没有实现，吴梅写过，但写的没有我父亲多，而且他写的时间也比我父亲要早。之后就没有人写了。从我父亲来讲，其实是希望成就自己为一个作家和诗人。

《新京报》： 您父亲作为师者的一面也是十分重要的，学生中出了那么多优秀的学者，他对自己教书或者说诗歌教育的成就是怎么看的呢？

顾之京： 就他自己来说，教书就是一种职业。从 21 岁北大毕业教书，到 61 岁逝世，整整四十年。他很喜欢和年轻人在一起，我就记得每每上课，都是很兴奋，下了堂以后，累得不得了。1949 年我父亲病了，到 1952 年才好，好了之后冯至先生来看我父亲，对我父亲说，要不你来社科院文研所吧！但父亲后来还是去了天津，他愿意教书。1959 年年底，他给周汝昌的信中说，到明年（1960 年）从教 40 年，也是跟我母亲结缡 40 年。他那么不记数的人，这个 40 年他记得清楚着呢！但是第二年夏天就卧床不起，到 9 月就没了。

《新京报》： 顾随先生讲诗，大家都很推崇了，这个整理过程当中您自己会有一些什么样的心得？

顾之京： 我自己来说，实际上我是跟着他学习的过程。因为别的部分增加得也不是很多，像小说增加一些，散文增加一些，论文也增加一些，但是都比较零星，比较大块增加的是他讲诗和讲文，这个文献在其他人来看好像也是受益最深。我自己这十几二十年如果说还有些提高的话，那就是在整理我父亲的遗稿当中潜移默化的作用，实际是一个学习的过程，他活着的时候我们没有能够跟他学到什么，整理这些就觉得我对他也是有了一个重新的认识。

《新京报》： 怎样的重新认识？

顾之京： 我原来觉得父亲好像就是还是有些学究气吧！因为他那些学术著作我以前都不能说理解得很透。但是他对生命和生活的热爱，对于人性的理解和关怀，这些方面我都是通过这些年整理他的稿子，包括读他的小说、读他的诗和词这些作品，我才有了认识。

《看不见的森林》

作者：［美］戴维·乔治·哈斯凯尔

译者：熊姣

版本：商务印书馆

2014 年 1 月

戴维·哈斯凯尔，美国南方大学生物学系教授。他的研究与教学工作主要涉及生物进化和动物保护，尤其是对栖息于森林里的鸟类和无脊椎动物的保护。

致敬词

用一年的时间，在每次的观测中专注于一平方米所潜藏的秘密，生物学家戴维·哈斯凯尔以一小片森林做样本，以其丰富的专业知识为背景进行观察，为读者生动地展示了这片森林和栖息者的生活场景。在哈斯凯尔的笔下，看似寻常的景物不再是人们匆匆而过的点缀，而是一个丰富多彩的微观世界，最小的微生物和最大的哺乳动物，动物与植物之间，千丝万缕的联系构成了一个延续千年甚至百万年的复杂生态。哈斯凯尔为读者展开的画卷，既有着科学的素养为底色，又有着文学的生动和渲染。由此给读者带来"看山不是山，看水不是水"的陌生感，揭示了"一花一世界，一叶一菩提"的真谛。人类应该与大自然保持怎样的关系？《看不见的森林》启迪着读者的思考。

我们栖息的世界潜藏着无数奥秘，有待于人类的探索。认识自然除了需要强烈的好奇心，更需要一双善于发现的慧眼，以及妙趣横生的讲述。哈斯凯尔笔下的森林生机勃勃，令人流连忘返。让我们致敬《看不见的森林》！

答谢词

从 2011 年受北大出版社委托翻译启蒙思想家卢梭的《植物学通信》，到 2014 年与商务印书馆合作翻译现代生态学家哈斯凯尔《看不见的森林》，在这三年间，无论出版行业，还是公众的阅读习惯，都在悄然改变。唯一不变的是，我们作为人类，依然生活在无所不包的自然界中，并无时无刻不在与外部世界产生物质、精神和情感上的交流与互动。博物学在今日已有再次成为国人生活中一部分的势头，我很高兴看到这一点，也希望未来有更多好书供我们分享，并从中体会自然，体会生活。

——熊姣（译者）

对话

采写 柏琳

最喜欢自然现象的观察记录

《新京报》：《看不见的森林》的译后记中，你提到在翻译过程中常能体会到一种"情感共鸣"，为什么？

熊姣： 我在翻译过程中，从每一个章节中都得到了很多乐趣。这本书的每个章节都能带领你去认识一个新事物，为你打开一个观察大自然的新窗口。不只是我，读者们在阅读这本书时都会感到一种情感上的共鸣，而我作为一个译者，只是和大家分享了这个深入阅读自然的过程。

《新京报》： 翻译过程中，有没有什么片段让你印象最深刻？

熊姣： 让我记得最清楚的是那个片段。某天早晨，当作者哈斯凯尔来到某条溪涧时，发现溪涧被翻了个遍，偷猎者来这里转走了他们能找到的所有蝾螈，运到别处去做猎饵，当时他感到难过和愤怒，内心伤痛加剧，终于还是突发了心脏病，被送到了医院。这个片段是其中一篇文章《医药》里的引子，讲的是草药和人类身体的关系。从这个片段里，我强烈感受到哈斯凯尔对大自然那种特别深厚的情感，这是特别真实的。

《新京报》： 这本书在内容上是这么编排的，每篇文章的开头是对自然的观察记录，一般所占篇幅较少，文章主体多是谈与观察到的现象相关的某种生物学机制，专业性较强，此外，这其中还融入了作者在观察到的事实之外的许多反思，这一部分哲学思辨性很强。这三种内容，你最喜欢哪一部分？

熊姣： 我在翻译和阅读过程中，最享受的是第一部分，即那些对自然现象的观察记录。我喜欢看作者作为一个博物学家,如何静静地去观察坛城中的自然事物,如何带领读者去观察这些生物的细枝末节,这些对我来说是最有意思的。至于那些思辨性的内容,尽管也很有启发性,但我个人在翻译过程中遇见这些内容时,有时并不能完全赞同。比如说哈斯凯尔主张仅仅作为观察者,而不是参与者来看待林中生灵,我觉得在实际操作中是否能做到这一点是值得商榷的,不过这并不妨碍这些思辨性内容成为全书的一大亮点。

《新京报》: 很多自然笔记会涉及控诉人类对自然的破坏,《看不见的森林》同样也是一本自然笔记,您觉得这本书和其他的自然笔记比较,有什么不同之处吗?

熊姣: 如果说这本书有什么特别之处,可能还是会和作者哈斯凯尔是生态学教授这个背景相关。哈斯凯尔会用一种基于生态学知识的、我们通常所说的"科学"视角看待自然中的事物。我们平时看的自然笔记,可能有很多文学性都较强,而哈斯凯尔既是一个科学工作者,又带着自然主义情怀,这样一个双重身份的作家来写自然笔记,使这本自然笔记也带上了"双重身份"。

科学与情感的碰撞

《新京报》: 哈斯凯尔本人其实也是一名出色的博物学家,而在不同历史时期,博物学家占据不同的"生态栖位",和从前致力于发现新物种的博物学家相比,新生代博物学家似乎有着新的使命:关于如何处理那些"多愁善感的情感共鸣",在这个问题上,哈斯凯尔是否也遇见了这样的问题?

熊姣: 这是肯定的。哈斯凯尔作为一个出色的博物学家,对自然是怀有一种感性情怀的,但在研究自然时,他又有意识地用一种冷静的、跳出自己情感的科学主义方式去看待自然现象,只不过,待到问题研究完了他依旧会回归到情感本身。这就是他在科学和情感碰撞时采取的态度。

《新京报》: 我看完这本书,有一个片段印象很深刻,有一次他在林中无意间碰到了三只小浣熊,陡然间产生"抱起一只小浣熊,挠挠它的下巴"的冲动。他为此感到羞愧不安,但又从科学角度对这种情感冲动进行分析。这种遏制不住的情感倾向,似乎是一种本能,你觉得从整本书的叙述中,是否能看出哈斯凯尔也面临这种本能与科学精神的冲突困扰?

熊姣: 作为一个新生代的博物学家,

哈斯凯尔当然会遇到这种困扰，就是现代生物学研究模式与个人的情感倾向这两种张力产生的悖论。不过，他的做法是，会选择正面去分析这种困扰，去直面人类的"本能"。"本能"这个东西可能是很多传统的科学家很忌讳的一个词，但他却主动地有意识地去分析这个词，然后在分析过后依然会回归这种"本能"。他之所以这么做，是因为他认为"本能"这个词并不会对科学研究有妨碍，他努力地用科学主义方法为这个词"驱魅"，让科学家也能正视本能。

《妈妈，为什么？》

作者：〔日〕谷川俊太郎
绘者：〔日〕中村悦子
译者：彭懿
版本：蒲蒲兰绘本馆／连环画出版社
2014 年 4 月

谷川俊太郎，日本当代杰出诗人、剧作家、翻译家。1931 年出生于日本东京，父亲谷川彻三是日本知名的哲学家和文学理论家。谷川俊太郎从少年时代就开始文学创作，至今已出版过七十余部诗集。因为在儿童文学上的成就，谷川俊太郎曾获日本翻译文化奖、读卖文学奖等，并获得 2008 年国际安徒生奖提名。他还是动画片《铁臂阿童木》《哈尔的移动城堡》主题曲的歌词作者。

中村悦子，日本著名儿童绘本画家。用色淡雅，笔触细腻，意境悠远。

致敬词

这是一本让人过目难忘的亲子绘本。生命的过程充满惊奇，新陈代谢却永不停息，孩子的成长总伴随着妈妈的衰老。在孩子离别的身影背后，母亲注视与关切始终默默伴随。三只小兔子和兔子妈妈，演绎出一个深刻、动人和意境悠长的故事，它关乎成长的重要主题：爱、希望、勇气和未来。爱给予成长以希望，对远方的向往激发了孩子前行的勇气，艰难和辛苦滋养了成长的快乐，目标的抵达则让行者领略了希望和美好的兴奋与欢愉。谷川俊太郎的文字和中村悦子的绘画浑然天成，相得益彰。

优美的童话，并不需要华丽的辞藻和繁复的铺陈，即可轻易抵达内心。亲情和成长是人类永恒的主题，谷川俊太郎和中村悦子对此做出了动人的诠释，就此，我们向《妈妈，为什么？》致敬！

答谢词

不是我创作的一本图画书，我不过是一个译者。其实，站在这里领奖的，应该是诗人谷川俊太郎和画家中村悦子。谷川俊太郎的诗，用童稚般的问答，借小河这个隐喻，欢快而调皮地表达了一个母亲对孩子的爱。而中村悦子则用安静到让人忘记了呼吸的图画，延伸了诗的疆域，用一连串的无字画面，描绘了孩子们的长大和离去。当我们合上这本美丽的图画书，看到封底上那只已经苍老、孤独地坐在河边期盼孩子们回家的母兔子时，我们无法不动容，不流下泪水。尽管我们不是兔子，但我们每一个人，不论我们长得多大，走得多远，我们身后都永远伫立着一位慈爱的母亲。

——彭懿（译者）

对话

采写　柏琳

一首妈妈读给孩子听的诗

《新京报》：《妈妈，为什么？》这本书的文字来源于日本著名诗人谷川俊太郎的诗歌作品《川》，这首《川》

有好多个翻译版本，其中流传最广的版本，当属中国诗人田原翻译的《河流》。而你作为儿童文学领域的研究者，翻译了新版本，你觉得自己的译本和田原的有什么不同？

彭懿：我感觉田原在翻译《河流》时没有考虑具体的读者群。仅就绘本而言，因为图画书需要很强的画面感，所以这首诗穿插其中的话，必须有不同的感觉。谷川俊太郎这首诗放在绘本里，需要发生一个根本性的转变：变成一首妈妈读给孩子听的诗。所以我努力用一种孩子能听得懂的、妈妈的口吻来翻译这首诗，我的译本没有那么多修饰成分，比较直白，而且会很温暖。

《新京报》：谷川俊太郎被誉为"日本现代诗歌旗手"，你翻译了他的《川》，觉得他的诗歌有什么特点？

彭懿：我觉得谷川俊太郎的诗歌很童真，风格很洁净。表达方式总是清清楚楚，不拐弯抹角。

《新京报》：这本书前半部分有诗相配，后半部分单纯用图画来讲故事，你觉得哪个部分更精彩？

彭懿：我觉得这首诗在《妈妈，为什么？》里已经不再单纯是一首诗，这本书之所以能得奖，并不是因为这首诗，而是因为诗歌和图画相得益彰而表达出来的主题。我甚至认为，这首诗在书里

只起到一半的作用，而中村悦子的画拓展了意境。

《新京报》：画家中村悦子的图画是怎样拓展意境的？

彭懿：这本书前半段是诗歌，后半段是无声的画面。诗歌部分是小兔子和兔妈妈的对话，是一个"引子"，说小河在远方，小河是母爱的隐喻。当诗歌部分结束，对话也结束了，三只小兔子终于跨过了小河奔向了大海，在海边欢欣雀跃，最后它们还是回到了森林里，但是是否回到了妈妈身边？书里没有交代，只是书的封底，有一个略显衰老的妈妈在眺望孩子归来的画面。这些意境都不是诗歌能表达出来的，都是靠画，画能无限延伸诗歌没有说完的感觉。原诗中并没有表达出三只小兔子要离家远行的内容。很多年轻妈妈告诉我，自己在书的后半部分感动得稀里哗啦的，她们感觉自己将来就是那个兔妈妈。所以这本书能获奖，不能过分强调这首诗，而应该是那些无声的画面。

《新京报》：所以这首诗歌的作用，更像是孩子和妈妈关于成长问题进行的对话？

彭懿：非常准确。书的诗歌部分就像是温暖的童年，孩子不停地问妈妈关于成长的问题，最后问题问完了，孩子也远走了。很多妈妈会想象再过若干年，

他们的孩子会听见远方的召唤，会离开父母去远行，她们就会有那种牵肠挂肚的复杂心境。

绘本的第一读者是成人

《新京报》：你反复提及，妈妈们看这本绘本会很感动，我就感觉妈妈读这本书的收获会比孩子更多，是这样吗？

彭懿：对。我一直强调，图画书的读者一定是成人，而非孩童。绘本的受众是学龄前儿童，他们不会自己买书，一定是妈妈去买，如果很喜欢的话才会声情并茂地读给孩子听，所以绘本的第一读者是成人。图画书不是孩子自己读的书，一定是父母和孩子进行亲子阅读的书。就说《妈妈，为什么？》这本书吧，一个三岁小孩自己是读不出什么感动的，而妈妈就不一样了，她会把自己想象成那个连眼睛也不闭地看孩子睡觉的兔妈妈，在成长年岁里，看着孩子逐渐走远。

《新京报》：我国原创绘本的创作起步较晚，我们现有的绘本作品中，是不是急缺这种类型的童书呢？

彭懿：目前中国的原创绘本作品中，像《妈妈，为什么？》这类世界级的高品质童书是极少的。这本书几乎唤醒了每一个妈妈的共鸣。中国的原创绘本，想要赶上世界级水平，要走的路还很长。

《文雅的疯狂》

作者：［美］尼古拉斯·A.巴斯贝恩

译者：陈焱

版本：世纪文景 / 上海人民出版社

2014 年 9 月

尼古拉斯·A.巴斯贝恩，西方公认的书话大师、传奇作者，著有多本书话畅销佳作。1943 年生于美国马萨诸塞州的洛厄尔，曾任海军军官、记者和文学编辑。1995 年《文雅的疯狂》出版，此书甫一问世，便入围美国国家图书奖最终名单，更被评为《纽约时报》年度好书。其他主要作品有《为了书籍的人：坚忍与刚毅之一》《永恒的图书馆：坚忍与刚毅之二》《疯雅书中事》《读者有其书》等。

致敬词

人类的文化和历史，因图书得以流传。无论中西古今，知识的场域从来不会缺乏藏书家和书痴的身影。他们"永恒的爱书之情"，对书籍永无餍足的搜罗和寻求，外在显现为一种匪夷所思的嗜好与怪癖，内里却是对知识的热爱和保护，对这种知识载体不可遏制的占有欲。美国书话权威尼古拉斯·A.巴斯贝恩钩沉了西方历史上的藏书家，他从曼哈顿拍卖场出发，踏遍大半个美国，寻访在世的藏书家，并以《文雅的疯狂》记载了他们和书籍之间的传奇经历。在"吾生也有涯，而知也无涯"的较量中，这些为珍秘善本费尽时间精力，且不惜倾其所有的人们不是最后的胜利者。甚至他们藏书的动机也并不高尚。然而，正是因为他们这一无法遏制的"病态"，今人才得以使用他们捐赠或留下的绝品异书。正是有了这样一批疯狂的藏书人，前人的遗产才不致中道而绝。

书籍是人类进步的阶梯，嗜书者的呵护却是阶梯两侧不可或缺的支撑。巴斯贝恩的寻访既是一次同道间的互勉，更是一次文化的寻根。让我们致敬《文雅的疯狂》！

答谢词

感谢《新京报》给我这次机会站到领奖台前来。我因为爱书，所以来到北京；因为爱书，而从事编辑这一职业；因为爱书，所以策划了这套西方书话系列"文雅的疯狂"。古罗马著名学者老普林尼曾说过："若无书籍，文明必死，短命如人生。"书是文明的重要载体，而关于书的知识与历史是研究文化的重要组成部分，《文雅的疯狂》丛书以普及西方书籍知识为己任，

希望借此增进国内读者对西方文化的了解。这套书能获得广大读者和媒体的青睐，作为策划者，我感到莫大的荣幸。谢谢大家！

——周运（策划）

对话

采写　姜妍

图书馆员的必备书

《新京报》： 你从什么时候开始注意到《文雅的疯狂》这本书的呢？为什么会想要出版这本书的简体版？

周运： 很早，在 2000 年左右我还在做西方书话系列图书时，一位台湾地区的朋友就向我提到过这本书。这本书的写法比较有特点，作者巴斯贝恩是一位美国的记者，所以他和欧美的一些藏书家很熟悉，所以在本书的后半部分就有非常多的一手资料，其中的一些藏书家，他经过多次采访，信息量非常大。他写到一些细节，比如一本书

是多少钱买回来的，有的时候拍卖公司会保密，如果买家不开口我们就不会知道。这本书曾经被权威的《善本、写本的图书馆学》杂志同曼古埃尔《阅读史》一起列为图书馆员必备书。后来我们引进简体版版权时谈得也比较顺利。

《新京报》： 你在决定引进这本书的时候，觉得它会比较吸引中国读者的是什么呢？

周运： 国内现在很缺这方面的书籍，我们对整个图书史介绍的书都很少，更别提这种介绍当代藏家在玩什么的书。这种藏书的方式其实并不是普通人可以进行的，而是西方超级富豪的娱乐。西方图书收藏的主力主要还是个人，一个人一辈子几十年，一生的收藏在身后捐给图书馆，也算是青史留名。《文雅的疯狂》后半部分采访的藏书家，都是亿万富翁，一本阿基米德著作的羊皮纸写本，在 1998 年纽约拍出 200 万美元的价格。我们升斗小民，通过这本书就是开开眼界、看看故事，看看人家的富翁怎么玩，国内的读书还是喜欢看故事的。但是说到实际操作的话，我们也就是买买物美价廉的普通书了，像这本书里提到的这些珍本，对我们普通人来说实在是太遥远，这也让这本信息量丰富的书，显得可敬而"不可爱"。

《新京报》： 对于这本书的前半部分，你怎么评价呢？

周运： 第一部分主要是资料的整合，回归历史上的书痴事迹，这部分并没有什么新的内容，我觉得出彩的还是后半部分，用新闻纪实体写当代藏书家的访谈，这是本书最有价值的部分。但是后半部分也有遗憾，就是里面基本上都是藏书家的信息源，从头到尾是藏书家自己在说，里面可能会有他们希望保密而没有说的内容。而且一个人的信息源，总会有问题。但通过这些访谈，还是可以看出美国藏书家的品位和收藏方式。

2013 年

任何思想的探索和制度的改善，其旨归不正是应让所有人过好的生活、美的生活？而每个人也都有如此生活的权利。

《平如美棠：我俩的故事》

作者：饶平如

版本：上海贝贝特 / 广西师范大学出版社
2013 年 5 月

饶平如（1922—2020），军人、作家。他参加过抗战，后来做过编辑、美编。87 岁时，饶老先生患有老年痴呆症的妻子美棠去世。那之后有半年时间，他无以排遣，每日睡前醒后，都是难过，只好去他俩曾经去过的地方、结婚的地方，到处坐坐看看，聊以安慰。后来终于决定画下他俩的故事。

致敬词

《平如美棠》是一部怀念之作，其中有社会变迁的见证，有涤荡了痛苦的平和，更有相濡以沫数十年的爱情。它平淡如树，却又绚丽如花，作者青年抗战，壮年受难，老年丧妻，然而，他并没有丧失生命的童真和诗意。他八旬学画，九十出书，绘画优美，文字清丽，书画合璧，情意深沉。这本书不是思想或政治的巨制，然而，任何思想的探索和制度的改善，其旨归不正是应让所有人过好的生活、美的生活？而每个人也都有如此生活的权利。于是，我们在这里向《平如美棠》致敬，向生命致敬，向长者致敬，向普通人致敬，向所有在生活中发现美和传递爱的人们致敬。

——何怀宏

评委声音

《平如美棠》：
书中的爱不像糖更像盐

因为主持读者见面会，我见到饶平如老先生，92岁的他称自己的经历是"木偶奇遇记"：一个呆呆的木木的人，画了几幅画，想让儿孙们知道自己和老伴的故事，没想到孩子们把它们发到微博了。有那么多人喜欢，出版社找上门来，于是有了这本书。那天见面会上，很多青年男女是冲着老先生"执子之手，与子偕老"的爱情来的，但以我看，这《平如美棠》中的爱不像糖更像盐——没有电光石火，窗前一瞥却心中永存；没有海誓山盟，劳教关头却不离不弃；没有你侬我侬，生离死别却爱心不移——是这生命之盐，让爱长存吧。

——陆晓娅（评委）

对话

采写　姜妍

饶平如：得奖让我又喜又悲又怕

"我们一生坎坷，到了暮年才有一个安定的居所，但是老病相催，我们已经到了生命的尽头。"饶平如喜欢用杨绛的这句话比喻自己和美棠的人生。

"你什么也不会做！"这是美棠一生对饶平如讲得最多的话。子女们有时候觉得母亲苛刻了，饶平如会冲他们摆摆手，意思是"人家教育自己老公，跟你们有什么相干""我从来不欺负她，从来不对她讲什么谎话"。这是一句看似简单的语言，却不知道世间人有多少可以做得到。

饶平如不仅想把美棠的故事讲给人们听，他也想把他的其他亲人们的故事讲给今天的读者听，那是一些和时代有关的故事，他说他只负责讲出来，如何评判，那是每个人自己的事情。

《新京报》： 你还会继续把故事写下去吗？

饶平如： 我还想把我的故事写下去，本来我想写的故事不仅仅是我和美棠的故事，但是这本书出版的时候，出版社希望集中在一个主题上，就是关于我和美棠的恋爱婚姻。其实我妈妈、我爸爸、我外婆都还有好多故事。我妈妈是个才女啊，我爸爸是个孝子啊，那是上一辈那个年代的人的生活，今天的人可以有自己的看法，我只负责把故事讲出来。

《新京报》： 对于这次获奖你的感受是怎样呢？

饶平如： 这次获奖我想说的有几个方面，首先是要感谢读者喜爱和评委给予的很高评价。其次我个人的感受可以用三个字总结：首先是"喜"，我很高兴，这是意料之外的事情，没想到会得奖；第二个是"悲"，我是有一点悲伤的，我得了奖，但是我的老伴却不可能和我分享这种喜悦了；第三个是"怕"，为什么怕呢？老子讲"不敢为天下先"，不要在人前出风头，所以想一想我是后怕的，我要提醒自己不要忘乎所以，千万要学会退一步。

飞机想要安全降落，是更有难度的。世间万物是循环的，痛苦到极点，好事可能就要来了；快乐高兴过了头，可能坏事也就要来了，物极必反。

《新京报》：所以你怎么看自己最近一二年得到的各种认可？

饶平如：我现在这么顺利，但我还是想要安全降落，我说的不是假话。所以我讲话要谨慎，不自高自大，不忘乎所以，我就是这么个感觉。我不会觉得自己不得了了，我就是个平凡的人，我就是我，尽管好像很多人晓得了我的故事，但我也没什么了不起的，我就是这么一个简单的人。

【如是说】

"我的故事，就是这一段，人人都要经过这一番风雨。我就是这样走过来的，白居易写，相思始觉海非深……到了这个时候我才知道，海并不深，怀念一个人比海还要深。"

"世间之爱，多为相爱容易相处难，患难相守更不易。"

"在爱情里面，在婚姻里面，你不要讲道理。如今的社会，很多人有理，却无情，很多悲剧就是这样出来的。你要有情，情字当头，才会天长地久。"

"我之所以要永远纪念美棠，是真心感恩，她给了我这样一个美好的家。不仅把孩子一个个带大，而且教育他们成为有道德的人，而不是因为缺少父爱、缺少关心，就去憎恨这个社会。"

"画美棠离开了人世，她脸颊上有一滴大泪珠。那么一个瞬间，我心里很难过，种种感情和经历都浮现在眼前了。画完这些画，就像把人生重新过了一遍一样。"

"人应该不改初衷，这个'初衷'，就是两个人在一起生活，这是人生当中最宝贵、最真切的东西。"

【这本书】

木偶奇遇记

我写这本书的动机是为了怀念亡妻，妻子去世了我很难受，怎么办呢？我想把她的故事告诉大家，让家里的第二代、第三代孩子们都能听到，如果只是讲给孩子们听，那遇到另外的人又要讲一遍，所以我要写下来。而年轻人，我怕他们也不大有时间听，为了吸引他

们的眼球，就不如画画。我想起一个故事，就画一张图。

就这样，我就把一个一个故事画成一张一张的图，画了一部分，我把其中一张拿给我的小孙女欣欣，让她看看怎么样，那张画我是一次完成，画了10个小时。欣欣就拿着她的iPad，我那时候也不太懂那是什么，她"啪啪啪"，

对着这张画拍了几下传到她一个同事那里，那个同事就传上网了。大家都看见了。

从此以后媒体就都来了，报纸的、电视台的，还有的媒体来到我家里。这是2011年的事情，也是我始终没料到的事情。我觉得好像一个"木偶奇遇记"，以前美棠老说我是木头木脑的，开玩笑

说我这人没用，木头木脑不就是个"木偶"嘛。

【这一年】
很多人关心我

2013 年我有好多的事情，从二月份就没断过。我去了好多地方，福建、杭州、北京……而且我现在身体还可以，如果是勉强出行就不必了。杭州我以前也没去过，厦门也没去过。我很高兴，人们来跟我聊天、谈故事，我觉得这不叫打扰，大家是关心我，而且来的都是文化人，大家谈得拢。孔夫子说："有朋自远方来，不亦乐乎。"和记者们谈谈，我是高兴的。

我也不会电脑也不会发短信，我也不想学这些，我怕一学就陷进去了，什么 QQ 啊，这个那个的。我怕迷上去可怎么办？我还有很多事没做呢。我要写毛笔字、打拳、弹钢琴、画画、看书。我每天还要喂猫咪，喂完家里的猫咪还有外面的流浪猫，一天两顿饭。

我每天上午要打太极拳，每天早晚还要弹两次钢琴，我弹琴不是为了要成为钢琴家，是为了预防老年痴呆。我是不找老师学弹钢琴的，外面找老师很贵，一小时就要二三百块。我买的是音乐学院编辑的中老年钢琴教材，自己学，现在已经会了 4 个曲子，《送别》《友谊地久天长》都是美棠喜欢的曲子。我是 2011 年 4 月买的钢琴，学了两年了。毛笔字也是我的爱好，很有趣，越写越有趣，我每天要写 3 个小时的字。

【这一代】
要晓得什么是"苦"

我孙女孙子他们这一代现在的生活不得了啊，很惬意、很舒服。我们那个时候受过很多的苦，现在年轻人过的日子，我们那时候是想都不敢想的。但是相对论是有道理的，一个不知道苦是什么的人，也就不知道现在的甜。现在的甜不是理所当然的，而是来之不易的。现在的年轻人吃的东西都好吃得不得了，可我当年是要喝稻田里的水的，那个时候在衡阳抗战，我们走不了，穷得不行，最后还是喝下去了稻田里的水，日子很难过啊！

现在的年轻人日子好了，也应该要出去锻炼锻炼，比如有的人不是就去野外生存什么的，待在一个地方，什么都要自己去弄，不晓得会发生什么事，不然不了解什么是"苦"。

《曼德施塔姆夫人回忆录》

作者：［俄］娜杰日达·曼德施塔姆
译者：刘文飞
版本：上海贝贝特
　　　广西师范大学出版社
2013 年 9 月

娜杰日达·曼德施塔姆（1899—1980），俄罗斯著名诗人曼德施塔姆的妻子，作家，翻译家。与丈夫共同生活的十九年间，娜杰日达不得不面对丈夫的两次被捕。20 世纪 60 年代初，娜杰日达开始撰写回忆录，反响巨大。

致敬词

这是一本动人心魄的见证之书，诗人与文化的遗孀娜杰日达·曼德施塔姆配得上自己和民族的苦难。凭借强韧的意志和卓绝的书写，她独自迎战聋哑时代的恐惧嗜睡症，见证爱、恐怖、记忆、文化和信仰之存在。这是一项黏合脊柱、唤醒良知的工作，深蕴无情的明晰、含泪的嘲谑、对历史决定论的弃绝、对故意遗忘的抗争。她记下的不只是她的丈夫、诗人奥西普·曼德施塔姆备受折磨的流放和不知所终的死亡，更记录了一个时代的善与恶、真与假、诚实与谎言、勇气与怯懦、守望相助与落井下石、精神自治与灵魂奴役的生动细节。这是一张暴行与伤痕的清单，它的表层是仇恨与控诉，它的深处却是仁慈与救赎。对极权及其结构的冷静打量，并未损害她对诗之秘密与文明火焰的精致描述。这是一部伟大的俄语散文，经由杰出的译笔，转化成疼痛的汉语。作家跌宕酷烈的生命经验与敏感细腻的心灵语言交相辉映，向她的中国读者和同行，诉说了共同的命运与沉重的启示：如若获取人的尊严，必得抵制遗忘的劝降，背负记忆的责任，疗救人性的坍毁，抱持健全的信念。未来之人如欲重见曾经的疯狂与残暴，须先穿越如许文字构筑的法庭与祭坛。这就是一本书的力量，一个人的奇迹。她不息的热能和不灭的祈愿，必与永恒同在。

——李静

评委声音

《曼德施塔姆夫人回忆录》：让人感到一种非常伟大的力量

《曼德施塔姆夫人回忆录》让你了解到大清洗时代诗人和极权之间的对峙，以及极权对人性和环境的摧毁。俄罗斯诗人由于文学、由于诗在他们人格中的建立，和历史决定论之间、和无形的体制之间一直保持强悍的张力，让人感到一种非常伟大的力量。

——李静（评委）

对话

口述　刘文飞

采写　姜妍

刘文飞：俄国文化重现"文学中心主义"

【这本书】
请浏览序言

我为《曼德施塔姆夫人回忆录》写了一篇很长的《中译本序》，长得居然让一位网络评家直呼"难以卒读"，他还据此判断出了"学者"和"诗人"的高下（这位论者本人大约也是一位诗人或准诗人）。

其实，论文和诗都是建筑在布罗茨基所谓"节约原则"之上的（布罗茨基："诗歌是节约的同义词。"），只是表达方式不同而已。我的那篇序言很长，自然也就把我关于此书要说的话都说尽了，关于它的价值、它的意义，我想说的话都在那篇文章里，没有必要再次转述。要想了解《曼德施塔姆夫人回忆录》，请仔细阅读全书；要想了解我关于此书的意见，也请顺便浏览一下我的序言。

【这一年】
俄方对于中国文学兴趣愈加强烈

作为一位研究俄国文学的人，我这一年里最大的感受或曰收获，就是进一步密切了与俄国文学文化界的关联。

年初，我应俄国最重要的文学报纸《文学报》约请写了一篇文章《莫言：在中心和边缘之间》，向俄国读者介绍了诺贝尔文学奖的中国新得主；在我译自英文的两卷本《俄国文学史》（米尔斯基著，人民出版社，2013 年 1 月版）面世后不久，我将自己撰写的译序改写成俄文论文，刊发在俄国科学院俄国文学研究所主办的权威学术刊物《俄国文学》2013年第3期上，据该刊编辑称这是他们首次刊发中国学者的长篇学术论文；11月20日，俄国《文学报》"世界俄罗斯学之星"专栏以整版篇幅对我进行介绍，还同时刊出著名学者阿格诺索夫教授关于我的一篇介绍文章；12月初，我应邀参加第二届圣彼得堡国际文化论坛，并作为文学组代表走上艺术圣殿马林斯基剧院的舞台，在论坛闭幕式上做总结发言。

我甘冒"炫耀"之嫌列出自己在这一年里经历的这些事，只是因为我通过这些亲身经历感觉到了中俄文学文化关系在这一年里出现的某些新变化：首先，两国同行间真正平等的学术关系开始形成；其次，在中俄两国构建战略协作伙伴关系的大背景下，除政治外交和经济外交之外的人文外交开始显示出更大的空间和更多的潜能，俄方对于中国文学和文化开始体现出远比从前强烈的兴趣；最后，俄国文化中的"文学中心主义"现象同时在中俄两国复又引起关注，俄国官方欲将曾在俄国国家形象和俄罗斯民族意识构建过程中发挥巨大作用的俄国文学当作一张不会贬值的文化名片，而志在迅速增强和充分展示文化软实力

的中国似乎应对这一俄国独有的文化现象也予以足够的关注。

【这一代】
狂欢化色彩最浓的一代

看到"这一代"三个字，我的第一感觉就是它指的应该是自己所属的这一代，也就是在恢复高考后走进或没能走进大学的一代人。"代"向来是一个相当宽泛的概念，虽说西方人大多以20年作为"代"的时长，中国人也有界限相当分明的"辈分"之说。至于我这一代，其构成则更加宽泛。我这一代人还可能是中国历史上角色转换最多、狂欢化色彩最浓的一代人，一个人往往能在不长的二三十年时间里把各种角色轮流扮演一遍。这一代人曾为中华崛起而读书，勤奋刻苦；这一代人做官治学，留洋下海，阅尽古今中外；这一代人志得意满，实际上正在左右着当今中国的方方面面。每一代人都注定有其优劣长短，也注定有其功过是非，正在舞台中心忙碌着的我们这一代人或许应该开始思考：在送走了我们含辛茹苦却饱受诟病的父辈之后，我们该如何"坐庄"才能少受后代的诟病；在迎来我们朝气蓬勃却充满叛逆的子辈之前，我们该如何"离退"才能传承我们的坚韧和宽容。

《王鼎钧回忆录四部曲》

作者：王鼎钧

版本：生活·读书·新知三联书店
2013 年 1 月

王鼎钧，生于 1925 年，1949 年到台湾，其创作生涯长达半个多世纪，著作近四十种，被誉为"当之无愧的散文大师"。

致敬词

王鼎钧先生是当代著名的文学大师，在台湾家喻户晓，在大陆则知之甚少。王鼎钧先生的回忆录不是写个人的自传，而是借自己的人生阅历，反映一代中国人的生死流转。他在书中描述了 20 世纪中国政治的沧桑巨变，中国百姓的颠沛流离。他试图呈现一个小人物在动荡剧变的历史年代难以自主的命运。他以其职业性的敏锐观察，将乱世的各种人情世态与普通百姓的日常生活，进行了细致入微的描写，将自己数十年累积的阅历感悟，一一述出，不见煽情，不见呐喊，却触及灵魂。

回忆录多种多样，大人物的回忆录难以见小，小人物的回忆录难以见大；史学家的回忆录常常重实不重文，而文学家的回忆录又常常重文而不重实。王鼎钧先生的回忆录大体兼得其长而避其短。史学的求真，哲学的求解，文学的求美，在王鼎钧先生的回忆录中恰如其分地呈现出来。

我们致敬王鼎钧先生。

——王奇生

评委声音

《王鼎钧回忆录四部曲》：
这部书比《巨流河》更胜一筹

这部书总是被用来和《巨流河》相比，《巨流河》写得很真挚，但是就思想性、文学的表现力来说，王鼎钧先生的这部回忆录更胜一筹。更重要的是，在一些历史关键点上，几次打仗，王鼎钧正好都在当地，他没有什么学历，但是受到诗书的熏陶，写下的这部回忆录用心且用力。回忆录前三部写得很好，最后一部弱了些。我把这部书推荐给山东的老人看，唤起了他们的很多回忆。

——何怀宏（评委）

对话

口述　王鼎钧

采写　吴亚顺

时间是深不可测的黑渊，生活经验如同星星点点的亮光。把自己的生命摊开给人家看，类似捐赠遗体给医院解剖，需要爱心和勇气。王鼎钧喜欢白裕宜人。他的回忆录不是写个人的自传，而是借自己的人生阅历，反映一代中国人的生死流转。

【这本书】
把自己的生命摊开给人看

我有"记录癖"，可是不愿也不能做历史家，一心想用长篇小说的形式来满足，当年中国小说由写实主义挂帅，在技术上有很强的记录性。

但是我学小说无成，退而写散文，最后以回忆录完成心愿，回忆录虽分四册，大家在概念上以"一本"看待。我1925年出生，先后在抗战前的农村、抗战时的流亡学校、内战时期的军中、中华人民共和国成立后的海外生活，阅历很多，瓦全至今。

时间是深不可测的黑渊，生活经验如同星星点点的亮光。俄国出生的美籍小说家纳博科夫说得比我好："人生如一道短暂的光缝，介于两片黑暗的永恒之间。"他说的两片黑暗，一片指出生以前，一片是死亡以后。人人有这一片亮光，互相分享这一点亮光，可以使自己的光域增大，光度增强。

把自己的生命摊开给人家看，类似捐赠遗体给医院解剖，需要爱心和勇气。我当年在台北的报纸上写杂文小专栏，承先进指点，他说不可在专栏里谈自己的事情，让他们读其文而不知其人，莫测高深。后来我听说一个人要对付一个作家，先把他的文章找来研读，看他的学问、性格、经历、社会关系，估计他几斤几两。所以有人不肯写文章，或者专写虚张声势的文章，我形容他们"穿着猎装"。我跟他们不同，喜欢白袷宜人。

【这一年】
满 88 岁出两本杂文集

我已不能综览世局，纵谈流变，由我来谈"这一年""这一代"，代表性很小。

这年我满 88 岁，出了两本文集，都是杂文，杂文是老年人的文体，年轻写诗，中年写小说，老年写杂文，是不成文的课程表。

老年人钱用不完，药吃不完，话说不完，也适合写杂文。这里第一句话要解释一下：老年欲望简单，享用的能力很低，完全从"钱"的压力下解放出来，其轻松自在，如同成仙得道，写杂文可以清凉洒脱，没有兵凶战危之气，也就不用追求胜利而"以诈立，以利动"，这时可能写出他最好的文章。

老年作文，想象力减退，以分析反省补救，不能反省就完了。好奇心减退，以同情心补救，没有同情心也完了。老人的心念，含有正念、邪念、恶念、善念，统称杂念，而以善念统摄之，没有杂念就完了。老人冶贪、嗔、痴、智、仁、勇于一炉，统称杂拌，而以艺术熔铸之，没有杂拌，成仙成佛，也没有文学了。杂念、杂拌都是原料，不是成品，到了老年才把二者的区别弄明白。

恕我直言，以杂念杂拌为材料，营造一个圆满自足的小宇宙，比较容易办到。人到老年，避难就易，登山改为散步，喝酒改为饮茶，好战改为主和，不吵架，去祷告，避创新，常温故。我很庆幸今天世界多元化了，老人能有这样的空间，想当年并不是这个样子。

【这代人】
前台演出的一代

有人反对"代沟",主张用"代差",两代都多一点什么,也都少了一点什么,有差别,可互补。"代差"有如演戏,两个剧团演同一个剧本,演出必有差别,正常现象。可是,如果演出的是两个剧本呢?目前这个世代,我觉得像是一个剧团先后演出两个不同的剧本。叶公超写过一副对联,"读史难知今日事,听歌不似少年声"。

未来当然属于下一代。上一代知道自己要做什么,虽然他未必做得到,他毕其一生去做。他现在不知道下一代要做什么,看来看去好像"他们"中间有许多许多人也不知道自己要做什么。而且他们有许多人是看了我的回忆录以后,这才知道他的父祖一辈究竟怎么想、怎么做。

同时有个趋势也很明显,上一代"喜欢"分歧,这一代走向会合,以前是自立门户、各行其是,现在是绝长补短、集其大成。如果把时代人格化,以前作诗,现在做编纂。佛教的修行和世俗本不兼容,现在倡导"人间佛教",文学的写实和魔幻本不兼容,结果出现了"魔幻写实"之类,等等,不一而足。

有时候,我觉得在"灰色地带"生活。不要向我要证据,要数据,春江水暖鸭先知,鸭子不能做气象报告员。既然有问必答,我姑妄言之,有学问的人纠正反驳,我敬谨受教。

《小艾，爸爸特别特别地想你》

作者：丁午

版本：人民美术出版社

2013 年 3 月

丁午（1931—2011），著名漫画家，原名寒人斌。1952 年毕业于中央美术学院，任《中国青年报》美术编辑，1979 年调入人民美术出版社，曾参与创办并主编《儿童漫画》和《漫画大王》月刊，创作长篇连环漫画《熊猫小胖》《小刺猬》等，最早引进日本漫画《机器猫》《樱桃小丸子》，对当代中国儿童漫画影响巨大，被称为"漫画大王"。

致敬词

在沉重荒诞的岁月中，生命与爱是不可战胜的力量。尽管丁午先生未能看到这本书的出版，但是他对女儿的爱，对生命的爱，因为《小艾，爸爸特别特别地想你》温暖和感动了无数的人。

在创作欲望最强、精力最旺盛的年龄，作者和许多知识分子一样，生活艰难而沉重，是对女儿的爱和思念，让他从艰难沉重中发掘出动人而有趣的故事，在家书中用诙谐的图画和文字呈现出来，让父女二人得到慰藉。

致敬丁午先生，你用慈父之心写就的独特家书，不仅为儿女留下了宝贵的精神财富，也为历史留下了重要的见证。致敬丁午的家人和此书编辑，是你们的珍藏与珍视，让这些家书从"时代碾压的夹缝中"，变成一部承载着爱与历史的珍品。

　　　　　　　　　　——陆晓娅

评委声音

《小艾，爸爸特别特别地想你》：是可爱之书、热情之书、苦涩之书

　　我太喜欢这样率真而有个性的表达了。看完，我把它推荐给了很多朋友，因为它的珍稀属性：它是可爱之书，那伟大的父爱藏在一幅幅让人忍俊不禁的"故事画"中；它是热情之书，透露了这个男人如何抗衡艰难困苦……

　　　　　　　　　　——陆晓娅（评委）

对话

口述　小艾

采写　江楠

【这本书】

父亲后半生最大的愿望是这些信件出书

　　小时候住在北京，每天过着千篇一律的生活。每当收到父亲从农村干校的来信，总会很兴奋，因为知道又有好故事看了。父亲信里描述的农村生活千变万化，好像总有新鲜事发生，他也像是个万能人，这封信里还在插秧呢，下封信里他又被派去当木匠，然后又去食堂掌勺了。干活之外的生活也很丰富，一会儿晚上去田里抓青蛙，一会儿周末来回走几十里路去小镇上赶集买东西，要不就是被委派重任演起京剧《智取威虎山》里的杨子荣啦……每封信我都是看了又看，读了又读，特别是信里的插图，画得非常生动有趣，很多画面时至今日还深深地刻在我的脑子里，想起来就想笑。

　　2012 年因为要出书，我又把这些信件读了一遍。看之前就有一种想看又不敢看的感觉。想到时光流逝，儿时阅读父亲信件的快乐，而他已于 2011 年去世，心里不由得发紧发痛。我是一边笑着一边淌着泪重读这些信的。信里描绘的趣事仍让我忍俊不禁，但我现在看到更多的是一个父亲对女儿深切的思念、关怀与爱护。

　　我为父亲感到高兴，他后半生最大的愿望就是把在干校期间写给我的信件汇集起来出书，这个愿望终于在 2013 年得以实现了。父亲虽然已不在世，可我知道他还没走远。这本书出版后，弟弟曾带着它到父亲的墓地拿给他看，他一定亲眼看到这本书了，他在人世间留下的遗憾也一定会因这本书的出版少了很多。

　　我更为父亲感到高兴的是，这本书就像他所预期的，得到了众多读者的喜爱。他多次提到，这些信件是他一生

中最满意的创作,因为它们真实,信里写的都是在生活中发生的事情;它们也有趣,父亲用简朴的文字和生动的插图描绘了一些充满情趣的生活片段;它们更是真情的展示,这本书最能打动人的地方就是通篇流露出来的父亲对女儿的爱吧。

【这一年】
读者的反馈让我温暖

《小艾,爸爸特别特别地想你》出版后,看过这本书的亲戚朋友忙不迭地跟我联系,告诉我他们的感受。有的人说一拿起书就放不下了,饭也不吃了,一直到看完为止;还有的说以前不知道父亲是一个这么重感情的人,等等。我也浏览了一些博客及网评,看到一些读者跟我一样,也是边看边流泪,还怀念起他们自己的父亲,让我非常感动。一部作品能有这样温暖人心的能力,是对作者最大的褒奖吧。而且,在当今这个崇尚物质金钱的社会,这样一本质朴的小书还能引起广泛的注意和好评,证明了人们从没有间断过对人间真情、温馨美好生活的向往与追求!我为有这样的同胞感到骄傲自豪。

【这一代】
希望人们都能按自己的意愿生活

都说我们现在生活在网络时代。不论你在世界的哪个角落,只要你能上网,就能轻易地与世界接轨。我们的视野扩大了,可是我们的思维方法有时候还在原地踏步。只因为你有宗教信仰,并不见得没有信仰的人就会迷失方向;或者因为你没有信仰,就把有信仰的人看成自身意志不够坚定需要宗教支撑。只因为你结婚有了孩子,并不意味着没结婚没子女就不幸福,一个人照样可以把生活过得有滋有味;居高楼洋房、天天尝山珍海味是一种生活,住平房陋室、吃青菜萝卜也是一种生活;当律师当医生对有些人是合适的,但若把一个一心想搞艺术的人硬找去研究厚厚的法律书籍,或拉去天天给病人捏胳膊按腿,这样的一生该是多么痛苦!一个清贫的艺术家,也许一生都不太成功,还要打两三份工来维持生计,可是如果他自己以此为乐,因为这是他自己选择的生活,没有人需要对此指手画脚。

我想说的是,我们应该对人多些宽容,多些包容,多留一些空间,让他们按自己的意愿生活!

《爱哭鬼小隼》

著者：［日］河合隼雄
绘者：［日］冈田知子
译者：蔡鸣雁
版本：浙江人民出版社
2013年1月

河合隼雄（1928—2007），日本临床心理学家，一生著作达300余种，涉及学术专著、心理学普及读物、心理治疗方法、学校教育和家庭教育、家庭问题和社会问题等。2007年，河合隼雄去世后，日本民众曾感慨道："日本再无心理大师。"

冈田知子，主要从事出版与广告方面的工作，擅长使用透明水彩和彩铅。

致敬词

一份心理学大师珍藏的童年记忆，一段充满温情与怀旧气息的岁月记录。

《爱哭鬼小隼》真实细腻地向我们展现了一个男孩子的心灵成长史。河合隼雄以平静的笔调来勾勒温馨的日常生活，有爱，有温情。鼓励孩子多去玩耍的爸爸，善解人意、通情达理的妈妈，相亲相爱的兄弟，天真烂漫的小伙伴……从独特的心理学角度重新审视童年的天地，通过一个个小故事走进孩子的心灵世界。

我们致敬河合隼雄，他唤起我们共同的童年记忆，唤起我们对美好童年的反思，"孩子们总是在大人看不见的地方，以孩子的方式干着坏事成长的"。在孩子的童年里，除了早教班、课外班、书本，还有一种学习叫——人生智慧。

——恽梅

评委声音

《爱哭鬼小隼》：
润物无声地讲述孩子的成长

《爱哭鬼小隼》这本书对于孩子的教育很有现实意义，它不是从时代的宏大视角，而是从一个爱哭的男孩子的视角出发，讲述了孩子的成长过程。我非常喜欢这本书，以心理学的角度来写，但没有用到任何心理学的语言，润物无声地呈现了作者自己的想法、理念。

——恽梅（评委）

对话

口述　蔡鸣雁

采写　江楠

日本心理学界重磅级人物河合隼雄，在《爱哭鬼小隼》中，以第二次世界大战时期的故乡兵库县波筱山为舞台，讲述了以儿时的自己为原型的"爱哭鬼小隼"，从幼儿园到小学四年级的成长故事。河合隼雄以平静的笔调来勾勒温馨的日常生活，"玩也是学习"这一教育理念，在书中得到形象的表达，有趣，有理，有益。

【这本书】
一次美好的邂逅

人生总会经历许许多多次邂逅，每一次邂逅都会带给我们不同的收获，爱情、友情、机遇、视野的拓宽、思维的延展……作为一名译者，我每时每刻都在渴望邂逅并译介一本自己喜欢的好作品。《爱哭鬼小隼》这本书于我则是一次美好的邂逅。第一次读到这本小书，我就被深深地吸引，我喜欢书中平实的文字间流淌的脉脉温情，喜欢简单的故事里洋溢着的浓浓的父母之爱和手足之情，更喜欢主人公小隼毫不做作的成长过程……总之，这本书深深地打动了我。感动之余，我产生了一个想法，我要把它翻译给我的女儿看，我想她一定会喜欢，也会受益匪浅。就这样，我有幸结识湛庐文化的同人，成为这本书的译者。

因为专业研究方向的缘故，我对日本作家村上春树为数不多的友人、日本著名心理学家河合隼雄并不陌生。《爱哭鬼小隼》是河合隼雄以自己的成长经历为蓝本的未竟遗作，在他的作品中占有特殊的一席。在我看来，《爱哭鬼小隼》不仅是一本儿童故事书，更是一本优秀的儿童心理学作品。在翻译的过程中，我的眼前交替出现一幅幅纯净而温馨的画面：蓝天、白云、绿树、青山、溪水，还有嬉戏其间的小隼以及他的兄弟和小伙伴们……看着这一幅幅画面从自己笔下流出，我由衷地感到欣慰。

翻译这本书，我收获了很多。当下社会，给孩子最好的礼物绝不是物质上的满足，健康的成长环境、对他们心灵的关爱才是孩子们最需要的馈赠。

【这一年】
累并快乐着

这一年对我而言着实具有不平凡的意义。我的本职工作是一名大学老师，是一名教育工作者。然而，人到中年，肩上挑起的不仅仅有工作，照顾老人、抚育孩子把我工作之余的时间填得满满当当。虽无奈，却也收获着别样的幸福。可能出于自己的工作性质以及一名母亲的立场，我将更多的目光和思考转向了未成年人的成长与教育。

七月份，我的2009级学生以全班三分之一考取全国重点院校硕士研究生的骄人成绩交上了一份毕业答卷。九月，迎来了又一批朝气蓬勃、充满憧憬的新学生。而我的女儿也在去年九月份变为一名初中生，生活越发忙乱，别人的"朝九晚五"到了我这里变成了"朝五晚九"。如果说教书对我已是轻车熟路，那么育人永远是我不敢松懈片刻的课题。女儿正处于身心成长的关键时期，开始对身边的人和事坚持自己的观点，让我在欣喜中夹杂着一丝半缕的担忧，如何引导她健康快乐地成长是我必须面对的"工作"。而我的学生们则一届比一届个性鲜明，学生们越来越"不好管"成了我和同事们经常感慨的话题。报纸上以及教育界同人们那里屡屡传来某某高校学生的伤害或自我伤害的负面消息，令我在面对学生们飞扬的青春时多了几分沉重。小学生、中学生乃至大学生的心理问题越来越困扰着家长和学校的老师。

我常常想，如果父母们能少给孩子们一些物质上的满足，而是多一些对孩子心灵成长的关爱，如果中小学的老师能少一些对学生成绩的追求，多一点对孩子心理的关注，如果大学的老师不再只埋头于科研和课堂，而是和这些已经成年的孩子多几次敞开心扉的对话，我的学生们脸上一定会多一些开朗的笑容，我的女儿也一定能更加健康快乐地成长。

【这代人】
在憧憬中前行

接到《新京报》电话之时，适逢我在济南参加一个高校教学改革会议。那一天，空气很差。

未成年人是家庭的希望，是祖国的未来，孩子的成长关系重大。我是多么憧憬《爱哭鬼小隼》中的主人公小隼所处的成长环境！蓝天、碧水、和兄弟们在家中的嬉戏、和小伙伴们尽情地拥抱美丽的自然……其实，曾经的我们也拥有过那样的童年，而如今我的女儿却只能抱着 iPad 独自一人看网络上加工过的"繁星满天"。也许，中学生们的家长已经顾不得感叹自然环境的恶劣，接踵而来的考试和成堆的试卷不断考验着家长和孩子们紧张的神经。相信有很多家长和我一样，一边心疼孩子挑灯夜读、抱怨着唯分数论的教育制度，却又一边暗自希望取消一切中高考加分与特权，让分数还孩子一个公正。

应该说我们的孩子有幸生活在这样一个国家富强的时代，他们生活上早已无饥寒之虞。正因为如此，我更加憧憬孩子们拥有一片纯净的蓝天，能在良好的自然环境和人文环境中茁壮成长。

相信我们的中国梦不会遥远。

《20 世纪中国艺术与艺术家》

作者：［英］迈克尔·苏立文
译者：陈卫和、钱岗南
版本：上海人民出版社
2013 年 5 月

迈克尔·苏立文（1916—），牛津大学圣凯瑟琳学院荣誉退休院士，曾在伦敦大学、斯坦福大学、剑桥大学等多所高校和研究机构从事教学研究。20 世纪 40 年代来到中国，开始接触中国艺术，结识了庞薰琹、吴作人、丁聪、郁风、

关山月、刘开渠等现代中国画家，此后又与几代中国艺术家和诸多艺术机构来往密切。毕生专注于中国艺术的研究和传播，是最早向西方介绍中国现代艺术的西方学者之一，并成为这一领域的国际权威和引领者。苏立文教授撰写有《20世纪中国艺术与艺术家》《艺术中国》《东西方艺术的交会》等多部深具影响力的专著。

致敬词

苏立文《20世纪中国艺术与艺术家》通过另一种文化的视角叙述了中国一个世纪的艺术轮廓，尽管在认知方面与中国本土之间存在不少差异性，不过每一部艺术史的写作都可以说是主观的，并且充满可商议之处，但这样的写作工程无疑是一次艰辛的探索和富有意义的建构，它激励和启示着中国人自己做出相应的表达。苏立文先生已于不久前辞世，将2013年的年度最佳艺术著作授予这本书，也是一种对他的纪念和致敬。

——朱朱

评委声音

《20世纪中国艺术与艺术家》：
艺术史写作是特别艰难、担风险的工作

艺术史的写作是一项特别艰难、特别担风险的工作，因为历史的真相总是复杂的，但如果所有人都回避这种性质的写作，我们就无法看到关于这段时间的艺术史的一个个人化的还原。就这本书而言，可能是因为苏立文和中国三四十年代的作家、诗人、画家有比较密切的交往，他对中国20世纪上半叶艺术史的叙述，我觉得非常具有参考性，也非常生动，因为他有一个见证者和亲历者的身份；而对于中期，也就是早期社会主义艺术史的叙述，他因为恰好拥有一个文化视角的距离感，非常难得地让我们看到了一种别样的表述；涉及20世纪70年代末到90年代末也就是中国先锋艺术到当代艺术的叙述，我则认为苏立文有一种视角的局限性。不过正如我所说，所有的艺术史都是主观的，它能够去建构这样一本著作本身，就是非常值得致敬的工作。

——朱朱（评委）

阅读苏立文

采写 姜妍

苏立文《20世纪中国艺术与艺术家》通过另一种文化的视角叙述了中国一个世纪的艺术轮廓，书中涉及上半个世纪的部分尤其具有亲历者和见证者的情感和视野。这样的写作工程无疑是一次艰

辛的探索和富有意义的建构，它激励和启示着中国人自己做出相应的表达。

【这本书】
举重若轻，真切动人

这是一本非常有特色的、好看的书。苏立文先生所讲述的故事覆盖了 100 年的时间跨度，涉及中国美术各个品种，以及在大陆和全球各地的中国艺术家。如此宏大的题材，他却举重若轻，叙述得真切动人，既像一本文学作品，又像他的个人笔记。而这种把握和建构的方法，恰恰反映出他的专业修养、理论取向和治史功力。

写历史却没有历史感，是很常见的现象。人物没有性情没有故事，作品没有产生流通的具体情境，像在辞典里被"经典化"了。而苏立文的历史叙述充满了具体的情境氛围。例如写徐悲鸿留学法国时期朱利安美术学院的气氛；写陈依范、贺德立等那些已被遗忘的人物，曾是那么热情活跃的生命。他的品鉴力也使他的叙述充满了魅力。品鉴不是溢美之词的堆砌，而是一种敏锐、独到的眼光。例如他写赵无极，说他进入巴黎艺术界，是去寻找作为一个人和一个艺术家的自我，而不是去寻找把东西方结合在一起的方法，因为"调和"是产生于直觉的，是深植于心灵之中的。中西

艺术的融合，绝不是不同技法相结合的问题，而是艺术家双重经验内心化之后，一种出于自然和自发的自我表现形式。苏立文的历史叙述是将理性的逻辑、史实的考证和品鉴式的批评统一在一起的。

这是不是一本权威的著作？苏立文先生在这本书中两次说道："我奉上此书，不是作为权威性的研究，仅仅作为来自一位 50 年以上的观察者的个人见解。"我想这不是一句客套话，而是一个研究者清醒的学术良知。

【这一年】
遗憾苏立文的离去

这一年中最欣慰的事，是苏立文先生看到了此书的出版，最遗憾的事是他的离去。

我最后一次见到他，是 2012 年 9 月在中国美术馆举行的"苏立文与 20 世纪中国美术"的研讨会上。他还是那么亲切、机敏和专注，从头到尾倾听了大家的发言。共进晚餐之后，依然精神矍铄。那时此书正式出版的进程还没有启动。

2013 年 4 月，搁置了 12 年的中译本终于出版了，苏立文先生等到了这一天。8 月份老先生以 97 岁高龄，到上海参加本书的宣传推广活动，10 月回

到牛津却不幸染病去世了。他的热情、他的好奇心以及他理解异质文化的渴望，直到生命的最后一息从未衰退过。一个勤奋博学智慧的头脑停止了思考，悄悄地离去了。可以告慰的是，他的著作像投入湖水的石子，正在读者心中激起阵阵涟漪。如果能够引领学术界的独立批评和研究，则更是幸事。

苏立文与中国艺术的缘分是传奇式的。23岁时他以一个剑桥大学毕业生的身份加入国际红十字会，来到中国支援抗战。不久在重庆结识了厦门姑娘吴环并与她结婚，之后到成都华西联合大学博物馆工作，参加前蜀王建墓的发掘测绘工作，并陆续结识了一大批中国艺术家，包括徐悲鸿、吴作人、刘开渠、庞熏琹、关山月、丁聪等，而他们都是中国20世纪美术界的扛鼎人物。由于他的特殊经历，当他写《20世纪中国艺术与艺术家》的时候，他承认，他的叙述不可避免地染上了一层相当个人化的底色。

【这一代】
苏立文的作品是跨代际的

苏立文先生对艺术的欣赏和体悟之深，是跨代际、跨流派的。他没有陷入中国美术界的任何圈子，表现出了学术研究所需要的高远宽广的视野。他也不以学术作为小圈子人所独享的游戏。他的艺术观体现了由传统和现代文明所教化的修养，符合普通人的审美情感，也符合常识的判断。

例如他写台湾现代运动常常方向相悖、趣味相反。但不论"向前""向后"，他都平等视之。他并不在拒绝或吸收西方影响的艺术家之间选边站。对于他们的创作，他给予同样的尊重和理解。他也并不以进入国际现代主义主流作为艺术发展的归宿。这些叙述都透射出他的艺术主张，即艺术创作的真诚、艺术多元和艺术自由。

从趣味相投的角度看，我对"这一代"的感觉并不强烈。哪一代人中都有各种类型的人，而且比例相近。我常从作品中，从阅读中，也从媒体上、网络上感到"知己"的存在，读他们的作品，读关于他们的作品，会感到精神上的共鸣。他们是先贤、是老一辈、是同代人、是晚辈，并不重要，重要的是由于他们的存在，令我感到精神的充实和自信。翻译苏立文先生的著作正是如此，无论怎样辛苦，终是一个会心享受的过程。

2012 年

　　历史与当下互成对照，理想与现实交织博弈，诗意与悲伤相互击撞，其蕴含的力量，既摧毁着我们内心自我保护的冷漠感，也驱策我们抵达自身真实的存在处境。

《中国乡土建筑初探》

作者：陈志华、李秋香
版本：清华大学出版社
2012 年 10 月

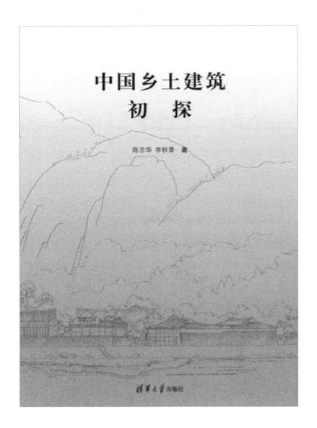

陈志华，1952 年毕业于清华大学建筑系，留校任教，1994 年退休。主要专著有《外国建筑史》《外国造园艺术》《意大利古建筑散记》《保护文物建筑和历史地段的国际文献》，合作编译了《现代西方艺术美学文选·建筑美学卷》，另有杂文集《北窗集》。

李秋香，清华大学建筑学院高级工程师，1989 年起从事乡土建筑的研究。主要专著有《中国村居》《石桥村》《丁村乡土建筑》《闽西客家古村落——培田》《川南古镇——尧坝场》等。

致敬词

中国乡土建筑，承载了传统中国的最朴实的生活记忆，但近百年来，中国急切步入现代化转型与城市化建设过程，撕裂着我们对本土传统的欣赏与认同，本在乡野天地间各奏一方文化乐曲的乡土建筑，与我们当下的生活渐行渐远。陈志华、李秋香两位学者，温情而执着地将乡土建筑带回我们的视野，这是我们即将失去的风景，是我们可能忘却的历史，也是我们在未来的历史中不能承受的丧失。

我们致敬陈志华、李秋香，他们以热切的历史关怀、坚实的研究调查和清健的思考，呈现了乡土建筑文化的丰饶与困境，他们在构建中国乡土建筑史前的雄心、焦虑与无奈，对沉浸于现代化幻梦的人们而言，是一种警醒。

口述

采写　姜妍

陈志华：

【这本书】
有没有下一部，我不知道

这本书叫《中国乡土建筑初探》，但是后半部能写不能写我根本不知道，现在破坏得一塌糊涂，简直伤心啊，多好的东西全毁掉了。

楠溪江一共 267 个村子，他们的领导在饭桌上当着我的面说，他们留两个。有些县可以一个都不保，但楠溪江好东西可多了。我当时说"那太少了"，他就和旁边的书记叽咕两下，跟我说："陈老师，看你的面子，保三个。"这就是前两年的事情。

在意大利，文物建筑保护是一个很高的职务，他们体制也非常厉害，文物保护直接归议会负责，不向总统负责。我在那儿的时候，他们培养一批一批的文物建筑保护的人才，一批就有 3000 人哪，老的专家都还在，他们一批就培养 3000 人。我们中国的文物至少不能比意大利少吧？现在很多事情，稍微复杂一点就由建筑师去弄，我们没有专门的技术人员。但建筑师是一个破坏力量。

【这一年】
旅游在中国变成了长假知识

去年我主要去的是浙江，把我们第一个做的村子做个保护规划。和别的地方比，那个村子现在算是绝对满意了。我们做规划，老村新村分开。本来我们是不做这个工作的，我的设想是要赶快，要一本一本地写。而且我们写的深度也就是这样了，不然这边还没写出水平，那边就没了，破坏得太快了。我的想法一直是，适可而止，然后赶快换一个，要把面摊开，多做一点，不是写一个写成经典。也没办法啊，只能这样，现在没什么人在搞。你们在报纸上可能觉得挺热闹，你想想中国有多大？有多少个村子？一个楠溪江就 267 个村子，你怎么办哪？

不能写得很细，这一点我们也是很伤心，谁都愿意写得细，写得深刻。可这边多 2000 字，那边一个村子就没了。

现在还有些村子是花了钱想修修，结果一修就修坏了。因为老是想提高，农村就是农村，要保留农村的味道。结果就是造假东西，本来过去踩着石头过河，石头要铺成直线，越来越好，你才

挑得动担子。现在都把石头做得绕来绕去。还有那些风车啊、桥啊，很多都是假的。我不是反对赚钱，但不能用骗人的方式。

【这一代】
钱还没赚够，文化就不值钱

到现在为止，我看不出古村落保护往好的方面发展。楠溪江最近几天又传来一个消息，就是要大规模地开发。现在钱还没赚够，文化就不值钱，可人类发展文化是属于最高境界。

现在没有动手动脚的村子几乎没见过了，除非是废了的村子。我们现在做的一个课题，在浙江一个山上的村子。现在在山脚建了新村，原来在山上的老村子只剩下一些老头老太太安度晚年，在我眼里看，扔掉的那个老村子更美。

这个村子在很陡的山坡上，连贯了两个县之间的一条路，两个县城过去都必须经过它。这个村子的距离也合适，从县城走过来走半天。走人、运输商品都要经过这里。

你见了这个村子，你就知道过去老小说里写的"这条路是我的，留下买路钱"是有道理的。修那么一条路，不容易。村子的房子建在山坡上，山坡又陡又窄，所以造成了村子建筑也很有特色。

这种还能保留下来的村子都是交通

比较不发达的，条件比较艰苦的，不艰苦早就没了。但是干这个工作挺开心的，非常有乐趣，就是穷，不过我和李老师不怕穷。

做乡土建筑保护挺难的，现在大家都想发财。我们就那么几个人，以前做过一次全国性的乡土建筑普查，但好像也没起什么作用，我们再去也没人提这个事了。

李秋香：

【这本书】
第一本乡土建筑研究的综合论著

现在我们经过二十几年，做了大量工作，进行长时间思考和琢磨，也是应该形成一定理论研究的时候了。这次出的这本书，是二十几年来我们心血的凝聚，也是在国内第一本乡土研究的综合论述著作。

陈老师在乡村长大，我也在农村生活过较长时间，我们对农村都很有感情。陈老师以前曾经问过包括费孝通、翁独健在内的几个老前辈，但那时刚刚改革开放，很多人心有余悸，所以工作并没有开展。

1989年，我和陈老师带着学生去浙江龙游县给一些村子做古村落集中搬迁的重新设计规划，我们帮他们做测绘。

我和陈老师到建德见到陈老师的老朋友叶同宽老师，又说起乡土建筑这个事，叶老师就说，他的家乡就非常美。

我们听了以后，马上把随行的学生送上火车，就跟着叶老师到了他的家乡新叶村。我们去的时候是秋季，远远望见山、旷野、田园，真是漂亮极了。村子很美，有祠堂、庙宇、风貌很好，环境也很好，村子里一栋新房子也没有。看到这样的村子，你就会想起"暖暖远人村，依依墟里烟"这样的诗句。再到村子里走走看看，发现村里还有家谱，这样对做研究就更有帮助了。

从浙江回来以后，我们很快组建了三人小组，陈志华、楼庆西和我。1990年在叶老师支持下，我们开始了第一个研究项目。

人们生活好了，居住建筑就越来越丰富；有了好的生活条件，人们就会建庙宇祈求保护；再生活好了，人们会想要祭祖，就会建立祠堂；之后还会兴修水利，还要建立学堂……几百年的沉积，才形成一个成熟的村落。所以我们提出要进行系统研究，不是仅仅看重建筑，乡土建筑的提法是一个大的系统。

也有人跟我们说，个案搞两三个就够了，应该提升到理论高度。但为什么今天我们还在坚持做个案？乡土建筑就像陈老师说的，真的是写不完的东西，太丰富了。只调查两三个，不可能把中国乡土建筑整体写出来。

【这一年】

加快我们的研究步伐

我 2012 年和以往一样，挺紧张的一年。开新课题，参加一些会议，通过宣传来唤起大家对这个乡土建筑保护工作的重视。

我们一直坚持进行基础测绘，为什么要测绘？因为要用科学、具体的东西来说话——尽管保持大量测绘，会给我们研究经费带来很大难度。

同时我们还坚持进行口碑研究，采访很多人，男女老少、不同文化水平的人。男人和女人对事物的关注点不一样，女人更多是关注吃喝拉撒、照顾老人和孩子、祭祀时做的贡品，这些女人记得很清楚。男人多在外面，有的在村里是工匠，在外头赚钱，回来休闲时在村里组织演戏、开渠。

另一方面我们得更抓紧时间做个案，完整的村落比起二十几年前少了很多。陈老师每次说到破坏的时候都很激

福建省福安县楼下村在山脚建造的大屋（李秋香摄）

动，有的时候落泪哽咽。眼看村子在破坏，就像虫蛀一样把它蚕食。

新叶村是我们最早做的，当时各方面都非常好。等到我们第二次去的时候，村子里已经不堪入目了，到处是高高低低的新房子，什么样的都有，反光玻璃、各种栏杆，和古村落的面貌完全不协调。我们当时就和当地政府提出哪些房子要拆掉，哪些要修复，当地领导很支持。现在经过几年整治，老百姓的保护意识都变得很强，看到这些我们很高兴。

我们一方面劝导、宣传，另一方面加快我们自己的步伐，加快研究个案。就怕我们一时疏忽，这么好的乡土建筑就被毁坏掉了。

【这一代】
对得起良心、对得起祖辈

我相信只要我们努力，一定会有收获。

20世纪二三十年代，梁漱溟、熊十力曾经搞过乡村建设运动，搞得非常好。他们帮助村里进行村落管理、提升村落卫生，进行医疗意识的普及。这个运动在那个旧时代也是一个新时期，虽然那个时期时间很短，但留下的痕迹至今还在。我们去村子里见到一些老人，他们谈起还会说，他们的文化意识得益于那时候的引导。

每次谈到乡土建筑保护的问题，很多人都会跟我们说："这个特难，再过100年中国可能也就是这样。"我会说："你说这个特别对，但是在文化素养提高过程里，我们不需要宣传、扶植吗？"

可能今天我们的声音微乎其微，但是如果呼吁的人多了，也就形成了一定的声音，人们慢慢就会认识到这些问题。我们从来没有想到会发财，而是要对得起良心、对得起祖辈。农村养育了我们，我们应该多多回报才对。

《第三次工业革命》

作者：［美］杰里米·里夫金

译者：张体伟

版本：中信出版社

2012 年 5 月

杰里米·里夫金，享誉全球的未来预测大师、"第三次工业革命"概念的创立者、经济学家、美国华盛顿特区经济趋势基金会总裁。同时，他还是一位享有国际声誉的社会评论家和畅销书作家，著有《工作的终结》《生物技术的世纪》《路径时代》等，每本书都被翻译成十五种以上的语言。里夫金还曾经担任过前欧盟委员会主席罗曼·普罗迪的顾问。

致敬词

人类文明史上的技术进步，往往带来人类社会经济、政治、文化领域的变革，并重新塑造人们的生活方式与思考方式。但进步热潮过去之后，人们慢慢习惯以经济与物质上的进步衡量新技术的价值，杰里米·里夫金先生坚持以人的角度去看待社会生活中的变迁，他提出第三次工业革命的概念，认为能源与信息层面的危机与改革，将带来第三次工业革命，并且其最终的结果，不由资本与权力的垄断为支撑，不以国家市场与民族国家为表征，而是国家权力下个人意识的深度觉醒，是迈向全球正义与尊严的合作与分享。

我们致敬杰里米·里夫金，他以开阔的视野，重述人类社会的变革与发展；以理想主义的热忱，重释历史，将其看作造就美德与自由的连贯过程；以超越现实的道德立场，抵御了经济学的功利化而张扬了人文主义的关怀。

口述

采写／编译　江楠

【这本书】
这不是一部科幻小说

在过去的 30 年里，我一直在寻求一种人类进入"后碳"时代的新模式。经过反复探索，我发现，历史上数次重大的经济革命都是在新的通信技术和新的能源系统结合之际发生的。

新的能源系统会加深各种经济活动之间的依赖性，促进经济交流，有利于发展更加丰富、更加包容的社会关系。而伴随而来的通信革命也成为组织和管理新能源系统的途径。

到了 20 世纪 90 年代中期，我忽然明白通信和能源这种新的结合方式即将出现。互联网技术和可再生能源将结合起来，为第三次工业革命创造强大的基础，第三次工业革命将改变世界。比如建筑业和房地产行业可以与可再生能源公司联合，将大楼变成小型发电厂，然后通过智能型能源网络，将这些由数以百万计的建筑物生产、储存的能源传输到整个世界。

在接受采访时，有的记者听了我的构想，惊呼这完全是一部科幻小说。但我回答不是。也许在七年多以前我还不敢说这样的话，但现在，我认为能够支持第三次工业革命的五大支柱都已经有了一定的基础。在我看来，第三次工业革命在今后几十年将迅猛发展，大概在 2050 年达到峰值，然后在 21 世纪下半叶保持平稳状态。第三次工业革命实际上标志着伟大而悠久的工业时代正进入最后一个阶段，也标志着合作时代的到来，在这样一个时代，人们更多地会看重创造、互动、社会资本、参与开放共享以及加入全球网络。

在这本书中，我展望了第三次工业革命的前景，揭开这种经济模式的面纱。在 21 世纪中叶，人类能否进入可持续发展的后碳时代，能否避免灾难性的气候变化，第三次工业革命将是希望所在。

【这一年】
第三次工业革命引起了广泛探讨

这一年我主要在全球范围内奔波，参加不同国家的经济会议，推行第三次工业革命的理念。亚洲的国家我去了阿布扎比、印度和韩国，或介绍了第三次工业革命的主要内容，或展望了第三次工业革命的发展前景。

今年 4 月 21 日，《经济学人》推

出了《第三次工业革命》的封面文章，引起了广泛探讨。我很高兴《经济学人》能将第三次工业革命放到如此重要的位置，但我觉得《经济学人》所聚焦的 3D 打印只是第三次工业革命中非常小的一部分，要知道第三次工业革命不仅仅会改变制造业，它也会让我们整个经济生活的方式在 21 世纪中叶发生改变。

今年我也接受了一些中国媒体的采访，他们很关心中国在第三次工业革命中的优势所在，我认为中国的优势在于广袤的地域和巨大的市场。

但同时我也强调，对任何一个国家，无论是美国、欧洲国家还是中国，真正的问题在于能否摆脱传统的中心化的思维方式，换之以一种分散化、扁平化、合作式的思维方式来组织商业。这是划时代的变革。对于中国这样一个有 13 亿人口的国家来说，如果不转移到扁平化的思维方式上来，很难有出路。

【这一代】
出路，没有 B 计划

我们现在正面临四个非常严重的问题，即气候变化、全世界尤其是发展中国家日益增加的债务、石油产出国的政治动荡以及居高不下的油价。如何遏制气候恶化，从废墟上拯救人类文明，我们需要一个令人信服的新的经济构想，

我认为这就是第三次工业革命。

实际上，第三次工业革命会催生出一个全新的科学的世界观。如果说传统的科学致力于将自然变成商品，新科学则希望实现自然的可持续发展，传统的科学从自然处寻求能力，新科学则希望同自然建立一种伙伴关系。新科学将改变我们原有的自然观，自然不再是人类征服和奴役的对象，而是一个亟待培育的共同体。我希望看到一种意识的变化，我们曾有过关于神话的意识、关于宗教的意识、关于意识形态的意识，而现在我觉得关于生物圈的意识应该到来了，我们应该逐步恢复在地球生物圈的生态系统中应有的地位，了解我们每个人的生态效应对其他人和地球上的所有生物的存在都会产生影响。如此，我们便会修正我们对于生产效率的观点、重新审视我们对财富的看法、重新评估金融资本和社会资本的重要性、重新评价市场和网络的经济价值、改变我们的时空观。

我认为现在需要做的就是建设好第三次工业革命所需要的基础设施，让我们快速进入到一个后碳的可持续发展的社会，我不敢肯定我们一定能够成功，但我们没有 B 计划。

2011 年

　　我们的现实世界，很像是一个没有边际的汪洋大海。作家的作品，就是海洋中一个个孤立的岛屿……岛屿是你航行中的陪伴和标志，它的神圣使命之一，就是等待着你的到来。

——格非

《春尽江南》

作者：格非

版本：上海文艺出版社

2011 年 8 月

格非，作家，清华大学中文系教授。1964 年生于江苏。代表作有长篇小说《江南》三部曲（2015 年获第九届茅盾文学奖）、《望春风》，中短篇小说《迷舟》、《隐身衣》（2014 年获鲁迅文学奖、老舍文学奖）等。作品被翻译成英、法、意、日、韩等多种文字。

致敬词

格非一路从民国写到中华人民共和国成立之初，终于三部曲完成，最后一部写到了离我们最近的时代。虽然小说主体故事的时间跨度只有一年，但整个涉及的叙事跨度长达二十年。通过小说里一对主人公夫妻的生活境遇，企图反映出这个时代某个群体在剧变中遇到的各种问题，想要从精神的层面带给人们更深的思索。格非的一位学生在帮他整理手稿时，看到最后流下了眼泪。一个时代的群体状态，其实恰恰要通过个体来表现，而作为作家，最独特的优势恰恰是可以在自己所处的时代，观察和经历前人和后人无法亲历的事情，并将他们记录下来。这也是对文学现代性的效忠，在这部作品里，我们多少见到了。

答谢词

感谢《新京报》，感谢各位评委，你们慷慨地决定将这一美誉授予《春尽江南》，我深感荣幸。

写作是一个古老而孤寂的劳动。在现代文学诞生之前，在长达数千年的历史长河中，文学的作者既无任何商业报酬，也没有可能获得来自社会的嘉奖。绝大部分作家无法活着看见自己的作品出版，有些人甚至连名字都不会存留下来。相对于那些早已逝去的前辈们，生活在传媒如此发达的今天，每一个作者无疑都是幸运儿。从这个意义上来说，任何的奖项都是奢侈品。因此，请相信，我此刻的感激和惶愧发自内心。

关于《春尽江南》，我没有更多的话要说。因为，在作品出版后的四五个月中，我已经接受了太多的采访，发表了太多的言论。

毫无疑问，文学存在的根本目的之一，恰恰在于作者与读者之间的交流。但如果把这种交流视为作家和读者在公共或私人场所的一问一答，显然有失偏颇。因为在我看来，真正意义上的交流，其实总是在暗中完成的。一方面，作家在写作之初，就已经开始了对读者的想象，并尝试与他们对话。如何想象并设定他的读者，大致上也就决定了作家的叙事策略和基本风格。随着作品的完稿，对作家而言，这种潜在的、意义重大的交流实际上也已悄然结束。另一方面，阅读的过程同样孤寂而充满艰辛。只有当读者在阅读过程中找到隐藏在文字背后的作者并建立认同，所谓的交流才会变得有意义。

请允许我用一个比喻，对作家的劳动以及作家与读者之间的关系，做进一步的描述。我们的现实世界，很像是一个没有边际的汪洋大海。作家的作品，就是海洋中一个个孤立的岛屿。作家们也许无力去改变海洋的性质，却可以建立岛屿。它始终为海水所围困，但它仍能高出海平面之上，不会被海水淹没。它们有的雄奇巍峨，风物秀美；有的卑微寒酸，寸草不长；有的乐声喧阗，有的寂寂无闻；有的建有灯塔，有的漆黑一片。作为航海者，读者能否发现这些岛屿，与作者相遇，不仅仅取决于岛屿的规模和辨识度，还取决于风向、洋流和航行路线，取决于航海者的境遇、趣味、意愿和目的。

岛屿是你航行中的陪伴和标志，它的神圣使命之一，就是等待着你的到来。你可以远远地瞥它一眼，就绕过它，继续你的旅程；也可以上岛参观，饱览绮丽的名胜风光。当然，你也可以就此居住下来，与它长相厮守，相伴一生。

　　谢谢大家。

——格非

对话

采写　吴虹飞

　　蓝旗营万圣书园的咖啡馆，是格非最喜欢的去处之一。灯光昏暗，众人默默，花白头发的教授格非，态度可亲，声音清朗，就仿佛面前的数名晚辈都是他的学生：我的书，是写给失败者看的。

　　格非系江苏丹徒人氏，赴京十余年，潜心教书，默默写作。他外圆内方，平心静气，与学生亦师亦友，倒也相安无事。他推崇老庄，崇尚"避世"，生活俭朴：抽软盒烟，不常喝酒，穿衣只求干净整齐，不事奢侈。年近知天命，背着一个黑色双肩运动包，包里放着一个水杯——和清华的学生一样。

"勇于做一个失败者是很了不起的"

　　他的"桃花源"三部曲《人面桃花》、《山河入梦》和《春尽江南》，得以在这十余年间完成。

　　《春尽江南》的男主人公端午，是一个 20 世纪 80 年代的著名诗人，90 年代初回到家乡鹤浦，结婚，生子，在地方志办公室里无聊度日，偶尔不尴不尬地出席诗歌聚会，妻子庞家玉从崇拜诗人的少女蜕变成雷厉风行的律师，从平头夫妻变成有车有房的城市中产阶级，渐入中年。

　　格非用平缓的语句，书写夫妻二人及其周边一群人近二十年的生活与内心，以及时代的穷途末路，人性畸变，知识分子的失败和尴尬，爱人之间的疏离与背叛。

　　或许可以一言以蔽之：爱和美正在逐渐消亡。你会看到他在向各种文本致敬：向诗人朋友致敬，向《日瓦戈医生》致敬，向《包法利夫人》致敬，向《红楼梦》致敬。

　　格非是一个有趣的人。和他喜欢的音乐合拍，他在小说结尾处饶有兴致地，花了一个月时间，首次写了一首诗，长长短短的六十行，平心而论，还真写得有那么点意思——排在书的最后，像是电影的字幕。

　　少白头的教授格非，曾经在 80 年代令无数文学青年推崇的所谓"先锋作家"格非，制造迷离的梦境，最终没有成为时代的弄潮儿、商业的宠臣，他在幽雅的大学里度过他的大部分时光，甚至由于其通达的个性和才能，官拜系主任，最后推辞掉了。格非并不推崇成功学。

　　他曾经在诸多场合谈及"失败"："文学就是失败者的事业，失败是文学的前提。过去，我们会赋予失败者其他的价值，今天，失败者是彻底的失败，被看作是耻辱的标志。"

他说，"一个人勇于做一个失败者是很了不起的。这不是悲观，恰恰是勇气。"

"这个社会不需要敏感"

20世纪80年代和90年代也许是中国命运的分水岭，很难说变得更好或者更差，可能真的越来越富裕。新世纪迅猛来临。

格非怀疑现代社会树立起来的种种生活方式，这些生活方式看似光彩夺目，实则只会加速世界崩溃。

"这个社会什么都需要，唯独不需要敏感。"在《春尽江南》里，格非借主人公之口说。

"梦少了"

《人面桃花》里面有很多的梦，《山河入梦》里面也有很多的梦，但是到了《春尽江南》——梦就少了。"

这三部曲历时十四年，他已经明显感到疲惫。"写《春尽江南》，有时候非常痛苦，情感刺激心脏，乱跳。"他现在已经不愿意谈论乌托邦，因为，"所有的老板都在谈乌托邦。"

"很多人跟我说，挣了一大笔钱，要到云南建一个乌托邦，其实是为自己安排一个娱乐的私人会所，非常恐怖！"

"非常恐怖！"他又强调了一遍。忍不住要抽烟。

"很多人！特别是男人！"格非说，"任何事情都会做！一边批评这个时代，一边又在放纵自己。"

讲到了纯洁、善良这些意境高远的词，"跟那些老百姓打交道的时候，你发现他们更善良，他们维持着这个社会里道德的东西。而一些知识分子，他们制造各种规则，为了巧夺名目，他们实际上又不断地破坏这个社会规则"。

"还有没有乌托邦？"

"可能存在于日常中的一个个瞬间、灵感。"

"比如说？"

"比如说，我听了一段美妙的曲子，写了几句好的句子。再比如，在食堂排队打饭，突然发现自己的餐卡不能在这个食堂用，但饭已经打好了。怎么办？这时候一个女学生说，老师我来帮你。我想了很久，到底要不要把钱还给她？八块钱，她会不会觉得很幼稚？最后我也没有还她，而是我们在食堂聊了一会儿天——之后也没再见——你觉得这样的事情其实挺好。"

格非喜欢读史，对晚明的历史更是如痴如醉。"那时比现在富裕，浮华、复杂、豪华得多。今天的人已经不可以想象了，那个时候的人怎么生活的？歌妓的吟唱、品茶，为了一点雪水、泉水，会去筑院子、造庄园，无数的游戏。"

"晚明文化发达，同时国破家亡，社会腐朽，同时有一种苍凉混杂在一起，浮靡肮脏，肮脏得有种美感。"

他在小说中安插了诸多历史信息，诗词歌赋。而他本身，似乎也更痴迷于跨越大幅时间的叙事。从描写民国时期的《人面桃花》，到描写 20 世纪五六十年代的《山河入梦》，再到描写《春尽江南》的这二十年，他的三部曲，刻画出了整整一个世纪的人性。

他不打算去指责这个喧嚣的、聒噪的时代，不打算指责当权者、指责争名夺利的人群。环境污染、金融风暴、经济危机、爱的消亡，是所有的人一起将世界变成了这个样子，是全人类的欲望使然。用经验展现了现实中各种背叛、谎言和欺瞒之后，格非意识到，即使是在苍凉的末世，即使是犯下再大的过错，仍然可以原谅和赎还，这让笼罩着悲观主义的作品多了些温暖色调。

好的东西都是女性化的

吴虹飞：三部小说结尾，都涉及了死亡。陆秀米的死，姚佩佩的死，还有庞家玉。

格非：死亡其实是忌讳，但也不得不面对。西方有一句名言，我们其实在准备死亡，在学习死亡。我觉得中国也这样，死是生的一部分。今天社会里面构成最大反省力量的就是死亡。如果死都不能让你反省的话，你说还有什么？

很多人都说我是悲观主义者。我觉得悲剧是人生的底子，人总是要死，要失败，在这个前提之下，我们才会展开自己的生命和情感。

吴虹飞：三部书里面，对女性都非常同情。

格非：帕斯捷尔纳克发现，很多好的诗人、作家，身上都有女性化的特点。后来我也发现，比如说像卡夫卡，有很多女性化的、柔软的东西，托尔斯泰也是，眼里有很多女性的成分。曹雪芹当然更是。所以从文化、历史、现实的角度，我更偏爱女性化的东西。

《帝制的终结：简明辛亥革命史》

作者：杨天石
版本：岳麓书社
2011 年 8 月

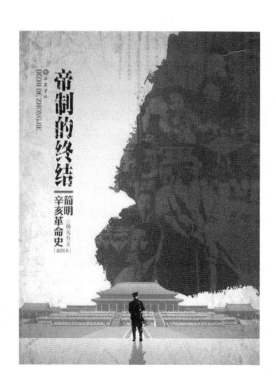

杨天石，1936 年生，著名近代史学者、中国社会科学院近代史研究所研究员、中国社会科学院荣誉学部委员、中央文史研究馆馆员。他致力于研究中国文化史与中国近代史。著有《杨天石近代史文存》《杨天石文集》等。

致敬词

今年，关于辛亥革命的写作纷纭杂陈，即便如此，杨天石先生撰写的《帝制的终结》依旧凭靠扎实的写作，填补空白的史料搜集，还有诸多耳目一新的观点，从中脱颖而出。

《帝制的终结》对辛亥革命的背景和历史进程进行了全景式的展开，写作简明而不失其要，采择众说又发出自己的独立声音，显示出深厚的学术积累和叙述功力，是大家写"小书"的成功尝试。

我们致敬杨天石，因为他在学术研究中显出的史学家的风范和对"中国梦"的真诚追问。在几十年的学术研究中，很多未被学界利用的新资料，经他之手，重跃纸上。关于辛亥革命的领导力量，"有形"与"无形"的专制主义，杨先生有自己的独特论点和论据支撑，这也能启发读者对中国道路的盘诘和对于百年中国梦的重新审视，并不断警醒我们：百年已逝，我们是否忘记了当时为何上路?

对话

采写 张弘

【这本书】
做到让专家和一般读者都有所获

《新京报》:《帝制的终结》这本书是以辛亥革命的实际发生过程为叙述对象的,你是如何走上辛亥革命研究道路的?

杨天石:1977 年,我参加写作《中华民国史》第一编,进入了辛亥革命研究领域。实际上,早在 1958 年,在北京大学中文系读书时,我就已经开始阅读辛亥革命有关人物的诗文集了。

2000 年前后,我参加蔡美彪先生主编的《中国通史》撰写工作,承担戊戌变法和辛亥革命的写作任务。刚开始时,提交的初稿是 12 万 ~ 13 万字,最后实际采用的大概是 6 万 ~ 8 万字。今年是辛亥革命 100 周年,我在当初的初稿上进行了扩展,就有了现在 36 万 ~ 37 万字的《帝制的终结》。

《新京报》:研究辛亥革命的资料很多,对此,你在写作时,是否有失语的状态?

杨天石:辛亥革命是近代史研究中成就最大,成果数量最多的领域,但是我并不觉得无话可说,因为许多基本问题仍然存在很大分歧。比如辛亥革命是否必要,辛亥革命是什么性质的革命,辛亥革命是由什么阶级领导的……这些问题在学界并未解决,有进一步研究讨论的必要。

《新京报》:这本书的写作原则是什么?

杨天石:我一直认为,写历史的最高原则是忠实历史,把客观存在的历史事实作为研究和再现的对象,防止"实用主义"。历史是科学,不是工具。如果把历史看作工具,就可能会扭曲、夸大或者掩盖一部分客观存在的历史。

《新京报》:这本书的特点在哪里?

杨天石:一是"简明而不失其要"。我写作一开始的定位就是简明,面向社会公众和广大干部。我想做到让专家觉得对学术研究有所推进,让普通读者觉得都能读,都能有收获。

二是保持自己经过多年研究所形成的独立的见解,绝不随波逐流。

三是尽力发掘尚未被学界发掘、利用的新资料。这些年,我去了中国台湾、日本等许多地方,发现了很多辛亥革命的新资料,可能是相关历史研究学者们从没有使用过甚至听说过的,我想这些资料会加强我的著作的科学性。

【这一年】
辛亥百年，我们该纪念什么

《新京报》： 2011 年是辛亥革命百年，今年出现了很多以此为题材的作品，作为历史学家，写作者和思考者，对此有什么观察和感受？

杨天石： 今年出现了很多以辛亥革命为题材的作品。从一方面来讲，是好现象，因为很多作品都不是用同一个调子在讲话，比如在辛亥革命是否必要这一问题上，出现了百家争鸣现象。今年还出版了不少辛亥革命历史资料类的书，我认为很有必要。但是从另一方面来说，有些书匆匆落笔，学术上经不起推敲，新意也不多。

《新京报》： 今年各地都在纪念辛亥革命百年，你认为辛亥革命应该纪念什么，对当下社会现实的观照是什么？

杨天石： 写作时，我一直在考虑，辛亥革命最重要的精神是什么，辛亥革命时期，人们做过三个梦：振兴中华之梦、民主共和之梦、民生均富之梦。百年来，这三个梦圆了没有？可能不同的人有不同的见解。

辛亥三梦中我觉得最重要的是"民主共和之梦"。因此，纪念辛亥革命100周年，坚持民主，坚持改革，仍然应该是中国人不懈的追求。

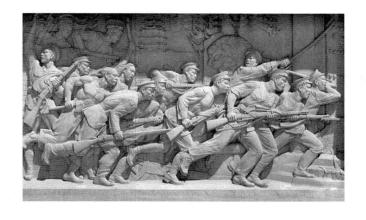

《史蒂夫·乔布斯传》

作者：［美］沃尔特·艾萨克森
译者：管延圻、魏群、余倩、
　　　赵萌萌、汤崧
版本：中信出版社
2011 年 10 月

沃尔特·艾萨克森，传记作家，曾任美国《时代》周刊总编，他的作品包括畅销书《爱因斯坦传》《本杰明·富兰克林传》以及《基辛格传》等。

致敬词

乔布斯带给世界的不仅仅是一股潮流，更是一种崇尚改变的精神；艾萨克森的《史蒂夫·乔布斯传》也不仅仅是一部商业传记，它所传达的是一种价值观，这本书告诉人们，梦想可以产生多么强大的力量。

从一家 IT 公司到一种生活方式，乔布斯和他的苹果创造了一种奇迹，而因为乔布斯，世界上无数的苹果用户，也得以成为这一奇迹的参与者。艾萨克森记录下乔布斯传奇的一生，更还原出苹果公司与苹果用户共同构建一场世界大潮流的全过程。因为艾萨克森的努力，《史蒂夫·乔布斯传》带来的不仅仅是一次阅读过程，更是对乔布斯精神财富的分享与升华。

我们致敬艾萨克森，他在乔布斯即将离开之际，为世界留下宝贵的精神记录，我们更致敬乔布斯本人，他留在世界的痕迹不仅仅是苹果，还有梦想、创新和他永不停歇的脚步。

阅读《史蒂夫·乔布斯传》

撰稿　姜妍、方鑫

【这本书】

五年相邀　请到艾萨克森

2004 年的初夏，我给沃尔特打去了电话。我们相识多年，每当我即将推出新产品，并希望产品可以上《时代》杂志封面或者 CNN（美国有线电视新闻网）专题报道的时候，我们联系就会更密切，因为这两处恰好都是他曾工作过的地方。

那天在电话里，其实我是想让他写一本关于我的传记。起初他拒绝了我，他认为我还处在事业的波动期，等待我的还有诸多跌宕起伏，他说，再等个十年二十年，等你退休了。后来在沃尔特的《爱因斯坦传》出版后，我又一次在帕罗奥图的一个新书活动上提出传记要求，并表示这肯定很有意思。我知道我的坚持让他很为难，到了 2009 年，我的妻子劳伦再次向他提出建议，这次他接受了，那时他还不知道，我病了。

我承诺他，不会干涉这本书的写作过程和内容。从 2009 年末开始，我们差不多会面 40 次，其中一些是很正式的谈话，在我位于帕罗奥图的住所的客厅里进行，还有一些是在长途散步或者驱车行进的过程中完成的，或者是通过电话。为了验证和充实我所讲的故事，他先后采访了 100 多个人，包括我的朋友、亲戚、对手、敌人以及同事。

如今这本书出来了，我已经去了天国，留下她，供你们评判。

【这一年】

病中所思　唯有儿女亲情

我一直热切盼望着参加 2010 年 6 月儿子的高中毕业典礼。当我被诊断出患有癌症时，我跟上帝做了笔交易——无论如何，我一定要看到里德毕业，这个信念支撑我挺过了 2009 年。读高中四年级的里德，跟我 18 岁的时候惊人地相似，那洞察一切又略带叛逆的微笑，那专注的眼神，还有那一头浓密的深色头发。但里德也从他母亲那儿继承了对人友善和极富同情心的特质，而这却是我所不具备的。他感情丰富，愿意与人为善。我身体不适时，常常闷闷不乐地坐在厨房的餐桌前盯着地板发呆，这时，唯一能让我眼前一亮的就是看见里德走进来。

里德深爱着我，就在沃尔特开始写作这本书不久，里德来到他的住处，像我经常做的那样，提议他们出去散步。我听说，里德热切地告诉沃尔特，我不是一个唯利是图的冷酷商人，我的动力来源于我对事业的热爱和对苹果产品的自豪。

在我 2011 年宣布病休时，情况看起来很紧急，连一年多没有联系的我的女儿丽萨·布伦南——我都安排她一周后从纽约飞了回来。她跟我的关系建立在层层叠叠的怨恨之上。我跟她说过很多次，如果时光可以倒流，我希望在她5 岁的时候我曾是个更好的爸爸。

【这一代】
不断创新　就是终生动力

我的激情所在是打造一家可以传世的公司，这家公司里的人动力十足地创造伟大的产品。其他一切都是第二位的。但是动力来自产品，而不是利润。

你必须不断地去推动创新。鲍勃·迪伦本来可以一直唱抗议歌曲，可能会赚很多钱，但是他没有那么做。他必须向前走，1965 年在民谣中融入电子音乐元素时，他疏远了很多人。1966 年的欧洲巡演是他的巅峰。他会先上台演奏原声吉他，观众非常喜欢。然后他会带出 The Band 乐队，他们都演奏电子乐器，尽管观众有时候会喝倒彩。披头士乐队也一样，一直演变、改进他们的艺术。那就是我一直试图做的事——不断前进。否则，就如迪伦所说，如果你不忙着求生，你就在忙着求死。

我的动力是什么？我觉得，大多数创造者都想为我们能够得益于前人取得的成就表达感激。我并没发明我用的语言或数学。我的食物基本都不是我自己做的，衣服更是一件都没做过。我所做的每一件事都有赖于我们人类的其他成员，以及他们的贡献和成就。我们很多人都想回馈社会，在历史的长河中再添上一笔。我们只能用这种大多数人都掌握的方式去表达——因为我们不会写鲍勃·迪伦的歌。我们试图用我们仅有的天分去表达我们深层的感受，去表达我们对前人所有贡献的感激，去为历史长河加上一点儿什么。那就是推动我的力量。

本版文字根据《史蒂夫·乔布斯传》中相关内容整理而成。

2010 年

大众流行文化的主体历来是青年。他们有激情、能量和创造力。未来由今天的年轻人决定；未来的文化思想也和今天的大众流行文化联系在一起。随着时间的推移，它会凝结出很多成果，也会成长出新的一代。

——柳红

《沉浮与枯荣》

作者：江平
版本：法律出版社
2010 年 9 月

江平，中国著名法学家，1930 年 12 月出生，浙江宁波人，中国政法大学终身教授、民商法学博士生导师。江平教授被收入英国剑桥世界名人录并被收入中国多种版本的著名学者、著名法学家名录。

致敬词

无论经历多少磨难，他一直踽踽走在推动中国法治进步的路上，并展现了人格的力量和做事的艺术。我们选择这本书，是向"法治天下"理想致敬，向代表着社会良知的江平致敬。

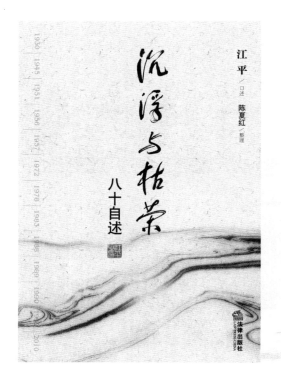

《中国在梁庄》

作者：梁鸿
版本：江苏文艺出版社
2010 年 11 月

梁鸿，作家，大学教授。曾出版《巫婆的红筷子》《外省笔记：20 世纪河南文学》《灵光的消逝：当代文学叙事美学的嬗变》以及调查类作品《中国在梁庄》等。

致敬词

文学既是想象的艺术，更是现实的映射。《中国在梁庄》以非虚构的优美文本，再现中国乡村的转型之痛，让一部田野调查式的文学作品同时具备感动的力量和思考的深度。

我们致敬梁鸿，因为她记录的不仅仅是河南故乡，甚至也不仅仅是人们想象中的中国。她的写作代表的是转型一代的中国作家以非虚构方式重建家国形象的努力。

答谢词

因为爱着那土地和那土地上的亲人，我不断回望我的村庄和与之相关的大地。但当真的下决心重新在村庄生活，重新行走在大地，我所发现的、感受到的又是怎样的村庄呢？从更久远的历史来看，农民一直处于弱势地位，那些温暖的、具有凝聚力的、亲情的东西在被破坏，这些破坏所带来的问题和所造成的伤害或许远远超出我们的想象。

——梁鸿

作者感言

【这本书】

我必须回到大地

感谢《新京报》和读者的关注，能够得到媒体的高度关注，读者有如此热烈的反响，包括专业范围内的评价都完全出乎我的意料。

在做这个乡村调查的时候，我完全没有想到出书的问题，更没有想到是否被肯定，我只是觉得我必须要回去，必须回到大地、亲人和乡村之中，否则，我的精神无法安宁。

现在想来，也许恰恰是这种"必须要回去"的状态使得《中国在梁庄》和当下现实之间有了独特的血肉关联。因为在"必须要回去"的背后，有对自我精神和知识分子公共关怀的反思，有对故乡、大地和亲人的爱，有对乡村现状深深的忧患意识在其中。这是一种出于"爱"，而非出于"愤"的行走和书写。

我不想以绝对的判断方式来告知读者乡村"是"或"应该是"什么样子，不想让大家陷入一种简单的"愤怒"之中，而是试图和大家一块儿走进乡村，走进亲人们的生活和情感之中，在对现实做出详细的调查、分析和理解的基础之上，去思考我们的现代性发展思维与乡村大地、民族心灵之间的关系，最终

对当代的政治、经济和文化模式有一种反思视野。

要敢于"直面惨淡的人生"，同时，又不流于空谈。这也是我所看重《中国在梁庄》和当下现实之间的关系模式。

【这一年】

有清晰的危机感

从中国整个历史长河而言，这一年是再普通不过的一年了。就我而言，"这一年"或"这几年"我有一种越来越清晰的危机感，这种危机感不只是针对哪一个层面的"黑暗"或"不公平"，而是社会精神似乎逐渐变得混乱、涣散与颓废。大家的生活越来越好，但幸福感越来越差，与此同时，我们也正在失去对自身文化和民族生存方式的信任和敬畏感，否定过去，也是在否定我们自身存在的价值。

作为所谓的"知识分子"，如果对这种总体状态视而不见，那应该是不合格的吧。就这一点而言，我非常敬重《新京报》，在众声喧哗和媒体专宠并逐渐失去底线的时代，它保持并向公众展示了真正的品格。

【这一代】

"狂欢"时代需要清醒

阅读方式和传媒模式的转型会影

响到社会公共意识的表达方式和表达程度，反过来，它们又共同造成了大的社会结构和文化生活的转型。

真正有独立思想的作品也恰恰应该身处这些不断衍生的问题之中，对处在复杂状态中的社会生活进行真正的观察和思考。在"狂欢化"和充满"庆典"的时代，尤其需要清醒者和独立者的声音。

但是，对于流行文化，我们要正视，每一个时代和每个年龄阶段都有自己的流行文化，就如我们少年时代，疯狂迷恋琼瑶、三毛和金庸。他们的存在对个体生命的成长来说并不都是不好的。但这并非就是一个人的全部，也不能由此断定这一代人或这种文化就是如何浅薄或庸俗。

喜欢郭敬明的读者也可能会喜欢《中国在梁庄》，"好书"和"畅销书"的迥然不同是一件正常的事情，作为所谓"现实的体察者"和书写者，真正的任务是通过自己的写作告诉他们"好书"和"畅销书"之间、"流行文化"和"独立精神"之间的区别，要引领他们的精神，而不是用二元对立的方式去批评甚至蔑视他们。

《国家记忆》

作者：章东磐

版本：山西人民出版社

2010 年 10 月

章东磐，曾出版《父亲的战场》，好评如潮，北大、清华、人大等教授、学者隆重推荐，《南方》《读库》等平面传媒纷纷转载，新浪、腾讯、搜狐、凤凰等门户网站曾多次特邀章先生作为嘉宾，制作介绍专题。

致敬词

这是一段曾经被遗忘的历史，这是一段找寻回来的记忆。《国家记忆》以普通公民的力量，提醒整个国家去打捞事关民族尊严的历史记忆碎片，并进而引发全社会对抗日战争历史的全面关注与发掘。

我们致敬章东磐，因为他重现的不仅仅是一段被淡忘的历史，更是一种独特的人文观照。

答谢词

《国家记忆》这部书的作者并不是我和我的团队，而是六十多年前那些在火线上无畏记录的美军照相兵和浴血奋战的中美军人。

我相信《国家记忆》是中国图书出版史上作者最多的一部书，参加中华民族伟大抗战的每一位军人，每一位不做亡国奴的平民都是这部书的作者，他们全体的命运与牺牲铸就了国家永不被磨灭的记忆。

——章东磬

作者感言

【这本书】
追寻历史的真相

读者对这本书反响之热烈，远远超出我的预期。我知道，人家反响热烈，这不是因为我的工作。而是因为有越来越多的读者，对追求真相的欲望在进步。这种对了解真相的欲望一天超过一天，是一个国家、一个民族进步的动力来源之一。

对历史真相的追寻和对现实真相的追寻是同一种动机。我的一个朋友看了《国家记忆》，对我讲了一句话说：我知道，你们就是在试图挖掘真相，没有真相就没有真理。我觉得，从科学的角度来说，这句话实际上概括了一切，因为科学的终极目标就是要终极真相。如果历史学是科学的话，那么真相就是这个学科的唯一标准。

《国家记忆》可以让我们看到中国坦克兵反攻缅北时非常震撼的强大阵容，可见我们在一些历史研究中，永远讴歌着我们的士兵只是靠勇敢、不怕死去战胜侵略者，这种说法是片面的。我们今天的大学教育，也是要让我们的孩子将来能做出最好的产品，来让这样的国家成为一个强大的国家，而不是我们的孩子读完了大学，仍然去用一不怕苦、二不怕死的观念去对待未来生活和可能出现的各种局面。

【这一年】
人文社科类的书越来越好

我觉得，在今天的中国，话语的双轨制是非常独特的现象。甚至在同一个媒体的同一个版面上，可以出现截然不同的两种声音。

虽然现在销售量最大的书，是那些假医学、假养生、假励志、假成功的书。作为一个有 13 亿人口的国家，读者的思想状况显然参差不齐。但是，这些年社科人文类的书的品质越来越好了。而且，这些书在度过了 2008 年和 2009 年的低潮之后，现在又开始在销售上稳步上升。这说明读者越来越理性了，这是一个了不起的进步。

【这一代】
一些年轻人让人刮目相看

对于好书，不同的人有不同的标准，到现在还有人认为，让人喝绿豆汤的是好书。所以，我们不能用我们的标准判断好坏。真正不好的书，只有说谎、伪科学、以贩卖私货盈利为目的的书。跟我们观点不一致，讲另一种生活的书，和我们生活完全不同的书，甚至和我们的价值观完全不同的书，我们都不能简单地说它不是好书。因为每一个人都有局限，我们必须有勇气打破自己的局限性。无论别人怎么骂我们，我们也要允许人家骂。更不能说，你们要跟着我们的审美标准来读书。对我自己来说，我更多是以跟朋友聊天的方式谈论公共生活，另外就是写作，以及其他的方式（如纪录片）来做自己喜欢做的事。

我觉得，我们所有的成年人，不应该排斥那些被孩子们喜欢的作家。我们不了解他们，并不代表他们没价值。甚至也不代表他们不如我们，也许他们远远超过我们，只不过我们因为年纪大了，反而读不懂他们。还有，有一些年轻人成长起来了之后让人刮目相看，比如韩寒。他从一个有着那么多拥趸的年轻人，成长为一个独立的、有独立话语、有超凡脱俗见地的一个年轻知识分子，其实已经证明我们成年人有很多判断失误的时候。

《八〇年代：中国经济学人的光荣与梦想》

作本：柳红
版本：广西师范大学出版社
2010 年 10 月

柳红，学者，1960 年生于山西太原，1982 年毕业于上海机械学院自动化系。曾担任吴敬琏的学术助手多年。著有《当代中国经济学家学术评传：吴敬琏》《八〇年代：中国经济学人的光荣与梦想》等。

致敬词

经济既是国家大计，又与民生息息相关。《八〇年代：中国经济学人的光荣与梦想》记录的，不仅仅是一段惊心动魄的改革开放历史，更是几代经济学人为重塑社会而付出的努力与斗争，所留下的遗憾与期待。

我们致敬柳红，因为在我们的社会经济经历转型之艰与瓶颈之痛的时刻，更需要从改革的源头之处去寻找新的动力。

答谢词

获得年度商业书，与其说，是对我工作的肯定，不如说是对 20 世纪 80 年代，包括活着的、故去的、知名的、不知名的经济学人历史贡献的肯定。它虽不久远，却被蒙尘，这是历史和文明的缺憾。我们曾经历过那个激情燃烧，老中青三代一起创造历史的年代，也看到历史如何走到今天，因此，有责任拂去历史的尘埃。

——柳红

作者感言

【这本书】
唤起年轻人对 80 年代的兴趣

出版《八〇年代：中国经济学人的光荣与梦想》，我心里一直很忐忑。忐忑来自两个方面：一是，20 世纪 80 年代的历史，青年一代会有兴趣了解吗？二是，经历过 80 年代的人认可我的工作吗？应该说，书问世两个月来，所受到的关注和反响超出我的预期。最让我高兴的是听到 80 年代亲历者说"符合事实"；还有就是唤起一些年轻人对这个不那么久远年代的兴趣、追问和求索。

20 世纪 80 年代有丰富的历史遗产，值得发掘，成为继往开来，走向"共识"的参照系。写这本书时，我不断地问自己：为什么那个阳光灿烂的昨天会走成今天这个样子？其历史表象的背后究竟是什么？我也希望《八〇年代：中国经济学人的光荣与梦想》这本书，为读者打开一扇窗户，有更多人关注这段历史，并思考和回答这些问题。

【这一年】

学习做公民，起而行的一年

在历史上，有的年份有很多重大事件值得记载，有的年份则相当平庸。过些年后，我们会发现，2010 年就是值得记载的一年。在这一年，至少出现了三方面的动态：其一，知识界开始挑战已经横行多年的学界和文坛的"歪风邪气"，揭露和打击"成功人士"伪造学历、抄袭；其二，社会矛盾时有显现，公民意识急剧提升；其三，越来越多人开始思考中国制度转型的涵义。

2010 年，对我来说，是学习做公民，履行义务，起而行的一年。在报纸上公开批评吴晓波著《吴敬琏传》的史实失误，同时也对自己早年所写《当代中国经济学家学术评传：吴敬琏》中的失误，做自我批评；在维护自己权力和尊严背后，也希望这一次法律实践，为中国保护著作权和知识产权增加一个案例。再有就是提醒学者和作者要有职业操守和认真精神。

【这一代】

凝结成果，成长出新的一代

全球化和信息革命，为大众流行文化提供了国际环境和硬件基础。在现实的大众流行文化中，有庸俗、世俗、市民化因素，也不乏商业和金钱的元素。但是，不管大众和流行文化包含多少可以被指摘的地方，它的基本特点是建立在对现实不满的文化，常常以各种无奈、诙谐、讽刺、幽默、玩世不恭，或者各种形态的堕落的样式出现，其背后，不乏批判的冲动、批判的精神、批判的意识。

时下，还有一种从形式到内容都积极向上的流行文化，例如提倡低碳健康生活、节约、身心修炼等。大众流行文化的主体历来是青年。他们有激情、能量和创造力。未来由今天的年轻人决定；未来的文化思想也和今天的大众流行文化联系在一起。随着时间的推移，它会凝结出很多成果，也会成长出新的一代。

2009年

孤独是所有华人应该共同做的功课。华人太爱热闹，太爱挤在一起，缺乏安全感，缺乏独自面对难题的快乐。我觉得尤其是下一代，更需要有独自面对自我的经验。可以孤独地从人群 中出走，独与天地精神往来，完成自己完整的人格。

——蒋勋

《民主的细节》

作者：刘瑜

版本：上海三联书店

2009 年 6 月

刘瑜，生于 1975 年。曾在美国哥伦比亚大学政治学系和哈佛大学东亚研究中心留学七年，在剑桥大学政治学系任教三年，目前在清华大学政治学系任教。另著有随笔集《送你一颗子弹》。

致敬词

睿智之书

民主，是当代中国也是当代世界最重大的主题之一，刘瑜却能从细节入手，举重若轻，以令人愉悦的方式传递思想，以促人思考的方式拷问良知。她的书不以成体系的思想构架见长，但在阅读的细节当中却绝对不缺乏力度。事实上，当生活越来越碎片化之后，在点滴之处传达出的思想内核更有可能成为真正的力量。

《民主的细节》是一部睿智之书。在社会大变革的时代，可能人们对类似民主这样的大词已经不再热衷，但社会的民主与法治建设需求却从来没有停滞。在这样的大时代和小语境之下，从细节处出发的民主思考不仅仅引起常识方面的思考，在现实层面竟然也暗合了波普尔关于社会渐进改造的构想。为此，我们以勇敢的名义，更以进步的名义，向刘瑜致敬。

《我们台湾这些年》

作者：廖信忠
版本：读客文化 / 重庆出版集团
2009 年 11 月

关于廖信忠——

1977 年，出生于台湾；

1984 年，李登辉当选"副总统"，廖信忠上小学；

1989 年，蒋经国逝世的第二年秋天，廖信忠升入国中；

1993 年，组建"新党"，廖信忠进入淡江高中读书；

1998 年，马英九和陈水扁竞选台北市长，廖信忠参加成功岭大专集训；

2008 年，台湾地方选举马英九获胜，而陈水扁随后锒铛入狱，廖信忠也在上海开启了自己全新的一段人生；

2009 年以来，继续为两岸间的互相理解做工作。

致敬词

沟通之书

台湾，是长久的怀念，更是熟悉的陌生。在台湾的流行音乐、影视明星轮番流行过很多年之后，一位台湾青年告诉我们，我们其实一直没有了解台湾，遑论理解。所以，即使《我们台湾这些年》只是一本粗线条的流水账，我们阅读之时，却不能不对那些过往的岁月动容。台湾，就像一面镜子，我们读着那些熟悉或陌生的往事，却时时刻刻念想着自己。

《我们台湾这些年》是一本沟通之书，在我们心底最柔软之处，刻下一片思念、一段感怀和一分希望。书里面最让人感念的，不是台湾曾经取得的成绩，而是为了那些成绩，付出了各种各样代价的台湾人。这些前行者，令我们心怀感动。这一年，我们以感动的名义，更以希望的名义，向廖信忠致敬。

答谢词

小琐事最能引起共鸣

很感谢新京报给我这次机会再来"自白"一番。最近《我们台湾这些年》也得到许多媒体机构年度好书的推荐，对一本 11 月才出版的书、一个第一次出书的作者来说，能与许多名家学者并列，让我感到非常不配与惶恐。

我一直觉得所谓"出版"，印成白纸黑字是一件严肃的事，写书是一种思想的传递，既然有人读了，就一定会有思想上的影响，为此，最近多次被评为年度推荐书，我并不希望这是因为大家觉得我写得"好"才推荐这本书；我个人更希望是因为这本书有它的争议性才被选入；因为具有争议性，才能引起社会上形成对台湾一定的影响与讨论。

这本书能够出版要感谢非常多的人，毕竟一本书光是审读就一年，这种压力

不是每个出版社或编辑或作者都承受得起的，事实证明读客真的是一家很能坚持的公司；当然我也了解到，在现在的社会气氛下，审读这样一本书的层层单位都有他们的压力在，但是最终还是得以面世，虽然不满意，但是能够接受，它的出版意义已经高过了文本意义，所以在此也要感谢负责审读的单位。

有很多人问为什么要写这样的书？这多少也跟这几年在大陆的生活经验有关，很多大陆朋友问我的问题都很类似，我发现不仅台湾人不了解大陆，大陆也不了解台湾，过去几十年来我们彼此都只能从单一的口径来了解对方，虽然近年来管道更多了，但我们仍常用既有的刻板印象来想象对方，并且认为对方理所当然的就是那样想那样做，以至于对对方产生了太多的误读，忘了对方其实大部分还是一群有血有肉，跟我们一样过着悲喜生活的老百姓。

另一方面，在传统文化观的影响下，我们都喜欢谈那些"一将功成"的豪迈大历史，却忘了"万骨枯"的背后可能是几万个家庭的悲哀，可是我们可以惊讶地发现，不管在什么时代或地区，生活中越是琐碎的事相似性越高，这些小琐事反而是最引起我们共鸣的，所以我想写一个三十年历史事件影响下的台湾百姓生活故事。

2009 年 | 389

个人生活史固然比大历史更有血有肉，更吸引人；但不可避免地也有不可逆转性，个人主观性太高。有很多读者看了之后会觉得"喔……原来台湾是这样"；也有读者看了之后觉得"台湾才不是你说的那样！"当然，我还必须要强调的是，这本书写的是我个人理解认知里的台湾三十年，并不代表任何人，只代表我自己，毕竟现在台湾是一个多元化的社会，两千三百万人心中可能就有两千三百万种台湾；所以，我并不希望大家看了真的产生"原来台湾是这样！"的想法，反而应该在这些争议当中产生对台湾更多的好奇，对"理所当然的台湾"产生更多不同的想法，我只是丢出一颗球而已，读者应该自己去查更多有关台湾的资料，形成自己对台湾的理解与认识。

第一次出书就得到各界的肯定，其实给我很大的压力，我想我能做的就是尽力做好第二本书，给读者更多更深的阅读感受，促进彼此对对方的更多理解。说到底就是想让大家知道，跟我封面上的那句话一样——"这些年，其实大家都不容易"。

书评摘录

一半大事件，一半小故事，一半政治变革，一半个人生活。作者把社会环境的变迁融会在个人的成长体验中讲述，使厚实沉重的政治事件读来轻巧、自然，不知不觉中拉近了读者和作者的距离。《我们台湾这些年》勾勒出了廖信忠 30 年的人生轨迹，勾勒出了台湾社会 30 年的浮沉变化，描绘了一个时代的变迁。

——海上花

《我们台湾这些年》，是一个台湾普通百姓写给大陆同胞的一封家书，有幸，我也收到这封家书。看到家书两个字，便无端涌起一些温暖。

生于 20 世纪 70 年代尾巴的廖信忠与生于 80 年代初的我，也算是同龄人，如果在一所学校的话，他也就是大几年级的师兄而已，而我的记忆差不多是从上学才开始，之前则是一片空白。廖同学的家书，又让我回到了那个年轻的时代，我会心一笑，原来相隔海峡的我们，有着如此相似的学校生活。

——乌丫

这本书中，你能看到来自记忆中少年的光线变得可逆，那些往事立即从岁月的光波中浮起，散发着迷人的气息，你不仅能看到台湾，而且你能越过记忆的栅栏回到童年的花园。在这里你可以随便捡起你的记忆贝壳对比台海彼岸的

台湾，那里有作者的记忆的贝壳，就串
在 1977—2009 年的时间线上！

——yang

这本书的有意思处，在于它的站位
很有趣，讲 1977 年以来的台湾时，夹
杂了许多个人意见和个人角度——换言
之，有点儿像在看八卦杂志。台湾偏小，
历史又不长，所以岛内故事尽收眼底。
作者年龄不算大，讲述历程又包罗万象。
有些东西很眼熟，比如小虎队、林志颖、
罗大佑；有些东西只在 CCTV 里才能看
到，比如服兵役、老兵们和马英九。

——张佳玮

《金融的逻辑》

作者：陈志武
版本：时代光华 / 国际文化出版公司
2009 年 8 月

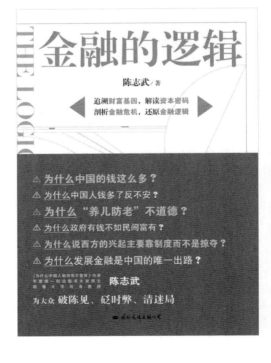

陈志武，经济学家，曾任美国耶鲁大学管理学院金融经济学教授，现为香港大学经管学院金融学讲座教授，研究领域包括金融学理论、经济史、量化历史、新兴市场、中国经济和资本市场等。

致敬词

反思之书

代为大众写作的经济学作者和进行严肃研究的经济学学者，原本属于两个群体，但陈志武却实现了这两种身份的统一：他的书不但充满真知灼见，更难得的是面向非专业人士的姿态和技巧。因为这种技巧、这种态度，《金融的逻辑》在金融危机从大爆发到逐渐缓解的2009 年，为普通读者带来了安慰，更带来了信心。

《金融的逻辑》是一部反思之书，在经济面临危机之时，以平实的态度解说大众对经济问题的种种误读，是经济动荡时代中最好的知识普及读本。而在此之外更重要的一点，则是陈志武在更深刻层面对中国经济问题和中国人经济心态的解读，这些解读有时犀利到令人难堪的地步，却又总能发人深思。因此，我们以财富的名义，更以思想的名义，向陈志武致敬。

答谢词

在过去五个月，《金融的逻辑》得到许多关注与肯定，这次又得到《新京报》的年度书奖，本人的反应只有两个：感恩和鼓舞。对于以研究并发现知识为职业的人来说，写作是最主要的成果表达方式，作品能得到读者的喜欢、能对社会思考自己和观察世界的视角产生影响，是所有知识人的梦。所以，我首先感谢各位朋友和同人的支持，包括《新京报》的鼓励和支持。

《金融的逻辑》之内容是过去七年相关文章的汇集，听起来像是大杂烩，但实际上是逻辑与视角前后呼应的整体。贯穿全书的核心问题其实很简单：金融是什么？跟个人、家庭、社会、国家有何相干？这些问题当然是永久性的，但在刚过去的金融危机之后，在中国经济快速粗放式发展 30 年后，认清这些话题，尤其重要，因为中国经济下一阶段的发展，中国社会还会继续转型，都难以离开金融。或许，这就是本书的意义所在。

当然，做研究、写文章、写书，我们都会在心中有要打倒的靶子，有想重新审视的"纸老虎"。对于我来说，这些"纸老虎"很简单，就是那些从小被灌输、据说是不容置疑的观念。

虽然自 1986 年至今我主要在美国

生活和工作，但是，在成年之前，我的成长和教育都是在湖南，观念自然是在湖南、特别是在我的家乡茶陵建立起来的。在我们湖南人看来，"大河有水，小河才可以满""国富，民才能富"，所以，湖南人在近代都一个个去革命；每次"打击投机倒把"中，湖南总是当先，因为在我们看来，只有生产、只有"实体经济"才创造价值，而金融交易即虚拟经济、商业交易即投机倒把，都不创造价值，其利润自然是剥削；消费是毁灭价值，省钱投资才是增加价值；借钱花即透支未来，是个人意志低落、道德责任力不足的体现……

实际上，消费和投资的界限也并不像人们理解的那样清晰，如果把人的能力也看成是一种资产，那么，人的"消费"也是一种投资，因为今天的消费与消遣是为了让自己明天、后天的收益回报更高，生活质量更优。

儒家的传统是排斥市场、排斥商业，把商业看成是人文价值的敌人。人除了作为工具、作为"养子防老"的工具外，难道就不可以有自身自由的精神世界？

恰恰是过去 30 年市场有机会发展之后，特别是方方面面的金融市场出现之后，中国人的个人空间终于出现并正在扩大。原来，市场不仅能更好地配置资源，还能够取代"家"的生产单位功能、代替"家"的风险交易功能，把家、把个人从利益交换中解救出来，让家和个人更多地回到本来该有的人文世界。也就是说，商业市场、金融市场不仅不会侵蚀人文价值，反而会通过把利益交换从人际关系中剥离出来，让社会关系中的人文价值更高、更纯。金融反而更能解放个人。

起初，《金融的逻辑》记下的，是我自己梳理从小接受到的方方面面观念的历程，是为自己认清人类社会的过去和未来而作。当然，正因为几乎所有在中国长大的同人和朋友，都还有或者也曾经有过那些值得重新推敲的观念，所以，许多读者朋友看到本书中的数据和推敲时，或许也能感受到我研究、写作过程中的兴奋，能有所共鸣。想想也是，超越温饱、产能过剩的时代里，我们很幸运有工夫重新审视既定的观念，能够在思想世界里天马行空，因新知激动，这也是一种额外的人生体验。

——陈志武

《孤独六讲》

作者：蒋勋

版本：理想国 / 广西师范大学出版社
2009 年 10 月

蒋勋，1947 年生，福建长乐人。台北中国文化大学史学系、艺术研究所毕业，后负笈巴黎大学艺术研究所。1976 年返台。现任《联合文学》社长。著有艺术论述《美的沉思》《徐悲鸿》《齐白石》《破解米开朗基罗》《天地有大美》《美的觉醒》等。

致敬词

沉思之书

从谈艺论美到六讲孤独，蒋勋实现了一次思想上的升华。虽然以情欲、语言、革命、思维、伦理、暴力六个维度的孤独感概括当代人的生活和思想现状，形式上称得上是大创新，但在根本上，蒋勋其实是回到了思想者们殊途同归的道路：以饱满的孤独，"独与天地精神往来"。所以，《孤独六讲》虽然以最极端的个体体验作为出发点，却能在巨大的社会层面引发共鸣。

《孤独六讲》是一本沉思之书，是每一个现代人留给自我的一小段时光，一小段享受，和一小段沉思。虽然每个人在书里寻得的共鸣或许是不一样的，但所有的碎片放在一起，正是蒋勋笔下的当代世相图景。因此，我们以情感的名义，更以个人的名义，向蒋勋致敬。

答谢词

蒋勋：孤独更能完善人格

我很高兴《孤独六讲》在大陆受到重视，孤独是所有华人应该共同做的功课。华人太爱热闹，太爱挤在一起，缺乏安全感，缺乏独自面对难题的快乐。

我觉得尤其是下一代，更需要有独自面对自我的经验。可以孤独地从人群中出走，独与天地精神往来，完成自己完整的人格。

阅读蒋勋

采写 姜妍

孤独没有什么不好

在《孤独六讲》这本书的简体字版出版之前，蒋勋在大陆的知名度其实并不高。听两岸的作家赞他人好又有才却是听了不少，台湾有朱天文，大陆有陈丹青。去年下半年蒋勋来北京参加大块和华文天下主办的"经典 3.0"活动，在北大讲了一场《寒食帖》，那真是又好又妙的。讲座后与他聊了半小时苏轼，其间就问到了他对孤独的看法。

记得他是这样讲的："孤独者有的时候不是讲空间，而是讲一种心境，有的时候你知道不去同流于那个世俗，我觉得那个是重要的。这里有一个我当时

不方便直说的东西，我们有太多世俗的捆绑，这个时候，我们孤独者怎么办？比如像鲁迅，鲁迅跟许广平的恋爱在当时闹得是满城风雨，可是我每次读他东西我都觉得好动人，鲁迅当时在北京教书，有多少人侧目以视，不知道背后在谈多少八卦，今天我们会觉得鲁迅是这么不堪的人吗？其实也不是。我们常常以为孤独者最后要对抗的是那个世俗和政权，其实也不是，而可能是那个世俗和习惯。可能对抗消费人的习惯，才是最大的难度。"

"如果这个社会发生了一个事件，我们自己能不能保有一个孤独者的思考和判断？我想人永远都在两难当中，我们说你要自由，自由可能就是一种放纵，你说你要规矩，规矩可能就是一种保守。所以其实也是要调整。觉得自己完美了，反而是危险的。所以我觉得，在儒家文化中，常常被要求成为完人，这个我很难理解。我觉得像西方的启蒙运动，比如卢梭的《忏悔录》，其实用自己做个案，做了很多检查，因为不完美有遗憾和忏悔。要保有一个孤独的思考是非常不容易的。"

蒋勋还讲到，杨振宁和他的年轻妻子结婚时，会感觉到很多人是以很激烈的方式在评价，会想为什么他可以我不可以？可是，杨振宁先想了别人怎么看

吗？还是他觉得我行我素，有一部分就是我的私领域？

"华人世界私领域和公领域总是不太分，所以我特别讲孤独，那个是私领域。今天我在星巴克里不想和别人讲话，买一杯咖啡，想我的事情，我觉得那个东西应该被尊重。所以我反而建议华人世界应该建立一种孤独感，如果讨论别人私领域太多了，不免令人怀疑，这个人是不是在自己的私领域很不满很不快乐。"

那次谈话后又过了两个月，蒋勋再次来到北京，一同带来的还有他的《孤独六讲》，在这本书里他更系统地讲述了自己眼中的孤独。如果把话题稍微打开一点，在法国留学过的蒋勋其实深受法国大革命后很多法国哲学家的思想影响，他所谈论的孤独也好、天地间的美学也好，都是在强调人的一种自我完成时，这其实也是与儒家传统文化的一种对抗力。儒家文化里有太多的家国天下，有时候却忘记了每个人的自我完成与回归。

最后，不妨引用《孤独六讲》中一句话结尾——孤独没有什么不好。使孤独变得不好，是因为你害怕孤独。

2008 年

我们要抢救、保存文化遗产，也就是说已经过去的和将要过去的，也要保护活生生的文化。这种活生生的文化在地震灾害之后，慢慢也会成为过去……如果迁出来之后，生活环境变了，那么这些又将变成文化遗产，就必须用其他方式来保护。

——王明珂

《聆听父亲》

作者：张大春

版本：世纪文景 / 上海人民出版社

2008 年 1 月

张大春，当代优秀的华语小说家。好故事，会说书，擅书法，爱赋诗。1957 年生，山东人。著有小说《城邦暴力团》《聆听父亲》《公寓导游》《四喜忧国》《富贵窑》《少年大头春的生活周记》《我妹妹》《野孩子》《春灯公子》等，随笔集《认得几个字》等。

对话

采写　张璐诗

《新京报》：《聆听父亲》抢救了记忆，也抢救了一段历史。这段"抢救"是怎么发生的？

张大春：我们的家事，我问过六大爷（父亲的六哥）。既然他跟我说了，我就问他，能不能写下来。后来他真写了 70 多张稿纸寄给我。父亲是第一个读者，我 7 年以后（1997 年除夕）才读起来。当时我还没结婚，还过着孩子的生活，现在的说法是"宅男"。那时抱父亲进医院，当天就想着要抢救点什么，于是跟他交谈，但他不大愿意面对自己还能站着、坐起来的日子。那时候读我六大爷的书信，就别具意义。1998 年我结婚，带媳妇进门，算是冲喜。4 年后，在内人的督促下，我咬咬牙把书写完了。父亲还在世，书就出版了。但他不怎么关心。

《新京报》：《聆听父亲》写到中后部，你就更多在迎接新生命的现实的手忙脚乱中了。"聆听父亲"从那时起就多了个角度，你兼任了被聆听的那位。目前从他们身上，听到有什么回响吗？

张大春：孩子今年一个10岁，一个8岁，逐渐不再关心我从前还很能吸引他们的某些教养内容。比方说，他们不再有耐心听我一个字、一个字地解说字体演变、训诂方式或极其细节的音韵声读。这是很自然的——他们有更多更有趣且充满新鲜感的知识和技能在不断自行开发着。他们都能演奏两种以上的乐器，都能自己看书，都能发现并大胆提出各式各样的问题。总有一天，他们还会对文字或与文字相关的感性形式产生自发的兴趣，我在等待。

《新京报》：你自己会乐器吗？

张大春：我大学时自学过吉他。

《新京报》：你在书中提到，参加合唱队，有过一次"逼近音乐，逼近实情"的瞬间。在写作中，有什么跟这种瞬间平行的时候吗？

张大春：写作是一个人的事，如果能达到合唱的时候所感受到的那种"和"，应该已经是写完了之后，作品发表了，变成客观材料而接受着种种读者的检验了；而同时我也必须从关于作品的讨论或批评中发现的确有读者逼近了创作内在的情境，才有可能成立。这不是我能企求而得之的。能达到这个境界，是读者的赐予，也是我的福气。

《新京报》：你在北京时说，小时候想学西乐，感觉是天然的亲近。你有没有想过为什么会有这种亲近呢？后来是怎么转向曲艺的？你女儿在学习音乐，她爱音乐吗？还是你多少带着回忆在安排着她？

张大春：你的这一组问题都是假的问题。我没有感觉到自己有什么明显的"转向"——一个人可以不分轩轾地爱吃饺子、馄饨，也爱吃汉堡、比萨。我到现在还可以听完了海顿、舒伯特再听程砚秋。我的女儿张宜进入音乐班是她自己的要求，不是我的安排。我自己的回忆或浸润无法复制，也无须因为不能复制而感觉遗憾。假设有一天，我的女儿回家跟我说："音乐班念不下去了。"我会在第二天帮她办理退课手续。

《新京报》：在书里，你提到一家三口的一顿晚餐上，"三株互不了解、也无法被了解的灵魂"，那个情景，我印象很深。如今你盼望你的一家四口，有互相了解的一天吗？

张大春：可能永远不会有互相了解的一天，我也不盼望。

《新京报》：你说现在最紧张孩子进入青春期，自己能不能应付。你心里是不是一直有着要沿承当年父亲待你的方法?

张大春: 我几乎没有打过孩子,尤其没有用过真正的"棍棒"。父亲对待我如何,我就自然会如何对待孩子;即使想要不那样做也很难。我对于孩子进入青春期会感到焦虑的原因,一定是因为在青春期的阶段,我自己是个浑蛋!

《新京报》: 你说你很注重教孩子们一个字一个字去认。那应该是一个既简化又繁化的过程。除了这个当务之急,还有什么想要给他们补充的?

张大春: 我不能替他们决定他们该"补充"什么。我只能立即、尽量负责任地回答他们对于这世界所发出的一切问题,满足他们的好奇。

从《聆听父亲》到《认得几个字》

《新京报》: 你像"早晚操"那样写旧诗,思考"用汉字开发出不一样的情感形式",对于未来写作的方向清晰点了吗?(或者说,现代性与传统性并用?)当前算是你的写作转折过程吗?

张大春: 恰好农历开年以来我的旧诗写作忽然少了,这是因为杂事繁忙的缘故。光凭"杂事繁忙"一语可知:戴不上"现代性与传统性并用"这样的大帽子。我很认真地看待写旧诗的事,也认定这是很美妙的一种创作活动,就像

我天天读帖、写毛笔字一样。但是,我就算做梦也不敢奢望自己有一天会出版旧诗集或开书法展。写旧诗、写毛笔字是"完全留给自己"的一种心性活动。这两件事若与他人有关,顶多也就是每年旧历年前我会给朋友写些自拟的春联,祝福朋友们一年如意。

《新京报》: 去年来京时,你提过大概不会写第二卷的《聆听父亲》了。

张大春: 2007 年 10 月即将出版《认得几个字》上卷的时候,我忽然发现:这一本书反而应该视作《聆听父亲》的续集。这本《认得几个字》上卷收录了五十个汉字和我教孩子们认得这些字的故事。下卷现在也即将完成,今年不但在台湾会发行繁体版的下卷,也会同时在大陆刊印完整一百个字(即一百篇)的简体字版。

《羌在汉藏之间》

作者：王明珂

版本：中华书局

2008年5月

汉川、北川、茂县、松潘、理县
羌族之社会历史与文化

羌在汉藏之间

川西羌族的历史人类学研究

王明珂 著

王明珂，历史人类学家，著有《英雄祖先与弟兄民族》《游牧者的抉择》《毒药猫理论》等。

对话

采写 张弘

一切不幸都冲着羌族来了

《新京报》： 汶川大地震发生之后，你的第一反应是什么？

王明珂： 很震惊、很悲伤。我没有办法相信，这样的悲剧发生在这群人身上。前几天，我和一个羌族朋友联系，他很激动，说我们羌族人民这次损失了四分之一，他觉得，一切的不幸都是冲着羌族来的，我也感觉非常难过。

《新京报》： 地震对于羌族文化最大的破坏是什么？

王明珂： 生活。如果从这个观念来讲，对于羌族文化最大的破坏不是地震本身，而是地震以后造成的迁村。不要说迁到外面的县，或者外面的省，只要从山上迁到河坝，整个文化都会改变。

比如羌族服装。羌族女孩的衣服，是很重要的文化遗产。这些衣服绣得很漂亮，每一条沟、每一个寨子都有自己的特色和差别。这种由女孩子的衣服造成的区分，是在这个深山里面生活的必要。你是哪个寨子的，是哪一辈的，用服装区分开来。迁出来之后，三个寨子可能在一起了，他们和外面的人接触也多了，这种差别就会消失。第二，她经常接触外面的人，她就觉得不好意思穿这种很特别的衣服。就有可能和羌族男性一样，穿和外面的人一样的衣服。因为羌族男性经常在外面跑，在这种情形下，这种服装有可能消失。

保护和迁移不是对立的

《新京报》：灾难过后，保护羌族文化成了当务之急，在你看来，羌族文化包括哪些内容？

王明珂：我觉得可以分为两个范畴：一类是文化遗产，就是说已经过去的和将要过去的，我们要抢救、保存；另外一种是活生生的文化。这种活生生的文化在地震灾害之后，慢慢也会成为过去，比如，山神崇拜、神树林崇拜，如果他们还住在这条沟里，这些文化将继续存在。如果迁出来之后，生活环境变了，那么这些又将变成文化遗产，就必须用其他方式来保护。原则上，我认为，保存一个文化，不能干涉一群人追求更好生活的期望。不能说为了保存原生态，一定要让人家住在茅草房、石头房里。

《新京报》：灾区重建，要保护羌族文化遗产，你有什么建议？

王明珂：我觉得，有些寨子如果毁坏不太严重，即使人迁下来了，也要把这些寨子恢复，把它加固，做好，当作一种过去的遗存。原来羌族各个地方的知识分子收集了不少的文物，这都是他们的文化遗产。在整个的抢救与发掘中，应当小心，尽量把它复原起来。据我所知，很多羌族知识分子，甚至个人都很热心本民族的文化，他们手头收集了很多资料，但是困于资金等方面的问题，没有把它数字化，更不必说出版。

《新京报》：灾后你有重返羌区的计划吗？

王明珂：有，我想去看看以前多次去打扰的主人怎么样。茂县、汶川、北川都有。我也在担心清片河和白草河的中上游。我很担心重建之后，白草河这边的寨子很孤立。

羌文化遗产的种类

《新京报》：除了前面说过的建筑和服装等物质文化遗产之外，对于羌族人而言，最重要的非物质文化遗产是什么？

王明珂：就是释比（汉语叫端公）经文，上坛经和下坛经。羌族知识分子收集了好多年，他们也在做译解。

《新京报》：这些经文的内容主要是什么？

王明珂：有的跟天地开辟有关，有

些和民俗有关。由于羌族没有文字，这些经文都是羌人口口相传，一代一代流传下来的。从20世纪80年代开始，羌族知识分子已经开始找一些老的释比，把这些经文录下来，我手上也有好几盘。

《新京报》：每个寨子都有释比吗？

王明珂：过去每个寨子几乎都有自己的释比，后来有些寨子就没有了。有些"法力"强的释比，附近的寨子都会请。大部分释比在20世纪90年代就消失了。有些释比很久没有"作法"，经文也不是很熟了。最完整的是茂县萝卜寨旁边一个寨子的老释比，他在20世纪80年代录下来的，我手上这个录音可能就是这个版本。

《新京报》：你收集了不少民间故事和传说吧？

王明珂：当然。有一个羌族老师跟着我跑了好几年，看着我收集了几百个羌族民间传说和故事。他说，你这样一个个让人讲多麻烦，后来，他一次拿给我厚厚的一沓纸。他说，自己的学生都是从山沟沟里面来的，自己给了两个班级的学生每人发了几张纸，让学生一人写了一个故事给我。

羌族受汉藏影响很大

《新京报》：你研读史籍中的羌族文献已经有15年之久，从1994年开始，又做了八九年的田野调查，从文本到亲历，你对羌族及其文化在认识上有什么变化？

王明珂：从文本上来看，我们所接受的知识，都使我们对羌族形成了一个很刻板的印象，认为这个民族有共同的文化、类似的生活风俗，等等。到了实地之后，给我最强烈的印象是，羌族各个地方的风俗都不一样。最明显的差别是，只要靠近西边、北边的羌族，看起来就像藏族，靠近东边、南边，看起来就像汉族。如果从东向西看过去，就像一个由汉到藏的光谱。

《新京报》：这大概也是你把这本书命名为《羌在汉藏之间》的原因，我理解，除了在地理位置上，羌族居住地汶川、北川、理县、茂县、松潘等地处于汉藏之间外，在时间序列上，羌族的历史沿革也受到汉、藏文化的影响。

王明珂：对，这造成我们现在看到了一些现象。

《新京报》：在此之前，我所想象的羌族是，他们有自己特有的民族服饰，有自己特有的民俗，有自己特有的生活习性和民间艺术等，而你告诉我们，羌族各地的情况都不一样，他们也没有统一的民族记忆？这里面的原因何在？

王明珂：最主要的原因在于，羌族是一个很古老的民族。可能在很早之前，就有自己的语言。从语言学上来说，除了四川之外，在云南北部，有一个羌语系人群的分布。像这样很古老、很大的人群，尤其是，羌族是由一个一个小群体组成的，他们相互沟通都很困难，不可能有一个共同的认同。

在历史上，羌语系人群遭到两次大变化的影响。一个是华夏民族的形成，整个东边有一个同质化的过程。华夏民族形成的时候，他就称西方这些不是华夏的人为羌。华夏形成之后，慢慢往西边扩张。很多原来被称为羌的人，后来被纳入到华夏里面去了。最早是陕西渭水流域被称为羌的民族，在周代变成华夏了。然后就称陇西以西的人为羌。到汉代的时候，陇西以西的人也变成华夏了。就这样，青藏高原东部边缘的一大半变成了羌。他们讲一些古老的语言，有一些古老的宗教。到公元 7 世纪以后，另外有一个大的过程在进行。就是吐蕃兴起之后，他把靠近自己的一大半纳入到了自己的里面去了（藏化）。这样，这个古老的人群就越来越缩小。再加上内部的分化，就变成了现在这个样子。

如果把这个现象重建起来，对我们了解汉藏之间的关系非常有帮助。简单说，汉藏有个共同的边缘，那就是羌族。

《崩溃》

作者：［美］贾雷德·戴蒙德
译者：江滢、叶臻
版本：上海译文出版社
2008 年 4 月

贾雷德·戴蒙德，美国演化生物学家、生理学家、生物地理学家以及非小说类作家。现任加利福尼亚大学洛杉矶分校医学院生理学教授，美国艺术与科学院、国家科学院院士、美国哲学学会会员，是当代少数几位探究人类社会与文明的思想家之一。著有《枪炮、病菌与钢铁》《剧变》等畅销作品。

《欧洲：一堂丰富的人文课》

作者：［德］迪特里希·施万尼茨
译者：刘锐、刘雨生
版本：汉唐阳光 / 山西人民出版社
2008 年 6 月

迪特里希·施万尼茨（1940—2004），德国学者、英语文学教授、畅销书作家。55 岁之前，他是严肃的学者、大学校园里普通的教授。56 岁开始，他出版小说和戏剧作品，成为畅销书作家，小说并被拍成了电影。在电视媒体上，施万尼茨谈笑风生、幽默诙谐，积极呼吁国民通识教育，提倡青少年要多了解欧洲的历史和传统文化。晚年施万尼茨创立了自己的工作室，着力于培养文学领域的新生代。

《黑天鹅》

作者：［美］纳西姆·尼古拉斯·塔勒布

译者：万丹

版本：中信出版社

2008 年 5 月

纳西姆·尼古拉斯·塔勒布，著有《随机漫步的傻瓜》《反脆弱》《非对称风险》等畅销书。他是一名哲学思想者、"不确定性"问题的实践研究者，在此之前，他花了 21 年的时间研究风险。尽管他大部分时间都在闲逛，在世界各地的咖啡馆中冥想，但他目前是纽约大学理工学院风险工程学特聘教授。他撰写了 50 篇学术论文来探讨"不确定性"，内容涉及国际关系、风险管理、统计物理学。他被誉为拥有"罕见的勇气与博学"，是我们这个时代伟大的思想者之一。

《他乡之税》

作者：田毅、赵旭

版本：中信出版社

2008 年 10 月

田毅，现供职于《财经日报》，并为华中科技大学中国乡村治理研究中心兼职研究员。曾在财政机关、新华社、《21 世纪经济报道》等单位工作，主要研究领域为转型社会公共政策和乡村变迁。曾获美国东西方中心奖学金，赴美韩访问。

赵旭，曾为农民、乡村教师、小买卖人，喜爱经济研究。

《剑桥美国经济史》

作者：［美］斯坦利·L.恩格尔曼
　　　［美］罗伯特·E.高尔曼
译者：高德步、王珏
版本：中国人民大学出版社
2008 年 7 月

斯坦利·L.恩格尔曼，美国罗彻斯特大学的经济学教授及历史学教授。

罗伯特·E.高尔曼，美国北卡罗来纳大学的 Kenan 经济学及历史学教授。

《北京 798》

作者：黄锐
版本：四川美术出版社
2008 年 7 月

黄锐，1952 年生，北京人，艺术家。2002 年，黄锐进驻北京 798 工厂，主张利用厂房发展艺术空间，多年来持续策划各种展览及艺术节活动。

《光影言语》

作者：〔美〕白睿文
译者：罗祖珍、刘俊希、赵曼如
版本：理想国 / 广西师范大学出版社
2008 年 10 月

　　白睿文，1974 年出生于美国芝加哥，哥伦比亚大学现代中国文学与电影博士，现职加州大学圣芭芭拉分校东亚系副教授。主要研究领域为当代华语文学、电影、流行文化和翻译学。

《书店的灯光》

作者：〔美〕刘易斯·布兹比
译者：陈体仁
版本：上海三联书店
2008 年 10 月

　　刘易斯·布兹比，美国当代作家，生于美国加州圣荷西。15 岁的刘易斯·布兹比读到约翰·斯坦贝克的《愤怒的葡萄》，开始写作生涯。做过书店店员，还做过书商，目前在旧金山大学担任写作老师。作品常见于《哈泼斯杂志》《纽约时报书评》《巴黎评论》《GQ》《ZYZZYVA》。出版过小说、散文集、儿童读物等，其中《书店的灯光》受到中国读者喜爱。

2007
年

我是一个心智与身体都较晚熟的人，个性比较温和压抑，因为晚熟，所以我很多的童心玩性、青少年的叛逆、成年对浪漫的追求，以及我的提早老化，其实是一起来的。

——李安

《丧家狗》

作者：李零
版本：山西人民出版社
2007 年 5 月

《中国的新革命》

作者：凌志军
版本：新华出版社
2007 年 4 月

李零，1948 年 6 月 12 日生，祖籍山西武乡县，北京大学教授。著有《中国方术正考》《中国方术续考》《〈孔子〉十三篇综合研究》《兵以诈立》《简帛古考与学术源流》《入山与出塞》《铄古铸今》《放虎归山》《花间一壶酒》《李零自选集》等。

凌志军，生于 1963 年，人民日报社高级编辑、资深记者和畅销书作家。著有《历史不再徘徊》《联想风云》《沉浮》《呼喊》(与马立诚合作)等。

《十年一觉电影梦：李安传》

编者：张靓蓓

版本：人民文学出版社

2007 年 10 月

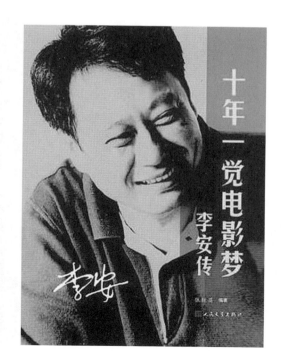

　　张靓蓓，曾任台湾辅仁大学大众传播系讲师、台湾台北市立美术馆编辑。著有《艺术家素描》之《侯孝贤》《杜笃之》篇等，译有《纽约大都会博物馆全集》之《埃及与古代近东》等。

2006 年

　　生就对弱的同情心和对美的感觉力，她用清澈的眼打量周围的世界，用美丽稚嫩的语言讲述成长，讲述沧桑，讲述生命的美好与不易，讲述年轻的热望和梦想，梦想着有一所自己的房子，梦想着在写作中追寻自我，获得自由和帮助别人的能力。

《八十年代访谈录》

作者：查建英

版本：生活·读书·新知三联书店
2006 年 5 月

查建英（笔名，扎西多），北京人，曾就读于北京大学、美国南卡罗来纳大学、哥伦比亚大学，1987 年回国，20 世纪 90 年代返美国。2003 年获美国古根汉姆写作基金，再回中国。

致敬词

追寻二十世纪八十年代，是今年看似突兀的一个文化回流热潮，却无疑有着耐人寻味的当下社会体征。查建英是这股热潮的"点石"者，她的《八十年代访谈录》是一本围绕八十年代情境及问题意识的访谈录，谈话者以个人的角度出发，既回忆反省过去的那个时代，也评论分析现在。谈话对象多为八十年代引领潮流的风云人物：阿城、李陀、陈丹青、栗宪庭等，他们身份遍及诗歌、小说、音乐、美术、电影、哲学及文学研究等领域。他们都是八十年代的在场者，他们在那个年代里特立独行地展开了精神远行和心灵漂泊。

这本书试图重现那个年代的场景和氛围，虽然强调反省和审视，但终归掩饰不住内心中的那份迷恋和怀念；虽然强调浪漫和诗意，但终归还是脆弱而短暂；虽然强调文化和启蒙，但终归还是"精英们"的八十年代，我们依然要向那个年代致敬，向这本书和书中出场的人致敬。

对话

《新京报》：你最近曾说，本来以为这本书是向后看的，但没想到却引发了回顾八十年代的热潮，甚至年轻人也很爱看，对此你很意外吗？

查建英：同代人会对这本书产生共鸣，我并不意外。年轻人可能是出于好奇，比如想知道他们父辈们是如何过来的。或者说用八十年代说事，寻找一些我们现在缺乏的东西，但这里面可能就有一种浪漫化的倾向，成了一种心理投射，不见得一定是事实。我说向后看，其实是向前看，或者说拿过去做参照物看现在，看未来。

《新京报》：在变得"商业""喧嚣""现实"和"利益"的现在，"八十年代"这个词本身也会成为一个被利用的符号吗？

查建英：这点的确是我意料之外的。我一开始根本没想到八十年代这个词会变成一个商业符号。我做书的初衷不是为了把八十年代弄成时尚"打入"现代。八十年代有很多可贵的、令人难忘的东西，也有很多深色、自我膨胀、不真实的东西。我在书中不同程度都谈到了。但变成符号之后，就可能变成金光闪闪，被简化甚至道德化，这就违背了我的原意。

《新京报》：李陀在《追寻八十年代》一书序言中说：要多写写普通人的八十年代。同时，一直有不少人认为你构建的八十年代是一个充满了精英色彩的时代，而韩少功拒绝你的采访也有此意，还是想听听你对这些质疑的回应。

查建英：少功其实答应了，但我自己后来改变计划了。所有批评都欢迎，但我觉得这里面一些概念非常混乱。首先我再次强调，我这个访谈录是一组个人，他们不代表任何组织或阶层。其次，我做的方式也是个人的，我不是把他们当作精英，而是当成朋友。再次，我觉得现在好像语境里面经常有一些反精英的草根意识，向权威叫板，有时甚至变成一种时尚。我做这本书的时候完全没有想过要用一本书来涵盖整个时代。即使从文化热的角度，我们认识的很多东西都是残缺的，你没法让这么一本书来承载这么大的一个话题。

《新京报》： 你认为你采访的这些人，他们都有话语权吗？

查建英： 他们在八十年代确实是有话语权的，他们现在站出来说了一番话，还是有着很大的影响，说明他们到现在还是有着一定话语权的。这确实是一个事实。但关键不在于他们有没有这个话语权，而在于他们怎么利用这个话语权。其实里面很多人是在检讨这件事情的，他们对八十年代是反省的。

八十年代并不失落于现状

《新京报》： 有人说你采访的这些人失落于现状，只能缅怀他们那个时代的得意？

查建英： 这是很无聊的猜测，我不认为这是真实的状况。人们说的失落是被想象出来的，你对比的前提是众星捧月这样的场面。这些人每个人都继续做着自己的工作，而且反而比过去更扎实了，反而是过去的水分挺大的。那个时候是在多么低的水准上给他们评价？一点成就就显得非常辉煌。我记得当时一个作家代表团出一次国，回来就每人写一本书，那是怎样一种"膨胀"啊！现在看来这种要量化的价值标准本身其实还是在延续。

《新京报》： 但肯定现在的社会更多元了。

查建英： 现在可能形式上多元了，比如影视、网络、电影、电视很多媒介，但即使电视这么多频道，里面内容有多少是重复的？这么多人说我们现在更开放了，但的确是这样吗？我们习惯了很多东西来了先是接受，而不是打一个问号。

所以八十年代的问题不是从八十年代开始的，可以追溯到更远的教育上。很早开始，精英、民众、东方西方等都是很概念化的东西。这些集体概念最后被牺牲掉的就是个人，这种思维就是在八十年代出现的，但我们现在批判八十年代同样还是用这种思维，所以这问题还是没有过去，整个思维惯性还在延续。

《新京报》：这本书会有延续吗？下一步你要写什么？

查建英：我目前要把因为这本书搁下的一本英文书重新捡起来，实际上是1995年 *China Pop* 的续集，包括我给"纽约客"写的人物稿子集成一个集子，通过特案的描写来体现社会的氛围。这是一个很头疼的东西，很费心。因为给美国人讲中国的很多事情需要大量解释，而像《八十年代访谈录》，无论我、采访对象和读者都是心领神会，好像是跟自己老家人在说话一样。

不过八十年代的题材我暂时是不想碰了，当然我希望有别人能从任何其他角度来讨论这个话题。

《芒果街上的小屋》

作者：［美］桑德拉·希斯内罗丝

译者：潘帕

版本：译林出版社

2006 年 6 月

桑德拉·希斯内罗丝，1954 年生，当代美国女诗人，墨西哥裔，30 岁时凭借《芒果街上的小屋》一书成名，另著有短篇故事集《芒果街上的小屋 2》和诗集若干。

《芒果街上的小屋》是一本优美纯净的小书，一本"诗小说"。它由几十个短篇组成，一个短篇讲述一个人、一件事、一个梦想、几朵云、几棵树、几种感觉，语言清澈如流水，点缀着零落的韵脚和新奇的譬喻，如一首首长歌短调，各自成韵，又彼此勾连，汇聚出一个清晰世界，各样杂沓人生。所有的讲述都归于一个叙述中心居住在芝加哥拉美移民社区芒果街上的女孩埃斯佩朗莎（埃斯佩朗莎，是西班牙语里的"希望"）。生就对弱的同情心和对美的感觉力，她用清澈的眼打量周围的世界，用美丽稚嫩的语言讲述成长，讲述沧桑，讲述生命的美好与不易，讲述年轻的热望和梦想，梦想着有一所自己的房子，梦想着在写作中追寻自我，获得自由和帮助别人的能力。

《兵以诈立：我读〈孙子〉》

作者：李零

版本：中华书局

2006年8月

李零，1948年6月12日生，祖籍山西武乡县，北京大学教授。著有《中国方术正考》《中国方术续考》《〈孔子〉十三篇综合研究》《兵以诈立》《简帛古考与学术源流》《入山与出塞》《铄古铸今》《放虎归山》《花间一壶酒》《李零自选集》等。

李零说道："我这本小书，重点是讲兵法中的哲学：一是兵法本身，二是兵法中的思想。为此，我在书中加进了有关的军事知识，还有思想史的讨论，内容比以前丰富，结构比以前清晰，讲法也轻松愉快。希望读者喜欢它。"

这是一本在思想文化史的背景下讨论《孙子兵法》的书。北京大学教授李零凭借二十余年积累的古文献和历史文化知识，在讲解《孙子兵法》各篇时，插入大量的背景知识，涉及军事史、思想史、文化史、社会史诸多方面，令人目不暇接，为我们理解这一经典文献奠定了坚实的基础。

《孙子兵法》在兵法类的作品中出现最早，但其闳阔深远，却迄无超越者。此书真可谓集运用之妙的大成。在以往所有的军事思想家中，只有克劳塞维茨可与之相比，但就连他，也比孙子要"过时"，显然有点古老陈旧，尽管他著书立说比孙子晚了两千多年。孙子有更清晰的眼光、更深刻的见解和可以垂之永久的魅力。

《上学记》

口述：何兆武
撰写：文靖
版本：生活·读书·新知三联书店
2006 年 8 月

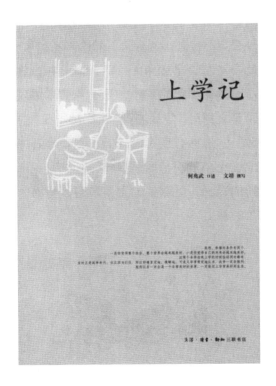

1921 年生，原籍湖南岳阳，1939
年考入西南联大，先后就读于土木、历
史、哲学、外文四系。1956—1986 年，
任中国社会科学院历史研究所助理研究
员、研究员，1986 年后，任清华大学思
想文化研究所教授。译作有卢梭《社会
契约论》、帕斯卡尔《思想录》、康德《历
史理性批判文集》、罗素《西方哲学史》
等，著有《历史理性批判散论》《历史
与历史学》等。

阅读何兆武

采写　苏小和

　　对于今天的读者而言，《上学记》
的口述模式的确过于简单了一些，何先
生讲述的诸多道理我似乎也已经知晓。
可是，当我把何兆武先生当年的上学经
历与我曾经的上学故事进行比较，我意
识到现在读者和何先生之间的距离，远
远大于我们可以想象的距离。那弥漫在
西南联大上空自由的学院空气消失了，
我们生活在不同的空气之中，或者说，
自何先生幸福的上学记谢幕之后，我们
的上学记根本失去了回忆的愉悦之感。

　　我这么夸张性的铺排氛围，其目的
是想纠正一种思考模式。因为我发现已
有的关于何先生《上学记》的评论中，
人们多数还是抓住书里阐述的一些基本

理念，比如人生价值、学术自由、教育独立、个性张扬、知识分子与政治的疏离等范畴进行劝教，却有意无意将书中涉及的更加具体的生命和更加具体的细节丢弃了。包括大名鼎鼎的葛兆光，在给何先生写的序言里，也只是就幸福和教养这些抽象的命题进行了解读。我绝没有否定这个理念的意思，事实上，何先生陈述的这些理念就是我们孜孜以求的普世价值。我只是想说明，《上学记》对读者的冲击，更多的还是老一代读书人的环境和后来读书人的环境之间差别的冲击，这种差别如此之大，以至于彻底改变了后来几代人的命运。这样的改变，不是理论的改变，也不是地理位置的改变，而是呼吸习惯的改变，血液的改变，行走方式的改变。因为拥有不同的"上学记"，我和何兆武先生几乎属于完全不同的两代人，这样的代际区别，不是循序渐进的发展与提升，而是一种醒目的退步，或者说，我们之间的新陈代谢，不是合理的薪火相传，而是一种让人不愿意接受的扭曲。

我的意思是，如果我们用比较的方式阅读《上学记》，可能更符合何兆武先生口述历史的真正目的。

何兆武对他在西南联大的读书经历显然无限怀念，认为这是他读书美好的岁月。"那几年生活美好的就是自由，

无论干什么都凭自己的兴趣，看什么，听什么，怎么想，都没有人干涉，更没有思想教育。我们那时候什么立场的同学都有，不过私人之间是很随便的，没有太大的思想上和政治上的隔膜。"

读书记：那么多我们没有读过的书

有一个简单的道理我想陈述：上学等于读书。上学很简单，到一个学校里面去，在教室里坐着，有老师讲课，便成为上学了，可是读书却不一样，读什么书？怎么读书？仔细读《上学记》，我发现我们和何先生的差别真是太大了。

关于读什么书，我把何先生在《上学记》里提到的书名进行了初步的统计，大致如下：

小学到中学，何先生读过《莎氏乐府本事》《格列佛游记》《神秘的宇宙》《物理世界真诠》《英文一百零一名歌集》《总理遗嘱》《庄子》《史记》《古文观止》《三侠五义》《三国演义》《水浒传》《西游记》《红楼梦》《聊斋志异》、丰子恺的《孩子们的音乐》《近世西洋十大音乐家故事》《西洋建筑讲话》《清稗类钞》、朱光潜的《给青年的十二封信》、严复翻译的《天演论》、林琴南的《说部丛书》，等等，其中，何先生还特别提到金斯的《神秘的宇宙》和艾丁敦的《物理世界真诠》让他真正

开阔了眼界和思路。

大学以后，何兆武先生读过《元史》《新元史》《清史稿》《世界名歌选粹》《楚辞》、钱穆的《国史大纲》《金瓶梅》《诗经》《资治通鉴》《勃朗宁诗集》《丁尼生诗集》《共产党宣言》《国家与革命》《自然辩证法》《西方的没落》、冯友兰的《新理学》和《中国哲学史》、金岳林的《逻辑》《雪莱诗集》《济慈诗集》、葛帮福的《历史学的综合方法》、乌拉穆诺的《人生之悲剧的意义》、莫罗阿的《恋爱与牺牲》、梅勒什可夫斯基的《诸神复活》、屠格涅夫的《父与子》《罗亭》《前夜》、卢梭的《社会契约论》《美国独立宣言》《法国独立宪章》《联合国宪章》《罗斯福论自由》《政治科学与政府》《经济学概论》《欧洲近代政治文化史》等。

何先生上小学中学的时候听过的音乐也很有意思，他曾经认为自己在音乐方面的禀赋不错，想把音乐作为自己的事业，我们不妨简单罗列一下：莫扎特、舒伯特、"音乐三 B"之贝多芬、巴赫和勃拉姆斯、古诺和舒曼的《小夜曲》、托玛斯的歌剧《迷娘》，等等。

我相信不厌其烦地陈列这些书名，于我、于别的读者都是一种有意义的工作。首先这是一套很有价值的参考书目；其次我们通过这些书目能够了解到何先生的成长过程，求学经历，甚至包括他的部分知识结构；更为重要的是，我们面对这些书目，应该问一问自己，哪些书我们读过，什么时候读过，哪些书没有读过，甚至哪些书我们根本就没有听说过。当然，有一些书由于时间的原因，已经逐渐被其他更优秀的著作取代，但总体来讲，我们从小学到大学所读到的书，除了学校发的一些教科书之外，基本不及何先生的十分之一。

人事记："一多，一多，何必呢？"

读过《上学记》的人必然注意到了何先生持续的爱国热情，同时也注意到何先生反复强调他的爱国只到爱国为止，决不会因为爱国就把自己的行为延伸到政治领域。何先生在第 197 页"一个人的政治底线"里讲了一段很中肯的话，不妨抄录下来：

"过去的学生运动，凡游行我都参加，因为像打倒日本帝国主义的主张我们当然拥护，但除此以外，别的活动我都不参加……所以实际上我就给自己画了底线：爱国是大家的义务，反对侵略者是国民的天职。游行我参加，回来也挺兴奋，宣言里也签名表态，但实际的政治活动我不参加。"

我不知道有多少读者会在这一段话前停留下来。中国的读书人从来都是热爱政治的，治国、平天下是读书人的终极关怀，何先生用自己的理解在一定程度上否定了这样的传统。仔细分析何先生的这段话，至少我可以读出三层意思：一是爱国是义务，二是提倡非暴力的、和平主义的爱国，三是爱国到爱国为止，决不参与政治。在我看来，这是一种理性的爱国主义，尤其值得今天的青年思考。我们经常会遇到爱国主义行为在广场上、大街上上演，从民族、国家的角度看，这无疑是值得尊重的行为，可是我们这代人却没有何兆武先生的尺度和理性。总有人在一个全球贸易的时代，提倡抵制某个国家的产品，对着大街上跑动的某国品牌的汽车大打出手，这些行为与何先生理性的爱国主义相去太远，我们继承了何先生他们那一代人的爱国主义情绪，却丢弃了更宝贵的理性与和平尺度。

《魔鬼经济学》

作者：［美］史蒂芬·列维特
　　　［美］史蒂芬·都伯纳
译者：刘祥亚
版本：广东经济出版社
2007 年 7 月

FREAKONOMICS
魔鬼经济学
揭示隐藏在表象之下的真实世界

2005年
全美第一
畅销书排行版

［美］史蒂芬·列维特 史蒂芬·都伯纳 著 ｜ 刘祥亚 译

从根本上彻底改变你
看待这个世界的方式

广东省出版集团
广东经济出版社

史蒂芬·列维特

芝加哥大学经济学教授，2003 年约翰·贝茨·克拉克奖得主（该奖被视为诺贝尔经济学奖的重要指针），该奖授予美国 40 岁以下年度影响力经济学家。

列维特 1989 年毕业于哈佛大学，1994 年在麻省理工学院取得经济学博士学位，1997 年进入芝加哥大学执教，两年后成为芝加哥大学经济学院终身教授。2002 年，列维特被选为美国科学院经济学部委员。他还曾担任《政治经济学杂志》和美国《经济学季刊》编辑。

史蒂芬·都伯纳

作家、记者、电台与电视人，曾就职于《纽约时报》，著有《骚动的灵魂》《一个英雄崇拜者的自白》《长两个肚脐眼的男孩》等作品。

《花间十六声》

作者：孟晖

版本：生活·读书·新知三联书店
2006 年 9 月

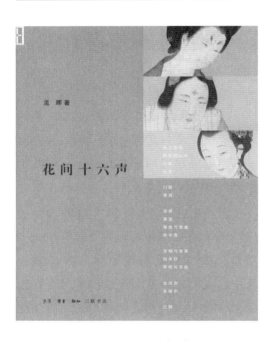

孟晖，女，20 世纪 60 年代出生，达斡尔族。现在北京三联书店做编辑工作，作品有长篇小说《盂兰变》、随笔集《维纳斯的黎明》《潘金莲的发型》《画堂香事》、译作《西方古董鉴赏》《战争与电影》等。

《花间集》原为供歌伎伶人演唱的曲子词选本，成书于公元 940 年，是中国最早的词选集，且好以女子口吻为之。本书以《花间集》和部分晚唐、五代、宋代诗词中描写的十六种物件如屏风、枕头、梳子、口脂等为线索和底本，以当时的造型艺术（纸上绘画、壁画、饰品等）为参照，深入、充分、兴味盎然地探究考证一千多年前中国女性生活的种种细节，尽力再现那个遥远的年代之一角，有助于读者了解、感受中国的古代社会，也有助于理解和体会滋味复杂、褒贬不一的"花间词"。

2005 年

在多元化的时代里，否定一种现实或理论并不难，只要勇于说"不"就行。但要在否定之后提出建设性的新思想，却相当不易。这也是思想家、理论家的最大困境。

——梁永安

《美国大城市的死与生》

作者：[加]简·雅各布斯

译者：金衡山

版本：译林出版社

2005 年 5 月

简·雅各布斯（1916—2006），出生于美国宾夕法尼亚州斯克兰顿，早年做过记者、速记员和自由撰稿人，作家、文化评论家、社会活动家。她的著作还有《城市经济》《城市与国家财富》《生存系统》等。

致敬词

中国大城市这些年的超速发展引发了诸多的问题，雅各布斯在她的《美国大城市的死与生》中告诉我们，这些问题中有很多在当年的美国同样存在。雅各布斯不从城市规划的专业出发，而从城市最重要的主体居民去考虑问题，得出的结论和城市的规划者们正好相反——大城市及其规划正在扼杀居民的活力。书中，雅各布斯发出旷野呼告：重建城市的活力，关键在于信任居民，给城市生活一个真正的空间。

半个世纪之前写就的批评美国大城市规划的书在当代中国知识界受到热切的关注，本身就是一件不寻常的事情。《美国大城市的死与生》虽然从美国经验出发，但它提出的问题对于发展中国家同样适用。同样的问题正在以不同的形式侵扰当代中国的城市生活，而到目前为止，还没有人站在城市居民的角度对中国大城市规划进行研究。《美国大城市的死与生》是我们最好的参考读物，

它提示我们在大城市的规划发展上，有必要增加冷静、理性的思考。

专家评价

《城记》作者王军：
一本抨击当代城市规划的书

雅各布斯是我非常敬佩的记者。这本书的第一章前三节全是谈人行道的，我看了特别感动。雅各布斯是一位女性，

她细腻地感受和发现着城市。《美国大城市的死与生》几乎颠覆了既有的城市规划理论，这本书已被列为世界各大名校城市规划专业的必读书，今天的许多规划大师就是读着这本书进入专业门槛的。

今年3月到4月，美国规划协会邀请我去旅行采访，我走访了10多个城市，看到了20世纪五六十年代美国城市更新运动所导致的严重后果，正是雅各布斯在她的书中所批判的"只是把贫

民窟搬到了郊区去"。当年的美国以清除贫民窟为主旨的城市更新运动，结果导致更大的贫困，而且贫困在今天已被"世袭"。

《美国大城市的死与生》来得正是时候，希望这本书能给一些规划专业人员当头棒喝。我们必须承认，一个城市是有其自身的生命的，它会按自己的方式生长，这样的生长不是规划师规划出来的。

1961 年《美国大城市的死与生》的出版，对城市规划界来说，如同一场地震，正如此书开篇所言，"这是一本抨击当代城市规划的书"。

雅各布斯批评当时的城市规划精英无一例外都是政府大规模投资项目的"奴仆"，她因此受到反击。1962 年，刘易斯·芒福德在《纽约客》上以"雅各布斯大妈治疗城市癌症的家庭药方"为题，发表了一篇颇为恼火的评论进行回击。

在芒福德眼里，雅各布斯不过是一个家庭妇女罢了。可是，真正使用城市的是妇女啊，是她们在真正关心下水道是否堵了、自来水是否干净、公园怎么样、孩子是否安全。而男人们则是白天挣钱，晚上睡觉，他们是很难像女人那样细致地感知城市的。

《新京报》评

读这本《美国大城市的死与生》，最让人震惊的是作者观察事物的角度。比如书的第一部分阐释人行道的人际交往功能、安全功能、对儿童成长的功能，本来是极端理论化的问题，但在作者充满激情的笔下，完全成为对那些失败规划的讨伐。

《非常道》

作者：余世存

版本：社会科学文献出版社
2005 年 5 月

余世存，作家、诗人，1969 年 2 月生于湖北随州。1990 年毕业于北京大学中文系，曾在北京市一中任教。发表有诗、文论、散文若干。

致敬词

在习惯于宏大叙事的当下，《非常道》显得清新、隽永，虽然它的内容颇多沉重，许多段落甚至让人艰于呼吸。与以往的史书不同的是，《非常道》集纳了大量历史细节，这些细节丰润、真切、逼真地再现了过去的种种情境，或引人发笑，或让人辛酸，或悲怆，或动人，能让人捶胸顿足。没有细节的历史或者没有细节的人生是乏味的，而且让人难以相信。读者会惊奇地发现，细节如此充满张力，如此直达人的心灵深处。

本书编者余世存有着自己独特的视角，他把自己对历史的理解隐藏在整部书中，但并不是以说教的方式强加于人，而是用事实去感染读者。《非常道》的体例类似《世说新语》，但内容并非"帝王将相的野史"，大量普通人的故事更让人亲近。这也是一本容易阅读的书，它的编排方便了读者——可以从任何地方读起。同时，本书序和跋的缺失令人遗憾，虽然方便了出版，但对读者来说，却提高了进入的门槛，会使一部分读者失去靠近它的兴趣或者机会。

本报评价

如果说二十四史是所谓帝王将相的正史，那么《世说新语》之类大概是帝王将相的野史吧，它们当然不会是历史的全部。没人能记载全部的历史，而历史书就在帝王将相们使用的文人笔中成了现在这个样子。有人说历史是小姑娘，任人打扮。

在看到《非常道》时，第一感觉是它很像《世说新语》，但没过几天，又否定了这种想法。最多，这两本书只是体例上略有相似之处而已。最大的不同是：《非常道》中悲天悯人的情怀是《世说新语》无法望其项背的。

余世存在编纂《非常道》时，不用前言，不写后语，可能就有这方面的考虑——历史是什么样子，就让它是那个样子好了。虽然编选者的好恶在内容中总会有体现，但态度是明明白白的。

专家评价

出版人沈昌文：

《非常道》是一本"非常书"

我觉得《非常道》是一本"非常书"，从形式到内容都挺特别，符合我的兴趣。关于内容我不想多说，我不是历史学家，我也不研究思想史，可是，我觉得它传递了很多我们读正史读不到的东西。

这些东西有待于大家再来鉴别、研究，不管怎么样，本书提供了很多难得的材料。

《非常道》所采用的形式非常符合大家阅读，也适合出版。如果它变成一本专著以后，读者会减少。我特别喜欢读这本书的原因是，它又像笔记，又像小说，可又是真实的历史。所以我很同意有些人做的评论，这是"捡垃圾"，它把"边角料"都凑起来了，更特别的一种观点是把它称之为"后楼梯"。做编辑的时候我编过一本自己很喜欢的书《哲学的后楼梯》，是一个德国人写的。余世存在《非常道》中采取的形式，也方便了写作的人。让人感到遗憾的是，这些摘录的话都没有注明出处，如果有一个索引或注解，对于专家或研究者就更方便了。

我很喜欢《非常道》的另外一个原因是，我很欣赏用"野狐禅"的形式宣扬一些观点，而这本书在这方面做得很好。

出版人吴兴文：

《非常道》是历史的注解

《非常道》体例近似于《世说新语》，编者将书分为史景、政事、文林、武运、革命、问世、人论、英风等三十二编，从近人著作中搜罗摘编、选取自晚清、民国而至解放后的历史片段，记录了大量历史人物的奇闻逸事。可以说，本书是历史的注解。

这本书很有趣，从中可以看到，一些很负面的人物有时也能说出一些很有见地的话，让人很有新鲜感，尤其是关于民国的部分。当时的政治局势变幻莫测，国民党一元统治尚未形成，人们说话的机会也比较多，因此，一些人物都能充分地表达自己的政治立场。在这本书里，我们既可以看到一些有趣的话，也能见证一百年来的沧桑。这本书又会让读者觉得很沉重，因为民国时期的许多人，就像西西弗斯推石头上山一样，刚把石头推上山顶，石头就又掉下来了，但是，他们还是有很辉煌的一面。应该说，民国时期的知识分子基本上都具有思想和人格的独立性，因此，这本书里面有些内容透出一股泱泱大气，这也是我喜爱《非常道》的原因之一。

2004年

与苦难相对应的好像是幸福。几乎所有的小说都会有一种基本的主题，那就是对幸福的诉求。正因为有了人生的悲苦，所以才有了这样一种亘古的诉求。

——李洱

《石榴树上结樱桃》

作者：李洱
版本：江苏文艺出版社
2004 年 8 月

李洱，作家，1966 年生于河南。2002 年由人民文学出版社出版的他的长篇小说《花腔》被认为是 2001—2002 年度最优秀的长篇小说之一，入围第 6 届茅盾文学奖。《石榴树上结樱桃》是他的最新长篇小说。

对话

《新京报》：过去你大多是写知识分子题材的小说，这次为什么突然想到落笔农村题材了？

李洱：我想，最主要的，就是我期望自己成为一个知识分子。如果只关注自己的生存群落，那他肯定不是知识分子，对知识分子来说，"我"就是"我"，"他"也是"我"，这二者同等重要。所以，关注"他"的生活，比如乡村变革，就是非常自然的事情了。

对我来说，关注乡村，还跟自己对乡土中国的认识有关。我总觉得中国是个超级的农贸市场，是乡土中国。这样一种说法，在上海、北京这些大都市里的人，可能会有异议。从政治中心北京看中国，是一个中国；从经济中心上海看中国，是又一个中国；从中原看中国，也是一个中国。我碰巧在这三个地方生活过，我的突出印象是，中国就是个农贸市场。最后一个考虑，我想说的是，至少在参与政治生活的深度和广度方面，农村走在了城市的前头。所以，我将故事放在乡村背景下讲述，对我来说就成了一种必须之举。

《新京报》： 如果说你是站在知识分子的立场上写农村小说，那么你的小说是不是文学想象的农村，或者能不能说农村只是你表达的载体？你想通过农村表达的是什么呢？

李洱： 乡村急剧的社会变革，首先是我关注的焦点，其次是我表达和做出诉求的载体。我乐于承认，我是以自己所期望的知识分子的立场来写这部小说的。我想，我或许表达出了乡土中国在现代性进程中可能遇到的许多问题，比如传统伦理与民主实践的复杂纠葛，比如"知"与"行"之间存在的错位，比如外来文化与乡土文化的博弈。我想再说一遍，这些问题不仅存在于乡村，也存在于城市，存在于知识分子之间。

难以命名的悲欢

《新京报》： 《石榴树上结樱桃》是个很怪的书名，能解释一下它的意思吗？

李洱： 乡村有一种"颠倒话"不知道你是否听过，现在城市幼儿园的小朋友也经常唱这种"颠倒话"，它的开头常常是"颠倒话，话颠倒，石榴树上结樱桃"。"颠倒话"可以把很多悖谬性的经验用押韵的方式唱出来，成为一种特殊的民谣。它可能是对自由的向往，也可能是要表达拒绝和自嘲。当然，现在幼儿园的小朋友也可以用它来颂赞。从修辞学讲，这应该是一种很奇特的修辞格。这部书里写了很多"颠倒话"，有些是古已有之的，有些是我自己编的，比如我把可口可乐和百事可乐也编了进去，把地铁站也编了进去。我不编，几年之后也会有人编，并且把它高声唱出，有人或许还会对它进行研究讨论。

《新京报》： 农村题材的小说很多都写到农村生活的苦难和悲惨，而你笔下的农村带有一些独特色彩，它是幽默的，似乎还有一些惊心动魄。

李洱： 与苦难相对应的好像是幸福。几乎所有的小说都会有一种基本的主题，那就是对幸福的诉求。正因为有了人生的悲苦，所以才有了这样一种亘古的诉求。农村题材的小说当然也不例外。可能农民的悲苦更多一点，所以人们对这样一种写作的印象也就更为深刻。我不喜欢把苦难推到极端来写。相比较而言，我更喜欢写日常生活中那种尚未得到命名，更难以得到命名的悲苦和欢乐。

《花腔》之后的变化

《新京报》： 谈到小说一定会谈到

人物形象，在这部小说里，主要塑造的人物孔繁花和张殿军等形象，我觉得这些人物形象都特别清晰，可是我又很难给读者描述在他们身上发生了什么。你觉得这是为什么？是不是因为叙述的密度问题？

李洱： 先说密度。我特别希望小说写得结实有力，每一笔都落到实处。那种松松垮垮的小说，我拿起来看不到一页，就会扔到纸篓里。谈到人物的塑造，形象清晰当然很重要，更重要的是复杂。生活中有哪个人物是可以用一句话说清的？小说中能够用一句话说清楚的人物形象，肯定是失败的。贾宝玉只是一个孩子，孙悟空只是一只猴子，可我们能说清吗？孔繁花作为一个生活在不同文化夹缝中的人物，当然不容易说清楚。

《新京报》： 我很想了解在经历了《花腔》之后，你经历了怎样的变化，最终写了这种风格和题材的小说？

李洱： 因为我把历史看成是现实，所以我写了《花腔》；又因为我把现实看成是历史，所以我写了《石榴树上结樱桃》。历史是现实的一部分，现实也是历史的一部分。既没有非历史的现实，也没有非现实的历史。这是我的基本想法。我的变化只是，我对写作越来越有信心，而对现实却越来越感到艰难。与此相应，我对自己在写作中所做出的每一个诉求，我知道它伴之以希望，也伴之以不安。

《一代报人王芸生》

作者：王芝琛

版本：长江文艺出版社

2004 年 9 月

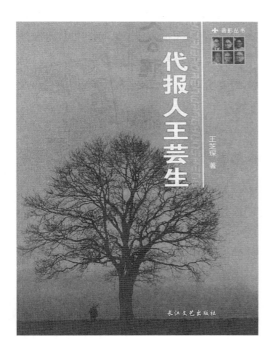

王芝琛，著名报人、原《大公报》总编王芸生的儿子。1937 年生于上海，1952 年在北京上高中，1961 年毕业于哈尔滨军事工程学院。毕业后长期从事教学和科研工作。退休后，写作了《百年沧桑——王芸生与〈大公报〉》《一代报人王芸生》。

推荐语

这是一部王芸生和《大公报》历史真实而生动的记录。由于几代报人对《大公报》报格的培育和它作为当时中国第一大报的地位，而在 20 世纪 30 至 40 年代，王芸生是这家报纸的主要骨干，这部书有几个特点：(1) 它是 20 世纪 30 至 40 年代中国历史多事之秋的重要记录，用可靠史料恢复了不少历史真相。(2) 它是中国人反抗日本侵略者的正气歌。(3) 它展现了王芸生的人格魅力，再现了中国知识分子反抗国民党专制、腐败统治、为民请命的光辉篇章。

《当代中国经济改革》

作者：吴敬琏

版本：上海远东出版社

2004 年 1 月

吴敬琏，1930 年 1 月生，南京人，1952 年毕业于金陵大学。当代中国经济学家。主要研究领域为理论经济学、比较制度分析、中国经济改革的理论和政策等。

推荐语

这是一本研究中国经济改革的必备书，这是一本分析中国现代经济学的工具书，这是一本思考和分析中国经济改革的参考书。吴敬琏帮助我们分析当代中国经济现状如何，将向何处发展，会对整个世界产生如何重要的影响。此书是全景式回顾中国改革的力作。

《姹紫嫣红〈牡丹亭〉：四百年青春之梦》

作者：白先勇

版本：理想国 / 广西师范大学出版社
2004 年 5 月

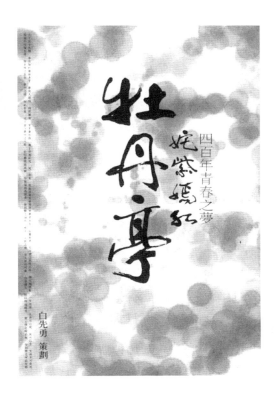

白先勇，小说家、散文家、评论家、剧作家。1937 年生，广西桂林人，名将白崇禧之子。著有短篇小说集《寂寞的十七岁》《纽约客》，长篇小说《孽子》，散文集《树犹如此》等，重新整理明代汤显祖戏曲《牡丹亭》、高濂《玉簪记》，并撰有父亲白崇禧传记《白崇禧将军身影集》。近年来致力于两岸昆曲复兴与古典名著《红楼梦》的重新解读与推广。

对话

《牡丹亭》上三生路

《新京报》：配合这次演出推出的《姹紫嫣红〈牡丹亭〉》一书，全面整理了关于《牡丹亭》的资料。书的设计也很漂亮，但却用了竖排繁体，很不便于阅读，原来是怎么考虑的？

白先勇：我非常喜欢这个书的设计，非常与众不同。我觉得如果是横排简体就没有这个味道了，现在的设计跟昆曲的气质非常吻合。喜欢昆曲的人我想不会拒绝这种设计。

《新京报》：而同时推出的《青春念想——白先勇自选集》是一次旧作的结集，你有多久没有出新作品了？什么时候会推出新作品？

白先勇：这个集子里有几篇散文是新的，我已经写了一系列的"纽约客"，再写两篇，大概今年年底可以出一个新的集子了。为了《牡丹亭》我搞得没有什么时间，最近一段时间，就只写了些评论之类的小东西。我为父亲白崇禧写的传记已经拖了太久了，写了大概 30 万字。现在还有很多资料需要考证，结束《牡丹亭》的事情之后，我希望能够尽快完成。

关于我的下一部小说我已经想了很多，我想人总是在变化中，对人生的看法也会不断变化，一定会写出不同的东西。我想还是写完了再告诉大家。

《新京报》： 有人认为你是离诺贝尔文学奖最近的一个华文作家，你怎么看？

白先勇： 诺贝尔文学奖是十几个瑞典人在那里评奖，他们只能看翻译的东西，不能看原文。翻译之后的作品和原来的面貌差了一大截，很难看到它本来的面目。我认为不用太看重这个奖项。

《新京报》： 有人经常把你和张爱玲相提并论，认为你是"张爱玲以后最优秀的短篇小说家"，你怎么评价张爱玲的作品？

白先勇： 我喜欢她的作品，我们两个都是在西方小说里吸取了很多养分，但避开了西方文学的影响，直接从《红楼梦》那个路子过来的。我和她最大的不同是人生观的不同，张爱玲的爱情可以像《半生缘》《倾城之恋》那样拖拖拉拉，我对爱情的态度是《玉卿嫂》里那种一刀杀人。我推崇"生者可以死，死可以生"的爱情，而张爱玲绝对不会。

《新京报》： 你写作是为什么？

白先勇： 杜甫的诗改变不了唐朝的衰落，我觉得文学能够把自己对人生的看法和感触写出来就不错了。人生无常，似水流年，我写作能够把人心灵中无言的痛苦转化成文字就很满足。

《新京报》： 你的小说中有很强烈的古典气质，而当下的中国文化是一个中西文化兼容并存的社会，在这种文化语境中，坚持这种风格的写作，你有什么感慨？

白先勇： 传统文化在你的背后有形无形地存在，任何一个作家都不可能脱离它写作。我觉得我们应该用虔诚谦卑的态度，对传统文化做全面的反省、检讨、评价、学习。西方文化有很了不起的成就，应该学习，吸取养分，但是之前我们要把自己的文化学习好。你不了解自己，怎么了解别人？知己知彼才能打胜仗。

《新京报》： 你此次来北京的目的是什么？

白先勇： 这次来要敲定青春版昆剧《牡丹亭》演出的具体时间和地点，目前计划安排 10 月在北京演出。我们希望能首先在北京大学演出，然后，在政

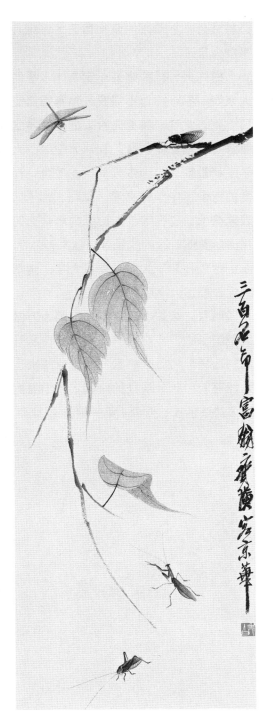

协礼堂演出几场，顺利的话，能够再安排几场商业演出。按照传统惯例，一出新戏必须进京受考验，我们希望青春版《牡丹亭》能够早一点和北京观众见面。

《新京报》：这部青春版昆剧《牡丹亭》已经在台湾、香港、苏州各地演出，据说反响很好。

白先勇：在各地的演出都很轰动，几乎到了一票难求的情况。台湾演了两轮，9000张票在开演一个月前就卖光了。苏州大学演出的礼堂比较旧，2000多个座位，天气很热，但连续演了几天人却越来越多，多加出了五六百个座位。看戏的男女老幼都感动得掉眼泪。

最让我欣慰的是，各地都有很多年轻观众，在苏州大学演出，甚至70%是年轻观众，不但有大学生还有中学生。有些来看戏的孩子告诉我，第一天看了戏特别激动，晚上都没睡好，第二天继续跑来看。

《新京报》：你认为这部戏靠什么打动了观众？

白先勇：首先，《牡丹亭》缠绵四百余年的生死至情打动了观众。其次，我们挑选演员特别考虑了舞台效果，不但扮相俊美唱功也好，老少观众都特别喜欢他们。

另外，我们还特别注重舞台的包装和设计。让四百年的老戏，在现代的舞台上焕发光芒，这是很大的挑战。

但现在看来在这方面做得是比较成功的，整个舞台是中性的灰色，写意抽象的背景跟整个舞台的色调统一。

《新京报》：除了外在的改变，新版《牡丹亭》在内容上做了哪些具体修改？

白先勇：《牡丹亭》原本一共 55 折，要连台 6 天，这次秉承"只删不改"的原则，综其精华删减成 27 折，分为《梦中情》《人鬼情》《人间情》3 本，9 个小时 3 天连台演完。从第一出《标目》到最后一出《圆驾》，基本上保持了剧情的完整，并尽可能地保留了"游园惊梦""拾画叫画"等文辞优美的段落和千锤百炼的经典折子。

改编后的《牡丹亭》生旦并重，以双寻梦的形式双线并行，充分体现了原作者汤显祖"情不知所起，一往而深，生者可以死，死可以生"的浪漫主义特色。

《新京报》：在表演上做了哪些具体的修改？

白先勇：我们在表演的细节上也进行了一些调整，比如"游园惊梦"中有一段过去是两个人面对面舞水袖，现在是水袖相勾，柳梦梅说：我们结婚吧。这个设计迷倒了很多青年观众。

《新京报》：因为昆曲的唱腔变化少，节奏缓慢，唱词过文，你所感觉到的空前轰动，应该是一种假象吧，昆曲

必将成为一种衰落的博物馆艺术，这几乎成为定论。

白先勇：昆曲需要一定文化水平的人来看，不可能也不需要在体育馆里受到上万人欢迎。我首先希望的是大学生能够接受到昆曲教育，我认为中国的大学生严重缺乏中国古典美学的教育，而昆曲综合了中国的文学、舞蹈、音乐、戏剧艺术，是很好的入门。内地选在苏州大学首演表达的就是这个意义，之后，我们希望在北京大学、复旦大学、南京大学、浙江大学巡回演出。

而且，像这次这样严格按照西方做大型演出的方式进行周密的策划，从开始的选角，到后来的宣传，昆曲演出也是能够吸引年轻观众的。这次我们看到很多热情的年轻观众，第一眼就迷上了。